A Concise History of
BOLIVIA

CAMBRIDGE CONCISE HISTORIES
(……ケンブリッジ版世界各国史……)

ボリビアの歴史

Herbert S. Klein
ハーバート・S・クライン
著

星野靖子
訳

創土社

目　次

初版（二〇〇一年版）への序文

ボリビアの人々は、きわめて困難で波乱に富む道を歩んできた。アメリカ大陸先住民が国民の大多数を占め、スペイン語のみを話すモノリンガルは少数派だ。優勢言語はケチュア語とアイマラ語であり、ウル語などインカ時代以前より存在する言語も一部で話されている。それは人々が、ヨーロッパの征服者が築いた植民地社会を受け継いだ単なる複製国家にとどまることなく、多様な文化や民族が織り成す複合的な国家を何世紀にもわたり培ってきたためだ。人々は世界最標高の地に定住して高度な文明を発展させながら、常に変化を続ける多民族社会を築いてきた。

ボリビアの民衆文化は、先スペイン期より存在する地域古来の文化と、スペイン征服後もたらされた様々なヨーロッパ的規範や秩序が融合されたものだ。植民地時代の近代スペイン方式に伝統的な自治組織を統合させた政治体制をはじめ、気候や地形の異なる土地に分散した村々を有核村落として集約した居住形態、各地の土着宗教とキリスト教の偶像や神話と深く結びつけ新たな民間カトリック宗派を生み出した独自の信仰文化。物々交換による伝統的な交易体制は近代の発達した市場システムと共存し、ヨーロッパから新たに持ち込まれた小麦は伝統的な主要作物キヌアやコカと共生した。ケチュア語やアイマラ語はスペイン語の語彙を多く取り入れ、現在も各語を構成する重要な要素として共存する。都市部に暮らす庶民は西洋式の近代的な生活様式を基盤としつつ、先スペイン期より続く道徳観や信仰を現在も保っている。

だがボリビア社会の持つ二面性をこのように並べ挙げたのは、この国を外部からの侵略にさらされた苦しい環境下で新たな文化的特色を育んだ実例として示すためではない。ボリビアの人々からすれば、この二面性は一六世紀のスペイン侵略から現在まで、西洋式の資本主義と階級社会体制に絶えず支配され、下層階級に追いやられた先住民が何世紀も搾取されてきた受難の歴史にほかならない。ボリビアは二〇世紀後半に至るまで、西洋出身でスペイン語を話す一部の上流階級が農民や労働者の利益を搾取する「白人」による「白人」の政府に長年支配されてきた。一方ボリビアには、遺伝的表現型上は先住民でありながら社会、経済、文化的な立場から西欧社会の伝統的枠組みに完全に融け込んだ「白人」も存在する。彼ら「白人」は、ヨーロッパの人々からヨーロッパ流の規範を学び、農民土着のカソリック信仰から距離を置き、農民層を支配、搾取する側に立った人々である。

どの多民族社会にも見られるように、ボリビアの支配層内部では他の民族との婚姻関係が進み、数世紀を経て生物分類上新たな混血グループが生まれた。そのためボリビア社会における「人種」区分は時代と共に、アメリカ大陸の他の複合民族国家と同様、遺伝的表現型以上に社会階層的な意味合いを持つものへと変化を遂げた。スペイン語を話し、西洋の衣服をまとい西洋風の食事をする上流階級の者は、人種を問わず「白人」、または農民層から「優等人種（gente decente）」と呼ばれた。都市部の中流以下の階級や農村部の人々で、西洋風に装いスペイン語と先住民言語の二カ国語以上を話す自由土地保有農民は、メスティーソ（またはチョロ）と呼ばれた。また単一の先住民言語のみを話し、アンデスの伝統的な食事をする農民は「インディオ」と呼ばれ、最下層に位置付けられた。インディオが社会で権力を持つには伝統的生活や言語を自ら捨て、チョロや「白人」の文化習慣を積極的に受け入れる必要があった。有能で野心的な一部のインディオ農民には、西洋文化を受け入れることで権力を得て、白人やチョロ階級を養う立場につく者もいた。単一の先住民言語のみを話す農民の中にも貧富や世襲地位による階級差があり、元々共同体に暮らす住民と後に移住した者の間にも格差が生じた。先住民内部の二極化した状況は時代と共に変遷し、近年特に義務教育と民主政治の導入以降大きく変化したが、社会における人種差別的な側面は現在も根強く残る。それでもボリビアのチョロ階級は、ラテンアメリカ諸国と比べ国内社会において優勢であり、際立って強い政治力を持つ存在でもある。

政治面では単独の民族グループ、つまり白人層が権力を独占し、複数の民族を支配する典型的な複合多民族社会を何世紀も築いてきた。事実インディオは、共和制が施行された独立後よりもスペイン王政統治下にあった植民地時代の方が厚遇されていたとする説もある。一九世紀から二〇世紀にかけてのボリビア政治は、少数の白人支配層が大多数のチョロやインディオの権力をいかに抑制して統治する対策を編み出すかということに多くの労力を費やしてきた。独立後も限られた有権者だけが参加する議会制共和国家で、議会や閣僚もごく少数のスペイン語話者支配層が独占してきた。だが一九世紀後半になると、大半のアメリカ大陸諸国と同様に近代経済の変化に影響されて、寡占的な政治体制は崩壊していった。白人支配層は支持基盤を強化するために、中流階級や都市部の労働階級を新たに政治舞台に招き入れたが、一部階層による民主化の過程は最終的に挫折することになる。一九五二年、民衆労働者や中流階級が中心になってボリビア革命が起き、それまでの政治体制は根本から一掃された。社会や経済も刷新され、二重社会構造の完全な壊滅には至らなかったものの古くからの搾取体制は大幅に縮小され、インディオが独自の言語や文化を維持しつつ近代社会で活躍できる場が整った。インディオはついに政治権力を得て、土地所有権を保証された。さらに基幹輸出産業は国営化され、有力実業家による寡占体制も終わった。その後のボリビアは、途中ラテンアメリカ全土に波及した軍事恐怖政治時代を挟みつつも、政治、経済、社会面で大いに成長を続けている。その目覚ましい発展ぶりは南北アメリカでも際立っている。

ボリビアは経済面でも他の国々とは異なる独自の性質を持つ。世界経済において、時代遅れなまでに極度な開放経済主義を貫くボリビアは、一六世紀より今日まで、鉱物や一次産業製品の輸出に集中してきた。一次産業輸出に依存する体質は世界市場の影響を受けやすく、需要と供給の変化はボリビア経済を直撃した。人口が少なくラテンアメリカで最も人口密度の低いボリビアでは、世界的な経済危機や外資参入といった国外の要因に国内産業全体が大きく左右される。そのためボリビア経済は比較優位の原理に忠実であり、他の多くの発展途上国とは一線を画す立場にある。

このような対外依存体質にもかかわらず、ボリビアは国内資源の国有化政策を打ち出し、特に一九五〇年代のボリビア革命時代には各種国営事業を急速に進めた。また鉱山産業は二〇世紀後半まで白人やチョロの経営するボリビア国内企業が支配し、海外資本の導入を拒み国内資源をすべて独占した。利権を求める外部からの介入は多く、常に近隣諸国や世界各国の謀略に晒されていたが、機知に富むボリビア国民はそれらを巧みに交わしつつ折り合ってきた。

目覚ましい発展と急速な変化を遂げてきたボリビアだが、依然として貧しい後進国であることに変わりない。国民生存率は南北アメリカ内で最低の水準にある。人口八〇〇万人のこの国は現在もなお南北アメリカで最も死亡率が高く、最も平均寿命が短く、国民一人当たり所得も最低ランクだ。だがその中でもここ数十年の社会の変革には目を見張るものがある。教育分野では全国民に義務教育を普及させ識字率の向上を実現し、ラテンアメリカの平均を上回るまでになっている。

植民地時代を経て、近年は新たな政治、社会変革の波にもまれるボリビアは、多くの独自性を保ちつつも人類全体の歴史に通じる共通性を持つ国でもある。ボリビア社会は先スペイン期以前の伝統と西洋様式、階級組織や二重社会構造、貧困と搾取、強靭な独立性と社会の創造性といった要素をすべて相互に作用させながら見事に融合を遂げてきた。本書ではそれらの側面について詳しく解明していきたい。

本書の上梓にあたり、私は四〇年に及ぶボリビア研究の中で収集した文献、調査、対話などを通じて一定の考察をまとめるべく試みた。ボリビアに生まれ育った者ではない外国人として、文化の微妙な差異を見落としている面も多々あるだろう。だが外部からの視点を生かして研究対象と距離を置くことによって内在的な偏りを補うことができれば幸いである。また高度産業社会の先進国アメリカ国民として、筆者自身の道徳観や知的判断を挟むことなく、あるいは極端な愛国主義に走ることなくできるだけ客観的な立場を維持すべく努めたつもりだ。

私が「ボリビア研究者」として長年この国に深く携わることになったのは、一九五〇年代後半のことだった。以来実に多くの研究者や友人より指導や助言、協力を得た。ベルナルド・ブランコ＝ゴンサレスとテレサ・ギスベルトからは、それぞれシカゴ大学、サンアンドレス大学における正規課程の講義を通じてボリビア研究の基礎を学んだ。ガンナ・メンドーサとアルベルト・クレスポは一九五九年にボリビアを訪れた際、私の研究の方向性を示してくれた。長年の友人で元教え子でもあるアントニオ・ミトレは、私の考えた様々な仮説を共に議論してくれた。やはり友人であるシルビア・リベラ、サビエ・アルボ、ジョセフ・バルナダ、フィリップ・ブレア、テレス・ボイス＝カザーヌ、トリスタン・プラット、テリー・サイネス、カレン・スポルディング、エンリケ・タンデテル、ネイサン・ウォステルから意見や助言、協力を得た。指導教官で親しい友人でもあるマルセロ・カルマニャーニとニコラス・サンチェス＝アボルノスは、本書上梓にあたりきわめて貴重な存在だった。また本書執筆にあたりスタンリー・エンガマン、ハリエット・マネリス・クライン、リチャード・ウォルトマン、マリア・リジア・コエーリョ・プラドに校閲を依頼し、度重なる推敲を経た。

初版は一九八二年 *Bolivia: The Evolution of a Multi-Ethnic Society* として Oxford University Press より出版、一九九二年に改訂版が出されたものを、二〇〇一年さらに加筆改訂した。初版（※）改訂版刊行にあたり、リカルド・ゴドイ、エルウィン・グレイシャバ、エリック・ランガーを始めとする多くの友人や研究者よりさらなる支援や助言を得た。またかつての教え子ブルック・ラーソン、クララ・ロペス・ベルトラン、マヌアル・コントレラス、メアリ・マネー、アン・ズラウスキーは本書に企画段階からかかわり、共に多くの調査を行った。特にマヌエル・コントレラスはボリビアの最新社会経済統計の入手に尽力し、資料翻訳を厳しく精査した。またクララ・ロペス・ベルトランは、最新の歴史研究情報を常に提供してくれた。

最後にジュディス・シフナーは執筆作業全体を素晴らしい経験へと導いてくれた。

昨今の電子データによる資料収集時代の到来により、ボリビア政府や諸機関は、政治社会に関する膨大な資料を惜しむことなく提供してくれた。数ある提供元のうち特にボリビア中央銀行、国立統計機構、UDAPE（ボリビア社会経済政策分析局）、世界銀行に深く感謝する。

本文中の地図について、1-1（ボリビア全図）は "Les senorios aymaras" in T. Bouysee-Cassagne, "L'organisation de l'espace aymara: urco et uma," *Annales*, E.S.C., 33(1978)1059. より複製許可を得た。地図1-2（ボリビアの地形図）については、E. Boyd Wennegren and Morris D. Whitaker, *The Status of Bolivian Agriculture* (New York: Praeger Publishers, 1975) p.20. より借用し、Greenwood Publishing Group の許可を得て複製版を作成した。地図1-3（一五世紀のアイマラ王国）は、Rex A. Hudson and Dennis M. Hanratty, eds., *Bolivia: A Country Study* (Washington: Library of Congress, Federal Research Division, 1989) より、図3を転載した。

最後にアイマラ語、ケチュア語による先住民社会の用語については、ボリビア国内で使用される最も一般的な記載方法を採用した。ただしそれら用語は時代と共に常に変遷している。たとえばスペイン語で先住民貴族を指す語はボリビア国内では「カシーケ」(cacique) が一般的だが、ペルーにおけるケチュア研究では「クラカ」(kuraka) の語が用いられている。(敬称略)

二〇〇一年八月　カリフォルニア州メンローパークにて　著者

改版によせて

本書『ボリビアの歴史』第四版（※）を上梓するにあたり、現代史にあたる年代範囲をどのように定義するかという、歴史研究において常に立ちはだかる問題に直面した。

旧版を読んだ読者なら、一九五二年以降の記述に多くの変更が加わっていることにお気づきだろう。これはボリビア革命という歴史の転換期に対する認識や捉え方が、ボリビア研究の専門家の間で、常に変化し続けているためによる。今回大幅に改訂を加えた第九章と、新たに書き起こした一〇章を分ける出来事を二〇〇二年の選挙にしたのも、ボリビア国内の専門家達が、この選挙を新たな政治体制の台頭を占う象徴的な選挙と繰り返し強調していたためだ。ただしこの政治上の区分は、変貌を続ける社会経済の情勢に必ずしも呼応するものではなく、将来の時代区分はさらに再編されると見て間違いない。本書でもその点を踏まえて執筆した。また私は、ボリビアの政治や社会に今まさに起きている非常に大きな変化の中で、その最新情勢について一定の分析を加えようとしている点も十分に考慮した。未来の歴史家達は、現時点での私の見解を知ることで、異なる観点から時代の変化を考察することができるだろう。最新の政治、経済、社会の変化は、予期せぬ発展をもたらすことも明らかだ。読者の中には、この八年間で起こった出来事を評価するのは時期尚早ではないかと感じる方もいるかもしれない。この点については単純に私の年齢的な事情が理由にある。この激動の時代がどのような結果をもたらすか、将来明らかになる頃には私はおそらくこの世にいないということを言い添えておきたい。しかし私のボリビアへの関心は尽きることなく、その気持ちが本改訂版上梓へと駆り立てた。ボリビアは現在、大きな変革の第一歩を迎えたばかりの段階にすぎないが、それでも私の長年にわたるボリビア研究を基に、現時点でのいくつかの見解を述べることはできるかもしれないと考えた。ボリビアという国は私にとって、これまでの研究人生において最も魅力的な研究対象であり続け、実に多くの時間をかけて研究に取り組んできた。

前回の版が刊行されて八年が経った。その間にまったく新しい世代の社会科学者や研究機関が次々に現れ、現代社会の変化について分析した多くの重要な書物が出版された。また近年は、ボリビア社会内部における社会的定義にも大いに変化が見られる。たとえば植民地時代以降混血インディオなどを指したボリビア独自の呼称「チョロ」についても、近年はやや蔑称的な意味合いを持つようになり、社会定義を変える必要に迫られた。現在はどちらかと言えばラテンアメリカ全体で一般的な「メスティーソ」が用いられている。ただしボリビアで呼ぶ「メスティーソ」とは、大半のラテンアメリカ諸国で捉えられる意味とは大きく異なることを強調したい。ボリビアでメスティーソに区分される人々とは、西洋文化よりもインディオの文化背景が色濃い人々を指し、スペイン語を第一言語にしつつも先住民の服装やその他文化特性を維持する人々である。

また「インディヘナ」（インディオ）の語は、現在ではメスティーソの人々も含めた先住民グループの総

※訳者注＝本書は Cambridge University Press より二〇〇一年初版刊行の第二版だが、その下地となったのは一九八二年に Oxford University Press より出版され二版の改訂版である。そのため本書は原版は第四版にあたる。

称として定義されることが一般的になっている。本書では新たに書き起こした九章および一〇でそれら用語を用いているが、八章までの一九八〇年以前の記載については、あえて当時の用法をそのまま残した。さらに特にペルーで一般的だったカンペシーニョ（農村部の土着民）の呼称は徐々に廃れ、代わって「先住民」または「オリヒナリオ」の語が普及しつつある。

本文中の統計数値については、特に記載のない限りすべてボリビア政府の最新データを使用した。中でもボリビア国家統計局（INE）、ボリビア社会経済政策分析院（UDAPE）、ボリビア中央銀行（BCB）その他関連省庁の最新統計を多く採用した。比較情報としてラテンアメリカ地域全体の統計データを使用したが、これは国連諸機関およびラテンアメリカ研究グループである国連ラテンアメリカ・カリブ経済委員会CEPALとラテンアメリカ・カリブ人口センターCELADEのものを転用した。この改版上梓にあたり、ホセ・アレハンドロ・ペレス・カシアスには調査補助などの面で大いに助けられた。また私の友人、同僚、旧版で挙げたすべての生徒や弟子達にも引き続き助力を受けたことをここに書き添えたい。

二〇一〇年六月　カリフォルニア州メンローパークにて　著者

日本語版刊行に向けて

用語用法についての追記

先住民を指す適切な語について、英語では「ネイティブ・アメリカン」「(アメリカン・)インディアン」など多くの議論が交わされているが、スペイン語に関してはそれ程盛んではなく、インディオ、インディヘナの呼称は今でも一般に用いられている。本書ではスペイン語の呼称にならい、「インディアン」Indianの語を一貫して用いた。

二〇一〇年 著者

訳者注＝右記に関し日本語版の表記に際し、八章までの原文「インディアン」Indianについては、日本語のより一般的な同義のスペイン語表記「インディオ」に統一した。九章以降については、著者の序文のとおり、時代による区分変化に応じインディヘナと記載した。

またスペイン植民地時代の呼称について、現在のボリビアとほぼ同じ地域にあたるアルトペルーまたはチャルカスの語が用いられている。原著では両方の呼称が用いられ、厳密には異なる定義もなされるが、ときに同じ意味で混在して用いられている箇所もあった。日本語版では、著者に確認のうえチャルカスの語に統一した。

用語解説

アイユ（ayllu）アンデスのアイマラ族による共同体構成単位。通常上位（アナンサヤ）と下位（ウリンサヤ）の二つに分かれ、土地の共同所有権を持つなど村落の共生を維持した。

アウディエンシア（audiencia）植民地で主に都市部の少数の白人を統治するために設置された王立司法行政機関。チャルカス・アウディエンシアは新世界でも稀少な司法権と行政執行権を兼ね備えた機関だった。議長と数人のオイドール（裁判官）で構成された。

アシエンダ（hacienda）大農園の意。植民地初期よりスペイン人（アシエンダード）が大規模な土地を所有してインディオ使役人（ヤナコーナ）を雇い経営した農場。転じてスペイン＝アメリカ帝国の社会経済的な単位となった。

アルティプラノ（altiplano）スペイン語で高い平地の意味。アンデス山系に囲まれた広大な高地でボリビアとペルー両国土にわたる。

インテンデンテ（intendente）スペイン植民地時代、王室が定めた地方行政区（インテンデンシア）に配置された強い権限を持つ行政官。

エンコミエンダ（encomienda）スペイン王室が、植民地の先住民を征服者や植民者に割り当て、治安保護とキリスト教改宗を託すと引き換えに、課税徴収を信託する制度。受託された者はエンコメンデロ（encomendero）。

オリヒナリオ（originario）アイユで生まれ育った住民。オリヒナリオで構成されるアイユ幹部の中から長老（ヒラカタ）が選ばれ、各共同体の正式な代表者を務めた。アイユ内の諸権利を持つと同時に植民地時代にはミタ賦役や納税義務を一手に背負い、負担から逃れるため地位を捨てフォラステロやヤナコーナに転じる者もいた。

オイドール（oidor）アウディエンシアの王室裁判官。アウディエンシアは議長および数人のオイドールで構成された。

オブラーヘ（obraje）スペイン植民地に設立された織物工場。地域住民の強制労働の場となった。

カシーケ（cacique）アイマラ語で首長。アンデスで地方ごとに存在した。いくつかのアイユを統括し、独自の土地を持ち、アイユから労働者を徴用した。ケチュア語ではクラカ（curaca）。

カウディーヨ（caudillo）カウディージョ、カウディーリョ。頭領（ボス）の意味。スペインやラテンアメリカの地方や中央政治の権力者。近代以降は独裁者を指したほか、スペイン内乱における反乱指導者フランコが呼称に用いた。

カビルド（cabildo）スペイン植民地時代の市会。委員はベシーノから選ばれた。

カタリスタ（Katarista）カタリ主義者の意。先住民解放運動を進めたアイマラ族指導者の英雄トゥパク・カタリの名を取り、インディヘナの権利拡大運動を行う人を指す。

クリオーリョ（criollo）植民地で生まれた白人を指す語。これに対しスペイン生まれの白人はペニンスラール（peninsular）。

コンキスタドール（conquistador）スペイン語で征服者の意。特に南北アメリカに渡り現地の富を手にしたスペイン人。

コレヒドール（corregidor）アウディエンシア直属の地方管轄区（コレヒミエント）を監督する地方行政官。町でスペイン人市民を監督するコレヒドールと、農村部インディオを監督するコレヒドールがそれぞれ置かれた。インテンデンテ制導入後は、副インテンデンテと呼ばれた。

コムニダー（comunidad）インディオ自治共同体。元はアイユと呼ばれていたが、一九五三年の農地改革で名称が変更になった。

コカレロ（cocalero）コカ栽培農家。二〇〇五年大統領に就任したエボ・モラレスはチャパレ地方のコカレロを中心にアイマラ民族運動を起こし政治の原動力とした。

シンジカート（sindicatos）農民連合。一九五二年ボリビア革命とほぼ同じ頃、ボリビア労働連合の援助を得て、伝統的な共同体組織を基盤に結成された。農民達が武器を手に義勇軍となり同年の終りには各地で破壊活動を起こした。多くの組織票を左右することなどから各政権が注目し、時に協力関係を結んだ。後にアイマラ民族運動の基盤ともなった。

垂直統御（vertical control）アルティプラノで古代より受け継がれた社会経済体系。激しい高度差を利用して作物などを交換することで秩序を保つ方法。

タワンティンスーユ（tahuantinsuyo）インカ帝国の四つの州区分。このうち一つ、コリャスーユはアイマラ諸王朝の繁栄地に定められた。

チョロ（cholo）メスティーソと同義で白人とインディオの混血者を指すが、インディオでありながら白人風の文化を身に着けた者もチョロと呼ばれる。

ヒラカタ（jilaqata）アイユ内から任命される長老。カシーケの補佐的役割を果たした。

フォラステロ（forastero）植民地時代、各地の共同体を転々と移り住んだインディオ農民。オリヒナリオに小作民として雇われて生計を立てた。別名アグレガード。フォラステロは一八世紀初頭まで納税を免除されたため、オリヒナリオの地位を捨てフォラステロになる者は自らの土地を失うかわりに貢納やミタ賦役から解放された。

ベシーノ（vecino）スペイン人植民者の「市民」。ベシーノの間で選挙を行い、市会（カビルド）の委員を選んだ。

ポングァへ（ponguaje）インディオの使役労働。農地を貸し与えられる代償として、農作業から家事労働まで地主のために働く義務を負った農民を指した。

ミタ制度（mita）植民地時代、副王トレドが設けた鉱山の賦役制度。元は先スペイン期時代の強制労役制度だった。アンデス一六の地域のインディオがミタヨとして駆り出され、交代で鉱山労働に就いた。

メスティーソ（mestizo）白人とアメリカ大陸先住民との間に生まれた混血者。転じて先住民式文化生活を営む者全般を指す人種区分以上に社会区分を指す語になっている。

ヤナコーナ（yanaconas）インカ時代は貴族に仕える土地非所有の隷属民、植民地時代にはこれが転じて、スペイン人所有の土地に暮らす隷属民を指した。

レパルティミエント（repartimiento）植民地役人がインディオに対し、強制的に行った割り当て制物品販売。エンコミエンダと同義の労働者割り当ての意味もある。

レドゥクシオン（reduccion）植民地時代、副王トレドが行った改革の一環で、インディオを効率的に支配し、徴税するため複数アイユを集約した強制集住集落。またキリスト教化にも利用された。

第一章　国土概観と先スペイン期の文明

1　自然と地理

ボリビアはきわめて複雑な自然環境を持つ国だ。人々と社会は、独特の気候風土の下で発展を遂げてきた。国土は南回帰線と赤道のちょうど中間に位置し緯度上は熱帯に属すが、並外れて標高が高いことから、ヒマラヤ山脈地帯を除き世界でも類例のない独自の風土を生み出している。古代より多くの人々は標高一五〇〇メートル以上の地に暮らし、中でも最も先進的な数々の文明は標高三六〇〇メートル以上の高地で発展した。高地は必ずしも地理的条件に恵まれず、寒冷で乾燥した気候で土地はやせ細り開墾部も限られるなど低地に比べ制約が多い。動植物も独自の生態系を育んでいる。人々も酸素が薄く気圧変化の激しい環境への適応を強いられ、生理人類学的な面でも大いに影響を受けてきた。

ボリビアの人々は有史以前より現在までアンデスの高地周辺に集中して暮らし、独自の文化を発展させてきた。だがボリビアの国土はアンデスのみにとどまらない。国土のおよそ三分の二は熱帯または亜熱帯

地図1-1　ボリビア全図

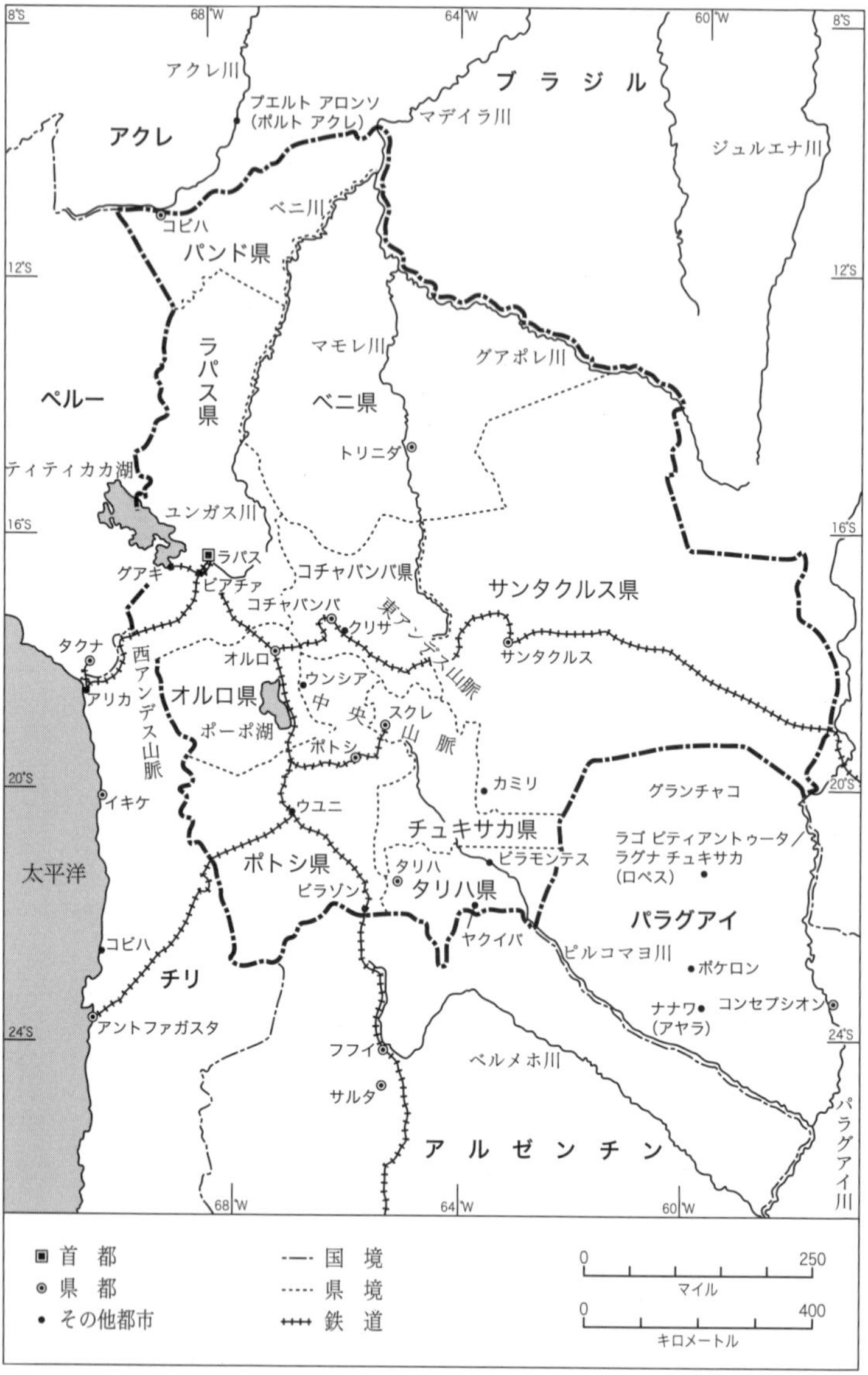
ブ　ラ　ジ　ル
アクレ
アクレ川
プエルト アロンソ
(ポルト アクレ)
マデイラ川
ジュルエナ川
ベニ川
コビハ
パンド県
ラパス県
マモレ川
グアポレ川
ベニ県
ペルー
トリニダ
ティティカカ湖
ユンガス川
ラパス
グアキ
ビアチャ
コチャバンバ県
サンタクルス県
コチャバンバ
クリサ
東アンデス山脈
サンタクルス
タクナ
西アンデス山脈
オルロ
オルロ県
ウンシア
中央山脈
スクレ
ポーポ湖
ポトシ
アリカ
カミリ
グランチャコ
イキケ
ウユニ
チュキサカ県
ラゴ ピティアントゥータ／
ラグナ チュキサカ
(ロペス)
ポトシ県
タリハ
ビラモンテス
太平洋
ビラソン
タリハ県
パラグアイ
ヤクイバ
ピルコマヨ川
ボケロン
コビハ
チリ
ナナワ
(アヤラ)
コンセプシオン
アントファガスタ
フフイ
ベルメホ川
サルタ
パラグアイ川
ア　ル　ゼ　ン　チ　ン
8°S
12°S
16°S
20°S
24°S
68°W
64°W
60°W
首　都
県　都
その他都市
国　境
県　境
鉄　道
0
250
マイル
0
400
キロメートル

の低地が占め、西は太平洋岸のアタカマ砂漠（一九世紀末以降はチリ領）から東はアマゾン、ピルコマヨ両大河流域の広大な低湿地帯に至るまで多様性に富んでいる。ボリビア全図（地図1-1）からもアンデス高地と周辺の渓谷地帯を含む高地帯は、国土全体のごく一部に過ぎないことが分かる。

低地は肥沃な土壌に恵まれ豊かな暮らしをもたらす可能性もあった。だが交通網が未発達で地域間の移動が困難だったため、長い間主要な高度文明の中心地から隔絶され、一部の小規模な半遊牧狩猟採集社会をのぞき、ほとんどの地域は近年まで未開のまま取り残されていた。これに対し高地には多くの人が暮らし、ペルー中央部や沿岸部に連なる高度文明地域として発展した。高地は厳しい気候条件から作物や生活面で様々な制約があったものの、広大な放牧地帯として好条件を備えるほか豊富な鉱物資源を有することから、必然的に人類居住の中心地になっていった。

アルティプラノ　ボリビアの高地帯とは、ティティカカ湖の北端から南に向けて全長約八〇〇キロに及ぶ平均標高三九〇〇メートルの平地部分を指す。きわめて標高の高いこの広大な高原地域を、のちに渡来したスペイン人はアルティプラノ（スペイン語で「高地の平原」）と名づけた（地図1-2）。アンデス山脈に連なる東西二つの山系は、南緯九度あたりから二手に分かれ互いに距離を広げている。その両山系のすき間に当たる部分がアルティプラノだ。アルティプラノはアンデス山脈のほぼ中央部の最も海抜の高い地点にあり、東西の幅は先端部で約数キロ、中心部は数百キロにも広がる楕円状の高原になっている。山頂には広大なティティカカ湖がある。アルティプラノ全体の総面積は一三万平方キロを超え、このうち三分の二が現在のボリビア領土に含まれる。

地図1-2　ボリビアの地勢図

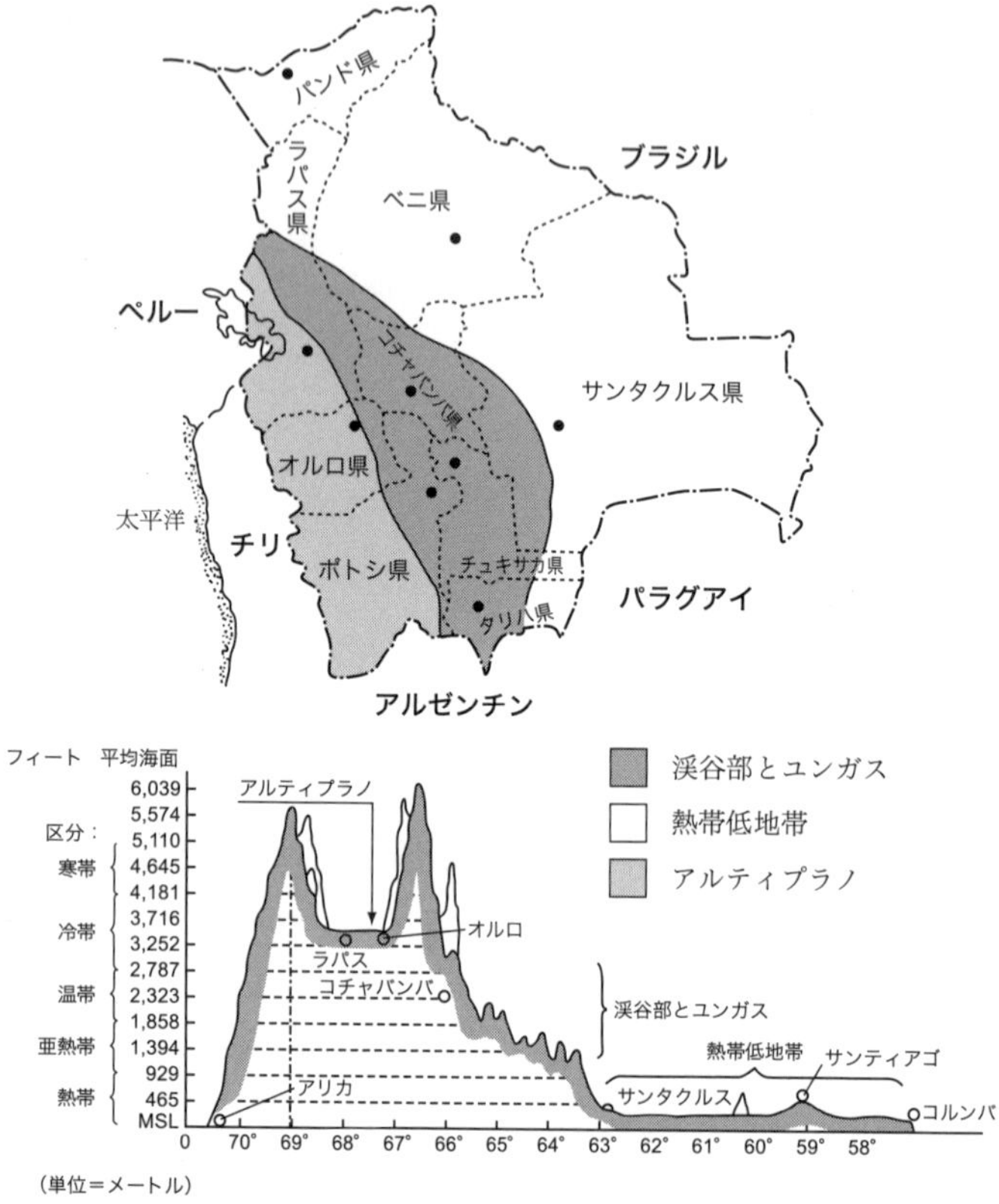

　アルティプラノの東西を囲む山脈はそれぞれに異なる特徴を持つ。西側のコルディリェラ・オクシデンタル（西アンデス山脈）は平均標高五〇〇〇メートルを超える険しい山々がそびえる山脈で、最高地点は六四〇〇メートルを上回る。南北の長さ約六二〇キロ、東西の幅三〇キロと細長く、居住可能な渓谷や高原は少な

い。高標高の平地は周囲を囲む険しい絶壁により太平洋沿岸やアタカマ地方への経路を阻まれ、隣国ペルーやチリの国境になっている。火山活動による変化や侵食によって形成された地質だが利用可能な鉱物資源は少ない。アルティプラノに接する東斜面の高地には、ティティカカ湖を凌ぎ山脈全体の面積にも匹敵する巨大な乾燥平原、ウユニ塩湖がある。そのため東西の経路は分断され、コルディリェラ・オクシデンタルから先の海岸部には容易に行くことが出来ない。だが南北両端の経路は保たれているため、ボリビアと太平洋沿岸部を結ぶ経路は北または南西方面に発展した。コルディリェラ・オクシデンタルには目立った資源もなく居住に適さない気候のため、そこに含まれる西部アルティプラノも国内で最も人口の少ない地域となっている。

これに対しアルティプラノの東側にそびえるコルディリェラ・レアルは大きく様相が異なる。コルディリェラ・レアルは東アンデス山脈、コルディリェラ・オリエンタル、ロイヤル・コルディリェラなど様々な名称で知られ、西側のコルディリェラ・オクシデンタルよりもさらに広大で起伏が激しく、ボリビアで最高峰の山々が集まる地帯でもある。コルディリェラ・レアルは海抜一〇〇〇から四〇〇〇メートルという標高差に、多くの肥沃な平地や河川、渓谷地帯を含む。渓谷部が多いことから東部山麓部の渓谷地帯（モンタナ地域）やその先の東部低平原地帯との交流が比較的容易な地域でもある。

東部渓谷と低地帯　コルディリェラ・レアルの東側には渓谷と平地帯が広がっている。この地帯の地形はとても複雑に入り組んでいるが、標高と範囲によって大まかに分類できる。アンデス山麓部に位置するやや標高の高い平原部は、山麓渓谷地帯（バジェ valle）と呼ばれる。気候は全体として温帯に属し、非常

西アンデス山脈にそびえるボリビア最高峰のサハマ山（標高6,542m）（提供：Viceministerio de Turismo　ボリビア政府文化省観光次官室）

に乾燥しているが良質の地下水脈にも恵まれている。平均標高二五〇〇メートル程度の全体的に細長く開けた平野で、アルティプラノとの往復も比較的容易だ。山麓渓谷地帯のうち最も住民が密集する地域はコチャバンバとチュキサカの両渓谷地帯とポトシ西部、そしてタリハ県である。比較的標高が低く広い面積を持つことから、山麓渓谷地帯は植民地時代以前より生産や居住の主要拠点として栄えた。この地帯を代表するコチャバンバ地域の生産体系を例に見ると、先スペイン期にはトウモロコシ、植民地時代には主に小麦の一大産地となった。またトウモロコシを原料として醸造するチカ酒の産地でもあった。これら農作物の需要もありアルティプラノの住民とは古くから頻繁に交流があった。また植民地時代以降はスペイン人がもたらした家畜によって、アルティプラノは牧羊の中心地となり、山麓渓谷地帯では畜牛が発展した。

アルティプラノや山麓渓谷地帯を下った一帯には、ユンガスと呼ばれるコルディリエラ山系中心部の険しい川と谷に囲まれた温暖な地域が広がる。ユンガスは標高およそ七〇〇メートルから三〇〇〇メートルに位置し、アマゾン川から吹く風の影響で高温多湿な気候で、熱帯や亜熱帯植物の栽培に適している。ユンガス地方で最も重要な地区は、ラパス市近郊の北（ノール）および南（スッド）ユンガスと、ラパス県の

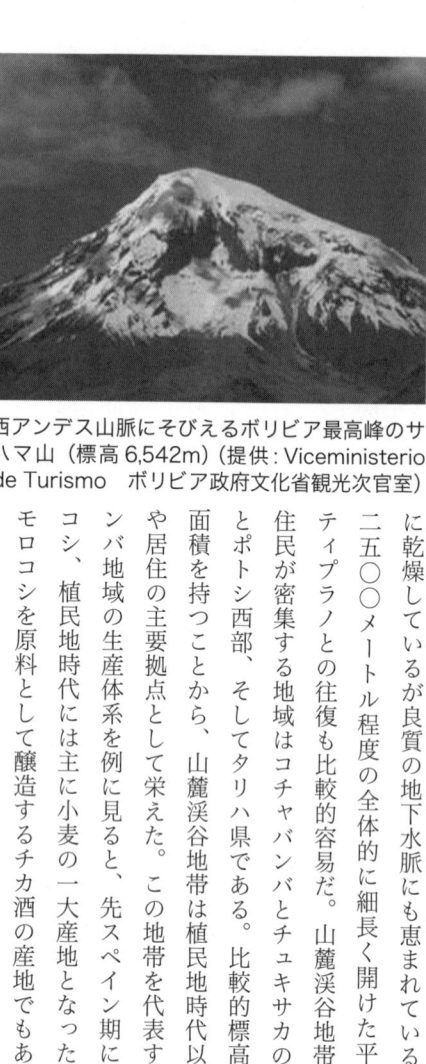

ラレカハ、ムニェカス、インキシビ地方である。ユンガスは古くから生活に不可欠な二大植物トウモロコシとコカ栽培の中心地で、両作物の生産が不能な高地への供給地だった。植民地時代以降は柑橘類などの果実やコーヒー栽培も盛んになり、高地帯への食糧供給の中心地として機能した。この他にもコチャバンバ県やサンタクルス県には、広大な亜熱帯に属する渓谷地帯がいくつも見られる。それら渓谷地帯にはユンガスと同様に肥沃な地質があり耕作も可能だが、ほとんどの地は人々が足を踏み入れることもなく二〇世紀に至るまで未開拓のまま残されていた。

衛星からみたアンデス高地。上の湖がボリビアとペルーにまたがるティティカカ湖、下の白い部分がウユニ塩湖（面積は四国の約半分）、左はチリをはさんで太平洋（提供：NASA）

コルディリエラ・レアルの東麓の高地から低地にかけては、モンタナ地帯と呼ばれる低い丘陵や山々の連なる地域が広がり、その先にはアマゾン川源流域やチャコ平原を含む平均海面の低地が続く。リャノまたはオリエンテと呼ばれる広大な東部低平原地帯は主に二つの特徴的な地域に分かれる。北部のモホス平原（リャノス・デ・モホス）は北部湿地帯またはベニ湿地平原帯と呼ばれる熱帯サバンナで、通常一二月から四月の雨季には洪水の被害が著しい。その中央部にはアマゾン川の源流水系の一部であるマモレ川が流れる。モホス平原南部には、旧チキトス県の名にちなんだ大チキトス高地が広がる。地形や気候はモホス平原に似ているがやや標高が高く、炭化水素資源の集まる重要な地域である。さらに南下すると乾燥地帯チャコ平原（リャノ・デル・チャコ、グランチャコ）に至る。広大なチャコ平原はサンタクルスより南へ向かって延び、ブラジル、アルゼンチン、パラグアイの国境を越えてさらにその先まで広がっている。乾燥した半砂漠地帯で、ピルコマヨ川流域を中心に低木林がまばらに広がる不毛な地だ。そのため国土面積の多くを占めながら人口は全国民のわずか五分の一にすぎない。

東部低平原地帯は、交通の不便さと厳しい気候のため近年まで未開拓のまま取り残されていた。植民地時代にはサンタクルスやラパス近郊地域で多少のコカ生産と畜牛が行われたが、やがて一九世紀後半になると大規模な開発計画が始まり、商業用天然ゴム生産地域として発展した。その後二〇世紀になって鉄道が開通し国内交通網が整備されると、ようやく砂糖、綿、大豆、コカといった商用農産物の生産が本格化し、石油や天然ガス資源の開発も進んだ。またモホス平原やベニ県といった北東平原地帯を中心に畜牛も広まった。東部低平原地帯では近年でも一次産業開発が盛んに進められている。だが人口はまばらで国民のわずか三分の一程度が広大な地に暮らしている。

2　アンデス文明発展の基盤

ティティカカ湖とクエンカ　ボリビアの人類定住の歴史は、アルティプラノとその周辺のアンデス東麓渓谷地帯中心に発展した。中でもアルティプラノは政治や経済すべての拠点だった。だが人口の密集するアルティプラノも、地域全体が定住地として恵まれているわけではなかった。アルティプラノの西半分は鉱物資源も乏しく土地の大半は痩せ細り、きわめて乾燥した不毛な地だ。一方東半分にはティティカカ湖を中心に肥沃な土地と豊富な資源がある。表面積約八五〇〇平方キロという巨大なティティカカ湖(訳注：琵琶湖の約一一倍)の周辺には、アルティプラノの他地域とは異なる温暖湿潤な気候が広がり、農畜産物を豊富に生産可能な利点を持つ。そのためティティカカ湖周辺の住民の多くは農業や畜産業につき、アルティプラノの重要な食糧供給拠点となっている。また恵まれた環境から、高度で複雑な文化体系も発展した。ティティカカ湖周辺の定住は丘陵毎に区切られた「クエンカ」(流域)と呼ばれる平原部一帯を拠点として、デサグワデーロ川に沿って湖の南およそ九〇キロのラパス市まで分散している。湖岸一帯とヘスス・デ・マチャカ市のクエンカは、それぞれ肥沃で湿潤性の高い良質な土壌で、互いにデサグワデーロ川によって繋がっている。デサグワデーロ川はさらに北のティティカカ湖と南のポーポ湖の二大湖を結び、南部でオルロとウユニの二つのクエンカを横断する。オルロ・クエンカは人口も密集し栄えているが、ウユニは

アルパカの親子

ボリビア全土でもっとも乾燥した塩湖地帯で、広範囲に渡り居住不能な土地が広がっている。

固有資源の宝庫　アンデス文明の発展を支えた主要な農産物は、すべてアルティプラノで栽培された。ティティカカ湖地域は、のちにヨーロッパに伝わり大いに普及したジャガイモをはじめ、キヌアなど栄養価の高い根菜類の産地として栄えた。これらの根菜類は乾燥、冷凍させて半永久保存食として常備され、ボリビア人の食生活の根幹をなしている。

またアルティプラノはリャマ、アルパカ、ビクーニャといった南アメリカ特有のラクダ科動物の生息地でもある。いずれも荷役や毛織物生産、肉食、肥料、燃料に用いられ、アンデスの生活経済にとって重要な役割を果たす。それぞれ有史以前よりアルティプラノに暮らす人々と密接にかかわり、古代アイマラ王国時代には家畜化と使役利用が飛躍的に発展した。前インカ時代のアイマラ族にとって動物の畜養と保護は重要であり、人間と同等の居住空間を与え大事に扱っていた。

天然、人工共に豊かな牧草地に恵まれたアルティプラノは、スペイン侵略以降は羊の一大放牧地にもなった。羊は本来南アメリカ大陸に生息する動物ではなかったが、ヨーロッパから持ち込まれて以降他動物との共生が進み、現在ではアメリカインディオの家畜飼養経済に欠かせない存在となっている。高地のインディオは大規模な放牧と根菜類の集約栽培によって、毛織物と食料品の生産と自給が十分可能になり、高地では入手できない魚や果物、調味料、トウモロコシ、コカを周辺地域の人々と交換して生計を立てた。

アルティプラノには豊富な鉱物資源もあり、先スペイン期より採掘利用されてきた。現在もこの地域は世界有数の鉱物地帯となっている。鉱物資源の分布はアルティプラノの主な農産物地帯と連動する。もっとも土地が肥沃で農業の盛んな東部アルティプラノには、ボリビア全体のおよそ八〇％を占める膨大な鉱物資源が集中する。この地帯は錫《すず》ベルト地帯と呼ばれ、国内鉱物資源の大半を有する。錫ベルト地帯はティティカカ湖北東部からコルディレラ・レアルにかけて東西を横断し、南はアルゼンチン国境まで広範囲の地帯だが、大まかに複数の地域に分類される。まずペルー南部からムルラタ平地にかけて最古の鉱山地区があり、先スペイン期より金鉱やタングステンなど豊富な鉱物が採掘された。次にムルラタを南下したオルロ地区があり、より多くのタングステンを埋蔵するほか国内最重要資源の錫を有する。だが錫が最も豊富な主要産地はオルロ南部からポトシと南部国境にかけて広がる第三の地域だ。この地域は錫と銀の二大資源をそれぞれ豊富に有する独自の特徴から「多金属鉱床帯」として知られ、ボリビア鉱物資源の中心地として知られ、錫や銀のほかに鉛、ビスマス、亜鉛、アンチモンなど様々な鉱物を産出する。これらの多くは世界でもボリビアにしか見られない特有の鉱物資源である。この地域以外の主要な鉱物資源にはアルティプラノ東部の銅と、コルディリェラ・オクシデンタル山脈を超えた沿岸部アタカマ砂漠にある硝石と銅がある。またコチャバンバ渓谷では非鉄金属、東部低平原地帯では天然ガスと石油、そして国内唯一の鉄鉱石が採掘される。ボリビア国内で採掘されないのは石炭、ボーキサイト、クロム、プラチナ、そして宝石のみで、それらを除くほぼすべての鉱物資源に恵まれている。

このように膨大な鉱物資源を有するボリビアだが、先スペイン期の採掘量はごくわずかだった。その後スペイン侵略以降に大規模な産業として発展し、世界経済におけるボリビアの地位を築く重要な基盤となった。また冶金術についても高地では古くから発展した。その高度な技術は前近代的な生活を送っていた一六世紀以前より、すでに高地の重要な交易物の一つとしてペルー沿岸部の高度文明社会にも伝えられるほどだった。古代ボリビア人が独自の能力を発揮して高地の環境に見事なまでに適応したのも、この冶金術のおかげだった。

垂直統御　アルティプラノで生産される鉱物資源や根菜類、毛織物製品はアンデス地域全体の経済にとってきわめて重要な意味を持った。そのため先スペイン期のボリビア人はアルティプラノを中心に開拓を進め、今日に至るまで圧倒的な優位性を形作った。だが人々の生産活動に必要な要素を全て満たすには、アルティプラノの環境だけでは不十分だった。そこで高地の人々は低地や渓谷部の人々と頻繁に交流し、互いに生産できない食料品を補完し合った。このように標高差の明らかに異なる生態系同士が物々交換などを通じて交流する制度は「垂直統御」と呼ばれ、古来よりアンデス地域独特の社会体制を形作ってきた。アルティプラノの人々がかなり早い段階から東は山麓渓谷部から西ははるか太平洋岸に至るまで広範囲に分布して暮らしたことは残された記録からも明らかである。自然環境の異なる地域同士の活発な交易によりアルティプラノの文化はさらに発展した。人々は高地の根菜類やリャマ、アルパカ、ビクーニャの毛織物や食肉と、低地のコカ、トウモロコシ、魚、果物、豆類を交換することで生計を維持した。高地の人々は何世紀にも渡る変化や発展、そしてスペイン人による征服を経てもなお垂直統御を維持し、地域の特性を守るためアルティプラノの孤立化を図った。垂直統御は今日でもなお、ボリビア地方部における社会、経済組成の最も重要な基盤となっている。

3　先スペイン期の歴史

これまで述べたとおり、高地アルティプラノはボリビア国土のごく一部に過ぎないが、地域固有の文化社会体系は国内全体に浸透するまでの強い影響力を持ち、やがて国家を形成する基盤となった。また現在のペルーにあたる高地中央部から南部でも、アルティプラノとほぼ同様の生活体系が営まれていた。特にティティカカ湖北部地域は地理条件が似通っており、社会面、文化面でもアンデス全土共通の歴史がある。

アンデス地域に人類の祖先が住み着いたのはおよそ一万二〇〇〇年前だが、太平洋沿岸部と比較して高地にほとんど遺跡は残っていない。だが紀元前二五〇〇〇年頃には、高地と沿岸部それぞれの広い範囲に、狩猟を営む半遊牧・半定住の集団が存在したことが分かっている。沿岸地域では豊富な海洋資源から人口が集中し、高地では野生動物の狩猟によって生計を維持した。家畜の人工的な飼育や植物の栽培は、氷河期終盤のおよそ前八〇〇〇年頃から徐々に広まり、やがて六〇〇〇年の時を経て農業と家畜は最も重要な生活手段となっていった。前四〇〇〇年頃には家畜化したアンデス地域のラクダ科動物が高地の主要な生産基盤となり、前三二〇〇年頃には陶器が発達し、さらに前二五〇〇年頃の沿岸地域の遺跡からは紡糸製衣料が発見されている。

その後ペルー高地帯は、定住村落型農業へと大きな変容を遂げた。定住によって人口は密集し、複数の共同体による複雑な仕組みの社会体制が整った。定住村落型農業は、その後沿岸部と高地でそれぞれ数千年の歳月をかけて発展を続けた。都市型の集約社会がより本格的に発展するにつれ、宗教儀式施設も作られた。祭祀者など食糧生産を行わない専門的職業家が現れ、農民に対してサービスを施しその報酬として食糧を受け取った。

非生産者が農民から収穫物の一部を得る供物体系の詳細は、今日もなお解明されていない。アンデスに残る記録によると、それは本来特殊な専門家への寄付または宗教的な動機によるもので、共同体内部に複雑な構造をもたらしたとされる。村落から外れた場所に建てられた祭典儀式施設の存在と、湖を中心に設置された複数の渓谷にまたがる複雑な灌漑設備は、これら組織の強化を裏付けるものだった。

アンデス文明発展の要因となったのは金属使用の普及だった。鉄加工技術が進むにつれ人口はますます増加し、各共同体の形成に重要な役割を果たした。銅は少なくとも紀元前二〇〇〇年頃から高地で使われ始め、オルロ近郊のワンカラニ文化遺跡からは前一〇〇〇年から一二〇〇年頃の複数の銅片が発見されている。

古代諸文明とティワナク王朝

紀元前八〇〇年前後にはチャビン文明が発展した。アンデス地域の古代文明のうちもっともよく研究されているチャビン文明は、地域全体に大きな変化をもたらした。文明発展の中心となったのは現在のペルーにあたる高地中央部と周辺の沿岸渓谷地域で、この地域一帯に単独の文化が浸透した初めての例でもあった。チャビン文明の特徴は金と織物が広い範囲に普及したことだった。また高度な製陶技術や都市発展も見られた。住民は渓谷部と高地のほぼ全域に分布して暮らし、要所に祭儀設備が設けられた。高地中央部周辺でチャビン文明が栄華をきわめたちょうどその頃、現在のボリビアにあたる南部の高地では、チャビン文明の影響を多く受けつつも、主に金や銀などの冶金や合金に専念したと考えられている。チャビン文明はティティカカ湖より南には浸透しなかったが、パラカス文化などチャビン以降の文化は南部沿岸部と高地に影響を及ぼした。しかし拡大範囲の全貌はいまだ明らかになっていない。

ティワナク遺跡の半地下神殿（提供：西遊旅行）

チャビン文明は紀元前一〇〇年頃に消滅し、かわって渓谷や流域部の一部地域に小規模ながら勢いのある文化が複数出現した。沿岸部ではモチェ文化、ナスカ文化が発展した。また高地ではクスコ近郊にワリ文化が興り、ティティカカ湖南岸の小都市ティワナクが中心地として発展した。これらの文化はペルー人のもたらした技術をさらに発展させ、既存の動植物の家畜化や生産化を進めた。ボリビア高地では銅と錫の合金である青銅が発見された。青銅文化は南部高地の一部では発展したが、アンデス地域全体では武具、農具共に浸透せず、ユーラシア大陸文明ほどの技術的影響はなかった。

ティワナクを中心に発展した文化はボリビア史の中で重要な意味を持つ。ティティカカ湖南およそ五〇キロ、高度四〇〇〇メートルの高地に位置するティワナクは、西暦一〇〇年ごろから陶器や金属の道具を使用する高度な宗教祭儀拠点として栄えた。しかしその文化的影響がより広い範囲に及ぶのは六〇〇年以降のことである。ティワナクがアンデス史の中で重要な位置を占める理由はその地理的特性と、七世紀から一三世紀頃まで長期間にわたり南ペルー高地全体を支配した圧倒的優位性だ。ティワナク王朝は優れた美術建築様式を特徴とし、高地全体と沿岸部ほぼ全域の陶磁器文化に影響を及ぼしたことから、当初征服によって成立したと考えられた。だが現在までに発掘された当時の主要都市は、全て防衛上無防備の宗教的な建築様式による定住地だ。専門家の中には、ティワナクの影響は純粋に宗教的なもので、アヤクーチョ地域のワリ文明(西暦七〇〇〜一一〇〇年)のような非宗教的で安定した王朝の方がより重要な影響を及ぼすとする説もある。近年はさらに発掘調査が進み、ティワナクの「宗教的」建造物が相次いで発見され新たな学説も生まれている。方形半地下式広場やカラササヤと呼ばれる切石の壁で支えられた巨大な祭壇を特徴とするティワナク遺跡は、宗教的または政治的中心地、あるいはその両方の役割を持ち、住民同士の直接的な交流を通じて高地、渓谷部、沿岸部地域まで広く影響を与えたのではないかとするものだ。

高地の農業が大きく発展したのもティワナク時代だった。山の斜面やティティカカ湖面の島々を耕地化し、盛り畑や堤防などを駆使して高度な大灌漑設備を整えた。高地の社会経済も加速的に変化した。ティワナク時代の水利土木技術はきわめて高度に発達し、西暦一〇〇〇年以降のこの地域の急成長をもたらした。だが一二〇〇年以降は乾燥化の進行により農業は深刻な被害を受け、急激に衰退した。

アイマラ諸王朝の隆盛　ティワナクの衰退に続きワリ王朝が滅亡すると、以後アンデス地域では三世紀に渡り数多くの国家や王朝が興亡を繰り返した。このうち最も特徴的なのはペルー北部沿岸都市チャンチャンを中心に興ったチムー王国だ。ティティカカ湖周辺の高地では、主に北クスコのチャンカ連合国が栄え、湖畔部やアルティプラノ南部ではアイマラ語族による数々の王朝が栄えた。

アイマラ諸王朝が発展したこの時代は、記述された記録が存在することからボリビア国史の重要な出発点となっている（地図1-3参照）。アイマラ諸王朝は、一二世紀後半から一六世紀のスペイン人侵略まで長期にわたりボリビア高地中央部を支配した。スペイン人やメスティーソの口述記録による年代記や考古学的な記録からも、アイマラ諸王朝がティワナク時代以降の重要な転換期をもたらしたことが分かっている。湖畔部に集中する自由共同体形式の複数の町や、陶器の形状や装飾の共通性、そして段丘農業などの特徴は、ティワナク以降栄えた要塞都市を中心にした社会（プカラ）に代わる勢力となった。プカラ社会ではラクダ科動物の遊牧文化の特徴が強く、すべての共同体にチュルパ（墳墓群）に見られる葬儀場や埋

地図1-3　15世紀のアイマラ諸王朝

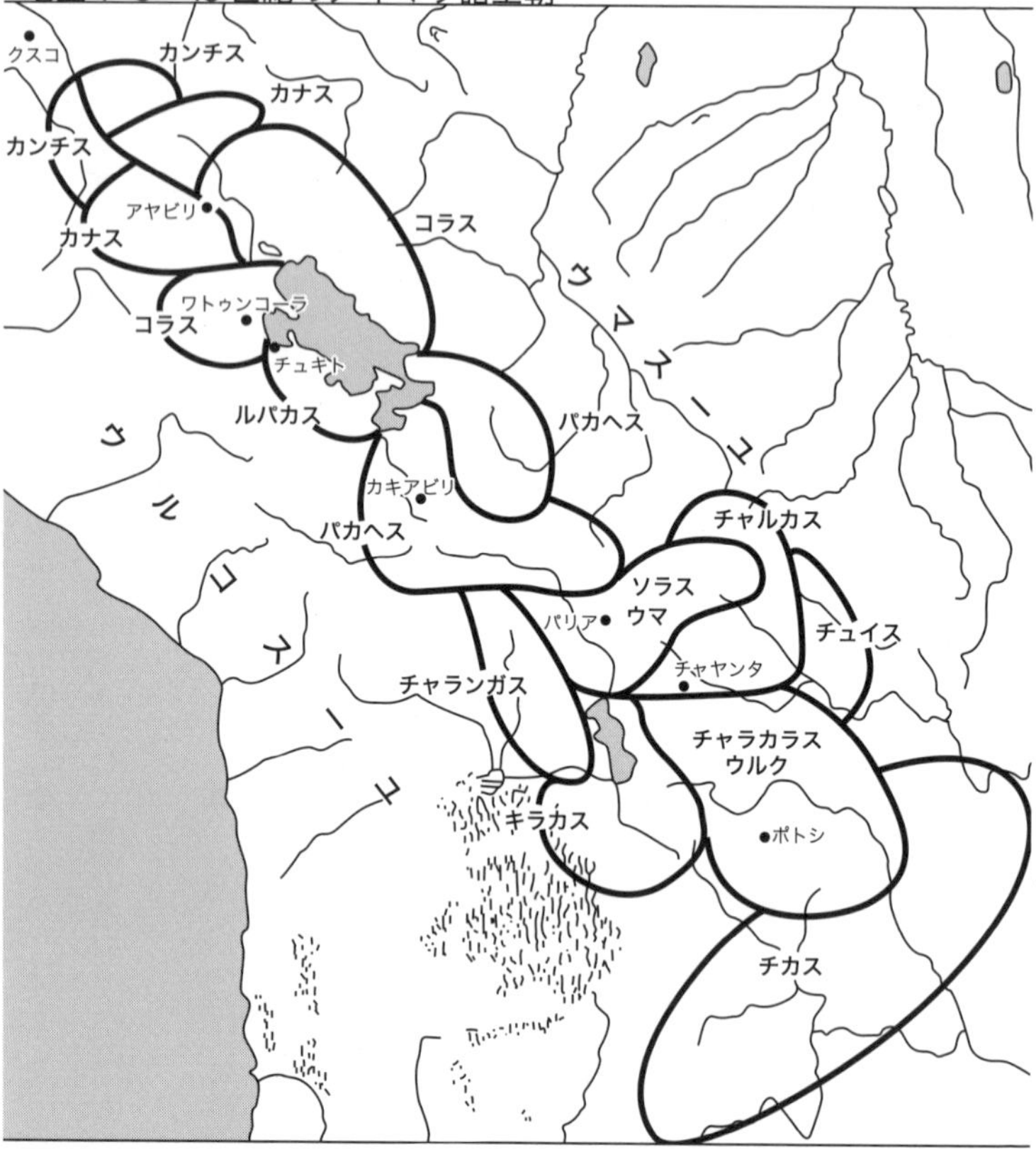

葬地が設けられ、地域密着型の宗教が重視された。

好戦的で激しい気質のアイマラ族は、対抗勢力ペルー民族の気質まで戦闘的に変えたとされる。今日の研究からアイマラ語族は少なくとも七つの主要な「国家」を有し、各国は大きく二つの王国に分かれていたと考えられている。七大国家のうち最大規模のルパカとコリャ両王国はそれぞれに独自の「王」と、ウルコスーユとウマスーユというそれぞれ地理的条件の異なる地域を有した。ウルコスーユ地域は主に太平洋岸に群拠する居住地と、ティティカカ湖西部から南西部の山頂部分に集中する要塞都市を指し、ウマスーユ地域は東部高地を中心に、東部渓谷地帯やモンタナ地域に広がる居住地点だった。

アイマラ諸王朝はクスコ南部から現在のボリビア北部高地にかけて拡大し、アルティプラノに拠点を構えつつ、ティティカカ湖を北西から南東に交差する軸部分にほぼ均等に勢力を広げた。最も繁栄した地域はアイマラ語族の中心地だった湖周辺部と見られる。中でもルパカとコリャ二つの国はティティカカ湖岸の大部分を支配し、北部のカナス王国と共にアイマラ諸王朝でもっとも栄えた二大王国となった。

アイユの社会構造　スペイン人侵略以前のアイマラ諸王朝は、今日広く知られるインカ帝国と同様に複雑な共同階級機構を持つ社会組織だった。アイユと呼ばれる親族や近隣住人などで構成される村落の行政単位が存在した。各アイユは上位（アナンサヤ）と下位（ウリンサヤ）の二つに分かれ、全員がいずれかに区分された。どの王朝も同じように、貴族階級はアナンサヤに、庶民層はウリンサヤに属した。インディオにとってアイユの一員であることは重要な意味を持った。アイユは土地の共同所有権を持ち村落内の共生を維持した。だが地方ごとに存在する首長（カシーケ）の役割も大きく、アイユの所有地とは別に独立した土地を持ち、領土内のアイユから自由労働者を徴用した。さらに領地内のアイユから長老（ヒラカタ）を立て、カシーケの補佐的役割につけた。

各地のカシーケやヒラカタは、アイユの基本組織から独立した個人として私有財産や土地、労働力の所有権や相続権を有した。この権利が国王から付与されたものなのか、完全に個人の所有物なのかは明らかになっていないが、階級社会の初期構造を示すものだったことは確かだ。またアイユに属さず、直接貴族階級に雇われる職人や特殊な職業階級も存在した。彼らはインカ帝国時代にはヤナコーナと呼ばれ、農奴や奴隷として扱われた。

カシーケとアイユは、高地の複雑な社会政治、経済構造を治めつつ、外部の様々な地域の農民を支配した。外部農民はミティマと呼ばれ、高地内外の複合的な経済体制に重要な影響を及ぼし、高地中心部の人口維持に欠かせない存在だった。各アイユや国家の貴族階級支配下に置かれた温帯、亜熱帯渓谷地帯の農民は、太平洋沿岸部の塩や魚から、ユンガスや山麓渓谷地域のトウモロコシ、コカ、果物まで様々な収穫物を差し出し、それと引き換えに高地の食肉、ジャガイモ、キヌア、毛織物を得た。また高地外部の農民の多くは現地の非アイマラ族と共存した。アンデス東麓渓谷地帯の断崖部には、アルティプラノのアイユやカシーケの所有地から地域内アイユの土地まで様々な組織や共同体、所有権が複雑に絡み合って存在した。そのためこれら地域では奴隷や自由労働者、アルティプラノの国家に従属した村落から地域の独立した国家まで様々な形の人々や組織が共存した。

このミクロ生態学的な垂直統御体制（組織の分散状況から群島にたとえられる）は、各地の多様な農産物生産を基に近縁関係や物々交換、労働使役による非市場型経済を融合したもので、アルティプラノ社会の経済活性化のために不可欠な制度だった。高地定住地を中心に各地と連係する社会体制は広範囲に及び、東部渓谷地域の本格的な金銀採掘地も領地に含まれた。そのためアイマラ族は家畜のみならずアンデスの金産出者として名を馳せた。その後インカやスペイン征服以後の一六―一七世紀になると各部族は次々に統合されていったが、アイマラ諸王朝だけは例外的に豊かな自治体を維持した。

ウル族とケチュア族　アルティプラノに暮らす民族はアイマラ族だけではなかった。アイマラ族はウル族と総称されるウル語やプキナ語を話す部族と共存した。ウル族はアイマラ族と同様に二階級制のアイユで区分され、アイマラ族と共存しつつも土地や財産の所有権は決して与えられなかった。アイマラ族のように広範囲にわたる政治体制を持たないウル族は、主に漁業やアイマラ族の従属労働者として生計を立てた。だがウル族がアイマラ族の支配下、または従属的立場にあったかを判断することは難しい。ウル族の話すプキナ語は、ケチュア語、アイマラ語と並び、先スペイン期アルティプラノの三大主要言語だった。スペイン征服後は高地の各王国で分散して暮らす貧しい少数民族とされたが、太平洋沿岸や東部丘陵地帯ではそれぞれ独自の居住地を維持した。さらにウル族は政治経済面での影響力はなかったが、アイマラ族以前より存在する古代高度文明の子孫とされ、文化面ではアイマラ族から尊重される存在だった。スペイン侵略時のウル族は数の上では大規模だったが貧困をきわめており、多くはスペイン人の徴税制度から免除された。

これに対して好戦的で経済力のあるアイマラ族は、アルティプラノのほぼ全域と東部、西部の周辺地域を支配し、一四世紀後半にはボリビアと南ペルーの主要拠点で最も有力な民族となった。だがこの時期にはアンデス全体の人口や富が発展し、地域内を再編する新たな帝国組織を作る動きが避けられなくなった。ペルー沿岸部では勢いのある国家が数多く繁栄し、高地諸国でもティワナク時代の流れを引き継いで領土拡大を積極的に進めていった。その後一五世紀後半になると、アイマラ王朝の多くはティティカカ湖北部クスコ地域に台頭したケチュア語族王朝と直接的に対峙した。一五世紀前半の高地中央部では様々な国家が競い合い、淘汰または優勢派に吸収されていった。その結果クスコのケチュア語族の建てた国家が、新たに台頭し最大勢力となった。一五世紀半ばになるとケチュア族はさらに領土を拡大し、やがて彼らの支配層の称号からインカ帝国と呼ばれるようになった。インカ帝国は当初高地北部で栄え、ティティカカ湖地域へと徐々に南下して勢力を拡大した。当初アイマラ諸王朝はインカ帝国に対抗しようとしたが、アイマラ王朝同士の抗争により団結が叶わず、一四六〇年代にはインカに征服された。圧倒的な軍事力を持つアイマラ諸王朝は、当初はインカ帝国にとって高地最大の対抗勢力だったが、民族同士の内紛が仇となり一〇年後には滅亡に向かっていった。

インカ帝国の繁栄　インカは一五世紀後半アルティプラノに侵攻したが、その際アイマラ諸王朝の政治、経済、社会体制への影響は意外にもほとんど見られなかった。インカ自身もアイマラの伝統的支配秩序と、住民の貢納から国家予算を捻出するというかれら独自の経済制度などの維持に努め、アイマラの生活体系をほとんど変えなかった。アイマラ諸王朝が繁栄した中心地は、インカ帝国の四つの州（タワンティンスーユ）の一つコリャスーユと定められた。だが併合は平和的に進まず、一四七〇年にはティティカカ湖畔地域のアイマラ諸王朝が大規模な抵抗を起こした。その結果残存したアイマラ諸王朝は、コチャバンバ渓谷部などのケチュア語族によって征服された。その後の一連の争いを経て、ボリビア国内でのケチュア語の優勢が決定づけられた。その勢力体系は一五世紀以降現在もなお続いている。

インカにことごとく征服されたアイマラ諸王朝の中でも、ルパカとコリャ両王朝は自治権の大部分を保った。それでもインカ帝国の支配は以前に増して徹底され、各王朝がボリビア高地や渓谷部全土に所有した道路や倉庫、要塞から、都市中心部、軍隊居留地まで全て奪われた。インカ帝国内の他の三つのタワンティンスーユと同様に、コリャスーユでは献金の支払いやクスコへの貢納、青年貴族をクスコに留学させインカ式の教育を受けさせることが義務付けられた。コリャスーユに暮らすアイマラ族は、言語や政治経済体制の自治性を維持することで、インカ帝国時代以前の最盛期に築いた富や権力と、民族の自立性を守った。のちにスペイン人が侵略後に促進した「ケチュア化計画」の波にもまれても、アイマラ文化が衰えることはなかった。

インカがアイマラ王朝を完全に支配する頃には、アイマラと同盟関係にあった諸部族や高地文化圏内の山麓渓谷地域やユンガスの小規模な国々は、すでにインカ帝国に完全に併合されていた。それでも地域密着型の政治、経済、社会体制は原則的として維持され、その後およそ八〇年を経てスペイン人がインカ帝国の支配体制を滅ぼす頃まで時間をかけてゆっくりと移行された。インカ帝国はちょうど成熟期を迎える寸前に滅亡したため、一五世紀後半から一六世紀前半のインカ社会の特徴を正確に分析することはきわめて困難になっている。

スペイン人の公式記録によると、インカ帝国は独裁制を取りながらも原理と平等、法治を基本とする慈悲に満ちた組織だった。個人の財産所有を制限し、アンデスの小作農民の生産品に対し総量の三分の二に課税することで、領地内に物品やサービスを分配した。小作農民も同様に、階級ごとに一〇人、一〇〇人といった単位で細かくグループ分けされ、最終的には四つのタワンティンスーユで区分統治された。州の役人はインカの直下に属し、各州支配者の一族と協力した。国家の宗教は公衆の道徳を重視し、過去に起こった宗教を全て融合して、民衆の意識を一つに統合する手段とした。

インカの支配者は、強引な征服と併合によって社会の徹底的な合理化を目指したととらえられがちだが、実際にはありとあらゆる民族を受け入れ異民族の融合する社会を形成した。領地内の道路網は完全に整備され、大規模な倉庫体系が機能した。これにより緊急時に備え非農業生産者である職人や職業軍人を含むインカ帝国全住民に十分に行き渡るほどの食糧備蓄が可能になった。大規模な非市場体系の維持には個人資産が大きな役割を果たした。そのためインカに友好的に服従する下層貴族は、皇帝や支配層貴族と同様に私有地の所有や、ヤナコーナ（貴族に仕える土地非所有の隷属民）の維持を認められた。同様にインカ帝国以前より存在する国家は、領土の大半をインカに併合されながらも自らの政治体制を維持した。首都クスコから宗教的要素を排除し、地元支配層を強制的にケチュア族と同化させてもなお、農民の間には土着の言語や宗教が保たれた。特にアイマラ族に関しては、インカの支配権を侵さない限り自治が認められ、高地アイユを中心とする垂直統御体制もほとんどが維持された。

こうしてインカ帝国は、非常に込み入った多種多様の自治政府や宗教、言語、そして私有地までも領土内に取り込んだ。インカ帝国は、外見上は完全に統一された国家ではなかったが、それでも強い結束力と権力を持ち、一六世紀以前のアメリカ大陸において最も精巧かつ洗練された政治経済体制を確立したことは間違いない。またインカ帝国は、土木や農業技術に関してもアメリカ大陸で最も優れていた。現在のエクアドルからボリビア南部国境にわたる広い範囲に複雑な道路網が整備され、領土内のあらゆる地域からクスコへ人や家畜が簡単に行き来できるようになった。また険しいアンデスの段丘に何千平方キロにも及ぶ広大な農地を新たに開墾し、各地に大規模な保管用倉庫を設置して全国民のために衣類や布地、保存可能な食料を貯蔵した。中央政府は主に物品やサービスの非市場的な提供者として機能し、当時としては異例の、また現代でも例を見ない全国民の福祉や富に配慮した国家だった。その徹底した社会経済体制は、のちにスペイン人も認める並外れた安定と秩序をもたらした。インカの慎重な人選によって選ばれた労働者は厚遇されて短期間の使役に従事し、その間家族の生活は確実に保障された。農民はミタ賦役に動員され、鉱山の採掘作業や土木建設工事、軍隊の兵士、貴族の隷属として一定期間有償の使役労働に従事した。

インカ帝国の組織はきわめて有効に機能したため、どんな武装集団も反乱を企てる事はかなわなかった。インカは大規模な兵力を結集し、食料や武器を長期に渡って供給することが可能だったため、作物の周期にも影響されなかった。数の上でも装備や兵力の上でも圧倒的に優位だったインカは、帝国が存在したわずか一〇〇年足らずの間に反乱勢力を全て一掃し、太平洋沿岸部からアンデス高地まで、地域の定住農民を基盤とする幅広い領土を占有した。最終的には「パックス・インカーナ」(インカによる平和)に対し反乱を企てる者はほぼ消滅し、多くの国や組織は自ら進んでインカの傘下に収まった。スペイン人が到来する頃には世界でも有数の優れた社会組織の一つとなり、インカ帝国の隆盛は頂点に達した。

だがインカの拡大にも限界があった。それは軍事力よりも、むしろ社会経済構造的な問題によるものだった。農民以外の暮らす非農業社会については、どんなにインカの人員や軍隊を動員しても征服することができなかった。これは特に現在のボリビアに当たるコリャスーユ地方で顕著だった。この地域でインカは、アイマラ族やウル族その他少数民族の征服には成功したが、それはあくまで高地から外れた亜渓谷地帯やユンガス地域の文化に過ぎなかった。渓谷やユンガスの人々は、本来プキナ語、アイマラ語、ケチュア語とは明らかに異なる様々な言語を話し独自の文化を築いていたが、インカ帝国にあっさりと征服されると、その後インカ時代とスペインのケチュア化計画の両時代を通じてケチュア語が浸透し、古くからの諸言語は全て消滅した。現在のボリビアでケチュア語がアイマラ語を凌ぎ多数派言語になったのは、かつてアイマラ族が優勢だった領土にケチュア族が大量に流入して言語体系に変化をもたらしたことが影響している。

東部と辺境部の文明　高地社会の外郭に位置するアンデス東麓渓谷地帯や東部低平原地帯の辺境地にも、人類の重要な居住地があった。そこでは狩猟採集社会や村落農業社会が複雑に融合し、複数の村を統合した国家が高地の人々の侵略を食い止めていた。インカはこの地域を征服しようと試みたが現地の人々の抵抗に合った。スペイン人からチリグアノと呼ばれた東部低地の人々は、古代インディオのシリオノ族による狩猟採集社会から、高度な定住型のモホス平原まで数多くの様々な形の文化を形成した。このうちモホス平原は最も発展した地域だったが、スペイン征服時に消滅した。モホス平原のインディオについては、主要な道路を建設し、低湿地帯であるボリビア北東部に年間を通じて定住可能な農業社会を維持したことが遺跡から明らかになっている。道路建設は総長数百キロに及び、毎年訪れる洪水の危機を防ぎつつ高密度な人口と複雑な政治組織を維持したことが分かっている。

辺境部のインディオは強い勢力を持ち、アマゾンやピルコマヨ河岸の北東、南西部両国境への経路を遮断したため、地域の完全な征服はスペイン人ですら不可能だった。実際にいくつかの低地集落は二〇世紀まで孤立した状態にあり、驚くべきことに近年まですべての集落の部族が近年まで独自の言語や文化の多くを維持していた。

南西国境部にはさらに別のインディオ抵抗勢力があり、インカを巧みに妨害してチリ沿岸平野部への侵略を食い止めた。彼らアラウカノ（またはマプチェ族）は物質的には高度に発達していたが、組織自体は共同体の連合による緩やかなものだった。彼らはきわめて実働的な武装集団であることが分かっており、インカの度重なる攻撃に抵抗し南西沿岸部への拡大を防いだ。ただしこの地方の国境部は東部低地への抜け道が多く、両者間の交易や交流は頻繁に行なわれていた。

南部でアンデスの二つの山系が再び交わる現在のアルゼンチン北西部に位置する地点は、高地からの侵略と勢力浸透を最も激しく受けた地域である。武装したケチュア族はこの領域への侵入に成功した。もしにスペイン人侵略がもう少し後の時代になっていたら、インカ帝国はアルゼンチン北部の平野地域まで完全に拡大したであろうと考えられている。

インカ帝国はスペイン人が侵略に現れる頃には、領土拡大の可能性を残しつつも自然な形で限界点を迎えた。そして興味深いことに、この限界点は偶然にも植民地時代にスペインが侵略、拡大した領土とほぼ一致する。高度で複雑なアンデス地域の行政組織を維持するには、最終的には安定して徴税可能な小作民の存在が頼りだった。インカの皇帝や後継者達は、小作民が存続する限り納税や貢物を基盤として強大な国家を建設することが可能だった。豊富な土地資源を持ち、ラテンアメリカでは常に貴重な要素だった労働力も十分に備えたインカ帝国は、高い生産力と安定力を誇り、非食糧生産階級の存続、維持も可能になった。

アンデス文化の根底を支える農民社会制度アイユは、隣人や親族との強い関係性が基盤となり、住民同士で組織的に労働や土地を分配した。アイユ組織外に存在する階級もいくつか存在したが、庶民、貴族、支配者の圧倒的多数はいずれかのアイユに所属した。先スペイン期のアイユは、現代のインディオ農村共同体（コムニダー）や、スペイン人侵略後に組織化された「アイユ」のような単一の居住共同体ではなく、本来は近縁者同士からなる大家族集団だった。アイユは様々な地域に住民を有し、中心となる居住地域を維持しつつ、一箇所に定住することなく各地を転々とした。土地の所有権は最終的にアイユにあったが、住民個人も権利を有し、沿岸部から高地、東部まで広い範囲の土地を所有した。一箇所に集中せず様々な地理地形の土地を所有する方法は、さまざまな厳しい自然環境にアンデスの人々が定住するために不可欠だった。それはスペイン文化の影響を強く受けた地中海の群生した農村形態とはきわめて対照的だった。またアイユは、スペイン侵略後の農民組織形態として代表的な閉鎖的共存型の共同体とも大きく異なっていた。

一六世紀前半になると、南アンデス高地には高度文明社会が定着し、人口が密集し複雑な村落農業体系を持つ発達した社会国家組織が確立された。インカ帝国の支配下にあったインディオの数はざっと三〇〇万人に上り（当時のスペインの人口およそ七〇〇万人と比較すると規模の大きさがうかがえる）、このうち三分の一近くが南部コリャスーユの住民だった。コリャスーユでは様々な言語を話す多様なグループが統合され膨大な非市場型体系の中で共存し、異種異様な自然環境同士で様々な物品を交換し成り立っていた。また世界でもっとも豊かな鉱物資源地帯の一つであり、当時有数の人口密度を誇る農村社会でもあった。このように可能性を秘めた南アンデス高地が、スペイン＝アメリカ大陸植民地の最重要拠点の一つになっていくのは避けられない運命だった。以後この地域は西欧の世界帝国構想に組み込まれ、鉱物資源や食糧の一大生産拠点としてやがて世界経済全体に多大な影響を及ぼすことになる。

第二章　植民地社会の成立

1　侵略と征服

ヨーロッパから世界へ　一五世紀から一六世紀のイベリア半島は、世界に領土拡大を目指すヨーロッパ諸国の中でも一歩抜きん出た地域だった。ポルトガルは、アジアやアフリカの海洋貿易航路を次々に獲得し、ヨーロッパによる世界支配の道を切り拓いた。そしてスペイン―正確にはスペイン王国を構成した複数の国の一つカスティーリャ王国は、南北アメリカの広大な地域を征服し植民地化を進めた。当初アメリカ大陸については知られておらず、一五世紀以前のユーラシア大陸中心の世界に存在すらしなかった。その後スペインがアメリカ大陸に侵略したことでヨーロッパ諸国にとって専有の定住、開拓用地となり、人々は競い合うようにして広大な新天地に移り住んだ。さらにポルトガルが開拓したアジアやアフリカの海洋航路も手中に収めたヨーロッパ諸国は世界経済に絶大な影響力を持ち始め、のちに産業面での圧倒的な支配権を得ることになる。このように一五世紀後半から一六世紀前半にかけて進められたスペインのアメリカ大陸侵略は、世界におけるヨーロッパ諸国の地位を急速に高める重要な転換点になり、新たな歴史時代の幕開けとなった。

当初ヨーロッパの人々はアメリカ大陸を文明未開の地と見なし、自らの権益のため思い通りに搾取してもよいと考えた。だがアメリカ大陸はヨーロッパの人々の既成概念、つまり現代の社会科学者が「認識地図」と呼ぶものを大きく変えることになった。聖書に存在すら示されず、キリスト教はおろかユーラシア大陸古来の諸宗教も知らないインディオの住むアメリカは、前近代ヨーロッパのローマを中心とするキリスト教的世界観とは根本的に相容れない存在だった。そのため当初ヨーロッパの人々は、このまったく新たな世界の歴史的実在性を認めようとはしなかった。だがその後三世紀に及ぶ植民地時代を経て、アメリカ大陸の存在はヨーロッパの伝統的な見識や文化規範を劇的に変えていくことになる。さらにアメリカ固有の家畜や植物が旧世界に普及するにつれ、ヨーロッパ、アフリカ、アジア各地域の社会や経済面に多大な影響を及ぼしはじめた。

アメリカ大陸内の領土所有権を巡る争いは、さまざまな国家利権がせめぎ合うヨーロッパ諸国同士の争いでもあった。広大な新世界はヨーロッパの国々に新たに重要な市場をもたらした。各国の利権争いに競り勝つためには強い海軍を備えることが絶対条件であり、当時世界最強の艦隊を持つスペイン・カスティーリャ王国は、必然的に侵略初期の圧倒的優位性を保った。スペインはアメリカ大陸に真っ先に乗り込み、多くの領土と資源、人々を征服した。現地での実権について他のヨーロッパ諸国に追随を許さず、一七世紀後半までその鉄壁が崩れることはなかった。スペインは一世紀半近くに渡りヨーロッパで圧倒的な権勢を誇った。その頃スペイン以外のヨーロッパ諸国も世界各地で経済的支配権を拡大しつつあったが、アメリカ大陸に関しては例外的にスペインの独壇場だった。

スペイン黄金時代　ヨーロッパの人材や知識をいち早く新大陸に持ち込んだスペインは、当時ヨーロッパで最も近代化の進んだ新興国の一つだった。スペインはアメリカ大陸の征服と植民地化の過程でも大いに主導権を発揮した。侵略時には個人の冒険家が結成した探検隊にそれぞれ行動を任せ、獲得した領土はすべてスペイン政府の統治下に置いた。この方法でスペインは、ヨーロッパから遠く離れた新天地に中央主権的な一大帝国を築いていった。アンデスのインカ帝国支配者がその高度な組織管理能力で知られていたのと同様に、有能なスペイン人はインディオの社会政治体制と強権なヨーロッパ式私企業の仕組みを巧みに融合させ、現地で絶対的な権力を得た。単一の国家が四世紀にもわたり複数大陸にまたがる帝国を形成、維持したのは世界史上初のことだった。

アメリカ大陸征服は、大陸の人々にとって新たな世界市場への併合、そしてスペインにとって世界最大の帝国形成という二つの意味を持った。ヨーロッパ内でスペイン帝国に対抗する勢力は、その後一八世紀まで現れることはなかった。スペインは南米最南端のフエゴ諸島から、北は現在のシアトルにあるピュージェット湾、東はシチリアから西はフィリピンまで世界中に領土を拡大した。しかしスペインにとってアメリカ植民地は、唯一の資源供給地というわけではなく、それほど強く依存していなかった。確かにアメリカは、ヨーロッパ内の勢力争いに影響する重要地域だったが、当時のスペインは国内の羊毛や地中海産農作物などの輸出で成功を収め、アメリカ大陸の資源を得る一六世紀には、すでにヨーロッパ有数の富裕な国家となっていた。またスペイン国内にも人口が密集し、豊富な鉱物地帯もあり商業的に栄えていた。スペインがヨーロッパ最強の陸海軍を有する大帝国になったのは、すでに十分に恵まれた国内資源に加え、アメリカ植民地からさらに膨大な資源を得て権力が強化されたためだ。無敵の強さを誇るスペイン軍は、地中海東部に駐在するトルコ軍との戦闘を皮切りに、南イタリアとシチリア島の大半を征服したほか、北は現在のオランダにあたる低地諸国周辺のネーデルラントまで傘下に収め次々に主要拠点を築いた。またドイツやフランスの内政にも積極的に干渉し、イギリス王朝の内部抗争にも関与した。

各地への領土進出によって、スペイン人社会の上昇志向が高く活気に満ちた気質は、スペイン国内はもちろんヨーロッパ各地にも広まった。スペイン国内も大きく発展し、政府機構はヨーロッパ最大規模を誇り軍隊や商業地域も急速に拡大した。これに比べ遠く海を隔てたアメリカ大陸は、新天地ならではの危険が伴うとされ、かの地に魅力を感じたのはスペイン内でも勇敢で冒険好きのごく一部の人々に過ぎなかった。たとえば専門技術を持つ職人などすでに一定の成功を収め地位を得た者はわざわざ祖国を離れようとはしなかった。代わってアメリカに渡ったのは貧しい階級の私生児や長子以外の者達だった。中には裕福な大地主の次男、三男もいた。このほか南部セビリアの有力商人一族の若者達や、学位を得たものの開業資金を持たない貧しい法律家や書記など、現状以上に有望な将来を求める人々がアメリカに渡った。中上流貴族階級の人々はスペインやヨーロッパでの暮らしに十分満足しており、大西洋を越える長旅の危険を冒してまで新天地で何かを得る必要がなかった。小作農民については貧しさのあまり旅行資金を得ることすらできず、やはり移民団には加わらなかった。

コンキスタドールと植民地社会の誕生

スペイン人の築いたアメリカ植民地帝国は、まったく前例のない社会構造を持った。その背景には、前述のように特定階層に偏った特殊な移民構成という事情があった。第一にスペインの農民階級出身者が完全に欠落しており、新世界ではインディオを農民作業に駆使した。さらに同じ階級や組織の競合相手が不在で人材も不足したため、大陸に渡ったすべての人々は、スペインでは考えられないほどの速さで出世して高い地位を得た。そのためアメリカ大陸で成功した多くの人々は、もはやスペインで元の生活に戻ることが出来なくなった。新天地で富を得てスペインやその他ヨーロッパの国々に凱旋した者達は、一時は英雄的に扱われたものの、仮に完全に帰国したとしても旧態依然としたスペイン社会に居場所を見つけることはできなかった。ピサロやコルテスなど一部のコンキスタドール（征服者）は、新大陸の征服によってスペイン王族に匹敵する程の巨額な富を手にしたが、貴族階級の一員とは認められず、称号を受けることも許されなかった。たとえ新大陸で地位や財産を築いても、同等のものをスペインで手に入れることは出来なかった。そのため有力なコンキスタドールの多くは、ヨーロッパに一時帰国しても短期滞在の後すぐにアメリカに戻った。同じような現象はあらゆる階級で起こった。ヨーロッパでの徒弟期間を終えぬままアメリカに渡った職人は、新天地では有力な熟練工としてすぐに富を築いたが、本国では同等の地位を得ることができなかった。唯一の例外はアメリカ移住前よりすでにヨーロッパで地位や人脈を得ていた者だった。彼らは新世界で得た富や地位をそのままスペインに持ち帰ることができた。アメリカに渡る前は貧しくて開業できなかった弁護士や書記は、資金を得るとすぐにスペインに戻り立派な事務所を構えた。セビリア商人一族の若者はアメリカで成功して裕福な商人となり、現地に家族や親族を残してヨーロッパに戻った。だがそれらは数少ない例外であり、移住者の大半はそのままアメリカに永住し、再び故郷に戻ることはなかった。

そのような背景から、アメリカ植民地でスペイン人やクリオーリョ（植民地生まれの白人）の永住化は、移住初期の段階から急速に進み、スペイン以上に流動的で活発な社会を形成した。移民一世のコンキスタドール達は、本国での身分や地位を新大陸でも維持しようと考え、仮に富や地位を失っても子孫達が困らないよう気を配った。だが二世になるとドン、ドナといった敬称はもはやあまり意味をなさなくなり、スペイン、アメリカどちらで生まれた者も等しく「スペイン人」と称された。またスペインでは厳格な階層制度を持つ職業組合ギルドが通例だったがアメリカ大陸では形成されず、高度な技術を持つ者や意欲のある者すべてに門戸を開いた。

だがスペインやクリオーリョによるアメリカ帝国は開放的な性質を持つ反面、伝統や因習を重視する社会でもあった。実際にクリオーリョは現地独自の階級制度をたちまち形成し、少数の富裕層が膨大な資源を不平等に独占する構造を成立させた。この新大陸特有の階級社会構造は、征服戦争の時点ですでに存在した。征服戦争のインディオとの戦いで得た戦利品は、兵士の献金額や部隊の階級に従って厳密に分配された。また新たに支配層となった人々は、政府からの分与や縁戚関係による贈与相続など市場外の手段を駆使して出来るだけ多くの土地や資源を入手し、地位の向上につとめた。だがスペイン王室はこの流れに難色を示し、新大陸に形成された階級制度に基づいて高い地位を得た者を、決してスペイン国内の相当する階級と同等に認めようとはしなかった。旧社会で慣行化された限嗣《げんし》相続や長子相続も、アメリカでは植民地時代後期までほとんど用いられなかった。そのため新大陸の上流階層は、男女問わず子孫全てを平等に扱う分割相続という開放的な制度によって地位を維持しなくてはならなかった。当時アメリカ大陸全地域に同一の制度が普及したことを見ても、コンキスタドールが階級制度の確立に成功したのは明らかだった。だがそのような制度があってもなお、アメリカは祖国スペインに比べはるかに流動的で活発な社会だった。

社会経済面では祖国よりも活気に満ちたアメリカのスペイン人支配層だったが、政治面では非力だった。現地の支配層はどんなに莫大な富を築こうとも、植民地の政治支配は認められず、アメリカの事情に疎い王室官僚と権力を二分しなくてはならなかった。彼らが王室政府に対し多大な影響を及ぼしていることはすでに明らかだったが、それでもヨーロッパ諸国のように富と政治権力の両方を独占することはかなわなかった。だが彼らにもヨーロッパの支配層にはない絶対的な権力が一つだけあった。コンキスタドールはインディオとの関係において、ヨーロッパの地主と農民の主従関係以上に強い支配権を持った。アメリカのスペイン人は階級や出自にかかわらず、すべて征服者という立場と文化や民族の違いを口実にインディオを支配下に置き、ヨーロッパにはない絶対的な権力を行使した。

インカ帝国の滅亡　アメリカ植民地社会の形成には、スペインの社会背景や政治体制もさることながら、征服に至る過程そのものも影響を与えた。特にアンデス地域のスペイン＝アメリカ帝国は、栄華を極めたインカ帝国を滅ぼした上に成立した経緯から、原則として征服国家という立場にあった。黒人奴隷を従えた少数の白人が圧倒的多数のインディオを完全に分離、支配するという構造は、征服当初より存在した。インディオ内部にも独自の身分階級社会が存在したが、スペイン人にとっては全員が同等の被支配者であり、スペイン人の読み書きすら出来ない最貧困層の者よりもさらに低い地位に置かれた。

当初アンデスの人々にとって、スペイン人は単なる外部からの強い侵略者の一団に過ぎず、かつて侵略を受けたインカ帝国と同等の存在だった。またインカのアンデス征服からそれほど時間が経っておらず、インカに敵対する非ケチュア諸部族の併合が難航していたこともあり、当初スペイン人はインカ帝国を難なく圧倒した。またスペイン人はインディオ内部の貴族層を認め、伝統的な階級体制の維持を約束するかにみえた。さらに征服戦争ではスペイン人を援助した部族に対しさまざまな恩恵を与えた。そのため多くのインディオはスペイン人と同盟関係を結び征服に協力した。将来起こる人種差別や階級による搾取や圧政問題は、征服初期の一五三〇年代の時点ではまだ明らかになっていなかった。

スペインによるペルー征服は――現在のボリビアとペルーにあたる地域を当時は総じてペルーと呼んだ――、先に進められたメキシコ征服と同様の方法でなされた。金属製の武器や火薬、馬などを駆使したスペイン人は、わずか数百人足らずの勢力で数千人規模のインディオ部隊を圧倒した。さらにインカに敵対する非ケチュア族勢力や、インカ帝国を自ら滅亡へと導いたワスカルとアタワルパ兄弟の内紛を効果的に利用した。当初スペイン人はインカ支配者に対して、侵略は単なる財宝目的であり金銀を手にすれば満足してすぐに立ち退くと思わせ安心させた。一方かつてインカ帝国に征服された自治国や集落に対しては、自らをインカ圧政からの解放者と宣言した。さらに内紛で敗北したワスカル側に対しては、裁判で損害賠償を要求した。

各側の主張を巧みに利用したスペイン人は、内紛に勝利したアタワルパと親衛のキト守備隊をカハマルカで捕らえ、拠点とするエクアドル南部の民から引き離して幽閉すると、現地の物資やインディオ部隊、情報や技術まですべてを奪った。その後キト守備隊を解散させアタワルパを処刑すると負けたワスカル側から指導者を立て、事実上スペイン人の支配する傀儡《かいらい》インカ政権を成立させた。その後傀儡政権が反乱を起こすと、スペイン人はインディオの従僕（ヤナコーナ）や反インカ勢力の協力を得て、インカとの最後の大規模な戦いに勝利した。スペイン軍は圧倒的な優位性とインディオの支援によって、損害を最小にとどめた。スペイン人の犠牲者が多く見られたのは、インディオとの戦闘よりもむしろ同胞同士の内紛だった。スペインに抵抗するインディオ勢力は時には小規模な戦闘に勝利し、戦局に明るい見通しを持つこともあった。だが次から次へと補充される大規模なスペイン人部隊や、日々新たに渡来する移民集団を目の当たりにするうち、仮に数百人規模の兵力を倒しても背後に控える巨大なスペイン軍の全勢力を滅ぼすことは不可能だと悟った。こうしてスペインは一世紀に渡る長い征服戦争を経て、一大植民地帝国を築いていくことになった。

だがこの頃はまだ征服の初期段階にすぎず、インディオからの抵抗はその後ますます拡大した。スペイン人が支配層や農民を問わず全階級のインディオから生産物や財源を搾取する悪しき慣習は広まる一方で、インディオの各部族は次第に団結を強め非白人戦線を結成した。略奪に略奪を重ね、あらゆる物を奪い尽くそうと群がる残忍な征服者に対抗するためには、そのような同盟関係が不可欠だった。だがスペイン軍は、すでに到底太刀打ちできない程に勢力を拡大し、弱小なインディオ反乱軍との差は明白だった。

こうして一五三〇年代後半のインカ主導による反乱軍は、やがて全滅という運命をたどった。

アイマラ諸王朝の運命　アイマラ族をはじめティティカカ湖南部アルティプラノの人々が、スペインのペルー征服史に組み込まれることになった背景には、部族同士で同盟と反乱を繰り返す複雑な事情があった。アイマラ族の各集落は、一五三七年四月に傀儡《かいらい》政権マンコ・インカが起こしたとされる大反乱で、スペインとインカどちらに味方するかそれぞれに決断を迫られた。彼らはかつてインカ内紛時にワスカル側についた経緯から、当初スペイン側を支持したが、ワスカル側の指導者がスペイン人の企てにより権力を失ったため、どちらを味方するか集落ごとに決めなくてはならなかった。インカ反乱軍がクスコを包囲すると、高地のさまざまな地域から兵力が結集した。ティティカカ湖南西部のルパカ王国はインカ反乱軍を全面的に支援した。ルパカと対立関係にあったコリャ王国は、徹底的にスペイン側を支持し、最終的にスペインとの連合軍を結成してインカ＝ルパカ軍を攻撃した。

フランシスコ・ピサロと部下たちを描く（1531年リマで）

　一五三八年コリャ王国が包囲されると、フランシスコ・ピサロはインカ＝ルパカ軍を倒すため大規模な遠征隊を結成し、チュクイートとデサグワデーロ川に進攻した。結果はスペイン軍の圧勝に終わった。広原地帯で捕らえられたインカ＝ルパカ軍は、圧倒的な力を持つ騎兵隊の前に全滅させられた。この時ピサロは、三人の弟を現地に残してアルティプラノや渓谷部全体の植民地化を委ね、自身はクスコへと戻った。こうしてティティカカ湖以南のアンデス地域がスペイン人によって最終的に制圧された時、征服開始から六年の歳月が経っていた。

スペイン人が初めて侵入した一五三二年当初、ティティカカ湖南部高地や渓谷部の人々には、いずれペルーを完全征服されるという実感がなかった。家畜や毛織物、伝統的穀物など作物に恵まれ多くの農民が暮らすこの豊かな地域では、スペイン人侵入以前は大規模な軍や金銀財宝を所有することもなかった。アイマラ諸王朝の中心都市やケチュア族居住地も小規模な僻村ばかりで、インカ帝国の首都クスコと比べ発展から取り残されていた。またこの地域は、インカ内紛の際ワスカル側の熱心な支持についたため、スペイン侵略は敵側に対する勝利として当初歓迎された。高地南部には内紛の余波でスペイン軍と対峙したアタワルパ側のキト軍がまったく残っていなかったこともあり、スペイン軍はこの地域に対し、攻略上の重要性を見出さなかった。

ピサロ軍が勝利を収めた一五三八年以前にも、数多くの遠征隊が高地を訪れている。うち一人ディエゴ・デ・アルマグロは、高地南部の領有権を巡りピサロと対立する人物だった。一五三五年アルマグロは、アイマラ王朝と親交のあるマンコ・インカの弟プラバ・インカ率いるワスカル派インカ軍を伴って、初めて高地に足を踏み入れた。その後迅速かつ平和的に歩を進めたアルマグロは、アルティプラノ西端をデサグワデーロ川沿いに通過してポーポ湖の南に抜けると、アンデスに沿ってチリに南下した。当初アルマグロはチリに関心を寄せたが、その後ペルーに戻るとクスコの支配権を巡ってピサロ一族と長期に渡る過酷な内戦を繰り広げた。この戦いに勝ったピサロは一五三八年初頭、アルマグロを処刑した。こうしてティティカカ湖南部高地と周辺地域は、フランシスコ・ピサロの手で完全に植民地化された。のちに現在のボリビアの前身となるこの地域は、スペイン人によってチャルカスまたはアルト・ペルー（高地ペルー）と名づけられた。

チュキサカ、ポトシ、ラパス設立　一五三八年後半にはピサロの弟エルナンドとゴンサロがアルティプラノ南部に入植し、重要な植民地を次々に築いた。このうち最初に設立され開拓の中心拠点となったチュキサカ（現在のスクレ）の町は、アルティプラノ南端のアンデス東麓渓谷地帯の中心地として栄えた。第二の拠点は、高地東部の小規模な鉱山集落ポルコだった。この二つのスペイン人居住地の設立をきっかけに、ついにチャルカスにスペイン人の本格的な入植が始まった。カハマルカの戦いでスペイン軍がアタワルパ・インカ軍を滅ぼしてからおよそ五年の歳月が経っていた。だが当時スペイン人は、低地ペルー（現在のペルーにあたる地域）の支配権確立や、高地南部の領有権を巡る内部抗争に関心を寄せ、どちらかというと興味の薄いチャルカス地域の開拓は、当初あまり積極的に進められなかった。チャルカス発展のきっかけとなったのは、一五四五年にポルコ近郊で大陸最大の銀鉱脈セロ・リコ（豊かな山）が発見されたことだった。ちょうどその頃ゴンサロ・ピサロがスペイン王の命令に背き、植民地の副王就任を拒んだ事をきっかけに勃発したペルー＝スペイン間の最後の大規模な戦闘の最中で、社会は疲弊と混乱をきわめていた。そのためポトシ銀山と名づけられたこの銀脈には一攫千金を求める人々が殺到し、大鉱山ラッシュが起こった。ゴンサロ・ピサロが低地ペルーで敗北すると、リマのペルー副王は直ちに新たな遠征隊をチャルカスに送り込んだ。遠征隊は一五四八年、チュキサカ―ポトシ―クスコを結ぶ交通路を確保したほか、アイマラ族の中心拠点に高山都市ラパスを築いた。ラパスは商業面でも交通要所の面でも重要な拠点となり、農産物流通の中心地となった。

チャルカス植民地の最重要拠点として栄えたチュキサカの町は、アルゼンチン北東部のトゥクマン周辺への遠征基地としての機能を大いに果たし、ポトシとラパスが地元地域の発展を目指す内向的性質だったのとは対照的だった。チュキサカでは、トゥクマンをはじめいくつかの北アルゼンチンの町を支配下におさめるため、その後数十年にわたり侵攻を重ねた。その後は南部太平洋沿岸部のサンティアゴ・デ・チリ（現在のチリ）に対する統治権を徐々に失っていくが、北アルゼンチン地域とはアルティプラノの鉱山資源を利用して経済的な依存関係を築いた。

ポトシ旧市街。植民地時代は南北アメリカ最大の町だった（© Ron Miller）

東部開拓とサンタクルス設立　その頃ピサロは領土拡大に向け南へと遠征隊を進め、はるか東部のラプラタ川地域から来た別のスペイン人大開拓団に遭遇した。東部からの開拓団は、一五三〇年半ばにパラグアイ川のアスンシオン港内陸まで入植を進めたのち、西部内陸地に資源の潜在性を見出すとチャコ地域全体の開拓を始めた。一五三七年にはパラグアイからの遠征団がチャコ横断に成功し、一五四〇年代初頭にはアンデス山麓部のチキトス、モホス両地域に入植した。その直後リマやクスコの植民者からの抵抗に合ったが最終的には和解し、東部低地帯に互いの領土境界線を定めた。パラグアイからのコンキスタドールの一団は、その後数度の遠征を経て一五五〇年代後半サンタクルス地域に入植し、一五六一年にはパラグアイ軍と共にサンタクルス（サンタクルス・デ・ラ・シエラ）を建設した。

一五六〇年代にはチャルカスの地域境界線は完全に確立された。パラグアイからの遠征団は東部低地への経路を切り開き、東部との交流を結ぶいくつかの重要な拠点を確保した。だがこの地域はインディオの抵抗勢力が多く、鉱物や農産物など目立った資源もなかったため、スペイン人の入植は進まなかった。チリグアノ族、トバ族などチャコ地域や東部低地のインディオ諸族は武装化した遊牧民になり、多数のスペイン遠征隊を殺害した。この抵抗勢力は東部から南東部にかけて分布し、時には西部まで拡大した。また西部では半遊牧のインディオ部族がトゥクマン地域からラプラタ川を越え大西洋沿岸部へと至るまでの南部の主要経路を盛んに妨害した。このようにグランチャコ低地平原地帯は、インディオの抵抗が強く、絶えず危険にさらされるためスペイン人宣教師を寄せ付けず、植民地時代末期になってもスペインの直接的な支配が及ばぬまま放置された。

2　チャルカス（アルト・ペルー）植民地の形成

チャルカス植民地は、当初北部と南部を中心に入植が進められた。スペイン人が当地を重視する最大の理由はポトシ鉱山の存在だった。そのため鉱山の掘削物を運搬する家畜や設備を供給する地域として、アルゼンチン北東部の町々の存在も重要になった。ポトシ近郊に位置するチュキサカの町はポトシの鉱山運営や食糧供給の拠点として機能した。一方ラパスは、ポトシの鉱産物をアレキパやクスコ、リマ、さらに太平洋経由でスペインに輸送するための中継都市として、そして鉱山の労働力や物資の補給拠点として重要な役割を担った。

エンコミエンダ制による統治　チャルカス植民地には、ラテンアメリカ内でも貴重な資源――インディオ労働力がきわめて豊富だった。クスコとラパス両都市の周辺地域は、低地と高地両ペルー全域で最もインディオ農民が多く住む地域であり、スペイン人も希少な労働力の宝庫として地域の潜在性を認めていた。スペイン人はインカ時代の手法にならい、インディオ農民に土地の耕作管理権を委託し、間接的支配を試みた。伝統的なアイユの階級制度を踏襲し、地元支配層（カシーケ、またはケチュア語でクラカ）の地位を保障した。その代償にインディオは、かつてインカ政府と国家宗教センターに捧げた生産品やサービスを、すべてスペイン人に差し出すこととされた。インディオ農民の共同体は複数の地域に細分化され、各地域はエンコミエンダ（信託）制により統治された。貢租収入を受け取るスペイン人はエンコメンデロと呼ばれ、貢租収入を宗教的指導に費やしインディオをスペイン式規範に教育する義務を負う代わりにインディオの労働力や生産品の所有権を得た。インディオからの貢租は一六世紀の両ペルー植民地で唯一最大の収入源で、ごく少数のスペイン人コンキスタドールの手に独占的に渡った。現地スペイン人はエンコミエンダ制によって富を得ると、本国で授けられる称号を除き、貴族になるための条件をすべて手に入れた。

エンコメンデロは地域の実質的な支配者となり、豊富な労働力を意のままに操った。制度自体は搾取的だったが、既存のインディオ社会や自治政府の保護を前提として成り立っていた。

一六五〇年代のチャルカス植民地には八二のエンコミエンダが存在し、そのうち二一のエンコミエンダはそれぞれ一〇〇〇人を超えるインディオを擁する大規模なものだった。だがエンコメンデロの人数は相対的に少なかった。同じ頃低地ペルーのアレキパ＝クスコ地域には二九二人のエンコメンデロが存在し、一〇〇〇人を上回るインディオの属するエンコミエンダ数はわずか一四だった。チャルカスでは少数のエンコメンデロが圧倒的多数のインディオを支配し、概して低地ペルーに比べ豊かな富と強い実権を持った。アレキパ＝クスコ地域では一エンコミエンダにつき平均およそ四〇〇人のインディオを擁したが、チャルカスではざっと二倍の八〇〇人以上にのぼった。チャルカスのエンコメンデロは植民地で新たに出現した支配層であり、征服戦争時に反ピサロ側に味方した功績として一五六〇年代リマ副王から信託権を授与され、権力を得た者が大半だった。この時期はエンコメンデロの最盛期だったと言えるだろう。すでにこの頃には半数以上のエンコメンデロが世代交代を終え二世となっていた。スペインはやがて個人エンコメンデロから現地信託権を取り戻して、王室自身の名義で二〇のエンコミエンダを所有することに成功した。

トレドの改革　その後チャルカスの農村部では、スペイン王室直属の組織が再編された。それはまるでコルテスがメキシコ征服をした一五二〇年代に逆行するかのような旧態依然とした組織だったが、実働制の高い鉱山労働力を編成した点では当時として斬新だった。チャルカスでは鉱山にインディオの組織的な労働力を集めるためのさまざまな手段が編み出された。スペイン人は奴隷制から賃金制まであらゆる雇用方法を試みた結果、最終的に強制労役制度に落ち着き、多数のインディオ共同体が交替で労働者を派遣する仕組みを作った。だがこの制度を定着させ地方統治を整えるには、植民地の法制度を全面的に見直す必要があった。これはペルー副王領の副王フランシスコ・トレドの手に実質的に委ねられた。トレドは副王在任中の一五七二年から七六年にかけてチャルカスを訪れた。

フランシスコ・トレド
（1569～81）

トレドの手がけた数々の改革は農村部の様々な社会経済問題を解決し、チャルカス植民地にとって大きな転機となった。スペイン人は最小限の手間で最大の利益を得るために現状の人口や行政体制を出来るだけ維持することを望んだ。だが彼ら自身がヨーロッパから持ち込んだ疫病によって低地のインディオは激減し、高地も影響を受けた。一五七〇年までにスペイン人到来の影響でペルー全域のインディオ人口が大幅に減少したことは明らかで、以後減り続けた。そのためインディオからの貢納を財源に成り立っていたエンコミエンダ制度は、もはや意義を失った。

レドゥクシオン政策とエンコメンデロ解体　トレドはエンコミエンダ制度の改革に乗り出した。改革のねらいは、植民地にエンコメンデロ中心の貴族社会が形成されつつあることに対するスペイン王室の不満を受け、これを阻止することだった。トレドはまずエンコメンデロに圧力をかけてエンコミエンダ組織の統合や拡大を止めると、インディオ居住地をスペイン王室の直轄地にして、王室の支配下に置くよう命じた。だがここでもトレドは、乱開発と疫病による人口減少による村の人口維持問題に直面した。トレドの考える唯一の解決法は、アンデスに独自の社会経済体制を再構築することだった。そこでインディオを一定の村々に「強制集住」(レドゥクシオン)させることに決め、その他のアイユも中央の広場から放射状に広がる形状の人工的な居住地に移住させた。トレドがモデルとしたのは間違いなくスペイン地中海沿岸部の農業共同体形式だった。だがチャルカスの共同体はスペインとは異なり、すべて気候や風土の異なる多様な地域のアイユで構成されていた。トレドのねらいは、高地のアイユを共同体から強制的に分離し、隣接したアイユ同士を一箇所の広大な地に集約することによって効率的な支配と徴税を実現することだった。こうしてインディオ土着の農村部組織にスペイン式の村落形態を取り入れた「インディヘナ共同体」(コムニダー・インディヘナ)は、トレドの時代に始まった。トレドは短期間に数多くのレドゥクシオン(強制集住集落)を作り再編を進めた。だが実際にこれら改革が定着し効果が見え始めるまでには少なくとも一世紀以上の年月を要した。レドゥクシオン政策がいかに大規模な事業だったかは、強制集住したインディオの数からうかがい知ることができる。当時のチャルカスの代表的な五つの地域を見ると、一二万九〇〇〇人のインディオが暮らす九〇〇の共同体を、わずか四四のレドゥクシオンにまとめて強制集住させている。それ以前のインディオ共同体の住民数は一集落当たり平均一四二人だったが、トレドの改革によりおよそ二九〇〇人規模の町に集約された。この強制集住によって出来た町の大半はその後衰退した。また低地や渓谷部の多くの共同体は、従来の「垂直統御」による気候差を利用した分散アイユ制度の保護を求めるインディオ達の反対に合い、高地中心部アイユからの分離、集住は実現しなかった。だが全体的に見ればトレドの改革は成功し、アンデス地域を完全に支配する体制が確立された。

この他にもトレドは数々の改革を行い、短期間のうちに効果を上げた。エンコメンデロの権力を解体し、エンコミエンダ支配権の相続を三世代以内に制限することによって、スペイン王室の直接統治を復権させたのも一つである。さらに貢納制度を体系化し、インディオには王室または解体後わずかに残存するエンコメンデロのいずれかに納税する義務を負わせた。土地を所有するインディオの共同体には、納税の大半を生産物ではなく貨幣で納めるよう命じた。この改革により共通の納税基準が整備され、物品価値の変動により統一性のなかった貢納額は、原則としてインディオの能力に応じて合意される定額制となり、金額は所有する土地の面積や品質に応じて決められた。

税制の大幅な合理化は、インディオをスペイン経済に吸収する大きな原動力となった。貨幣はスペイン人市場で物品を販売することによってのみ得られたため、インディオはスペイン人が要求する物品または対価としての労働力を市場に供給しなくてはならず、最終的にはその両方を差し出すことになった。都市部の需要に合わせて小麦や高級織物などが生産され、インディオの伝統的な生産品もスペイン人中心の新興都市で販売された。スペイン人地主や商人、職人にとって必要な物品や労働力を満たしたのも、やはり労働力を貨幣に換えるため市場に集まる自由共同体のインディオだった。アルティプラノなど気候の異なる土地同士の作物交換が不可欠な地域では、インディオの伝統的な物々交換市場が続いたが、その他多くのインディオ農民は、スペイン人が形成した貨幣市場体制に強制的に組み込まれていった。納税のため貨幣を獲得しなければならない仕組みを普及させたことは、チャルカスの二重構造市場を統合する大きな動機となった。

ポトシ銀山の再編　農村部社会の大規模な再編を手がけたトレドは、鉱山経済についても思い切った改革を施した。ポトシ銀山では一五四五年から一五六〇年代初頭にかけて膨大な銀産出量を誇り、世界最大の産地として急速に頭角を現した。だが当時の産出はきわめて高純度な表層部分からの採掘に頼ったもので、インカ時代からの伝統的な製錬方法でも簡単に精製することができた。その後表層部の貯蔵が尽きて縦堀を進めるにつれ鉱物の純度は下がり、精錬の手間や費用がかかり生産性は低下した。トレドが一五七〇年代にチャルカスを訪れた頃には、鉱山産業はすでに深刻な危機に陥り、スペイン王室も豊富な資源を十分に活用することができず悩んでいた。

トレドはポトシ銀山問題に対し、さまざまな側面から取り組んだ。最初の改革は一五七二年、水銀アマルガム法の導入だった。粉砕した銀鉱石を水銀と混交することによって銀を抽出するという画期的な技術によって、含有率の低い鉱石からの抽出を可能にした。この変革によってインディオが精錬工程を独占する体制が崩壊し、六〇〇〇人規模のインディオを抱える旧式製錬業者は、スペイン人の率いる二、三〇〇人規模の大規模な水力式精製工場に職を奪われた。水銀アマルガム法には大量の水銀を必要としたため、トレドは低地ペルーのワンカベリカに王立水銀鉱山を開設し、ポトシに水銀を独占的に供給させた。

密輸や脱税といった従来からの問題への対処と、政府による鉱山産業全体の支配を目指して、トレドはポトシに王立造幣局を設立した。造幣局では採掘、精製された銀をすべて一括して銀塊や延べ棒にしたほか、鉱物税や王室への支払い義務である「五分の一使用料」も徴収した。また銀の抽出に不可欠だった水銀産出についても国営専売事業とした。これは水銀事業そのものによる収益を王室にもたらす利点があることはもちろんのこと、鉱山業者への脱税対策にもなった。水銀と銀鉱物は必ず一定の比率で組み合わされるため、水銀購入量を把握することで銀の生産量を確実に管理することが可能になったのだ。製錬業者（アソゲラ）は水銀購入にあたり王室への登録を義務付けられ、造幣局以外の販路で銀を出荷することが困難になった。こうして各製錬工の銀採掘計画も王室によってすべて事前に把握されることになった。

またトレドは、鉱山における基本法令を制定した。ここでも彼は、王室が全採掘地の所有権を持つという主張を通し、採鉱業者に対し使用料として採掘量の五分の一を王室に支払うことを義務づけた。さらに登記要求や採掘使用権、その他技術的な問題などをすべて法制化した。ポトシ銀山では鉱山所有権の仕組みがきわめて複雑だったため、法整備は特に重要だった。ポトシ銀山はアメリカ大陸内の他の鉱物地域とは異なり、一つの大きな鉱山に銀脈が集中する性質で、同じ鉱脈に多数の採掘鉱が幾層も重ねて建設された。そのためどの採鉱業者も無数の銀鉱脈へと繋がるような採掘鉱を複数所有することは出来ず、それぞれが別の坑道を作って共有した。一五八五年のセロ・リコ山にはおよそ六一二の採掘鉱が存在しそれぞれに異なる坑道を持った。頻繁に起こる対立を防ぐためにも銀脈の所有権に関する規則の検討は不可欠だった。

ミタ制度　トレドが最後に手がけたのは鉱山の労働者問題だった。これはトレドにとって最大の改革にもなった。鉱山の採掘にはきわめて多額の費用がかかり、行程の全般にわたって膨大な資金や労働力が必要になる。一定規模の鉱山を開設し、維持するには大聖堂の建設にも匹敵する費用が必要だった。さらに融解行程で石臼を挽く時に大量の水を使うことから、ダムと二〇の人工湖を複雑に組み合わせた大規模な灌漑設備が必要になった。設置費用を見積もったところ合計二〇〇万ペソ以上という途方もない金額になった。一五七〇年代に自由契約労働者へ支払われた賃金の合計額と比較しても、王室の望む大規模な生産量を維持するための資金が不足していることは明らかだった。すでに農村部共同体の再編と税制改革を成功させたトレドは次に鉱山労働者問題に目を向け、先スペイン期時代の強制労役制度に基づくミタ（賦役）制度によって、ポトシの鉱山労働者を大量に動員する体制を整えた。

ミタ制度に駆り出される労働者（ミタヨ）は、ポトシからクスコにかけてアンデス一六の地域から供給された。各地域では成人男性の七分の一が六年間に一度、鉱山で一年間の労働使役を課された。この結果鉱山の労働力は安定し、年間合計一万三五〇〇人の労働者が常に確保された。彼らは約四〇〇〇人ずつ三つの集団に分けられた。集団はさらに二分割され、三週間おきの交替労働制で常に休むことなく稼動させた。鉱山業者はミタヨに対し賃金を支払う義務を負ったが、金額はわずかで生計の維持に足るものではなかった。不足分はミタヨの出身共同体が負担した。また鉱山への食糧供給や留守中のミタヨの家族の扶養、面会に訪れるための交通費も出身共同体が負担しなくてはならなかった。労働者は自身の食事や嗜好用のコカの費用を支払った。王室の定めたミタ制度によって、全鉱山労働力の三分の二がきわめて低賃金のミタヨ労働者で占め、生産性は大きく向上した。だがミタ制度はポトシとワンカベリカ鉱山のみで導入され、それ以外の地域では用いられなかった。メキシコの鉱山では自由契約制労働で全労働力をまかない、一世紀後に稼動を始めたポトシ北部のオルロ銀山でも、自由労働以外は認められなかった。ポトシでもミタヨ以外の労働者はほぼ自由契約制だった。ポトシはその後高い生産力を維持し、一世紀にも渡る黄金期を迎えた。ミタ制度と水銀アマルガム法の両システムによる融合政策が繁栄の決め手となったことは間違いない。トレドが実行した改革により、銀生産は一五七〇年代後半より再び増加を始め、一五七〇年代から一六五〇年代にかけて圧倒的な繁栄を誇った。

コチャバンバ、タリハ、トミナ設立　農村部の組織改革と鉱山再編にまつわる数々の問題を解決したトレドは、次にスペイン人の地域定住問題に目を向けた。その頃すでにチャルカス地域の境界は定まっていたが、奥地にはスペイン人未踏の地が多く残っていた。そこでトレドは、スペイン人の新境地開拓と移住の支援を始めた。そのうち最大の町は、一五七一年に創設されたコチャバンバだった。コチャバンバは広大なアンデス東麓渓谷地帯の中央部に位置し、周辺渓谷部に暮らすケチュア族の統治拠点となった。またチャルカスの小麦とトウモロコシの一大生産地としても栄え、その後一世紀にわたりポトシ鉱山の経済発展と密接に関係した。さらにトレドは一五七四年、タリハの町を興して南アンデス地域の開拓を進めた。タリハはコチャバンバと同じ山麓渓谷地帯にあり、多くのインディオ農民が暮らす地だった。その後トレドは東部低地の開拓を進め、ついにチリグアノ族の抵抗を治めたのち一五七五年にトミナの町を設立した。

アウディエンシアの設置　辺境地や奥地の開拓と移住、銀産業の発展、伝統的なインディオ農民制度とスペイン式体制の融合によって、チャルカスはアメリカ大陸で最も豊かなスペイン植民地として栄えた。当時まだ世界では無名の存在だったが、インディオ人口が密集し豊富な労働力を持つこともあり、やがてアメリカの主要な銀産地として名を馳せることになった。王室は地域を安定して繁栄させ、反乱や独立の動きを抑えて忠誠を維持するために、現地をしっかり統治できる半自治的な政府を作る必要に迫られた。

同じ頃リマやクスコでは、資源の豊富な高地南部の支配権を握る機会を常にうかがっていた。かつて両地域の征服戦争時にスペイン人同士の内乱があったように、チャルカスにも独立国家になり得る危険因子が潜んでいた。そのため現地支配権を強化すべく、ティティカカ湖南部地域に王室直轄の大規模な独立行政機関を置く必要が高まり、リマ副王も不本意ながら設立を認めた。こうして一五五八年、チュキサカの町にチャルカス・アウディエンシア（王立司法行政機関）が設置された。これは新世界では数少ない司法権と行政執行権を兼ね備えた機関だった。代表者は裁判官自身が務め、地域監督や行政代表者も兼任した。

アウディエンシアでは、主に都市部に暮らす少数の白人を統治するため、植民地以前から続くスペインの伝統制度に似た仕組みを導入した。当時すでに特権的な市民（ベシーノ）の手によって複数の地方自治体が形成され、広範囲にわたり権力を発揮した。植民地の領土はますます拡大され、奥地の辺境部まで到達していた。それぞれの土地は、開拓時最初に征服して所有権を宣言したスペイン人に属し、その土地の地域経済や法治権に至るまですべてを支配した。アウディエンシアではそれらの地方自治体を統括したほか、各自治体にスペインから派遣した王室事務官を置いた。コレヒドールと呼ばれる彼ら地方行政官僚は、管轄区（コレヒミエント）ごとに貢租徴収から生産物の管理まで一切の王室財務を取り仕切った（一七世紀初頭は四つのコレヒミエントに区分された）。この地方行政制度は、当時のスペインの基準と比較して地域固有の要求に対応され、地域支配層の要望も十分汲むものだった。

インディオ共同体の支配　植民地人口の九〇％以上を占める地方農村部のインディオのうち、スペイン語を理解し話すことができるのはわずか一〇％だった。スペイン人は意思の疎通が困難なインディオを確実に統治するため、緻密な間接支配体制を編み出した。トレドはレドゥクシオン政策による強制集住で新たな町を作った際、住民に自治権を与えインディオの長を中心とする複雑な自治共同体組織を発展させた。長老（ヒラカタ）は、共同体で生まれ育った住民（オリヒナリオ）で構成される地域のアイユ幹部の中から選ばれ、各共同体の正式な代表者を務めた。彼らは首長（カシーケ）やインディオ貴族と協力しつつ、地域行政や土地の分割、分配、法制定、徴税を担当した。また地域の教会運営も担当し、共同体内で催される宗教祭祀を支援した。各共同体の組織はスペイン式に基づいて定められたが、内部の運営に関してはスペイン征服前のインディオ方式をほぼ受け継ぎ、有力で経験豊富なアイユのヒラカタを代表に立てた。ヒラカタにはおおむね地域で最高齢の温厚な人格者が選ばれ、王室政務官は治安維持から徴税、ミタ労働者の供給まで全責任を委ねられた。ヒラカタは共同体に課せられた貢租額が妥当である限り、王室の安定を助ける防波堤となった。だがその反面で、限度を超える徴税が課されると反発し、全住民を味方につけて抵抗する最も危険な敵となった。トレドの時代以降、二〇世紀半ばまで断続的に起こったインディオによる数多くの反乱は、常にヒラカタを中心に団結された運動であり、組織外の個人による反乱はまったく見られなかった。またそれらは共同体内やその周辺に限られた局地的な動きにすぎず、地域を拡大した大反乱に発展することはなかった。このような特異ともいえる現象も、前述の共同体組織の特徴から説明がつく。

また共同体では行政や住民統治のみならず、やがて共同体内の財源を再分配する役割も担うようになった。共同体内部では時に財産をめぐり住民同士の深刻な対立が起きたが、苛酷な自然環境やスペインからの搾取といった外的要因に常にさらされていたために、内部問題にまで対応する余裕はなかった。そこで内紛を防ぐため多くの共同体は「儀礼的貧困化」という精巧な制度を採用した。この制度のねらいは成功して富を得た者に祭祀費用を負担させることで住民の財産を分散し、表面上の貧富差を解消して平準化を図ることだった。共同体の行政や宗教の支配層には裕福な農民のみが選ばれ、多くの金銭的負担を強制されたほか年間を通じて共同体内の事務作業に就かされた。特に宗教祭祀に関しては、カルゴ・システムと呼ばれる共同体内の義務的雑務の分担制度を用いた。地域の祭祀を催す際、支配層は出資者となることを求められ、個人貯蓄から大金を提供された。金銭や食料、無償労働を提供した支配層は、その見返りに名誉と地域の実権を得た。支配層は自らの生涯貯蓄まで切り崩してまで祭祀に出資を強いられ、資産は庶民の平均レベルまで激減した。この「儀礼的貧困化」制度は共同体で生まれ育ったオリヒナリオの支配権を保障したほか外部からの土地の侵害も防ぎ、共同体の秩序を守る効果があった。住民による祭祀の運営と「儀礼的貧困化」は理想的な制度とされたが、時にさまざまな問題も生じた。土地非所有のインディオが共同体住民の多数を占める構造についても解決できず、この問題はその後も根強く続いた。だが土地所有の住民にとっては、共同体の組織体系と団結性を維持する制度でもあった。

農村部にはカシーケと呼ばれる地域インディオの貴族階級が存在し、植民地時代の大半にわたりインカ帝国時代とほぼ同様の役割を果たした。通常カシーケは複数の村を統括して各村に私有地を所有したほか、地域の労働力や財源を所有する権利を持った。そのかわりに地域の宗教や共同体住民の慣習を保護し、スペイン支配層と接見する際の正式な代表者を務め、地元農民や長老（ヒラカタ）とスペイン人との間を取り持つ緩衝材としての役割も担った。カシーケ（またはケチュア語でクラカ）は、インディオにとって地主かつ搾取者であると同時に、スペイン人に対して納税義務やミタヨ供給の義務を負うという難しい立場にあった。カシーケは地域で実権を行使する際ヒラカタに伺いを立てたが、自身の土地や物品は貢租や使役対象から免除された。スペイン人はカシーケの貴族としての血統を認識し、ドンやドナという称号をはじめ他のインディオと明確に差別化する多くの特権を与えた。だが三世紀以上に及ぶ植民地政府社会の中で、スペイン人に土地や財産を少しずつ奪われたカシーケはやがて衰退した。多くは農民の地位に降格され、都市部に逃れた者は中上流階級に吸収された。アンデスのインディオ貴族制度はアメリカ大陸の他地域に比べて長く続いたが、のちに一七八〇年にトゥパク＝アマルの反乱で大規模なインディオの蜂起が起こると、カシーケはインディオと王室それぞれの側を支援し、いずれにとっても重要な役目を果たしたことから内部分裂が起こり、外的圧力も要因となってやがて消滅の道をたどった。

スペイン人は原則として間接支配の方法を取ったが、究極的には社会全体を統治していた。このため農村部地帯も都市部と同様に複数の管轄区域（コレヒミエント）に分かれ、インディオコレヒドールと呼ばれる王室政務官が管理した。コレヒドールは地域の徴税や労働力を集める任務を担当し、そこで得た財貨を自らの給与にあてた。またスペインの物品を農村地帯に持ち込み、インディオに売りつけては収入を独占する腐敗が広がったことから、地域住民から大いに反感を買った。

キリスト教の布教と浸透　王室は祖国を離れて植民地に暮らすスペイン人と、異教徒であるインディオをそれぞれ確実に支配するため、チャルカス植民地のカトリック教会設立を強く後押しした。チャルカスでは一五三八年に最初のスペイン人が入植して以来、征服事業を正当化するためインディオへの布教が義務とされ、それに伴い現地に教区司祭が派遣された。ちょうどその頃ドミニコ会、フランシスコ会、アウグスティノ会、メルセス会、そして一六世紀半ばにはイエズス会など、ヨーロッパの主な修道会がこぞってアメリカ大陸に宣教師を送り込んだ。先に現地に渡った教区司祭達もやがて合流して共に布教活動を進めた。当初宣教活動の方針については、すべてクスコまた最終的にはリマからの指示を仰いだが、一五五二年に初めてチャルカス地域専属の司教（ラプラタ司教）が任命されると体制に変化が訪れた。ラプラタ司教はチュキサカの町に本部を置いた。その一〇年後には王室統治の強化のためチャルカス・アウディエンシアも設置された。植民地スペイン人の拠点都市となったチュキサカでは地域の独立を求める運動の広まる可能性も含み、治安維持のため有力な教会権威の設立が急務だった。

その頃ペルーでは、一五六一年に地域の伝道事業に携わる教会を統括する全ペルー教会評議委員会が設けられた。委員会で何度も討議を重ねた結果、修道士と教区司教それぞれに対し伝道方法を具体的に指示することになった。一五六一年の第一回会議では、教義問答書をケチュア語に翻訳する決定が下された。その後一五八二―八三年の第三回会議ではアイマラ語への翻訳も決定された。一五八四年に完成したこの書は、リマ副王領初のアイマラ語出版物となった。また一六一〇年頃にはイエズス会のルドビコ・ベルトニオとディエゴ・デ・トレス・ルビオが、本格的なアイマラ語の文法書と辞書を出版した。ケチュア語についてはすでに何人かの宣教師や司教が教義問答書や文法、辞書を著していたが、アイマラ語は数十年の遅れを取った。当時のチャルカスではケチュア語が優勢で、旧アイマラ諸王朝地域にまで普及していたため、アイマラ語の編纂が後手に回ったことも無理からぬことだった。宣教師による語学書編纂も追い風となってその後ケチュア語の普及はさらに進んだ。ケチュア語は伝統的にアイマラ族やその他民族が暮らす高地や周辺の渓谷地帯まで広がり、やがてインディオの共通語に近い存在になった。また宣教師自身も、低地ペルーでは伝道開始当初よりケチュア語による布教を優先した。その結果スペイン征服以降のアンデス東麓渓谷地帯ではアイマラ語、ケチュア語以外のすべてのインディオ少数言語が淘汰され、やがて消滅した。

ケチュア語の優勢が進み他の言語が淘汰される中で、アイマラ語については存続が保たれた。これにはアイマラ族の土着信仰の中にキリスト教が急速に浸透したという背景がある。ラプラタ司教は一五八二年にはすでにコパカバーナのアイマラ族カシーケ達と友好関係を築いていた。スペイン征服前よりアイマラ族が信仰の拠り所としたティティカカ湖畔コパカバーナの伝統的な聖母像を祀って専用寺院を建立し、同じ頃カラブコに建てた十字架の寺院と共に諸派融合の象徴とした。コパカバーナの聖母マリアは地域宗教の中心的存在として人々に崇められた。このように異教を柔軟に取り入れたキリスト教文化の形成は、必ずしも伝統的な土着宗教の消滅を意味するものではなく、かといってインディオへの布教活動を達成したわけでもなかった。布教活動が始まった頃、ほとんどの地域ではすでにエンコミエンダ制が浸透し、スペイン人個人領主が幅を利かせていたため、宣教師達は一六世紀後半までインディオに直接接触することができなかった。また布教の広まりつつあったチャルカス地方でも聖職者の数は圧倒的に不足していた。植民初期からの町やレドゥクシオンで統合された新たな町すべてに教会が建てられたが、聖職者の数は少なくインディオはその姿をほとんど見かけなかった。このためインディオの伝統的な道徳や信仰、特に家族や仕事に関するものは大部分が維持され、地域のヒラカタやカシーケが体系的な保護に努めた。このインディオ教義は、幅広く万人に向けて説いた哲学的な道徳観念で、キリスト教自体の普及もこの教義によって進んだといえる。その証拠にキリスト教反対派の反乱はやがて大幅に減少した。一六世紀の終りにはキリスト教は救世主的象徴としてインディオに深く浸透した。こうしてインディオはスペイン人支配者に対しては全面的に抵抗しつつも、同時に熱心なカトリック信者であるという矛盾した体質を持つことになった。かつて地域信仰の象徴として崇められ、スペイン人との争いの度に守護を求めた石像（ファカ）は消滅し、かわってコパカバーナの黒い聖母マリア像がアイマラ人とケチュア人にとっての拠り所となった。この像はのちに白人圧制者に対抗する団結の象徴にもなった。

インディオの土着信仰にほとんど変化が見られなかった点は、一六世紀後半から一七世紀前半にかけて司教が実施した指導訪問や調査でも明らかになった。教区では病気の治療や作物の栽培と収穫にまつわる一連の儀式のほか、家族や親族、地元アイユとの絆を強めるための行事をすべて、キリスト教伝来前から存在した土着信仰に基づき実施した。その信仰はインディオにとってキリスト教以上に重要なものであり、後には地域のカトリック教会の聖職者までが伝統的なアイユの諸行事を進んで取り入れた。厳格な考えを持つ一部の高位聖職者は土着信仰を廃絶しようとしたが少数派にすぎなかった。植民地政府のインディオ間接統治体制の保護に配慮する事情もあり、インディオがキリスト教への異議を唱え反乱を企てない限り、土着信仰は原則として容認されることになった。

教会は植民地政府体制にならって司教と教区を新たに設け、地域の社会や経済の変化に対応した。一六〇五年王室と教皇は、高地アイマラ文化の中心地として発展著しいラパス地区に新たな司教管区を設置した。また同じ年、新たな重要教区として低地開拓地のサンタクルスにも司教管区を設置した。宣教師達はアイマラ族やケチュア族農民への布教活動を通じて、観念的な内容の説教は受け入れられないとすぐに知り、インディオに向けた布教手法を編み出した。この経験を活かした宣教師達は、後にグランチャコ南端のサンタクルス近郊にある東部低地帯モホス地域で精力的な布教活動を繰り広げ、一七世紀には大半のインディオに教えを広めた。布教の推進力となったのは重要性を増したサンタクルス司教管区の存在だった。植民地の教会組織をさらに強化するために、チュキサカ司教は四年後大司教に昇進し、チャルカス植民地全教会の頂点に君臨した。チュキサカの都市は行政と宗教の中心地として栄え、一六二四年に大学(チャルカス高等司法院)が設立されるとさらに圧倒的な優位性を誇った。大学創設によって植民地独自の学位も取得できるようになり、スペインに渡らずともチャルカスで神学を修め資格を得ることが可能になった。チャルカス高等司法院では一六八一年、神学以外に法学課程も開講した。この分野の発展も目覚ましく、植民地時代の終わりまでラプラタ川地域とサザンコーン地域を合わせたラテンアメリカ南部一帯の法律の最高学府として繁栄をきわめた。

3 植民地社会の進展

人種と階級の変化　これまで述べたように、スペイン人は国家の官僚制度と教会制度を利用してチャルカス農村部の支配を一挙に固めた。広大な辺境部や高地、低地それぞれの多様な経済を支配するため、地理上重要な位置に六つの主要な町（ラパス、チュキサカ、ポトシ、コチャバンバ、サンタクルス、タリハ）を設けた。また東部低地で抵抗を続ける半遊牧民勢力が植民地居住域に侵入するのを防ぐため、キリスト教伝道地域に沿っていくつかの治安の良い町を設け、インディオ農民を間接統治するための緻密な制度を導入した。チャルカス植民地社会の整備計画は、すべて二重構造の政治、経済、社会システムに基づくものだった。支配層は必ず西洋出身のスペイン語を話す白人でなくてはならず、ヨーロッパでの出生や財産に基づきさらに細かく階級を分けた。被支配側のインディオ農民層に対しては、建前上は自治権を認めながらも実際は全員を搾取対象とした。インディオ農民の中にも平民と貴族階級の区分はあったが、スペイン人支配層との関係においてはほとんど意味をなさなかった。当初は比較的単純だった階級制度だが、植民地社会の発展にしたがって新たな地位や階級が生まれ、農村部インディオと都市部スペイン人の階級社会がそれぞれに複雑に形成されていった。

変化のきっかけとなったのは疫病の流行だった。征服者達は高地インディオが免疫を持たないさまざまな疫病を新たにヨーロッパから持ち込んだ。疫病の流行でインディオ人口が激減した一六世紀の終わりには、当初一〇〇万人規模の農民から貢納を集める前提で計画された統治体制が行き詰まった。スペインの征服後、インディオには各世代およそ二〇年周期でヨーロッパの疫病が流行し、その周期は一七世紀まで繰り返された。さらにチャルカス地域に住み着いた一万人以上のスペイン人は、その大半が家族を残してきた単身男性だったため、ヨーロッパから続いた家系の血統は途絶えた。またスペイン人は彼らとほぼ同数のアフリカ黒人奴隷も伴って移住したため、ムラートやメスティーソ（アンデスではチョロと呼ばれる）といった新たな混血人種が誕生した。疫病で減少したインディオの労働力はインディオと白人、また多少のアフリカ黒人の血が入った混血人種によって補完された。

人種構成の変化に伴って、それまで王室の名のもとに固く守られてきた征服者の社会秩序も少しずつ変容していった。社会や経済の基盤となったのは一八歳から五〇歳までのインディオ男性の世帯主で、土地所有権を持つアイユで生まれ育った者達（オリヒナリオ）だった。オリヒナリオはチャルカス植民地の主な生産の担い手となり経済を支えた。オリヒナリオの貢租は王室が直接徴税し、かつてエンコミエンダから徴収した上納金の替わりにあてた。またミタ賦役の義務を負った唯一の階級もオリヒナリオだった。オリヒナリオは所属するアイユの首長（カシーケ）にとっても重要な生産者だったため、スペイン王室のほかにカシーケに対しても貢租や祭祀献金を支払う義務を負った。ただし当初スペイン人がインカ帝国から奪った土地面積や労働力規模からすれば、オリヒナリオに課された税は少額であり、各共同体で代々暮らす彼らには十分支払う事のできる額だった。

アシエンダの拡大　だがインディオ人口の衰退に伴ってオリヒナリオの数は大幅に減少した。スペイン人はオリヒナリオから得る貢租や生産物の代わりとなる財源がなかったため、オリヒナリオ自身にさらに多くの賦役や納税負担を強いた。その結果、オリヒナリオ人口はその後二世紀にわたりさらに衰退を続けた。多くのインディオ共同体が崩壊し、オリヒナリオの多くは代々住んだ地を捨て逃亡した。共同体の中には、人口の減少で自然消滅したもののほかに、トレドとその後継者のレドゥクシオン政策により統廃合された共同体もあり、各地を転々とするインディオ農民が急増した。人々はフォラステロ（よそ者）またはアグレガードと呼ばれ、古くからの共同体や新しく出来た共同体に移り住んだ。フォラステロはわずかな土地を持つ者または非所有者で、オリヒナリオに小作民として雇われて生計を立てた。フォラステロは一八世紀初頭まで納税を免除されたため、オリヒナリオの地位を捨てフォラステロになる者は自らの土地を失うかわりに貢納やミタ賦役から解放された。

フォラステロが生まれた背景には、インディオ全体の減少に伴いオリヒナリオの納税負担が増したことがあったが、同じ理由からさらに新たなインディオ階級ヤナコーナが形成された。ヤナコーナはいずれの共同体にも属さずスペイン人所有の土地に暮らした。王室はエンコミエンダ制を廃止させる考えだったため次第に重要性が薄れ、スペイン人富裕層はインディオからの税収に代わる財源を農産物から直接得ようとした。インディオ人口の衰退と共同体の再編によって、伝統的にインディオの所有地だった土地の多くもスペイン人が個人で収用できるようになった。早速土地を手に入れたスペイン人富裕層は、アシエンダ（大農園）を所有するアシエンダード（大地主）という新たな階級となった。当初アシエンダードは、流浪のインディオ使役人（ヤナコーナ）を雇い労働力としたが、やがてオリヒナリオから逃れた人々も自らの土地の使用権と引き換えにスペイン人の土地で働くことを強く望むようになった。アシエンダードにも古くからのアイユ制度を壊す考えはなかったため、アシエンダは共同体の内部でも効果的に機能した。本来「ヤナコーナ」という階級はインカ帝国時代に存在し、土地やアイユとの関係性を持たずインカ貴族や官僚に隷属した人々を指したが、一六世紀の終わりには単に土地を持たない労働者という意味に転じた。征服初期にも当時のコンキスタドールが旧インカ時代のヤナコーナを労働力として利用したこともあったとされるが、一六世紀以降新たに発展したヤナコーナはそれとは異なり、共同体の崩壊によって解放されたインディオ労働者を指した。

アシエンダは一六世紀後半に急速に拡大したが、自由共同体が安定化した一七世紀後半になると限界に達し、第一期アシエンダ拡大時代は終わりを迎えた。その頃にはアシエンダは高地全域と主要なアンデス東麓渓谷地帯まで広がっていたが、それでもチャルカス植民地の全インディオ労働力のおよそ三分の一を吸収したにすぎなかった。農村部の社会組織や土地所有権を支配したのは、依然としてその他三分の二のインディオが属した自由共同体だった。だが一七世紀のインディオ共同体は先スペイン期のアイユ制度とは異なり、代々暮らすオリヒナリオ一族と、のちに移り住んだフォラステロからなる二層社会構造になっていた。フォラステロはオリヒナリオから土地の使用権を得る代わりに無償の労働使役を提供した。共同体はこれまで通り住民の自治組織によって統治され、土地所有権もオリヒナリオ全員が共有する形を取った。以前と変わった点は、ここにフォラステロという下層階級の住民が加わったことだった。フォラステロはほぼ全ての自由共同体で、重要な少数派層として影響力を持った。だがこれらの人口構成は常に流動的だった。オリヒナリオのうち多くは土地を生涯所有する権利を放棄して、ヤナコーナとしてスペイン人の土地に雇われるか、フォラステロとなって他の共同体に移り住む道を選んだ。またヤナコーナからフォラステロへと立場を変えるなど階層間の流動的な移動もあった。ただしオリヒナリオに限っては、望んでも簡単に地位を得ることが許されず、唯一残された道はその地位を持つ者と婚姻関係を結ぶことだった。

農村部における人々の移動や変化には、地方から地方への長距離移動や、農村部から都市部への移動も多く含まれた。ポトシでミタ賦役により鉱山労働に従事したオリヒナリオも、所属元の共同体に戻ることが困難だと気付いた。かつての暮らしに魅力を感じない者は使役期間を終えても共同体に戻らず、鉱山地域で自由賃金労働者（ミンガノ）となった。また農村部での生活を捨て、集団でスペイン人の町へと移り住むオリヒナリオも増加した。都市部はすぐさまインディオで溢れ返った。彼らはたいていの場合単純労働に就き、やがて都市部労働階級の圧倒的多数を占めるようになった。都市部のインディオは自らの言語とスペイン語の二カ国語を操り、多くは伝統的衣装を着ることをやめてスペイン風の生活様式や衣服、パンなどの食料を取り入れた。彼らは血統の上では純粋なインディオ人種だが、都市部では本来白人との混血を指す言葉である「チョロ」と呼ばれた。チョロやインディオ（インディアン）、白人の呼称は人種的な特徴を指す意味合いを一気に失い、やがて民族分類よりも外見や話し方、衣服、食事などから判断される文化的または「社会階級」的な呼称となった。スペイン人支配層は異人種間との正式な婚姻関係を結ばなかったため、内縁や非摘出によって生まれた混血の子孫達はのちに貴族の称号を与えられた。こうしてスペイン人支配階級内部にも新たな人種が加わった。さらにインディオの捨てた土地をスペイン人が所有し、アイユの地主階級カシーケを名乗るなど人種間の移動や融合が進んだ。

ポトシ最盛期　ボリビア社会の変化が急速に進んだ背景には、インディオ人口の減少やミタ賦役といった負の要因が挙げられる。だがトレドの改革が地域全体にもたらした経済効果も大きな要因の一つとなった。一五四〇年代から五〇年代にかけて起きた第一期鉱山ラッシュは社会全体に大きな影響を与えたが、それ以上に著しく成長を遂げたのは、銀輸出が急増した一五七〇年代から一六五〇年代のことだった。この時期にはポトシのみで世界の銀生産の半分以上を産出した。ポトシがヨーロッパやヨーロッパ＝アジア間の交易に与えた影響は絶大だった。ポトシの銀はヨーロッパに強い影響力を及ぼし、価格は長期に渡り上昇を続けた。またアジアとの交易においても、ポトシの銀を買うことによって生じる貿易不均衡が年々拡大したため調整を働きかけ、その結果ヨーロッパはアジア植民地市場で取り扱う製品の輸入価格を大きく上昇させることに成功した。

一六世紀後半のポトシの発展によって、ヨーロッパは大きな影響を受けたが、それ以上に変化が及んだのはチャルカス植民地内部だった。チャルカス中央部に位置するポトシは、農業には不向きの乾燥した不毛の地だった。そのため鉱山に必要な食料、資材、荷役用の動物や労働力はすべて外部から持ち込まなくてはならなかった。そのうえ海からも遠く離れていたため、物資の運搬とヨーロッパ銀交易の潤滑化のために交通網の整備が不可欠だった。鉱山の輸出部門と地域経済、国際市場は背後で広い範囲にわたって互いに密接に連動した。アルゼンチン北部からペルー南部に至る広大な領域が一つの地域のように統合され、ポトシ銀産業を支える一大経済供給地帯として機能した。ポトシを盛んに往来したリマやアレキパ、クスコ、ラパスの商人や貿易業者も、ポトシを外部世界と繋ぐために重要な役割を果たした。

入植当初ポトシはわずか二、三〇〇人のスペイン人とインディオ労働者のみの小さな町だったが、一七世紀初頭には人口一〇万から一五万人の規模に発展し、地域全体に大きな影響を及ぼした。コチャバンバと周辺の渓谷地帯は、ポトシ市場にトウモロコシと小麦を供給する主要な生産地となり大いに発展した。この地帯では急増したスペイン人アシエンダが勢いを持ったため、インディオ共同体は早い時期から少数派となっていた。さらに鉱山での労働力需要の高まりからミタ労働者を提供した共同体やアイユ制度が崩壊したため、コチャバンバ渓谷にはスペイン人に雇われるヤナコーナが急増し、チャルカスで最も「チョロ化」の進んだ地域となった。ケチュア語は渓谷地帯の優勢言語として残ったが、スペイン語はそれ以上に浸透した。多くの農民は二カ国語を話し伝統的なインディオ文化を捨て、征服者と征服された側が融合して生まれたチョロ文化を受け入れた。

ユンガスのコカ生産　ポトシ銀山の発展がもたらしたもう一つの影響は、東部渓谷地帯のアイマラ文化の拡大だった。ユンガスとして知られるこの地域はコカ生産の拠点として新たに発展した。コカはもとより自生植物として繁殖し、インカ帝国時代よりインディオ貴族に興奮剤として嗜まれる貴重な資源だった。スペイン征服以降コカの服用は全階級に広まり、嗜好の用途も大きく変化した。スペイン人はやがて、コカの覚醒作用が鉱山の重労働作業にとって欠かせないものだということに気付いた。そのためコカの需要は急速に高まり、伝統的産地であるクスコ周辺では生産が追いつかなくなった。コカ栽培は、征服前の

コカ茶（Mate de coca）。古代より日常的に飲まれている

時代よりラパス近郊のユンガスやコチャバンバ近郊のチャパレ地方でなされていたが、クスコに比べ生産量は限られていた。需要の急激な高まりを受けて、ユンガスをチャルカスのコカ栽培の中心地と定め、やがてクスコ品種以上に生産量を増やし鉱山地帯を中心に消費されるようになった。ユンガスのコカ生産は植民地時代を通じて着実に増加したため、かつて生産を担ったユンガス渓谷部の遊牧インディオに代わって、高地出身のアイマラ族農民が生産の担い手として移り住んだ。一六世紀から始まったアイマラ族のユンガス定住化の動きは、以後一九世紀まで続いた。またアフリカからの黒人奴隷も少数ながら定住し、現地文化をすぐに受け入れてやがてアイマラ語のみを話すようになった。こうして少数のアイマラ人のみが暮らしたユンガス地域はやがてアイマラ文化の一大中心地として発展し、黒人によるアイマラサブカルチャーまで広がった。

またポトシ鉱山は、トゥクマン地域の発展にも貢献した。アルゼンチン北東部の広大な大牧場や農場は、ポトシに荷役用ラバのほかワインや砂糖を供給した。トゥクマンとポトシの中間に位置するタリハ地域は、穀物の主要な供給地帯として発展した。またシンチ渓谷地帯には灌漑農地が整備され、農地の大半をポトシ鉱山が所有してワイン産地を育成した。ポトシ北部のアルティプラノは労働力の主要供給地となり、鉱山で消費する伝統的食物や、銀を沿岸部まで運搬するために必要なリャマを大量に供給した。ティティカカ湖上流のワンカベリカ鉱山では銀精製に必要な水銀をポトシに独占的に供給したほか、周辺地域からミタ労働者も供給した。また熱帯地域の果物やワインなどの食料品も、高地渓谷地域と沿岸平野部の両地域を経由してポトシに運ばれた。これら物品やサービスの大規模な移動は、ポトシとリマ両都市の商人の資金提供によって支えられた。リマの商人階級は、北部からポトシまでほぼ全ての物品や資金供給を手がけ、一八世紀までポトシの内外国際交易を独占支配した。

オルロ鉱山　一六世紀後半の鉱山ラッシュとポトシ鉱山経済の拡大は地域全体に影響を及ぼし、チャルカス奥地の開発と定住が進む契機にもなった。一六世紀の終わりには埋蔵資源の新規開拓は限界に達し、インディオ最貧困層までが鉱山関連事業に従事するほどの広がりを見せた。コルディリエラ渓谷北東部のソラタ地域では金も採掘され、周辺のティティカカ湖南部ベレンゲラなど数々の共同体が小規模ながらも重要な鉱山拠点として発展した。ポーポ湖北部のウル族居住地域に最初に移り住んだのも、このソラタ地域周辺の高地鉱山の下層労働者だった。当時パリア地方と呼ばれたポーポ湖北部では、管轄のコレヒミエント全域に無数の小規模な鉱山を有したが、一六九五年に近郊で最大の鉱脈が発見されると、さらに発展してオルロの町が設立された。鉱山はサンミゲルと名づけられ、やがて多量の銀鉱石を産出した。

オルロのサンミゲル鉱山が発見されると新たな銀ラッシュが起こり、高地周辺の小規模鉱山地域の労働者が一挙にオルロへ押し寄せた。新たな鉱山資源の運用にはオルロ北部パカへス地方の複数の採鉱業者が、培った資本や専門知識を供給した。一六一〇年までにオルロの鉱山居留地には四〇〇人のスペイン人と三〇〇〇人のインディオ労働者が移り住んだ。

オルロの採鉱業者は、北部にある旧来の鉱山地域とは異なり、王室からミタ労働者を提供されなかったため、自由賃金労働者に頼らざるを得なかった。自由賃金労働者は数日の労働単位につき五ペアルを基本給とし、熟練するにつれ一日一ペソ以上の高賃金を得た。この賃金体系は、短期間で多くのインディオ労働力を徴用するのに効果的だったが、人件費が高いうえ産出はなかなか進まず、鉱山の生産性は上がらなかった。地元採鉱業者は一六〇五年には、労働者の定住化によってさまざまな公的な権利を得ることが重要と考え始め、長い交渉の末一六〇六年後半にオルロの町を正式に設立した。以後一六八〇年代まで町は急速に発展を続けた。一六〇七年には三万人の住民が暮らし、うち六〇〇〇人はインディオの鉱山労働者だった。一六七〇年代に人口は頂点に達し、八万人に増加した。

そのように急速な発展をしたオルロだが、繁栄の規模はポトシに及ばず、銀生産量は最大時でもポトシの四分の一にすぎなかった。それでもオルロの町や鉱山の重要性は急速に高まり、リマからアレキパ、ラパスを経由してポトシに至る道路の重要な経由地となった。また高地へ水銀を輸送する玄関口としても機能した。ワンカベリカで産出した水銀をポトシへ輸送する際もっとも費用を安く抑えるには、まずリマから海上経由で太平洋沿岸のアリカ港に輸送し、そこからラバに乗せて高地へ運搬する手段を取らなくてはならなかった。オルロはちょうどアリカ港に近接していることから、ポトシ以上に確実に水銀を運搬できる拠点として重宝がられ、水銀輸送のための食糧供給や資金調達によって多額の収入を得るようになった。

またオルロは地理的重要性のみならず、自由契約の鉱山労働者の一大雇用中心地としてチャルカス植民地全体の発展に大きくかかわった。その後一七世紀後半まで栄えるオルロの豊富な鉱脈は、インディオ自由契約労働者を強く惹き付けた。そして他の鉱山よりも高賃金を保障したためポトシの鉱山労働者から苦情が出るほどだった。危険を伴う縦抗掘削にはより多くの賃金が支払われた。それは実際には事業として費用がかかり過ぎ採算に合わないものだったが、インディオには過酷だったポトシの労働環境に代わる働き口として歓迎された。このようにさまざまな要因が重なってオルロへの定住化はさらに進んだ。町は急速に活気を帯び、チョロ人口も増加した。またメスティーソ人口の増加に伴い犯罪も頻繁に起こった。オルロはチャルカス地域内で最も治安の悪い物騒な町として知れ渡り、王政からの解放を求める独立の気風も高まった。その後一八世紀になり反王政派の独立運動家が複数現れたのもこの地域だった。

オルロの発展は周辺地域にも大いに影響をもたらし、ポトシで確立された周辺地域経済の市場モデルをさらに増強する体制が整った。ポトシと同様に、低地ペルーの水銀生産に依存したほか高地のアイマラ族から大量の労働力を投入した。食料についても大半はポトシと同じ東麓渓谷地帯から供給された。さらにオルロでは、近郊のコチャバンバ渓谷地帯にも強く依存した。コチャバンバはオルロにとって唯一で最大の温帯、亜熱帯の食料生産地となった。オルロはポトシと同じく土地の痩せた不毛の地で、生活に必要な基本物資のほぼすべてを外部に依存したため、やはりポトシと同様に鉱山にかかわる地域周辺の市場経済が発展した。

オルロの定住化に伴い、スペイン人の高地や東部渓谷地帯主要部への入植と、植民地化初期の時代はほぼ一つの区切りを迎えた。翌一七世紀には東部低地辺境地帯で、キリスト教宣教地域の発展と拡大が見られるが、チャルカスの主要地域については、一七世紀初頭までに完全に境界が確立された。この頃から一七世紀終りにかけてスペイン人とチョロ人口は着実に増え続け、インディオの人口はそれに応じる形で緩やかながら減少に向かっていった。

植民地初期の芸術文化　植民地初期は都市部が飛躍的な発展を遂げ、豊かな富を築き上げた時代だった。この繁栄は一七世紀の終りまで続き、文化や芸術面でも活況をもたらした。特にチュキサカ、ポトシ、オルロ、ラパスといった都市には富裕層があふれ、当時ヨーロッパで隆盛だった造形美術を取り入れ、大規模な教会や聖堂を次々に建設した。

スペイン人は征服当初、自国から芸術家や芸術様式を持ち込んだ。一六世紀のチャルカスにはスペイン、イタリア、フランドル（現オランダ南部からフランス北部地域）の職人や芸術家、建築家が主に活躍し、うち多くは聖職者だった。ヨーロッパからの支配層は、鉱山やインディオの貢租から得た富の多くを寺院の建設や装飾につぎ込んだため、植民地社会で最も先進的な芸術様式のほとんどは教会建築にあった。教会の建設と装飾には平均的規模のものでも数十年を要し、その地域で最も高価な建築物だった。また都市部の大規模な寺院や修道院には何千ペソという多額の費用が必要になった。この金額は王室が植民地の一都市から得る年間歳入に相当した。

植民地初期の一六〇〇年以前は、教会建設や芸術活動は当時行政や宗教の中心地だったチュキサカの町に集中した。この時代の芸術家はヨーロッパから移り住んだ熟練した職人が中心で、移住者の要望を直接請けて建築、絵画、彫刻を手がけていた。また植民地からの需要に応じてヨーロッパから移住した聖職者達は、たいてい安価で雇い信頼の置ける芸術職人を伴ってきた。だが植民地初期の終わる一七世紀の終りには非聖職者の職人が大挙して新大陸に移り住み、数の上でも優勢になった。また各地のインディオも、ヨーロッパの人々から造形美術の初歩的な概念や造型、技術を教えられた。スペインは一六世紀の大半と一七世紀にかけて世界でも有数の芸術中心地だったため、スペインとの交流を通じて最新のヨーロッパ様式がもたらされ、植民地でも主流となった。

一六世紀初頭のチャルカスの建築様式は、伝統的なルネサンス様式の発想やテーマに基づいたものが主流だったが、一六世紀後半の一五八〇年頃になるとイベリア半島のムデハル様式が徐々に浸透した。造形美術分野に関してはさらに多様な様式の影響を受けた。ラテンアメリカに移り住んだ芸術家は、当時のイタリアやフランドル様式を主流とした。チャルカスの富裕な土地柄が幸いして、アルティプラノの各都市にはアメリカ大陸に到来する芸術家のうち最先端の優れた者達が集まり、やがてチュキサカに建てられる数々の教会は、リマやスペインのセビリアの建築と全く同じ職人達の手によって装飾されるようになった。これら植民地初期のチャルカスで活躍した芸術家のうち最も際立った人物は、イタリア人画家のジェスイット・ベルナルド・ビッティだった。ビッティは一六世紀アメリカ大陸で活躍した植民地草創期の画家の一人で、ヨーロッパの芸術的基盤を新大陸で進展させた。ミケランジェロの影響を大いに受けたビッティは一五七〇年に移住し、一六一〇年代に亡くなるまで低地およびチャルカスの主要都市すべてに作品を残した。

一五八〇年頃にはインディオやチョロの職人が初めて登場し、ヨーロッパ出身者や白人の職人は優位性を失い始めた。最初に影響を受けたのは彫刻分野だった。木工および石工職人は植民地初期よりインディオの間に普及し、教会建設の基礎工事部分はすべてヨーロッパ人指示のもとインディオの職人や労働者が手がけた。インディオの芸術職人が最初に浸透したのが彫刻分野だったのは自然の成り行きだった。草創期のインディオ芸術家で最も重要な人物は、コパカバーナの彫刻家ティト・ユパンキである。ユパンキはチャルカスの各都市でヨーロッパ人より技術を学び、その独特な表現様式で知られるようになった。後に出身地コパカバーナに建立した聖母マリアの彫像は重要建築物となり、地域一帯で絶大な人気を誇った。ユパンキは当初ヨーロッパのさまざまな様式を手がけた後、独自の表現手法を産み出し、地域内の教会にいくつもの斬新で優れた作品を残した。

一七世紀初頭には、チャルカスの芸術家や職人も重要な転換期を迎えた。その頃には植民地の至るところに膨大な数の宗教建築物や一般建築物が作られていた。やがてヨーロッパ職人による大規模な作業工房がいくつも発展し、インディオの助手をしたがえて制作を請け負うようになった。教会の建設と装飾には数十年の年月を要したため、設計時に監督を務めた芸術家は、着工後は他の教会や建物の計画に移った。その後建設現場にはインディオの助手が残り完成までの作業に立ち合った。また監督が亡くなると、残りの作業をインディオ助手が引き継いだ。このようにしてインディオ芸術家や職人が徐々に育成され、一七世紀になると、インディオやチョロの芸術家によるクリオーリョ様式（またはアメリカ先住民様式）が新たに発展した。

建築や造形美術分野は一六世紀から一七世紀初頭にかけて飛躍的に発展したが、著述分野については遅れを取っていた。それ以前のスペイン征服初期時代にも多少の知的芸術活動は見られたが、当時のチャルカスは、まだ多くの面で開拓精神の旺盛な荒くれた辺境の鉱山地帯に過ぎず、いわゆる知的で「高度な文化」は、インディオの改宗や統治に関する一部の聖職者や政府官僚の手に委ねられた。チャルカスの知識活動は非常に限られ、植民地時代末期まで現地に印刷機すら存在しなかったため、数少ない作家達はリマやヨーロッパまで著作を持ち込んで出版しなくてはならなかった。そのため当地での著述活動はほとんど進展を見なかった。

一六世紀チャルカスの主要な著述物はアイマラ語、ケチュア語の文法書や辞書だが、その他にもチャルカスの一作家によって書かれた重要な作品がある。一五六七年にチャルカス・アウディエンシアの王室裁判官（オイドール）フアン・ド・マチエンソが『ペルーの政府』という随筆を著した。この書でマチエンソは地域のインディオや行政の状況について詳しく考察し、トレドの諸改革でも重要な参考資料とされた。同じ頃クスコやリマでは複数の民族誌学者や年代紀編者が登場したが、チャルカス出身の作家はマチエンソを除きほとんど皆無だった。チャルカスの人々は先スペイン期の歴史や文化についても特にまとまった記録を残していない。スペイン人とインディオの両背景を持つ低地ペルーの作家達の活動が積極的に作品を世に送り出していたのとは対照的である。

一六世紀後半から一七世紀前半にかけてのチャルカスのスペイン語作家は、自身の当地征服後の歴史記録を中心に書いた。また宣教師達は、領地の歴史や地域の寺院の歴史を綴った。特にコパカバーナについて書かれたいくつかの著作は重要な歴史資料となっている。さらに一五八五年にルイス・カポシェが発表したポトシの歴史についての書物は植民地初期の歴史書のうち最も重要だった。その後これを皮切りに有名な一連の年代記作品が次々に発表された。

不況と支配層の内乱　スペイン統治時代初期の約一五〇年間に活躍したチャルカスの作家達にとって、共通の関心事は地域の現在と将来の発展についてだった。当時のチャルカス植民地は、銀の生産量の増加に比例して鉱山地域を中心に人口が増え続けた時代だった。しかし一七世紀の半ば以降銀生産は次第に危機的な状況に陥り、後から住み着いた新たな移民は政治、社会、経済面で不利な立場に立たされた。鉱山が衰退して収入源が奪われ、所得による階層化が進むと、都市部のスペイン人同士での衝突が頻繁になった。こうしてチャルカスは一七世紀の「内乱」と呼ばれる内戦状態に陥った。

各都市で起こった一連の内乱のうち最大のものは、輸出区域の本拠地でもあるポトシ市内での紛争だった。ポトシでは一七世紀初頭、鉱山支配をめぐってスペイン人の鉱山主と商人の間にいくつもの小競り合いが起こった。これが次第に拡大し、最終的にはさまざまな階級や派閥を巻き込む争いに発展した。このうち最も有名な内乱は、バスク人とその他スペイン人との長期に渡る暴力紛争だった。スペイン北東部出身のバスク人（バスコニャード）は、ポトシの行政支配権をめぐり他のスペイン人（服装の特徴から俗に「ビクーニャ」と呼ばれた）と全面対決した。この内乱は一六二二年から一六二五年まで続き、団結力の強いバスク人は、その他のスペイン人を鉱山と市政（カビルド）の場から締め出した。大規模な争乱だったが死者数は比較的少なく、伝統的に続いたバスク人鉱山主の権力は保たれた。

だがこの争いを通じて、都市部のスペイン人の間にますます緊張が高まった。ポトシ以外の多くの都市部でも、一七世紀半ばに起きた深刻な経済不況も引き金となり同様の権力闘争が起こった。利益をもたらす可能性のある資源はすでに枯渇しつつあり、一部支配層が富を独占する構造がますます助長された。この結果、銀山の一攫千金を求め縁故に頼らず単独でヨーロッパから移住した人々は、財をなす機会すら得られなくなった。また鉱山やインディオ労働者支配についても限られた支配層が覇権を維持したため、一八世紀になると新移民や貧しいスペイン人にチャルカスを去る者が続出し、どの都市も長期にわたり衰退した。こうして一七世紀を飛躍的な経済発展で迎えたチャルカス植民地は世紀の終わりには不況に陥り、その後一世紀に及ぶ停滞の中で都市、農村いずれも社会、経済面で深刻な影響を受けていった。

第三章　後期植民地社会——危機と成長——

1　植民地社会の変容

「一七世紀の危機」の影響　チャルカス植民地は、ヨーロッパの「一七世紀の危機」と呼ばれる混乱期の影響を、スペイン＝アメリカ帝国で最も深刻に受けた地域だった。オルロとポトシの銀生産はいずれも一七世紀半ばにはピークを迎え、以後生産量は急激に落ち込み数百年に及ぶ長い衰退期に入った。鉱山周辺地域も社会、経済面で影響を受けた。影響が最も直接的に現れたのは都市部人口の減少だった。チャルカスでは一七世紀以降、ほとんどの主要都市で人口が減り続けた。そのため地域行政にかかる経費の支出が軽減され、アシエンダや自由共同体などの組織運営に好影響をもたらす面もあった。かつては豊富な鉱山資源からスペイン＝アメリカ帝国にとって重要だったチャルカスだが、衰退に伴い地域の価値は次第に薄れていった。一七世紀の終わりにはメキシコの鉱山生産量がアンデスを上回り、アメリカ植民地最大の収入源となった。ペルーとチャルカス両植民地の主要都市では、一六七五年頃には輸出による貿易黒字の利益も得られなくなり、スペイン植民地帝国の中心的な地位を完全に失った。

銀山の不況は、都市部の大幅な衰退を招いた。一六五〇年から一七五〇年までの一〇〇年間で、鉱山の労働者数と各都市の住民数はいずれも急激に減少した。鉱山でミタ賦役につくインディオ労働者(ミタヨ)は、最盛期の一五七〇年代には四五〇〇人ずつ三つのグループに分かれ、計一万三五〇〇人が常時交替で稼動した。だが一六九〇年代になるとミタヨ総数は計二〇〇〇人と大幅に縮小された。交替制も廃止され全員が同時に労働に駆り出された。ミタヨ減少の原因は、ミタ制度対象一六の地域で、ミタヨ要員となる共同体住民(オリヒナリオ)が死亡したり、使役から逃れるためフォラステロやヤナコーナの地位に転じたりして絶対数が減少したことだった。また鉱山の衰退によりミタヨ需要そのものが低下したことも一因となった。鉱山労働市場の縮小は、ミタヨのほか自由契約のインディオ労働者にも深刻な影響を与え、多くが農村部に戻った。だがインディオ以上に銀不況による打撃を受けたのは白人だった。不況により少なくとも一〇万人の白人が鉱山を離れ、より経済的に活発な地域に移り住んだ。鉱山都市オルロとポトシでは一世紀におよぶ不況で人口が半減し、一八世紀半ばにはポトシの人口はわずか三万人、オルロでは二万人になった。鉱山地域以外の都市でも不況により人口の減少または停滞が起こった。

銀産業の衰退に伴って、鉱山産業と密接に連動する周辺地域の経済も困難な状況に陥った。鉱山への一大食糧供給拠点として機能したコチャバンバ地域の変容ぶりは、この状況を端的に物語っている。人口の減少に伴い食糧の需要が低下したポトシでは、近郊のチュキサカ地域からの供給で十分にまかなえるようになり、費用が比較的高額だったコチャバンバ産の食糧品は競争力を失った。そこでコチャバンバ渓谷地帯は内需中心の経済へと転換を図り、地域外への食糧品の出荷を縮小して、高地が厳しい食糧不足に陥った時のみ余剰生産分の小麦やトウモロコシを供給する体制を取った。地域外への大規模な農産物出荷が中止されるとコチャバンバのアシエンダ（大農場）勢力は衰え、広大な所有地は細かく分割されて賃貸地に転用された。この頃コチャバンバ地域では、ほぼすべての共同体のインディオが土地所有権を捨てスペイン人に雇われるヤナコーナとなり、アシエンダの領地内で耕作地を借りるチョロの小作農民というまったく新たな階層を形成した。このような経緯からコチャバンバは、共同体に属さず自由保有権形式で小規模の農業を営む小作農が多く集まる地域となり、チャルカスのミニフンディア（小規模農場）の中心地となった。またこの地域の中央渓谷部ではスペイン人とチョロが布織物の生産を手がけるようになり、やがて天然繊維を用いた大衆的な布地（トクヨ織物）の一大産地となった。

インディオ自由共同体の再生　鉱山や都市部の衰退に伴い、市場に農産物を供給するアシエンダも打撃を受けた。一七世紀の終りにはチャルカスほぼ全域が不況に陥り、世紀初めの過熱化した発展ぶりとは対照的に新たなアシエンダの設立や増加も見られなくなった。一七世紀初頭にはスペイン王室自ら休閑地（ティエラ・バルディア）の大規模な販売会（コンポシシオン・デ・ティエラ）を定期的に開催したが、世紀後半にはそれもほとんど行われなくなった。一八世紀初頭にはトレドの改革によるレドゥクシオン（強制集住）が進んだこともあり、インディオのアイユとスペイン人のアシエンダ領地との間に明確な境界が確立された。

だが鉱山の不況は、農村部インディオの人口回復という効果も引き起こした。銀産業の大規模な衰退が始まって以来、インディオの多くは鉱山を離れ故郷の農村部に戻った。その結果インディオ人口は再び増加に転じ、共同体の集住と統合もさらに進められた。また一時は深刻な問題だったヨーロッパからもたらされた疫病の流行も、中央アメリカから半世紀遅れて一七世紀の後半から一八世紀始めにはようやくチャルカスでも免疫が高まり、インディオの死亡率はヨーロッパ出身者とほぼ同等まで落ち着いた。それまで減少する一方だったインディオの人口は、その後一九世紀にコレラなど新たな疫病がすべての人種や階級に影響を及ぼす頃まで増加を続けた。この間特に農村部では、一世紀以上にわたり人口の著しい増加が見られ、自由共同体体制がさらに強化される原動力となった。

鉱山不況と都市部の衰退が起こった同じ頃、インディオ自由共同体はレドゥクシオンと人口増加が相乗効果をもたらし大いに発展した。ミタ賦役は鉱山の衰退に伴って負担が軽減され、そのうえ人口増加からミタヨ従事者数も増えた。また増加したインディオの数に対し、行政側の貢納徴収額の調整手続きが遅れたため、結果として住民一人当たりの負担額は減少した。人口の少ない僻地の共同体では労働負荷が比較的大きいことから、外部の移民労働者（フォラステロ）を好んで受け入れた。フォラステロは元からの住民（オリヒナリオ）に雇われ、その代償としてごくわずかな土地の所有権を得た。一七世紀後半から一九世紀にかけての自由共同体の発展は、増加したフォラステロ（またはアグレガード）に支えられた部分が大きい。一六四六年に一部の地域で実施された統計調査では、共同体への新たな移民者数は全アイユ人口のおよそ四分の一だった。その後一七八六年に実施された貢納実態調査では、フォラステロ数はラパス県の全共同体人口の半数以上にのぼり、代々土地に住むオリヒナリオを上回った。このような内部構造の変化により共同体社会は成熟し、生産物の備蓄や地域の教会建設も進められた。一七世紀後半から一八世紀前半には高地で多くの教会が建設され、それに伴ってインディオ職人の芸術活動が盛んになった。建設には共同体とカシーケ（首長）がそれぞれ資金を援助し、のちにはインディオやチョロ職人の制作活動も支援した。共同体の予算は王室によって管理され、時にはスペイン人アシエンダードに土地権利を差し出すよう圧力をかけられることもあったが、アシエンダの拡大が停滞して需要が低下すると王室の介入も弱まり、共同体独自の資産を維持しやすくなった。

ラパスの繁栄　一七世紀後半アルティプラノを襲った鉱山不況は、都市の重要性や相関関係も大きく変えた。オルロやポトシ、チュキサカでは、鉱山不況による打撃を直接的に受けた。これに対し大都市ラパスでは、一七世紀後半のごく短期間不況に陥った後は再び成長に転じ、一八世紀半ばには地域最大の人口四万人の都市へと発展した。他の都市が衰退した頃にラパスのみが成長した要因は、インディオの人口増加に伴い地域内の市場が発展したことだった。ラパスの人口は周辺山間部のインディオ農民を加えるとおよそ一五万人から二〇万人に上り、チャルカスのインディオのほぼ半数を占めた。そのため主要な行政機関や商業市場の集まる高地最大の人口密集地として、またコカの主要産地である東部ユンガス渓谷部の拠点都市として繁栄した。ユンガスには当時植民地で最も裕福なインディオ共同体が集中したほか、スペインからの新たな移民も相次ぎ、不毛の段丘を開墾して需要の高いコカの葉を大々的に栽培した。

ラパスのスペイン人支配層は、地域内の農業や商業からの収入を生計基盤にした。特に一六四〇年代に王室が実施した土地販売（コンポシシオン・デ・ティエラ）をきっかけに誕生した新たな大地主層は、そのほとんどがスペイン語を話す商人階級で、地域の土地を次々に買収して裕福になった人々だった。一六七五年頃には大地主層も世代交代を迎え、地元生まれの二世が中心となった。その頃には共同体富裕層の半数はラパス生まれの者が占め、スペイン出身者はわずか二〇％になった。その他はアメリカ大陸内の他の地域や、スペイン以外のヨーロッパ出身者で構成された。現地生まれの人々は通例どおり男性よりも女性の方が多く、その結果支配層の間で混血化が進み、生粋のスペイン出身女性はほとんど見られなくなった。また支配層の開放的な気質も手伝って、支配層女性の私生児出産率は、アメリカ大陸の他の地域やスペインの都市部と比べてきわめて高かった。一例としてサンアグスティン教区のスペイン人支配層を見ると、一六六一年から一六八〇年の間に半数以上の支配層女性が私生児を出産した。これは当時のアメリカ大陸全体の支配層の平均的な統計と比べてきわめて高い比率だった。

コカ地主と鉱山主の台頭　チャルカス植民地最大の都市ラパスは、インディオの消費の高まりにしたがってさらに内需拡大を続け、コカの最大生産地としても栄えた。コカは、先スペイン期には支配層のインカ貴族に限られたが、植民地時代以降は高地鉱山の過酷な条件で働く労働者の疲労軽減に欠かせない嗜好品となった。コカは古代より、ラパス東部の高温多湿の亜熱帯地域ユンガス渓谷部で自生していた。その後地元アイマラ族の共同体が急勾配の段丘を耕してコカ畑にすると、スペイン人支配層にとって格好の搾取対象となった。そのようなコカ生産地（コカレス）地主の代表人物として知られるのは、ラパス出身の市民《ベシーノ》、フランシスコ・タデーオ・ディエス・デ・メディナだった。ディエス・デ・メディナは一七五〇年代から一七九〇年代にかけてチャルカス・アウディエンシアの有力アシエンダードとして名を馳せた。一

ポトシ市街からセロ・リコ・デ・ポトシ山を望む（提供：西遊旅行）

七世紀前半に商業活動でまとまった富を得ると、それを元手に一七五二年最初の結婚をした。当初は手堅く地元農村部の土地買収を続けたが、再婚を繰り返しては所有地を拡大させ、次第に新たなコカ畑の開墾と生産に多額の商用投資を行った。またインディオ共同体の垂直統御にならってアルティプラノとその周辺渓谷地帯の土地を購入して、様々な気候や地形の農業システムを領地内に整えた。こうしてディエス・デ・メディナはユンガスの所有地で生産したコカの葉を、やはり領有地の高地で生産するチーズ、羊毛、食肉などの畜産物と交換した。だが資産は十分にあっても高度な専門知識を必要とする鉱山事業には手を出さなかった。

鉱山産業でこの時代最も目立った活躍をしたのは、鉱山主であり製錬業者のアントニオ・ロペス・デ・キロガだろう。ポトシの銀生産は一七世紀前半に最盛期を迎えた。水力精製粉砕機を七二機構えたほか、精製機で鉱石を粉砕するために三〇のダムと高性能の運河が整備された。疫病の流行などでインディオ人口が減少すると、ミタヨにかわりミンガスと呼ばれる給与労働制を導入した。最大の問題は年々減少する鉱石の品質だった。より深部を掘削するために新たな探査と数々の実験が繰り返されたが、ほとんどの旧鉱山では洪水と多額な開拓費用が障壁となった。鉱山からの利益が減少するにつれポトシ住民の不安は高まり、地元で有力だったスペイン・バスク地方出身の支配層と、非バスク人の商人や製錬業者、鉱山主との間で対立が起こった。一六二五年、バスク人の働きかけで王室政府が介入しようやく紛争は終結したが、対立の発端となった鉱山利益の衰退という根本的問題は解決しないまま残された。このような困難な状況の中、アントニオ・ロペス・デ・キロガは独自の発想により鉱山再生を図った。

スペイン上流階級出身のキロガはもともと銀商人で、商取引をする中で鉱山の専門知識を学んだ。一六四八年ガリシアからポトシに移住すると、莫大な投資をしてセロ・リコの主要な鉱脈の下にある換気鉱を切断することで古い鉱床を取り除き、さらに下層の新たな銀脈への到達を可能にした。キロガの非凡な発想に基づく投資が成功した要因は、潤沢な資金に加え鉱山についての実際的な知識が豊富にあったためだった。一六七〇年代後半には、キロガはいくつかの所有鉱山の賃貸事業を始めたほか、債務不履行になった二つの精製所を譲り受け所有者になった。この時点でキロガの事業はまだ小規模で、鋳造前の銀の購入や、鉱山主と製錬所への貸付を主な収入源とした。一六六〇年代後半には一二の鉱山を経営し、それらを統合して複数の鉱脈や小規模な鉱床を横断する何本もの大規模な地下通路を建設した。また才覚を発揮して廃棄された古い鉱脈資源を切り開いて再生させた。一〇年後、キロガは地域最大の製錬業者となり、さらに深い坑道を掘り進めるために多額の資金を投入して、地下水面上に大規模な水平状の換気坑を建設した。換気坑からいくつかの廃棄鉱山を通過して排水すると、新たに発見した鉱脈に到達した。新たな坑道の入り口は、火薬の爆破によって開通させた。アメリカ大陸の鉱山建設に初めて火薬技術が用いられたのはこの時である。新鉱脈は開通までに六年を要し、それぞれの坑道に何十万ペソという膨大な費用がかかった。こうして一六八九年までに、キロガは全長約二・四キロの五つの鉱脈をセロ・リコに開通させた。旧鉱の再開によって、一六六〇年代から一六九〇年にかけて一時的に生産量は盛り返した。それでもキロガをはじめ何人もの鉱山主が投げ打った莫大な費用や労力に見合うほどの効果は上がらなかった。一六九九年にキロガが世を去ると鉱山産業は完全に崩壊し、以後一九世紀まで目立った指導者は現れなかった。

カトリック伝道団の辺境開拓　キロガは一六八九年、甥が率いるアマゾン上流低地帯の遠征隊に資金を提供した。遠征隊はモホス北東部地域に向かったが征服はならず、完全な失敗に終わった。だが一七世紀から一八世紀初頭は、もはや民間の探検家による辺境開拓の時代ではなかった。一七世紀後半にはイエズス会、フランシスコ会はじめ主な宣教師団が一部未開のインディオ居住地まで到達し、各地に伝道所（ミッション）を建てた。

イエズス会が最初にサンタクルスに住み着いたのはそれより一世紀

サンタクルスの村に 300 年ほど前に建てられたイエズス会伝道施設
（提供 :Viceministerio de Turismo　ボリビア政府文化省観光次官室）

前の一五八七年のことだった。宣教師はグアラニー語やチャネ語をはじめ現地インディオの様々な言葉を学んだ。一五九〇年代には危険を冒してさらに北部まで到達したが、現地に伝道所の建設許可が下りるのはそれよりずっと後の一六七五年頃だった。一六八二年から一七四四年にかけてイエズス会は二五の宣教師団を次々に派遣し、マモレ川上流と周辺地域のおよそ三万人のインディオが暮らす地域に定住した。

一七〇一年には地域インディオの話すアラワク語の文法書を初めて出版した。宣教師が持ち込んだ疫病やインディオの反乱に見舞われることもあったが、宣教文化そのものの破壊には至らず一七六七年のイエズス会追放まで宣教活動は続いた。その後も一九世紀に天然ゴムやキニーネの原料であるキナノキの大規模開発が始まる頃まで、宣教師団の作った古い町並みは残された。チキトス県モホス南部にも広い範囲にわたりイエズス宣教社会が形成され、一六九一年から一七六〇年にかけておよそ一〇カ所のインディオ伝道所が設置された。各伝道所では農場や牧場を所有し、やがて二万人ものインディオ改宗者が住み着いた。この大規模で優れた組織力を持つチキトス宣教社会は、現在もなお存続する。当時チキトスやモホスはインディオの奴隷狩りに来るポルトガル人の襲撃に度々さらされ、イエズス会はパラグアイに設けた伝道所と同様に、武装して町を防衛しなくてはならなかった。三つ目のイエズス会宣教拠点はタリハ南部に作られ、チリグアノ族、トバ族、マカ族をはじめとするグランチャコ地域のインディオに対して布教活動を行なった。スペインからの独立後はイエズス会以外の宣教師団が赴任したが、一七六〇年代後半のような活発な布教開拓は見られなかった。

2 経済と権力構造の変化

東部低地帯の辺境部は、宣教社会が作られたこともあり一七世紀後半から一八世紀前半にかけて開拓が進んだが、それ以外の地域では長びく経済不況が長期的な構造変化をもたらし、一九世紀後半まで状況は好転しなかった。銀の生産量と輸出量は植民地後期の一七五〇年代になって好転し、再び銀ブームが到来した。だが産業として一定の繁栄を見せつつも、生産量は一六世紀の半分に満たなかった。そのため都市部人口の回復には至らず、ヨーロッパ出身者や従属する都市部インディオやメスティーソの人口も停滞したままだった。銀の生産量は確かに増加したが、周辺都市の人口が底を打つ中で相対的な増加が見られたに過ぎなかった。この一八世紀後半の銀ブームは、鉱山と周辺地域の生産者同士の経済連係を再生させる効果もあったが、全盛期の一六世紀のようにアンデス全体を巻き込む巨大市場までには至らなかった。そのためブームが去ると、周辺地域との連係関係も一気に重要性を失った。

一八世紀のチャルカス植民地は芸術や学問も発展し繁栄したが、都市部や地方経済の発展は一五世紀や一六世紀前半の飛躍的な成長期と比べごく緩やかだった。この頃のポトシは、大陸内最大の銀産地の地位をすでにメキシコに明け渡していた。メキシコの銀生産は一七世紀から植民地時代の終わりにかけて大いに発展した。これに対しアルティプラノの鉱山は、一八世紀後半に復興したものの依然として小規模な産地のままだった。ポトシとオルロは、生産量が減少する中でも世界市場における一大銀供給地の立場を維持したが、アメリカ大陸全体ではメキシコの生産力に劣り、さらにペルー副王領に新たな鉱山地帯が発展したことからアンデス地域内での有力産地の地位すら失った。メキシコにはスペインのアメリカ大陸植民地統治の二つの副王領のうち一つが設置されていたことから、スペイン王室自身が毎年現地の銀を直接スペイン国内市場に向けて大量に輸出することが可能だった。しかしアンデス地域の植民地では、ラテンアメリカ南部の王室官僚への納税分を捻出するだけで精一杯だった。一八世紀後半の一時的な銀ブームが去ると、その後は一九世紀初頭に政治経済の様々な問題に直面し再び衰退する運命をたどっていく。だがそのような限定性が幸いして、アルティプラノの鉱山は地域で唯一の主要産業としての地位を維持した側面もある。そのため一八世紀後半には、リマやクスコの古くからの富裕商人とブエノスアイレスの新興商人層が対立し、チャルカス・アウディエンシアの経済支配権を巡り大規模な争乱に発展していくことになる。

ラプラタ副王領の成立と貿易体制の転換　現在のアルゼンチンにあるブエノスアイレスでは一六世紀後半より移住が始まり、港湾部を中心に定住化が進んだ。その後地域内交易と牧畜産業を基盤に、小規模ながらも豊かな地域として発展した。だがその発展には限界があった。大西洋に面したブエノスアイレス港は、ヨーロッパとの迅速な交易と交流の窓口として周辺地域全体にとって重要な港だったが、スペイン植民地政府は一八世紀後半まで住民に利用を許可せず、輸出品の出荷は強制的にリマを経由させた。そのためブエノスアイレスでは密輸市場が活発になり、のちにスペイン王室が方針を変えて開放貿易体制を整えるまで本格的な発展はみられなかった。だがヨーロッパとの交易が制限されたゆえに内陸部や奥地との国内貿易が盛んになり、地域内の中核都市として飛躍的な発展を遂げた。スペイン王室は、すでに一七世紀の終わりにはこの地域の将来性に関心を寄せていた。そこでブラジル植民地からラプラタ川河口へと領土進出を企むポルトガル人に対抗するため、ポトシから強制的に年間助成金を取り立てて、ブエノスアイレス地域の防衛強化や地域行政の予算にあてた。

その後ブエノスアイレスとリマの間には、ポトシの支配権を巡る対立が深まった。これを受けたスペイン王室は一七七六年、ブエノスアイレス側を支持する決定を下した。以後チャルカス・アウディエンシアは、新たにブエノスアイレスに設置されたラプラタ副王領の直接統治下に置かれることになった。また一七七八年には現地の輸出規制をほぼ全面的に解除する決定がスペイン王室によって下され、ラプラタ副王の直接的な支配権がさらに強化された。この二つの政治決定は、ポトシにとって貿易の中心地が北から南へと移行する重要な出来事だった。それまでポトシから南の地域との交易は、北アルゼンチンのラバや食料品、パラグアイのマテ茶などの輸入取引のみだった。だがラプラタ副王領設置と貿易規制解除が決定されて以降、ポトシの銀輸出を含む貿易の中心は徐々に南へと移行し、チャルカスから北アルゼンチン・トゥクマン地域周辺の伝統的な町をいくつか経由してブエノスアイレス港まで輸送する道が開かれた。

貿易経路の転換によってチャルカス経済は再編された。新たな交易体制が確立されると、かつて貿易の窓口として栄えたリマは、必然的に衰退した。リマの商人はチャルカスでのヨーロッパ交易の独占権はおろか、主な資金源もすべて失った。鉱山地域の商業支配権を失ったことによって、リマ経済は長期に渡り衰退した。そしてリマにかわる経済中心地として新たに複数の地域が発展した。このうち最も繁栄したのは言うまでもなくブエノスアイレスだった。また比較的辺境部に位置づけられていたチリも、リマの衰退をきっかけに急速に発展した。このようにチャルカスの対ヨーロッパ貿易構造の再編は、南アメリカの多くの地域に長期的な経済改革や政治権力の変化をもたらし、低地ペルーとチャルカスの一部権力は大幅に衰退した。かつてチャルカスで担った支配権は、新たに発展したチリやラプラタ副王領地域に引き継がれていった。

王室の鉱山支援　この頃形成された地域間の勢力構造は一八世紀以降も続き、各地域の独立後も国家間の権力や役割を定める上で重要な影響を及ぼすことになる。だが一八世紀前半の時点では、そのような長期的構造変化はまだ始まったばかりで、スペイン王室自身も新たな副王領の設置をきっかけにチャルカス地域の輸出経済をさらに促進させる望みを持っていた。そのためチャルカス・アウディエンシアに豊富な経歴を持つ有能な役人を多く集め、オルロとポトシの鉱山再生のため最大限の知識や技術を結集させた。オルロとポトシの鉱山にまだ銀鉱脈が十分に残っている事は、調査から明らかになっていた。だが鉱脈の多くは地下水面のさらに下層部分や他の鉱物資源が混合した状態にあり、全盛期に比べ一単位当たりの採掘量は著しく低下していた。銀生産が衰退した原因は、資源そのものの枯渇というよりも容易に採掘できる表層部の資源が尽きたことだった。

深層部の銀脈を掘り当てるには多額の資本投資が必要だった。だが零細なチャルカスの地元業者は資金を捻出できず、王室の財政支援に頼るほかなかった。一八世紀になりようやく資金援助の必要性を認識したスペイン王室は一七三六年、メキシコで改定された前例にならい、銀生産品の税率を二〇%から一〇%

に引き下げることに合意した。次いで一七七九年、鉱物取引を目的とするサン・カルロス銀行の設立を支援した。サン・カルロス銀行は、元は一七四〇年代後半にスペイン人製錬業者（アソゲロ）によって設立された金融機関で、後に一七五二年になって鉱物購買のための半政府機関となった。設立のねらいは、精製した銀を銀行が直接購入することによって民間銀業者（ヘスカタドーレ）の介入を排除し、製錬業者や鉱山経営者に対して高値を保証した上で採掘資材調達の資金を貸し出すことだった。サン・カルロス銀行の存在は、混乱をきたした地域の資本市場に秩序をもたらした。一七七〇年代になり銀行が厳しい経営難に陥った際、王室が経営権を引継いで直接支援に乗り出し、以後鉱物取引の中心機関となった。王室は、最終的に一七七〇年代以降生産が衰退したワンカベリカの水銀にも介入し、ブエノスアイレス港を経由してスペインのアルマデンに大量の水銀を輸出するよう交易体制を再編したほか、安定した価格を維持するための助成もおこなった。一七八四年には、地元鉱山業者への水銀の販売価格はおよそ五分の一まで切り下げられた。

ポトシの人口は減少の一途をたどり、一七五〇年代の七万人から一七八〇年代には三万五〇〇〇人へと半減した。だがその後特に一七三〇年代以降は、王室による組織的援助をきっかけに徐々に回復した。賦役労働に従事するミタヨは年間二五〇〇人規模まで大幅に縮小され、ミタ制度そのものの存続についても論争が起きた。だが制度は廃止どころかさらに強化され、引き続き鉱山の重要な労働力として維持された。ミタヨは数の上では著しく減少したが、一八世紀の終りになっても地下採掘労働の半数近くを占め、ポトシ鉱山の損益を左右する重大な役割を果たした。

農村社会の変容　アルティプラノの鉱山は、王室の資金援助とミタ制度に支えられて順調に回復し、一八世紀後半になると生産高は再び増加した。これに伴い周辺地域の農業経済も発展し、農村部人口も増加した。好況は鉱山周辺の一部地域に限られたが、販売税やインディオの貢納（人頭税）の増収によって王室の財政も潤った。貢納は一八世紀終りのチャルカス・アウディエンシアで、鉱物輸出に次ぐ主要な王室財源だった。

貢納の重要性が増した背景には、一八世紀に起きた三つの出来事があった。第一に最大の要因として、一七世紀後半の鉱山不況によって、農村部人口が長期に渡って増加を続けたこと。次に人口の増えた農村部で一人当たりの貢納負担額が減少し、共同体の資産を住民自身の貯蓄や地場産業など内需拡大にあてられるようになったこと。そして土地所有の有無にかかわらず全インディオ男性に貢納対象者を拡大し、税収が大幅に増額したことだった。

農産物の大半は、インディオ同士の取引や地元市場内の流通を目的として生産された。生産品は課税対象から外されたため、王室はインディオからの貢納収入に頼らざるを得なかった。王室はインディオの生産品をスペイン人市場に強制的に流通させることと、収入を王室に直接納めさせることの二点をインディオに課した。課税対象者はオリヒナリオのみとされ、各共同体の王室への納税負担はオリヒナリオが一手に背負った。そのため農村部のインディオ人口は自然増加したものの、オリヒナリオ数は横ばいまたは減少した。原因は言うまでもなくミタ賦役と貢納の義務を集中的に課されたためだった。負担の多いオリヒナリオは、一部の裕福な農民をのぞきほとんどの者にとって魅力の感じられない地位だった。王室自身も、合法階級のオリヒナリオが痛手をこうむり崩壊の危機に向かいつつあることを認識した。このような経緯から一七三四年、王室は地域の王政事務所の助言を受け入れ、貢納対象をついに全インディオに拡大した。王室は地域内の地位や階級差を維持しつつも、それまで免税対象だった共同体のフォラステロ（外部からの移住者）やスペイン人の土地で雇われるヤナコーナ（インディオの従僕）に対し、年間五ペソの固定税を課した。自ら納税義務の生じたフォラステロに対し、ヤナコーナはスペイン人地主が代わりに貢納を支払ってくれた。その点に魅力を感じた農民がさらにアシエンダへと移り住む現象も起きた。だがいずれにしても、貢納義務をオリヒナリオ以外の全てのインディオ農民に拡大したことで王室の貢納収入は増加し、歳入全体に占める比率もそれまでの約二分の一から三分の二まで増加した。オリヒナリオ階級にとっては地位や階級を変える利点がもはやなくなったため、以後安定して保たれることになった。

貢納対象の拡大による改革税制が定着すると農村部の人口もさらに増加し、農民は生産品の余剰を納税分と個人財産に分けて管理し、貯蓄を増やし一定の富を得ることも可能になった。ミタ賦役についても変化が起きた。王室は鉱山地域の繁栄のためミタ制度を維持したが、本来ミタヨとなるオリヒナリオの代わりに自ら支配下に置くフォラステロやヤナコーナを代わりに使役に送ったため、正規のミタヨの増加には繋がらなかった。各共同体にかかるミタ賦役の負担も一六世紀や一七世紀に比べ大幅に軽減された。

またインディオ共同体では、アシエンダの領土侵害に悩まされることも少なくなった。鉱山の復興により周辺市場の需要は増したものの、実際に農産物供給に関与し恩恵を受けたのは、一部の有力アシエンダや比較的富裕な地域のみだった。チャルカス全体でもアシエンダ制度の拡大は見られず、一八世紀の間安定して横ばいの状態だった。そのためインディオ人口は大幅に増加したが、アシエンダとの領土争いが深刻な問題に発展することもなかった。

人口の増加によって農民一人当たりの貢納負担は軽減したが、住民は相変わらず貢納の負担が重すぎるとして激しく抵抗した。地域を管轄するコレヒドール（地方行政官）の強制的な取立ては後を絶たず、とりわけレパルティミエント制、つまりコレヒドールがインディオに商品を強制的に販売して富を不正に蓄える慣行は、住民の恨みを大いに買った。購入させられたラバやその他物品は日常労働に役立つものだったが、強引に売りつけたうえ税まで取り立てるコレヒドールのやり方にインディオは憤った。レパルティミエント制には最貧困層の労働者に富を分配するという肯定的な側面もあったものの、地域のコレヒドールが蓄財のために乱用する悪しき制度として知られていた。またインディオは、スペイン人地主から強いられる無給の労働が、国全体の方針ではなく地主個人の取り決めによる点にも憤っていた。またインディオ共同体の首長であるカシーケも、スペイン人からの搾取によって自らの特権が頻繁に侵害され、支配的立場の維持に限界を感じはじめた。さらに教会体質の変化も大きな影響を及ぼした。知識と教養の充実した一八世紀のキリスト教会は、それ以前とは対照的に地域の土着信仰を常に糾弾したため、地元インディオとの根強い対立が生じた。

トゥパク・アマルの反乱（一）　一八世紀の植民地社会と経済の発展が最高潮に達した一七八〇年、様々な要因が引き金となりチャルカスとクスコ両地域のインディオが大規模な反乱を起こした。インカ最後の皇帝トゥパク・アマルの末裔でトゥパク・アマル二世と自称するホセ・ガブリエル・コンドルカンキの反乱をはじめとする農村部インディオの反乱や、都市部のメスティーソやクリオーリョの反乱は、チャルカスやスペイン王室にとって決して未経験の出来事ではなかった。植民地時代のチャルカスでは、共同体や地方単位の反乱が周期的に起こっていた。原因はコレヒドールの権力濫用による度を越した搾取行為や、インディオと非インディオ間の土地を巡る争い、さらに最大の原因として地元カシーケの要職就任をスペイン人に妨害されることなど、ほとんどが共同体内部に生じる問題だった。また都市部地域でも反乱は珍しくなく、原因は地域の経済危機や食料不足、住民税や王室政府への抵抗などさまざまだった。一七三〇年代にはオルロやコチャバンバでも同様の運動や陰謀が起こった。

だがいずれの反乱も局地的なものにすぎず、短期間で終わるものばかりだった。またほとんどの反乱は、暫定的な減税や腐敗した官僚の追放によって事態は収拾し、反乱側からそれ以上の要求があがることもなかった。反乱者の伝統的なスローガンは「王よ永遠に　不正官僚に死を」だった。反乱は植民地政府とは切っても切れない関係にあり、程度の差こそあれ住民の日常的な不満のはけ口だと誰もが理解していた。また政府側も、反乱を抑えつつも実力行使や殺戮に及ぶことはなかった。搾取や圧制を理由としたインディオの反乱に限っては、ヨーロッパでは前例のない事態のため明らかに過剰な反応を示したが、反乱の手法は決まりきっており政府側も対処を心得ていた。そのため反乱が起きても王室の権力が揺らぐような深刻な事態には至らなかった。

一七八〇年から八二年にかけて起きたトゥパク・アマル二世の反乱は、それまでの典型的な反乱とは様相が異なり、参加人数や勢力範囲の上で非常に大規模なものだった。この反乱に加わった総数は一〇万人以上とされ、勢力もペルー南部のクスコ高地地域からチャルカス全土と北アルゼンチンまでの広い範囲に及び、各地で組織的な反乱が起きた。トゥパク・アマルの反乱は、さまざまな身分や階級の人々を巻き込む強い統率力を持った運動で、全スペイン人を追放して地元住民による自治区の設立を究極の目的とした言わば独立運動だった。トゥパク・アマル二世はクスコのカシーケ階級出身で、元は反民衆側に立つ権力者だったが、チャルカス・アウディエンシアのインディオ指導者達の支持を得たことが大きな弾みとなって、多くのインディオを率いて領地内で数々の激しい戦闘を繰り広げた。反乱指導者のうち特に重要な人物はトマス・カタリとフリアン・アパサの二人だった。トマス・カタリはアイマラ族のカシーケ階級出身で、ポトシ近郊チャヤンタ県サンペドロ・マチャ集落の首長だった。これに対して平民インディオ出身のフリアン・アパサは、トマス・カタリとトゥパク・アマル二世という二人の偉大なインディオ指導者の名を取ってトゥパク・カタリと名乗り、反乱軍指導者としてラパス地方で名を馳せた。

ホセ・ガブリエル・コンドルカンキ（トゥパク・アマル2世、1734～81）

トマス・カタリはその経歴からも、実に特別な人物だということが分かる。カタリは一七七七年、地元のスペイン人コレヒドールに伝統的カシーケの地位を剥奪された。学識もありアイマラ語、スペイン語双方に精通したカタリは、その後四年間であらゆる法律を駆使して自らの地位を取り戻した。王室裁判所に請願書を提出したほかブエノスアイレスを訪れ副王と会談するなど、大小規模を問わずあらゆる行政府と対決し、ことごとく勝利した。だが腐敗したコレヒドールは、正規の法律を無視してトマス・カタリの地位復権を退けたうえ、何度も投獄した。それればかりか民衆のカタリ支持の高まりをおそれて、協力者であるカシーケのイシドロ・アチョを殺害し、トゥパク・アマルの反乱中の一七八一年一月にはカタリ自身を秘密裏に暗殺する命令まで下した。トマス・カタリは自らの復権訴訟を進めつつも、スペイン式統治体制に対抗する強い組織を作ることを目指し、トゥパク・アマルの反乱に深く関与していった。カタリの死後は二人の兄弟が大規模なインディオ反乱軍を指揮し、ラプラタ市街の攻防戦を行なった。

スペイン人にとってトマス・カタリ以上に脅威だったのはアイマラ系の平民フリアン・アパサ、または二人の英雄にちなんで自ら改称したトゥパク・カタリの存在だった。フリアン・アパサは伝統的な支配階級ではない平民の出身だったが、反乱軍の中心的指導者の一人となり大規模な部隊を率いた。地位も教育もないフリアン・アパサは、その求心的な人物性によって四万人ものインディオ反乱軍を組織化した。元々シカシカ地方シカシカ村出身のフォラステロ住民だったフリアン・アパサは、コカや衣類の行商で生計を立てていた。一七八一年反乱に加わった際は、ちょうど三〇歳だった。その他の経歴は、反乱軍の指揮者の一人でもあったバルトーラ・シサという女性と婚姻関係にあったこととスペイン語はおろか何ら学識がなかったこと以外、ほとんど明らかになっていない。だがフリアン・アパサ、またはトゥパク・カタリが有能な軍の指導者として活躍し、インディオから厚い信頼を得たことは間違いない。

反乱軍は一七八〇年一一月には戦闘態勢を整えた。反乱のきっかけとなったのは、有能な指導者トゥパク・アマルが、フリアン・アパサなど有力指導者をはじめチャルカスやペルー南部の多数のカシーケと接触して味方につけたことだった。インカ貴族直系の子孫でありクスコ司教管区の有力なカシーケでもあるトゥパク・アマルは、十分に教育を受け学識のあるインディオ貴族階級の有識メンバーだった。高貴な出生と高い知性により、有力インディオであるケチュア族のカシーケやアイマラ人貴族とも直接対話が可能だったため、スペイン統治の崩壊を目指して団結するようそれぞれを説得して回った。

トゥパク・アマルの反乱（二）　やがて反乱は二つの大きな局面を迎えた。第一期はトゥパク・アマル自身が主導した反乱で、一七八〇年十一月から一七八一年三月にかけてクスコ県の大半を占拠し、主都クスコを包囲した。この時両軍共に多数の兵士を巻き込んだが最終的には地元スペイン人が事態を収拾させ、トゥパク・アマルは側近達と共に捕らえられ、後に処刑された。

だが指導者を失ったのちも反乱は拡大を続け、スペイン人体制に反対する地域の有力者が次々に反乱軍に加わった。反乱の第二期はクスコ占拠事件が収束した直後、チャルカスの広い範囲に渡って発生した。まず一七八一年一月、トマス・カタリが暗殺されたことをきっかけに、カタリの兄弟達が中心になってチャヤンタの反乱を起こした。その後三月にトゥパク・アマルの甥アンドレがラパスのティティカカ湖東部沿岸のラレカハ県に侵攻し主都ソラタを占拠すると、三カ月に渡る籠城ののち一七八一年八月、市内のスペイン人をすべて殺害した。その後アンドレはチャルカス最大の都市ラパスに進軍し、トゥパク・カタリと合流するとラパスを占領し、一七八一年の三月から一〇月まで六カ月間に渡り統治した。この戦いでラパスでは、都市機能全体の崩壊はまぬがれたものの人口の半数を失った。一一月になり王政軍はトゥパク・

カタリを捕らえてラパスを解放し、ようやく反乱軍を制圧した。

同じ頃一七八一年二月に、オルロ市内でヤシント・ロドリゲス率いる都市部クリオーリョの反乱が起きた。反乱軍はトゥパク・アマルと協力して、市内スペイン支配層の指導権を奪った。このオルロの反乱は、トゥパク・アマルの反乱中の数々の戦いの中で、最も多くのメスティーソとクリオーリョが協力した。またオルロは、反乱中に占領した中でスペイン人在住都市としては最大規模の町だった。ロドリゲスは地元カシーケと密接に協力して行動したものの、元々対立の絶えないインディオとメスティーソ、大陸生まれの白人クリオーリョという異なる階級の人々同士を団結させることは困難だった。やがて他の都市と同様に、オルロにも王政軍が介入して反乱軍は制圧された。最後の反乱は一七八一年三月のことで、南部トゥピザの町でメスティーソ職人集団が地元コレヒドールを殺害した。だがこの動乱はただちに制圧され、周辺地域にわずかな影響を与えたのみで終わった。

トゥパク・アマルの反乱が敗北に終わった原因は、身分や階級によるものだけではない。真の原因は、ほとんどのアイマラ族カシーケと多くのケチュア族貴族階級が反乱側につかず、周囲のインディオやスペイン人協力者を引き連れて鎮圧側に味方したことにあった。このインディオ内部の対立が原因となって、トゥパク・アマルの反乱では多くのインディオ貴族一族が消滅した。ティティカカ湖南部湖畔地域ではほとんどのアイマラ族カシーケが王政側につき、トゥパク・アマル軍に対抗して戦い、多くが命を落とした。ソラタ市のカシーケ、アグスチン・シナニもその一人だった。貴族階級であるシナニとその一族は、一七六〇年代に一財を投じて湖畔のカラブコ教会にある大量の絵画作品を買い取った。それらは一八世紀メスティーソ芸術様式の代表的作品群でもある。その後シナニはソラタ市の攻防戦で、アンドレ・アマルの反乱軍に殺害された。またもう一人、ユンガス低地渓谷地帯のコカ栽培地域チュルマニのカシーケ階級ディオノシオ・ママニがいた。ママニは自身のインディオ家臣を集めて武装化し、スペイン側のセバスチャン・デ・セグロラ率いる王室側に加わった。セグロラは本業の裁判所調停人を務めるかたわら王政軍の指導者として鎮圧に活躍したことで知られている。ママニは反乱軍に対抗して数々の戦闘を繰り広げた。だが劣勢のためコチャバンバに逃亡を余儀なくされ、最後には自身が統治する共同体の領地で、反乱軍と長く激しい戦いを繰り広げた末に命を落とし、家々やコカのプランテーションもすべて破壊された。さらにもう一人、湖畔部コパカバーナの共同体出身マヌエル・アントニオ・チュキミアの例がある。チュキミアもやはりママニと同じセグロラ率いる王室軍に加わった。このようにアイマラ貴族階級は一部をのぞき、総じて王室に忠誠を示す傾向にあった。反乱軍の最高指導者の一人トゥパク・カタリが平民出身だったことも、貴族階級からの支持を得られなかった原因の一つだった。

一七八一年の終りまでに反乱軍はほぼすべての農村地域で制圧され、占拠した町は再びスペイン人の元に返った。指導者達は例外なく残酷な方法で処刑され、大量の資産が没収された。反乱側についたカシーケは全員追放され、王室側のカシーケも戦いによって多くが命を落とした。王室はカシーケの地位や権利を理解していたが、反乱の中心地になった自由共同体が戦闘でほぼ壊滅状態になり、その後スペイン人がそれらを一括して統治することになったため、結果としてカシーケの地位を奪うことになった。それまでカシーケなどインディオ貴族階級が果たした役割は、共同体の長老ヒラカタが引き継ぐことになった。ペルー南部やチャルカスのカシーケ階級は、そのような流れの中で全滅に向かった。カシーケはスペイン人征服後も続いた最後のインディオ貴族階級だったが、すでに述べたように一七八〇年から八二年のトゥパク・アマルの反乱をきっかけに、地域の政治、経済、社会上の中心的な役割を失った。

トゥパク・アマルの反乱は、これまでにない規模と並外れた動員力で広い範囲に影響を及ぼしたが、やがて忘れられ遠い過去の出来事となった。それは一九世紀以前のチャルカスで最後の正義と独立を目指した闘いでもあった。だがその後数々の反乱を経て、最終的に独立を勝ち取ったのはインディオではなくクリオーリョで、そのほとんどがこの頃はまだ王室側を支持した上流階級の支配層だった。トゥパク・アマルの反乱はボリビア史上象徴的な大事件だったにもかかわらず、実際にチャルカス全体に与えた影響はごくわずかだった。

植民地全盛期　トゥパク・アマルの反乱で住民は甚大な被害を受けた。特にラパスやティティカカ湖地域では個人の住居や私財がことごとく破壊された。だが地域全体では経済と人口の発展が見られた時期でもあり、一七八〇年代の終わりにはほぼ全てのアシエンダが復興した。地域の記録によると、反乱が終わった直後の数年間は多くのアシエンダが荒廃したまま放置され、耕具や家畜、労働者の大半が失われたが、一〇年後にはほぼ平常に戻り、反乱前と同等の生産力を取り戻したとある。人口もすぐに回復し、一七九〇年代の終わりには、かつて反乱軍の拠点だった地域でも、反乱前とほぼ同等の人口密度を取り戻した。

一七九〇年代になると、ペルー地域全体の人口は二〇万人を上回り、植民地時代を通じて最も多くの人々が暮らす時代を迎えた。チャルカス植民地では、全人口の半数を占める四万人以上の住人が最大都市のラパスに暮らした。高地と渓谷部両方にまたがる豊かな自然に恵まれたラパスは、一一〇〇の大農園(アシェンダ)を有し、七一九人のアシエンダード（大地主）が合計八万三〇〇〇人の農民とヤナコーナ（インディオ従属民）を抱えた。アシエンダードの大半は領地を離れ都市部に暮らす不在地主で、このうち約三九％は二カ所以上の不動産を所有した。また大地主フランシスコ・タデーオ・ディエス・デ・メディナのように、様々な気候や地形の複数地域にまたがる領地を所有し、異なる生産物を組み合わせて多くの富を得る者もいた。アシエンダードの三分の二は男性で、残る三分の一を女性と教会組織が占めた。この頃チャルカスの教会は財力に富み、一七七五年頃には四〇の修道院と二四〇〇人の牧師を抱える大組織になっていたが、大規模な領地は所有地していなかった。チャルカス以外の植民地教会では、当時農村部の土地を広い範囲に渡り所有したが、チャルカスの場合は、アシエンダの購入に十分な抵当金（センソス）を備えつつも、実際に所有した土地はごくわずかだった。これはチャルカスでの教会の立場が極端に弱かったことが原因だが、この弱みは後に一九世紀になり有利に作用することにもなる。その頃になるとラテンアメリカ各地で独立運動や一連の激しい内戦が勃発し、教会やその所有地と財産も攻撃の対象になったが、チャルカスでは教会の所有地や財産が少なかったため、資産を脅かされることなく維持できたのだ。

ラパス県では一八世紀後半にアシエンダが拡大したが、農村部は相変わらずインディオ共同体が優勢で、土地や農民の大半を所有した。ラパスには四九一のインディオ共同体があり、そこに暮らすインディオ住民は合わせて二〇万人を上回った。またインディオ共同体そのものがアシエンダを所有するケースもあった。そのようなインディオ共同体所有のアシエンダはラパス地域に二二あり、一八〇〇人以上のヤナコーナが属した。共同体に暮らすインディオの半数以上はオリヒナリオで、残りは限られた土地権利を持つ移民（フォラステロ）だった。だが後にフォラステロは急増し、一九世紀にはオリヒナリオを上回って多数派となった。王室にとってインディオ共同体から徴収する貢納は歳入の大半を占めた。インディオからの貢納はのちに独立して共和制国家が誕生した際にも、やはり政府にとって唯一最大の財源となる。

トゥパク・アマルの反乱以降、チャルカスが急速に復興したことは、一八世紀半ばにスペインで実施された経済対策、ブルボン改革にも良い影響をもたらした。王室は鉱山経済の保護によりオルロとポトシを再び繁栄させたほか、チャルカス・アウディエンシアの交易をめぐりリマとブエノスアイレスの間に競争関係を作り出し互いに活気をもたらすなど、商業構造全体を変革した。これによって地域全体の経済ネットワークや貿易体制に新たな流れが入り、アルティプラノや周辺の東部渓谷地帯では商業活動がより活発になった。また王室は政治面の構造改革も手がけ、より自由度の高い交易体制や開かれた競争経済を目指し大規模な行政再編を行った。

インテンデンテ制　王室は新たな植民地政府体制を目指し改革を進めたが、その象徴としてフランスの成功例を参考にしたインテンデンテ（地方長官）制度が導入された。インテンデンテは、私財を蓄え腐敗した悪評高いコレヒドールを廃止して職務を引き継いだうえ、さらに行政権限を拡大させてスペイン人とインディオ双方の領土を一括して統治した。一七八四年のチャルカス植民地にはラパス、コチャバンバ、ポトシ、チュキサカの四地域にそれぞれインテンデンテが置かれた。インテンデンテは高い給与を与えられたため、コレヒドールのように私利私欲のためにレパルティミエント制度を悪用して地元住民から搾取することもなかった。インテンデンテの任命にはスペイン王室が直接あたり、厳正な選考により経験豊富な行政官が登用された。インテンデンテの最も重要な任務は、地方経済と社会発展の促進のために尽くすこととされた。

高給を保障されたインテンデンテは、一七八〇年代以降およそ二〇年間にわたり、優秀で高潔な地方長官としてチャルカスを支配した。中でも特に優れていたのは、コチャバンバのフランシスコ・ベドマと、ポトシのファン・デル・ピノ・マンリケだった。この二人はそれぞれ管轄地域の貿易復興や斬新な農業改革、社会全体の福祉のために働き、同時にスペイン王室の歳入も増やし、さらに統治下の住民の生活を驚くほど詳しく記録した。また地域の社会経済問題に関する主な課題を徹底的に調査して具体的な解決方法を示した。もう一人特筆すべきは、チャルカス・アウディエンシアのオイドール（王室裁判官）出身のペドロ・カネーテというやや風変わりな人物だった。法律家で歴史家、行政調査官でもあったカネーテは、鉱山産業や政府税制、ミタ賦役問題そして王室と教会の相関関係について調査を進め、それぞれの関連法を整備した。他のインテンデンテとも頻繁に交流しては真剣な議論を重ね、その結果社会状況について一層具体的な記録を残した。ベドマ、マンリケ、カネーテをはじめとするインテンデンテは一八世紀の啓蒙運動思想に貢献し、チャルカスに新たな政治体制や指導形態、将来的な発展の可能性をもたらした（地図3-1参照）。

また一八世紀後半のアウディエンシアでは高等教育も復興した。チャルカスの教育制度は、一七六〇年代にスペインの法教育改革とイエズス会の追放をきっかけに衰退した。その後アウディエンシアは王室の

地図 3-1　18 世紀後半のペルー副王領地とチャルカス・アウディエンシアのインテンデンシア（地方行政区）当地区分と主な財務管理地

承認を得ると、一七七六年に法律家養成のための新たな教育機関をチュキサカに創立した。これは植民地時代初の法律専門機関だった。このアカデミア・カロリーナは一八〇八年には三六二人の学生を有し、近代的な法教育を施した。学生の大半はチャルカス・アウディエンシア内の出身だったが、遠くペルーやチリ、ラプラタ川地域から学びに来る者もいた。学生は卒業後すぐに王室政府の官僚になり、上級の法律専門家として活躍した。その後の歴史を見ても、一九世紀初頭のボリビア独立革命にあたり彼ら法律エリートの中から多くの中心的な指導層が輩出されていることが分かる。

インテンデンテ導入による改革を行った新政府は、植民地統治と経済問題の両面に取り組み、貿易と商業の発展をもたらした。たとえばコチャバンバのインテンデンテ、フランシスコ・ベドマは、地域の発展のため多大な労力を費やし、「一七世紀の危機」以来長い経済不況に苦しんだ地域の再生に重要な役割を果たした。一八世紀の終わりには、コチャバンバはペルー地域におけるトクヨ織物の一大生産地として発展し、より広い範囲にわたる地域経済圏を形成した。鉱山産業分野では、王室の密接な援助によりこれまで以上に多数の民間鉱山業者が誕生した。各業者は鉱物銀行から水銀供給を保証された。鉱物銀行は一七七〇年代に正式な王立機関となった。これらの取り組みをもってしても鉱山に前世紀までの活況は戻らなかったが、スペイン＝アメリカ帝国全体の輸出景気も手伝い、地域産業の発展や人口増加をもたらす意義があった。

こうして一八世紀後半のチャルカスは、トゥパク・アマルの反乱で受けた損失も難なく克服し、経済的にも繁栄した。反乱から三、四年後には国庫財源も反乱以前の水準まで戻り、一度は崩壊した農村部のアシエンダ制度も完全に復興した。だが政府の援助や貿易の自由化、経済全体の成長がいくら長期的な効果をもたらしても、すべての人々が平等に恩恵を受けたわけではなかった。王室はさまざまな改革を手がけてもインディオに対する搾取体制は決して変えず、地方行政官コレヒドール（この時代には副インテンデンテと呼ばれた）による圧制の仕組みを維持した。副インテンデンテは、かつてのコレヒドール時代と同様にレパルティミエント制度を利用して、インディオに物資を強制的に売りつけて自らの財産を蓄えたほか、インディオのカシーケや共同体幹部の選定に干渉し、幹部を度々脅しては強奪を繰り返すなど悪行をきわめた。そのうえ一七八六年に近代技術が導入されて国勢調査の精度が増すと、全インディオの世帯主男性を対象にさらに貢納の徴収を強化し、ミタ労働者の登録もより効率的に進めた。人口の増加によって貢納の負担は多少軽減されたものの、行政組織がより近代的に整備されたことにより徴税の取りこぼしも減ったため、制度はより徹底化された。そのうえ旧体制下の搾取メカニズムも手付かずのまま残されていたため、結果としてインディオへの取り立ては一層厳しくなった。

3　植民地後期の芸術文化

一七世紀から一八世紀のチャルカスは、経済の衰退と再生を何度も繰り返したが、それは芸術面にも大きな影響を及ぼした。チュキサカでは都市部の開発が始まって以来、一六五〇年頃まで建設ラッシュに沸き、それに伴い様々な装飾技術が発展した。続いて一七世紀後半にはラパスおよび周辺部とポトシで新たな教会の建設が相次いだ。植民地初期から鉱山都市として発展したポトシで芸術面の発展が遅れた理由は、当初地元支配層の取り決めにより装飾を省いた実用的な建築物のみが建てられたためだった。これに対して近郊のチュキサカにはより装飾的で精巧な建築様式が施された。だが一七世紀後半になると、主な都市部は長期の経済不況に転じた。その頃ポトシでは鉱山の復興に沸き、ようやく他の主要都市の後を追うように建築ラッシュが起きた。

この時代のチャルカスにおける芸術表現は、都市による地理的背景の違いはもちろんのこと、作品の構成や様式上の変化も大きく反映されている。チャルカスの表現様式は、およそ一六五〇年から一七〇〇年頃にかけてバロック形式が主流だったが、その後スペイン風の様式が多く取り入れられるようになった。だがヨーロッパの様式を発展させた芸術家の大半は、白人も含めチャルカスで生まれ育った者達だった。かつて全盛だったヨーロッパ出身の移民芸術家の時代は終わり、多くの地元出身の芸術家が活躍した。ヨーロッパからの影響は、ごくまれに訪れる神父が最新の様式や変化について情報をもたらす程度になった。またこの時期に活躍したアメリカ大陸生まれの芸術家には、白人以外にインディオやチョロも含まれ、これまでヨーロッパ出身者が独占した絵画や建築デザインの分野にも進出した。

メスティーソ様式の誕生　絵画分野については一七世紀から一八世紀にかけて盛んになり、異なる特徴を持つ複数の「流派」も出現した。最も優勢だったのはインディオやメスティーソ画家による大衆派だった。大衆派の作品は多数残されたが、そのほとんどに画家の署名がなく、遠近法を用いた作品もわずかだった。無名の大衆芸術家の多くは、彫刻家や石工家でありながら画家を兼業し、チャルカス全土に作品を残した。大聖堂内部にも多くの大衆派絵画が描かれている。その後一八世紀になり、大衆派はラパスやティティカカ湖地域の芸術家集団（コリャ派）に合流していった。残る流派のうちチュキサカ派とポトシ派は、いずれも作品に芸術家自身が署名をし、標準的な遠近画法を用いた。チュキサカ派はイタリアの画家ビッティの作品に代表されるルネサンス後期マニエリスム様式を規範とし、ポトシ派は最新のスペイン様式を取り入れた。

オルギンの代表作のひとつ「聖母マリアを描く聖ルカ」

署名入りの作品を発表した画家はおよそ五〇名程度で、当初は無署名の大衆派とは異なる階級に属する画家と考えられていた。だが次第に大衆画家作品の洗練性が増し、支配階級の画家もメスティーソ作品の影響を受けた。一八世紀後半になると大衆派、コリャ派、そして当時重要だったクスコ様式が事実上融合し、チャルカス・クリオーリョ様式、またはメスティーソ様式と呼ばれるきわめて特徴的な様式が誕生する。

チュキサカ派は、スペイン人が入植を始めた一六世紀からおよそ一世紀の間繁栄した。その後一六五〇年から植民地時代の終わりまではポトシ派とコリャ派が優勢になった。このうちポトシ派は、一六五〇年から一七五〇年頃にかけて最も影響力を持った。当時ポトシの町はちょうど経済危機による不況のどん底にあり、大規模な復興政策の一環で数多くの教会や公共施設が建築された。そのほか植民地内で最高水準の絵画学校も設立され新たな才能が育った。こうして誕生したポトシ派画家のうち最も知られているのはメルチョル・ペレス・デ・オルギンだ。オルギンは一六六〇年代にコチャバンバに生まれ、一六九〇年代前半にポトシに移り住んで画家としての活動を開始した。一六九〇年代から一七二〇年代にかけてポトシの代表的な画家として活躍したオルギンは、町中の修道院や教会に作品を納めたほか、キリスト教関係者以外の有力な個人からの依頼にも応じた。オルギンは伝統的なバロック様式の画家として並外れた才能を持ち膨大な作品を残した。作品はポトシの主な教会すべてに描かれ、その技法は多くの画家に影響を与えた。オルギンは植民地時代全体を通じ最も優れた画家ともされている。

チュキサカ派と同じく一六五〇年以降に盛んになったもう一つの流派がコリャ派だった。コリャ派の普及地域はチュキサカ派やポトシ派のように特定の都市部ではなく、ティティカカ湖周辺を中心とした伝統的な農村地域一帯の広い範囲に及んだ。この地域はチャルカスの農業中核地帯の一つであり、アイマラ族居住地の拠点でもあった。地域の小さな村々には、コリャ派の代表的な芸術作品とも言うべき数々の教会が建設された。とりわけチュキート地方（現在のペルーにある。当時チャルカスの一部だった）やパカヘス、オマスヨの農村部では多くの教会が建てられた。それらの見事な教会建築は、鉱山輸出の不振によって植民地全体が不況下にありながら、農村部のインディオ社会に秘められた無限の豊かさを象徴するようだった。この豊かさは共同体インディオに対する搾取が比較的軽減したことの表れでもあった。インディオは自らの財を蓄えることが可能になると、大規模な建築や芸術活動に資金提供を行い、その多くは教会関連施設の建設にあてられた。コリャ派芸術家の多くはインディオやメスティーソで、地域内で急増する建設需要に応じるため専門職人として駆り出された。そのため経済的に繁栄した地方部では、次第に専業的な職業芸術家が育っていった。

一八世紀の後半になると、建築や芸術の様式に再び変化が見られた。この頃絵画ではコリャ派と大衆派が必然的に融合し、その他のチュキサカ派とポトシ派は衰退した。かわってメスティーソ様式が優勢となりチャルカスのほとんどの地域に普及した。さらに建築分野でも同じような変化が起きた。バロック様式は一八世紀半ばには消滅し、かわってスペインと同様に新古典主義運動が興った。コチャバンバとチュキサカでは新古典主義様式による教会が主流になり、アウディエンシア末期に中心地として栄えた。またラパスやポトシの大聖堂も新古典主義様式に基づいて建てられた。

新古典主義運動の隆盛によって、芸術や建築の作風は華美さを抑えた写実的なものになったが、彫刻に関しては、木や石、加工銀を素材とした装飾的な作風を特徴とするメスティーソ・バロック様式が栄え、植民地時代の終わりまでに多くの作品が生まれた。一八世紀には多くのインディオやメスティーソの彫刻家がこの様式の代表作家として活躍した。メスティーソ様式美術の画題は、バロック美術の特徴を受け継いだ神話的美女やグロテスクな仮面などで、ルネサンス以前の伝統的キリスト教の題材と共にグロテスク性そのものを前面に出した。そこに先スペイン期のアメリカ美術にみられる地域の動植物をモチーフとして描き加えたものがメスティーソ様式の特徴である。

植民地後期の学術発展　芸術面においては植民地時代初期より隆盛し、ほぼ全域に優れた作品がみられたチャルカスだが、学術分野に関してはラテンアメリカ内でもかなり遅れていた。わずかに存在した教会音楽も、ほとんどが浸透せぬまま消滅した。演劇は多少栄え、スペイン人宣教師がインディオにキリストの教えを広める目的で、宗教、歴史を題材とした躍動的な戯曲をケチュア語やアイマラ語で書いた。だが後世に残る目立った詩文学や戯曲作品はこの時期ほとんど見られない。歴史や哲学分野についてもチャルカスはクスコに比べ遅れをとり、一八世紀に入るまで他のラテンアメリカ地域からも取り残されていた。科学分野での唯一の大きな功績は、一六四〇年にポトシ教区の神父アロンソ・バルバが著した『金属術』(Arte de los Metales) だった。これは一七世紀の南北アメリカで最も重要な冶金研究書となっている。

一八世紀になると周辺のスペイン植民地から発展の波が押し寄せ、チャルカスの学術文化にも変化が起こった。優れた歴史家が複数現れ、このうち最も著名なバルトロメ・オルサ・イ・ベラは一七二四年、代表作『ポトシの歴史』を発表した。また一八世紀後半にペドロ・カネーテが手がけたポトシに関する研究もきわめて重要な書物である。政治家の中にも植民地社会の構造について研究する者達が現れた。先に述べたカネーテをはじめ、インテンデンテのフランシスコ・ベドマやフアン・デル・ピノ・マンリケ、そしてインディオ保護主義者のベクトリアン・デ・ビラバが挙げられる。またドイツ出身の科学者タデオ・ヘンケは、成人してからの大半をチャルカスで過ごし、一八世紀後半に地域の動植物記録を残している。

都市部チュキサカにおける大学教育は一八世紀、特に植民地時代初の法律教育機関アカデミア・カロリーナの設立以降盛んになった。一九世紀の独立運動における初期指導者や請願書起草者、言論者の多くはこの大学出身者だった。このうちベルナルド・モンテアグドは、地域の独立戦争に関する共和主義集会にほぼ全て参加したほか、モレーノやオイヒンス、サン・マルティン、ボリーバルといった独立運動の指導者達に細部にわたり助言を与えた。またアルゼンチンの建国者のうちマリアーノ・モレーノ、ハイメ・

スダニェスもチャルカスで教育を受けた。だが地域全体の規模からみると後期植民地時代の著述活動や政治的出版物はごく限られていた。人文科学、科学技術いずれの分野でも、学術機関や個人研究者の目立った功績はみられない。当時のチャルカスの比較的な豊かな社会背景と、チュキサカを中心とする大学教育の長い伝統、周辺地域にとっての中核都市としての重要性を見ると、なぜこのように主要な作品や実績が存在しないのか理解しがたい面もある。原因の一つにこの地域のきわめて低い識字率があったことは確かである。当時チャルカスでは人口全体に占めるスペイン語話者が限られ、印刷機の導入も一八世紀後半まで待たなくてはならなかった。ボリビアでスペイン語は、植民地時代から二〇世紀に至るまで少数言語のままだった。それでもチャルカスの人々は、言葉を重要な媒介としない表現形態、つまり芸術分野において卓越した創造性を発揮し、様々な優れた作品を残した。植民地時代のチャルカスは、世界の歴史の中でも優れた芸術時代の一つとなった。事実インディオやメスティーソの芸術家達は、ヨーロッパからの移民芸術家に肩を並べて活躍して多くの作品を生み出した。スペイン人支配下の植民地社会における創造的な活動とは、全民衆に平等に開かれた表現方法であることを示し、人種的抑圧や階級支配から解放された優れた作品が数多く産み出された。

一七五〇年以降のチャルカスは植民地経済の重要な発展期にあたり、高地の各都市に新しい教会や公共施設が相次いで建設されるなど活気に満ちた状況だった。だが同時に「一七世紀の危機」による長期経済不況の影響を深刻に受けた時期でもあった。特に鉱山は国際市場の短期的な変化にきわめて左右されやすく、仮に一時的な貿易危機、または王室の財政支援の縮小いずれかの事態が生じると、即座に立ち行かなくなるという脆い体質が浮き彫りになった。この脆弱さは、その後一九世紀に入りますます明確になった。一七九〇年代後半にワンカベリカ鉱山が廃止されるとポトシへの水銀供給が止まり、かわってスペインの王立アルマデン鉱山から水銀が輸送供給されることになった。

その頃ヨーロッパでは、ナポレオン戦争をはじめとする大規模な国際紛争が起こり、やがてスペインもその波に呑まれていった。一七九六年スペインはイギリスと激しい戦闘を繰り広げ、その影響でスペインからアメリカ大陸への海路が分断され混乱に陥った。そのためスペインからの水銀供給が絶たれたチャルカスの製錬業者は破綻した。海路の分断は、それまでの国際交易体制を突如崩壊させるというさらに重大な事態を招いた。植民地の商業市場は一時的に破綻寸前になり、植民地全体に金融引き締め政策が実施された。こうしてアルティプラノの鉱山はほとんど資金のないままに突如として置き去りにされた格好になり、後には莫大な費用のかかる事業だけが残った。当然のごとく生産量は急激に落ち込んだ。

こうして一九世紀初頭のチャルカスは、鉱山地域の生産量の急落から深刻な危機に見舞われた。輸出部門も落ち込み、さらに一八〇三年から一八〇五年にかけて不作と疫病が流行し、農村部の人口と地方市場の両方に影響が及んだ。そのため一八〇八年、皇帝ナポレオン率いるフランス軍がスペインに侵攻する頃には、チャルカスの経済全体が不況下にあり、人口も一時的に著しく減少していた。この状況はさらに加速化し、やがて地域の都市部と農村部それぞれにきわめて緊迫した空気をもたらすことになる。

第四章　独立戦争と国家の形成　一八〇九——一八四一年

1　独立戦争前夜

スペイン独立戦争と植民地　チャルカス植民地にとっての一九世紀は、長く厳しい不況の時代の幕開けだった。都市部や鉱山では輸出経済に大きな打撃を受け、地方農村部も深刻な農業危機に陥った。このような状況の中直面したスペイン帝国政府の崩壊という事態に、情勢は一層不安定になった。一八〇六年後半から一八〇七年の終わりにかけフランスのナポレオン軍がスペインに侵攻し、ブルボン王朝を退位に追いやった。やがてナポレオン支配の新スペイン政府が樹立すると一八〇八年五月、マドリッドの民衆は反乱蜂起した。反乱軍はしだいに大規模な抵抗組織へと発展して、中央委員会（フンタ・セントラール）を結成した。中央委員会は南スペインの一部を占領し、既に失脚したフェルディナンド七世の名を騙り正統派ブルボン朝政権の成立を宣言した。自らを正統な後継者と主張した中央委員会は、植民地の副王達に忠義を求めた。スペイン政府がこのように分裂した状況に陥ったのは初めてではなく、一八世紀初頭にもブルボン王朝とハプスブルク王朝による統治権をめぐる対立があった。だが当時植民地には本国に対する発言権もなく、王位継承者など国の将来にかかわる重要な事柄についてもスペインで決められた事をそのまま受け入れるしかなかった。

しかし一八〇八年になると世界を取り巻く状況は一変した。その頃にはハイチとアメリカ合衆国がすでに独立し、宗主国に依存する植民地の考え方を変える大きなきっかけをもたらした。また二大強国のアメリカとイギリスは、将来性のある独立運動に対し積極的に財政支援を行い難民も受け入れた。だがそれ以上に重要な変化は、ヨーロッパ諸国で一八世紀初頭のスペイン継承戦争以前のような安定した君主体制をもはや維持できなくなったことだった。一七八九年のフランス革命がもたらした新しいイデオロギーはヨーロッパ各国の民衆を大きくつき動かし、激しい内戦の末ヨーロッパ各地の君主制をことごとく崩壊させた。その後市民を主体とした共和制国家が相次いで誕生した。

ヨーロッパの動向に対して、アメリカ大陸内のスペイン植民地も無関心ではいられなかった。遠く海を隔てたヨーロッパで起こった出来事に刺激されて、植民地の各地で小規模な陰謀や反乱が頻発した。こうして一八世紀後半から一九世紀初頭にかけて、南北アメリカ全土に「大西洋革命」と呼ばれる思想が広がった。だがその頃のスペイン＝アメリカ帝国には安定した王室官僚制が整っており、反乱の制圧はさほど困難ではなかった。また白人やメスティーソ階級も、革命で現状の体制が破壊されインディオへの支配的立場を失うことをおそれ、やはり王室側の支持に回った。中米ハイチの独立は、アメリカ大陸内の奴隷制を採用する植民地をはじめ、チャルカスのようにインディオ農民からの搾取で成り立つ地域にとって重大な警告となった。

スペイン情勢や周辺地域の独立がもたらした社会混乱は、植民地の支配層にとって頭の痛い問題だった。アメリカの各植民地政府は、革命政府と反乱軍のどちらを支持するのが得策か、それぞれに決断を迫られた。スペインではナポレオン・ボナパルトの兄ジョセフ・ボナパルトが軍事政権の君主となり、退位したフェルディナンド七世に代わって統治した。フェルディナンドの姉カルロタは一八〇八年、ポルトガル王の妻としてブラジルに渡り、植民地アメリカ帝国との同盟を図った。ナポレオンの支配下に置かれたスペインは動乱の最中にあり、スペイン以外のヨーロッパ各国も次々にナポレオン軍に降伏させられた。スペインの不安な情勢を好機と捉えたイギリスは、かねてより関心を寄せていた世界各地の帝国勢力の拡大に向けて本格的に力を注ぎはじめた。イギリスは将来独立する見込みのある地域の革命勢力を積極的に支援したほか、スペイン＝アメリカ植民帝国への侵略計画まで立てた。

チャルカスの混乱　スペイン内乱の知らせは一八〇八年七月から九月にかけて南北アメリカ大陸に知れわたり、地域全体に不穏な空気が広がりはじめた。植民地政府は相次ぐ小規模な事件や争いに対しそれぞれ不本意な決断を迫られた。また決断を下す協議委員の選出についても決断を迫られた。協議委員は通常アウディエンシア官吏や長官、司教達から選ばれた。協議委員は反ナポレオン側の中央委員会を支持したが、反乱勢力は衰退しスペイン西岸のカディスまで退却したため、情勢を静観する構えを決め込んだ。また中には植民地が取るべき立場について地元有力者の意見を聞くために公開市民集会（カビルド・アビエルト）を開催する者もいた。さらにはナポレオン側またはカルロタ側のいずれかを明確に支援する立場を取って積極的に活動する者も現れた。だがいずれの運動も一時的なもので、どの都市でもクリオーリョやスペイン生まれの有力者同士の意見がまとまらず、地域の団結には至らなかった。混乱した空気は各地の権力者にも浸透し、アウディエンシア長官個人と配下の役人や司祭、または王室官僚と地方自治体の間で様々な衝突が起きた。

この混乱を背景に一八〇八年と一八〇九年、チャルカスでは多くの事件が生じた。チャルカス植民地は、スペイン＝アメリカ帝国で宗主国の情勢や国際紛争から影響を受けた初の地域となり、その後南アメリカ初の独立運動の中心地となった。これは海から離れた内陸地域だったことも一因だったが、経済勢力をめぐって競合関係にあるリマとブエノスアイレス二つの副王領地域から離れていたことも大きな要因だった。また他の地域に比べてインディオの自治権が保たれ、異なる階級や思想を持つ者同士の紛争が日常茶飯事だったことも一因となった。そのため王室側も、仮に内紛が起きてもすぐに制圧に乗り出さず、一定の段階まで騒ぎを放置するのが常だった。

チャルカスで最初の紛争は一八〇八年九月、スペイン帝国危機の知らせが地域一帯に伝わったことをきっかけに勃発した。大司教と長官はすぐに中央委員会との同盟を求めた。これに対してアウディエンシアの裁判官達は、中央委員会の立てた反乱政権を否認する考えを示し、両者の緊張は一気に高まった。翌五月下旬には、拘留の危険を感じた裁判官達が先回りしてアウディエンシア長官を捕らえた。ポトシのインテンデンテ（地方長官）フランシスコ・パウラ・サンツはこの動きに反対したが、すぐに抵抗する姿勢を見せなかったため、半ば反対の立場だった裁判官達が他の都市に密使を送り、ポトシ以外からの支援を探った。だがこの頃の緊張状態や一部の暴力的な動きは支配層同士に限られており、そのほとんどがスペイン本国の問題に端を発するものだった。

一八〇九年になり、ついにラパスで民衆全体を巻き込む大規模な反乱が起きた。スペインの不安な情勢は都市部の市民《ベシーノ》にも伝わり、徹底した革命論を唱える者も多く現れた。その中で七月一六日、市民からの要求を受けて公開市民集会が開催された。集会の目的は、ナポレオンと中央委員会のどちらを支持するかという基本方針を決めることだった。地域の支配層は、一連の出来事についての対応方針を独自に決める権利を求めた。アウディエンシアの官僚がチュキサカで下す決断は、勢力を増すラパスの考えを反映したものだったが、地方部の主張は異なっていた。チャルカス最大の都市となったラパスでは、次第に権力を増す南部地域に対し敵意を抱き始めた。こうしてスペインとチュキサカ双方で起こった数々の争いは、チャルカス植民地内の各地域の支配層がそれぞれ独立を主張する絶好の機会となった。

ムリーリョの独立運動　ラパスでは、ペドロ・ドミンゴ・ムリーリョという市民《ベシーノ》指導のもと有力クリオーリョが結集し、知事や大司教を捕らえた。彼らはナポレオン軍事政権に反対の立場を取り、革命評議会《フンタ・ツイチーバ》と名乗ってフェルディナンド七世の名のもと植民地アメリカ政府の独立を宣言した。この手法は以後アメリカ大陸で起こる独立運動すべてにおいて、指導者の立場を正当化する際に用いられた。

ムリーリョの運動は、南アメリカのスペイン植民地では初めての独立宣言となった。またその後一八〇九年から一八二五年まで続く長い独立戦争の先駆けともなった。だがムリーリョの運動自体は短命に終わった。ムリーリョが発した独立の「叫び《グリト》」は、ラパス市内のクリオーリョの反乱指導者達という限られた階層の人々から生じたものに過ぎず、インディオの人々やラパス以外の都市部クリオーリョ有力者からの積極的な反応は得られなかった。反乱の知らせを受けたリマの副王は直ちに制圧の命を下し、クスコ・アウディエンシアのゴイェネチェ長官を五〇〇〇人の兵と共にラパスに送り込んだ。対するムリーリョと革命評議会はわずかな武器と戦力をかき集め、何とか一〇〇〇人規模の解放軍を結成した。だがこの時ムリーリョ側は、自ら樹立した新革命政府の方向性に懸念を感じ、ゴイェネチェ長官と和解交渉を試みた。その結果ムリーリョは多くの急進的な側近達と共に捕らえられた。その後も解放軍は抵抗を続け、クスコから王政軍が到着するとラパス市外のユンガスへと退却し、一八〇九年一一月イルパナで大規模な戦闘が起こった。この結果解放軍は敗れ、全員が捕らえられた。裁判の結果、一八一〇年一月ムリーリョと八人の共謀者は処刑され、一〇〇人以上が追放された。

その頃ブエノスアイレスのラプラタ副王は、チャルカス・アウディエンシアの新長官にマーシャル・ニエトを任命した。ムリーリョ制圧のためクスコから王政軍が到着したのとほぼ同じ頃、ニエトもブエノスアイレスから一隊を引き連れてチャルカスに到着し一二月初旬に着任した。ニエトは長官に就任するとすぐに、反乱側に立つアウディエンシアの裁判官達を捕らえた。ニエトの素早い対応とラパスのムリーリョ解放軍の処刑によって、チャルカス初の、そして南アメリカ大陸で初めての独立運動は終わりを迎えた。

ゲリラ勢力の誕生　ムリーリョの独立運動は失敗に終わったが、チャルカス植民地の反乱の動きが完全に途絶えたわけではなかった。ムリーリョ世代の都市部指導層は実質的に消滅させられたが、独立への情熱を持ち続けたクリオーリョの中から多数の指導者が現れ、農村部地域に六つの小規模なゲリラ支配区

(republiquetas) を設立した。都市部では王政派が実権を握ったが、ゲリラ勢力は農村部の主要な地域を治め、外部からの様々な共和主義思想者と手を組んだ。一八〇九年から一八一六年にかけて、ゲリラ勢力はインディオ農民を含むすべての階層から支持を得た。

農村部でゲリラ運動が盛んになると独立の気運は庶民階級の間にも広まった。だが残念なことに、独立運動の主体はやがてチャルカスの人々の手から離れていくことになる。ムリーリョの反乱では大陸初の独立宣言までしたチャルカスだったが、その後は他の地域に遅れをとり、逆に南アメリカで最も独立の動きから取り残された地域と成り果てた。さらに北や南から外部の強い勢力が押し寄せ、地域内の至る所で紛争が勃発した。チャルカスの指導層は事態を収める力もなく、やがて主導権を失っていった。

2　独立戦争

こうしてチャルカス独立の歴史は、高地から何〇〇〇キロも離れた外部各地で起こる様々な出来事に大きく左右され始めた。このうち最も重要な出来事は、ラプラタ副王領の主都ブエノスアイレスで独立政府が樹立されたことだった。ブエノスアイレスの有力クリオーリョ層は、一八〇六年にイギリス軍の侵入を受けて以来スペイン王室の副王権力に疑問を抱き、ついに一八一〇年五月全面的な反乱を起こした。この事態を受け、広大な領地を治め隆盛をきわめたラプラタ副王領もついに権力を分散させる必要を感じた。

ボリビアの憲法上の首都はスクレ市だが、実質上はラパス市が首都機能を果たしている。その中心となるのが独立運動の先駆者で処刑されたペドロ・ドミンゴ・ムリーリョの名前から命名されたムリーリョ広場。ムリーリョの銅像の周囲には大統領府がある（提供：田中裕一氏）

ラプラタ副王はチャルカスをゲリラ解放運動の主要拠点と見なし、距離を置こうと考えた。これに対してチャルカスの自由主義者やゲリラ運動家は地域を独立させる絶好の機会ととらえ、気運を再び高めていった。

アルゼンチン革命軍の侵入　チャルカス独立に向けて最初に動きをみせたのは王政派内部の有力者だった。ポトシのインテンデンテであるパウラ・サンツとチャルカス・アウディエンシアのニエト長官は、チャルカスをラプラタ副王の管轄領から分離させて、かつてのようにリマ副王領の傘下に戻そうとした。だがそれによってリオ・デ・ラ・プラタ（ラプラタ川地域）地方の独立運動は静まるどころかさらに拡大した。一八一〇年九月にはコチャバンバで、ブエノスアイレス革命政権を支持する市民が蜂起し、翌月にはカステリ率いるアルゼンチン革命軍に合流した。民衆からの絶大な支持を得たカステリは次々に都市を占拠し、行く先々で大歓迎を受けた。一一月にはポトシも占領し、パウラ・サンツとニエトを捕らえて処刑した。クスコ・アウディエンシアの長官ゴイェネチェは革命軍の制圧に向かったが、やむなく退却した。やがてオルロとサンタクルスの二都市も革命側に加わり、一八一一年四月カステリ率いるアルゼンチン革命軍によりオルロとラパスが解放されて地域の独立がかなった。

だがやがてカステリの政治、軍事両面における無能ぶりが知れわたり、民衆の支持は失われ始めた。またアルゼンチン革命軍はリオ・デ・ラ・プラタ地方の利権をあくまでも優先し、それを犠牲にしてまでチャルカスの利益に配慮したり、ましてや独立共和制国家として成立させたりする意思もない、ということも明らかになった。一八一一年六月、ティティカカ湖グアキの戦いでカステリは王政軍に敗れ、アルゼンチン革命軍は全面的な壊滅状態に向かい始めた。チャルカスの民衆は、アルゼンチンへと退却を始めた獰猛な革命軍に対し大規模な逆襲を加え、多くを殺害した。

アルゼンチン革命軍は敗北し、クスコのアウディエンシア長官ゴイェネチェが率いる王政軍がチャルカスを奪還したが、それでも地域の内紛は鎮まらなかった。一一月になるとコチャバンバの民衆は再び革命側に転じ、王政派に対抗してアルティプラノ侵略を試みた。ゴイェネチェは六カ月以上かけて制圧にあたり、一八一二年五月ようやく反乱は鎮まった。この反乱では双方に多くの犠牲者が出た。そのうえ追い詰められた王政派が寝返ってインディオ側の支援に回ったため、各共同体のカシーケは双方の軍に対し多くのインディオ兵を提供することになった。インディオ兵は両軍から武器を与えられ、それを機に一八一一年後半から一八一二年にかけて紛争は一気に激しさを増した。独立運動という大義名分のもと集まった民衆は、ひとたび蜂起すると暴徒化し制圧し難い状態になった。町じゅういたるところで大規模な破壊行為が繰り広げられ、社会秩序は崩壊した。

王政派の統治下に置かれたチャルカスでは、独立宣言を果たしたリオ・デ・ラ・プラタ地方を取り戻すため、ゴイェネチェ長官のもと戦闘準備を進めた。だが一八一三年二月にサルタの戦いが起こると、革命軍のマヌエル・ベルグラーノ将軍は大規模な北アルゼンチン軍を巧みに率いて王政軍に対抗した。こうしてアルゼンチン革命軍による第二次チャルカス侵略が始まった。だが一度目に比べ成果は上がらなかった。一八一三年中頃ベルグラーノ将軍率いる革命軍は一時的にポトシを占領したが、その年の後半にはホアキン・デ・ラ・ペズエラ率いる王政軍がアルゼンチン革命軍を破り、再びチャルカス全土を取り戻した。

第二次アルゼンチン革命軍の敗北を受け、ペズエラ率いる王政軍は北アルゼンチンに進軍した。侵攻を受けたアルゼンチン革命軍の指導者達は、チャルカス侵略を最大の目標とする考えをようやく改めた。そしてサン・マルティン将軍の提案を受け入れ、リマの王政派中枢に対抗する最善策として、チリへと側面攻撃を仕掛けることにした。だがアルゼンチン革命軍が撤退した後も、チャルカスでは動乱が続き、小規模な反乱やインディオ運動が絶えなかった。一八一四年半ばには王政反対派のインディオが蜂起し、ラパスの都市部もクスコ出身のインディオ集団によって侵略された。アルゼンチンの共和主義勢力に依然脅威を抱くチャルカスの王政派は、将来再び侵攻を受けるのではないかと考えた。アルゼンチン側もこれに応じる形で、一八一五年一月小規模ながら第三次アルゼンチン革命軍を結成し、チャルカスに遠征した。

第三次アルゼンチン革命軍は、第二次と同様にチャルカス内部の共和主義者から支援を受けた。合流したチャルカスの革命派は、四月に王政派からポトシとチュキサカを奪還し、五月には両都市を再びアルゼンチン革命軍の支配下に置いた。だがオルロやコチャバンバを取り戻すには至らず、一八一五年十一月になると革命軍は手痛い敗北を喫し壊滅状態におちいった。翌一八一六年再び王政派に主導権が移ると、チャルカス革命軍はペズエラ率いる王政軍に総攻撃を仕掛けた。結果は革命軍の惨敗に終わった。一八一〇年から一六年にかけて農村部で活動した独立主義のカウディーヨ（地域の政治指導者）は一〇二人いたとされるが、王政軍との戦闘後に残ったのはわずか九人だった。有名な反乱指導者マヌエル・パディーリャやイグナシオ・ワルネスは処刑され、勇敢な革命運動家ミゲル・ランサも一時的に投獄された。ファナ・アズルデュイ・デ・パディリャやフアン・アントニオ・アルバレス・ド・アレナレスといった有名な指導者達も逃亡を余儀なくされた。また解放軍支配下にあった六つの重要拠点のうち唯一残ったアヨパヤ（コチャバンバ—オルロ—ラパスを結ぶコルディリェラ山岳地域前線）のゲリラ支配区（republiqueta）も、完全に隔離され無力化した。

近隣諸国の独立　チャルカス独立に向けて内外各地で起こった動きは、いずれも実を結ぶことなく、一八一六年までにすべて消滅した。以後チャルカスはアメリカ大陸内の主な独立運動から取り残され、最終的な独立はこの頃一貫して王室側についた一部の有力者の手によって果たされることになる。一八一六年までチャルカスの多くの都市は何度も略奪と奪還を繰り返し、アルゼンチン革命軍は撤退の度に富を残らず持ち去った。また都市部のみならず農村部もことごとく破壊された。アシエンダや鉱山も壊滅状態になり、地域全体の経済が完全に衰退した。そのうえ王政軍、革命軍それぞれに兵力として駆り出されたインディオ達は、両軍から支給された武器を手に暴徒化し、農村部の支配層クリオーリョを攻撃して一時的に支配権を得た。暴力と恐怖が渦巻く中大衆の緊張は高まり、経済不安と社会混乱を招いた。

一八一六年はチャルカスのみならず南アメリカの植民地全土が苦境に立たされ、独立戦争期の中でも悪夢のような一年だった。それでも各地域では着実に変化が起こっていた。その年ベネズエラでは、一九世紀初頭より独立運動を展開したシモン・ボリーバルが度重なる王政派の制圧を打ち破り革命運動の立て直しに成功した。またアルゼンチンでは、スペインから完全に独立する手ごたえを感じていた。七月にはトゥクマンに、チャルカスの代表者数人を含む共和主義革命勢力が集結し、リオ・デ・ラ・プラタ連合州の独立を宣言した。その後一八一七年には王政派に対抗する本格的な動きが起こり、指揮官のサン・マルティンはアンデス山脈を越えてチリに遠征すると、一八一八年四月マイプの戦いで勝利し、チリを解放した。

一八一七年初頭、アルゼンチン革命軍は急ごしらえの遠征部隊を結成し、チャルカスへの最後の侵攻となる第四次遠征軍を送った。だが南部の各都市で抵抗に合ったため進軍を断念せざるを得ず、地域全体に影響を及ぼすには至らなかった。遠征軍の残した唯一の重要な功績は、ラパス出身の若い王室役人アンドレス・デ・サンタ・クルスを、捕虜としてアルゼンチンに送還したことだった。サンタ・クルスはすぐにアルゼンチンを脱出しリマの王政軍に戻ったが、抑留中にアルゼンチン人と交流を深めるうちチャルカスの不安定な情勢の原因は王政側にあると考えるようになり、のちに王政派を離れ解放軍に加わった。一八二一年一月サンタ・クルスは、アルゼンチンのサン・マルティン将軍率いるチリ=アルゼンチン合同の侵入軍に加わった。ペルーでの数々の戦闘で活躍したサンタ・クルスを評価したサン・マルティン将軍は、スクレ率いるコロンビア軍のもとに援助隊として遠征させた。後に初代ボリビア共和国大統領となるアントニオ・ホセ・デ・スクレは、その頃キト地域（現在のエクアドル）アウディエンシアの王室派と激しく戦っていた。スクレと合流したサンタ・クルス軍は全面的に手を組み、最終的にサン・マルティン将軍から離反した。

ペルーとエクアドルで起こった反乱運動は、チャルカス独立運動の新たな原動力となった。サン・マルティンやボリーバルにとってチャルカス植民地は、リマ占領に向けた中継拠点としての重要性をもはや失い、また長い戦乱期を経て富や資源も奪われていたため財源供給地としての魅力もなかった。一八二〇年サン・マルティンは南ペルーに進軍し、一八二三年にはサンタ・クルスと同盟したスクレが北ペルー地域に到達した。この時サンタ・クルスは、チャルカス奪還に向けて合同で大規模な征服軍を結成するよう反乱指導者達を説得して回った。サンタ・クルスは侵略を進め、八月には故郷ラパスを占拠した。抵抗する王政軍をゼピタの戦いで破り、オルロも手中に収めた。同じ頃ランザ将軍率いる別の解放軍部隊もコチャバンバを占領した。解放軍の戦況は明るく、勝利は目前まで迫ったかのようだった。だが王政軍側も低地ペルーで勢力を立て直し、サンタ・クルス部隊の連絡通信網を暴いた。さらにチャルカス中部に強大な部隊を置き、解放軍を追い詰めた。サンタ・クルスは占領から数カ月後にはラパスを撤退し、チャルカスの支配権は再び王政軍に戻った。

アヤクーチョの戦い　一八二三年解放軍の撤退とランザ将軍の敗北によって、チャルカス植民地は再び王政軍の統治下に戻った。だが周辺地域で次々に共和制独立国家が誕生する中で、王政を維持するチャルカスは大陸内でも異端の地域になっていた。王政軍指揮官のペドロ・オラネータは、チャルカス出身で王政復古主義者の中心人物だった。オラネータは一八二〇年にスペインで起きた革命運動(スペイン立憲革命)に対し、深刻な危機感を抱いていた。オラネータとその補佐官で甥のカシミロ・オラネータは、王政維持のためリマ副王政府から全面的な支援を受けていた。だが同じスペイン出身者が解放軍を結成し、王政を廃止の危機に追いやっている事実を深く受け止めたオラネータは一八二四年一月、低地ペルーでボリーバル軍と戦う王政軍に対し、勝ち目のない戦闘をするために援軍や物資を送るつもりはないと宣言した。リマ副王政府は友軍を助けるようおよそ一年をかけ説得したが、オラネータの意思は変わらなかった。そこでリマ副王はオラネータを威嚇するため正規軍を送り込んだ。それでもオラネータは譲歩せず、しかし解放軍側に対しても、裏で甥が様々な協力関係を結んでいるにもかかわらず協力を拒んだ。

オラネータの率いるチャルカスは、一八二四年一月から一八二五年一月にかけて表向きには王政側についたが、実際には地域内の反王政的な動きに一切関与しなかった。そのうえ王室が体制強化のため送り込んだ援軍に対しても攻撃を加え打ち破った。だが同時にオラネータは反乱側に付くことも拒み、どちらつかずの態度を取った。その結果チャルカスは完全に孤立して軍事力も弱体化し、低地ペルーからの攻撃を防ぐこともできなくなった。一八二四年一二月、王政軍はアヤクーチョの戦いでスクレに敗れ、ついにチャルカスの運命は定まった。敗戦したオラネータは降伏文書の調印を迫られたがこれを拒否し、支配権の放棄やボリーバルの是認も拒んだ。迷走したオラネータはついにスクレ軍によって捕らえられ、一八二五年一月反逆した彼自身の部下によって殺された。オラネータの死によって、チャルカス、そしてスペイン＝アメリカ帝国の独立戦争はようやく終焉に向かい始めた。一六年にも及ぶ長く苦しい内戦で多くの市民が犠牲になり、社会や経済は混乱をきわめた。

3 共和国家の形成

ボリーバルのグラン・コロンビア構想 チャルカス植民地は、一八二四年一二月から翌一八二五年一月にかけて繰り広げられたアヤクーチョの戦いでスクレの手により解放された。だが解放によって地域の様々な問題がすぐに解決されたわけではなかった。チャルカス独立戦争の主導権は、王政軍との戦いで大敗を喫した一八一六年以降にはすでに地域のゲリラ指導者の手を離れていたが、この状況は独立後の政治指導権についても変わらなかった。実際にチャルカスの政治方針を決めたのは、解放軍を指揮し先に独立したペルーで国会の実権を握っていたボリーバルとスクレだった。ボリーバルは当初、チャルカスを独立共和制国家にするという考えを嫌い、むしろアメリカ大陸全体を一つの共和制国家に統一するという野望を抱いた。世界に南アメリカの存在力を示すには、「強い中央政府」の団結が不可欠と考えたためだった。だがこのような統一国家思想を抱いたボリーバルは、やがて試練を迎えた。ボリーバルはすでに一八二五年にはチャルカスの解放について譲歩を示したが、その後自ら建国を手がけたグラン・コロンビア共和国とペルー共和国（現在のペルー）という二つの政府が互いに対立し、次第に争いが拡大するという事態に直面した。その後ペルー政府は権力を増し、やがてボリーバルが拠点とするグラン・コロンビア共和国の存続までも脅かし始めた。ボリーバルは、全面的な対立関係にあるペルーとアルゼンチンを緩衝する地域を確立するため、両国の中間に位置するチャルカスを独立国家にするという妥当な提案を受け容れた。

最終的にボリーバルはスクレにペルーとボリビアの支配を委ねた。スクレの手に実権が移行すると、チャルカスは自治権の確立に向け大きく前進した。スクレはボリーバルのような大陸統一構想は持たず、当時のチャルカスの知識層からの影響で、どちらかといえば地域内の自治国家を形成する考えに傾いていた。チャルカスの独立構想を掲げる知識層の筆頭人物は、旧王政軍の指導者だったオラネータの甥カシミロ・オラネータだった。独立戦争で生き残ったオラネータと、本来対立側の解放軍指導者達は、いずれも独立戦争中四度に渡りアルゼンチン革命軍から侵略を受けた共通の経験を持ち、アルゼンチン革命軍に対し敵意を抱く点で考えは一致していた。これに対して地方のゲリラ指導者は、王政からの解放者としてアルゼンチンを熱心に支持したが、アルゼンチン側では遠く離れたチャルカスへの関心を明らかに失い、自身のブエノスアイレス地域内の問題を犠牲にしてまで併合する考えはなかった。またチャルカスの王政派にとっても、リマ副王領管轄下に戻って一五年近くも経過していたため、もはやラプラタ副王領に属した一八一〇年以前の関係は途絶えていた。

切手に描かれたシモン・ボリーバル

アントニオ・ホセ・デ・スクレ

一方ペルーとの合併については賛同意見が多かった。ペルー南部の高地帯はティティカカ湖南部のアルティプラノから続くケチュア族、アイマラ族の同一文化圏にあり、自然環境も似ていることからチャルカスと共通する経済基盤があった。またペルーにとっても古くから続くチャルカス各都市との交易関係は重要だった。管轄する副王がリマからブエノスアイレス、またリマへと変遷した時期を経てかつてほどの緊密な関係を失ったが、それでもリマとチャルカスの交流は相変わらず続いた。

だが当時のペルーは、ボリーバル率いるグラン・コロンビアと不安定な関係にあり、チャルカスの合併に取り組むどころではなかった。ペルーの関心は、むしろティティカカ湖プーノ地域やチリ北部アタカマ沿岸地域の支配権を確立することにあった。とりわけ資源の豊富なチリのタラパカ地域の併合を強く望んでいた。ペルーにとってチャルカスは、リオ・デ・ラ・プラタ連合州（アルゼンチン）との紛争を避けるための重要な緩衝地域という位置づけだった。そのためアルゼンチンが併合の動きを見せない限り、チャルカス自体の将来についても特に関心を持たなかった。

ボリビア共和国誕生　チャルカスの支配層は、近隣地域のさまざまな情勢を背景に、独自の主導権を確立し、スクレを代表に立て独立共和制国家ボリビアの成立を正式に宣言した。独立に際して、リマのペルー政府からは反対の声もない代わりに特に関心を持たれることもなかった。もともとインディオの自治的性格の強い地域として長い歴史を持ち、チャルカスの人々には地域の運命を自ら引き受ける覚悟があった。数年前からすでに事実上の独立状態にあったが、正式な国家が誕生したのは一八二五年のことだった。

一八二五年二月九日、スクレは一軍を率いてラパスに到着した（この時スクレの顧問としてカシミロ・オラ

独立宣言を可決するチャルカス全県の有権者会議

ネータが同行)。スクレはチャルカス全県の有権者会議を設立し、同年四月には各県から代表を集めて国策方針の協議に入った。この会議の制定によって、それまで外部の指導者が担ったチャルカスの独立政府樹立に向けた様々な決定は、以後国内協議によって進められることになった。ボリーバルは当初スクレの決定に激高したが、結局は決定を却下することなくスクレの提唱内容をそのまま受け入れた。その数カ月後チュキサカに四八人の代表が集まり、スクレの提案は圧倒的多数の賛同を得て可決された。こうして一八二五年八月六日に独立宣言が発行され、最終草案を作成した指導者ボリーバルの名を取って、ボリビア共和国が誕生した。

この頃ボリーバルは、念願の公約だった解放を果たしてチャルカスに凱旋するところだった。チュキサカの議会はラパスにいるボリーバルに使節団を送り、スクレが採択した決議案とそれに基づく実行案への支援を要請した。ボリーバルは初め、最終決定権はペルー議会にあるとしてチュキサカの決議案を認めようとしなかったが、その後チャルカス各都市を凱旋周遊するうち地域の特質や独立性について理解を深めた。最終的には大陸全体を統一国家にするという構想もくつがえし、新しい共和制国家を受け入れた。さらに暫定ながら、初代大統領にはボリーバル自身が就任した。

独立後の経済不況　独立したボリビア共和国の枠組みは、一八二五年後半までに旧チャルカス・アウディエンシアを中心にほぼ確立した（地図4-1参照）。当時ボリビアは世界でほとんど無名の地域だった。伝統的な風習の残るインディオ農民が暮らす神秘的な地で、鉱山資源に恵まれた豊かな富があると思われていた。だが残念ながら真実はその逆だった。共和制国家として独立した当初のボリビアは、長い独立戦争で疲弊して不況に陥り、経済はその後半世紀近くにもわたって停滞した。一八〇三年頃から一八四〇年代後半にかけ鉱山産業の衰退、国際経済の危機、「一七世紀の危機」以降の都市部人口の激減という事態に次々に見舞われた。さらに独立以降一八四〇年代までは、これまでに経験したどの時期よりも深刻な不況に陥った。経済の後退により植民地時代以上に地方農村部中心の自給自足社会の傾向が強まり、近代化の波に大きく遅れをとった。

国家として完全に独立を果たしことは経済面では不利益を及ぼし、植民地時代後半からの経済危機をさらに深刻化させた。一九世紀の自由主義的な歴史家は、ラテンアメリカ諸国の独立を各国史上重要な転機とみなしている。だが現代の歴史家はこれとは対照的に、独立が社会や政治に与えた影響はそれほど重大

地図 4-1 1825 年と現在のボリビア

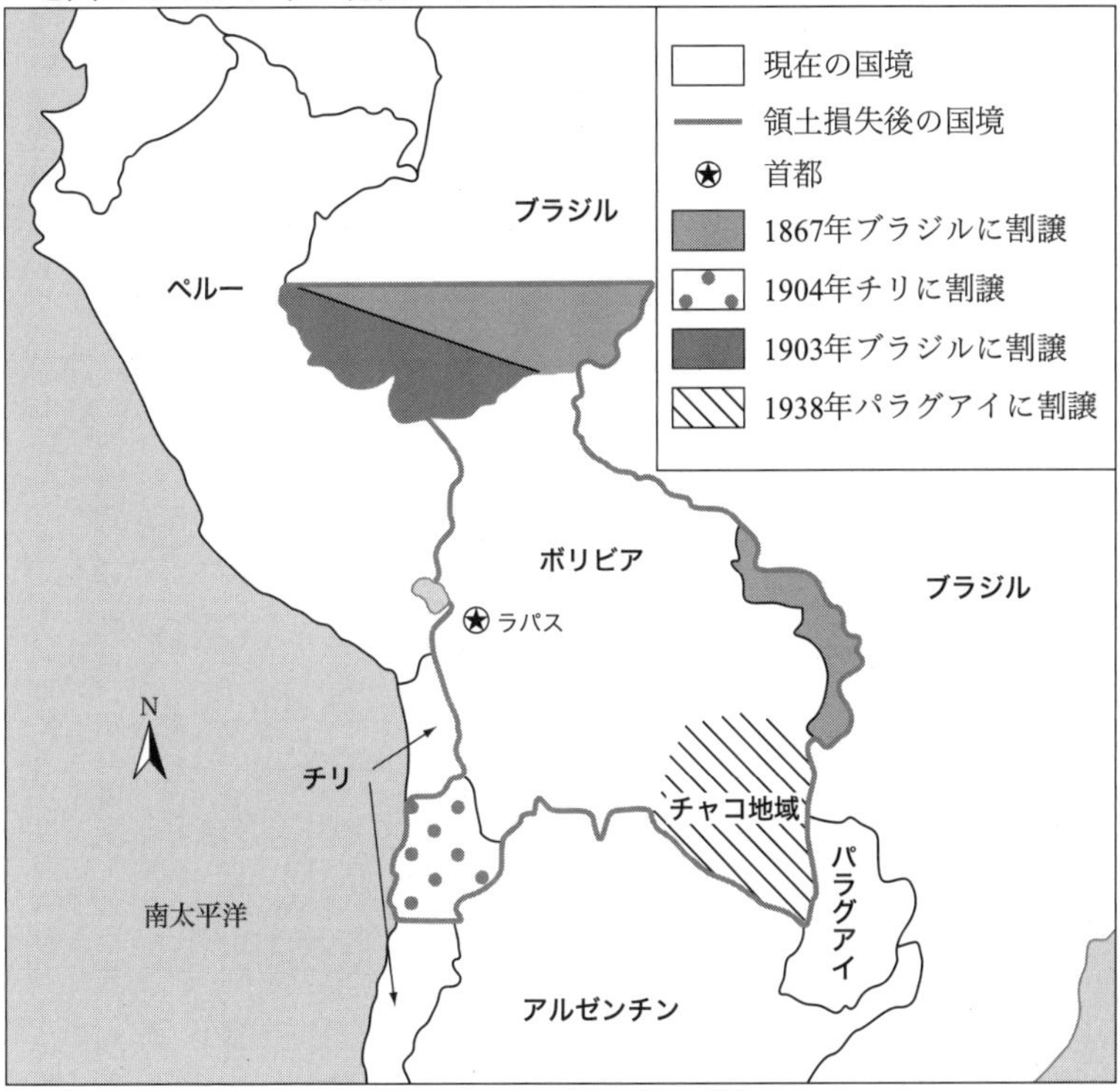

ではなかったと考える。独立後数十年間の経済危機については、前述の通り一八二五年の独立にまつわる一連の出来事が重要な影響を及ぼしている。だが現代の歴史家の見解では、最大の要因は、植民地時代からの古い王政派権力者が上辺だけ共和主義の仮面を装って、独立後も政治社会の舞台で権力の座に居続けた事にあると言う。またそのような植民地体質が変革したのは、ようやく一九世紀も終わりに近づく一八八〇年代以降になってからだとされる。だがもう一つ見逃してはならない重要な点は、大陸全土で植民地体制

が崩壊したことによって、それまでスペイン＝アメリカ帝国という共通の宗主国で結ばれた大陸内の各地域の連係が途絶えたことだ。地域間の断絶は、新たに誕生した共和制国家の国内経済や国家間の経済関係に深刻な影響を及ぼした。もちろんボリビアも例外ではなかった。

国際交易と鉱山の後退　この時期の南アメリカには独立共和制国家が相次いで誕生し、新たな重商主義の時代が訪れた。各国は競い合うようにそれぞれ関税制度を設け、当時国際貿易において圧倒的に優勢だったイギリスに対抗した。だがボリビアでは、新たな関税制度によって北アルゼンチンとの伝統的な交易関係が崩れ、その結果北東アルゼンチン地域にも長期の経済不況をもたらすことになった。旧リマ副王領との密接な関係が途絶えたことで深刻な金融危機が起こり、わずかに参入した外国資本も事態の改善にはつながらなかった。またペルーやチリ、アルゼンチンからそれぞれ港湾使用料を課されたため、ボリビアの国際交易を阻む重大要因だった輸送費用もより高額になった。障害を少しでも取り除くためアタカマ砂漠コビハにボリビアの専用港を創設したが、内陸高地のボリビアからコビハ港を経由する貿易額は全盛期でも総額の三分の一に過ぎないうえ、コビハまでの陸上輸送設備はすべて諸外国の管轄下にあった。

このように国家としての独立は、それ以前より続くチャルカスの伝統的な経済交易関係を大きく制限し、次第に地域全体を内部の自給自足による旧式経済へと後退させた。国際交易による輸出高の減少により、一九世紀初頭のボリビア政府は逆行した貢納制度や通貨の巧妙な操作、そして強制的な鋳造や銀の独占的な輸出体制などに頼らざるをえなくなった。地域のさらなる発展や増収のためには海外交易の拡大が不可欠だったが、前近代的な税制に戻ったことで生産や交易は厳しく制限された。

鉱山や製錬所は、独立戦争中にことごとく破壊された。また銀の輸出は政府が専有化した。そのうえ新たな関税制度により輸送費用が値上がりし、旧スペイン王室による貸付や水銀販売の助成も独立後打ち切られた。これらすべての要因が、鉱山産業の深刻な危機をもたらした。ポトシでは一八〇三年、四〇の銀精製所（インヘニオ）と数百の鉱山が稼動していたが、一八二五年にはインヘニオは一五、鉱山はわずか五〇まで減少した。銀生産量は一七九〇年代には年間平均三八万五〇〇〇マルクだったが、一八〇〇年代には三〇万マルク、一八一〇年代に二〇万マルク、一八二〇年代にはついに年間一五万マルクにまで減少した。一八三〇年代にはわずかに回復したが、再び二〇万マルクの水準まで達するのは一八五〇年代のことだった。

また鉱山の生産拠点数そのものも減少した。一八四六年になってようやく実施された国勢調査では、ボリビア国内で廃鉱になった銀山は一万余り存在すると推定された。廃鉱の原因は銀鉱石の不足というよりも、むしろ戦争により施設が破壊され、技術者などの人材が鉱山を去ったことだった。廃鉱になり放置された銀山にはいまだ豊かな資源が眠り、大規模な資本投入さえあれば再開可能だった。また水浸しになった鉱山から水を取り除くため蒸気エンジンの導入が必要となり、全ての廃鉱の共通の課題となった。

輸出部門が長期に渡る衰退期に入った同じ頃、都市部のスペイン語話者人口も減少した。二大鉱山拠点ポトシとオルロの落ち込みによる影響は深刻で、イギリス人研究者J・B・ペントランドの調査によると、二都市をあわせた都市部人口は一八二七年には一万五〇〇〇人を下回った（ポトシ九〇〇〇人、オルロ四六〇〇人）。その他の鉱山経済と連動する周辺都市ではそれ程大きな衰退は見られず、首都チュキサカでも減少は一万二〇〇〇人までにとどまった。

ただしボリビア全土ではインディオ農民が人口の大半を占め、一八二七年の時点で推定八〇万人が暮らした。かつて一七世紀の経済危機の際には、輸出部門の衰退で内需が拡大した結果、地元農業やインディオ自由共同体の発展をもたらしたが、一九世紀初頭に起きた独立直後の危機の際にも、それと同様の現象が起きた。そのため二大商業都市ラパスとコチャバンバでは、鉱山や周辺都市とは対照的に安定した成長を続けた。ラパスは国内最大都市として一八二七年には人口四万人を有し、コチャバンバではそれに次ぐおよそ三万人が暮らした。両市とも農業共同体の重要拠点であり、多くのインディオ農民が暮らす周辺辺境部の中核都市として機能した。

貢納制の継続　ラパスとコチャバンバの発展、そしてポトシとオルロの鉱山の衰退が、同時期に並行して起こった事実は、二〇世紀以前のボリビアの矛盾した問題を端的に示している。輸出産業が衰退してスペイン人の搾取量が相対的に減少したため、インディオ農民の家計収入は増加した。収入が増加すると国内商業活動も盛んになり、各都市部の市場もインディオの消費を促進した。独立後の政府にとって、インディオからの税収は重要な財源となった。共和制発足後初の国会では、先にボリーバルがペルーで定めた法にならい、一八歳から五〇歳までの全インディオ男性から貢納を集める王政時代の納税制度を非合法化することを強行に決定した。だがやがて政府は貢納収入を欠いたままでは財源の維持ができないことに気付き、一年後には法を改正して再び全インディオに植民地時代の貢納を課すこととした。貢納は植民地時代と同じ料率で集められ、ついに政府歳入の六〇％を占めるまでになった。植民地時代の一八世紀後半に二五％以下だったことと比較しても、貢納が共和政府にとっていかに重要だったかが分かる。国際交易や銀生産の衰退によって白人やチョロの支配層から十分な地税や事業税が徴収できなくなると、インディオからの税収は政府にとって一層重要性を増した。このような貢納制度に依存した税体制は、一九世紀の終わりまで続いた。

貢納や人頭税制度は、インディオにとって大きな負担であることは明らかだったが、同時にインディオ自由共同体を白人やチョロの侵略から守るという政府の保護政策的な側面もあった。国会ではインディオ自由共同体の自治性と土地所有権を認める考えだったが、一八二六年に公布されたボリーバル憲法ではそれらを厳しく制限した。だが実際に貢納の重要性が失われ始めるのは一八六〇年代以降のことで、それまでインディオからの徴税は政府歳入の中で重要な位置を占め続けた。一八六〇年代になり土地所有権について近代的な自由主義思想がもたらされると、政府は複数の住民が共同で土地を所有するインディオ共同体の制度そのものに異議を唱え始めた。これをきっかけに貢納の重要性は急激に失われていった。

4　スクレとサンタ・クルス

スクレの諸改革　共和制発足当初のボリビア経済が惨たんたる状況にあったことは、第二代（事実上の初代）大統領スクレの初期改革政権が、国内外経済の復興策に失敗したことで露呈した。一八二五年初頭から一八二八年四月まで続いたスクレ政権は、その頃ラテンアメリカで相次いだ改革政権の一つで、アルゼンチン初代大統領リバダビア政権やコロンビアのサンタンデル政権に代表される改革自由主義路線モデルに類似するとされよく引き合いに出される。スクレ自身も両政権の手法を大いに取り入れた。スクレは典型的な一八世紀自由主義者で、経済復興と社会秩序の制定に関しすぐれた考えを持っていた。また熱心な共和主義者でもあり代議制の制定など開かれた政治を目指した。インディオの生活を改善するため、インディオとスペイン語話者の人々の関係を向上するという難しい改革にも取り組んだ。

独立戦争により疲弊したチャルカスの経済を再建する必要に迫られたスクレは、鉱山産業の復興に着手した。一八二五年八月にはすべての廃鉱を国有化する決定を下した。その後スクレは枯渇した資金を得るため外国資本に目を向け、アルゼンチン、そしてさらに重要なことにイギリスの実業家達に鉱山を開放した。一八二四年から一八二五年にかけて多くのイギリス人技術者や使節団が調査に訪れ、鉱山は活気を取り戻した。ロンドン資本市場には南アメリカの鉱山発展のため二六の企業による「鉱山企業組合」が結成され、投機ブームに沸いた。新会社のうち最大規模の「ポトシ＝ラパス＝ペルー鉱山連盟」は資本金一〇〇万ポンドと推定された。だが実際に調達した資金はわずか五％に過ぎなかった。その後一八二五年一二月にロンドン市場は暴落し、これらの新興企業もほぼ全て倒産した。そのためイギリス企業の調達した鉱山用機械や資本、技術人員はほとんどボリビア鉱山に到達せず、アルゼンチンやロンドンの鉱山企業経営者で実際に操業した者もほとんどなかった。ボリビア鉱山の再開には蒸気式ポンプ機械の導入など莫大な費用が必要だったが、各社とも運営資金に行き詰った。最も捻出が困難だったのは労働費用だった。それまで鉱山の労働力を安く大量にまかなったミタ賦役制度は、一八二五年七月ボリーバルによって廃止され、新共和制政権移行後は制度の復活が難しくなった。そのためポトシでは労働力をすべて自由契約労働者に頼らざるを得ず、農業従事者を少しでも鉱山労働に引き込むために高い賃金を提示しなくてはならなくなった。新たに生じた労働費用は、すでに弱体化した鉱山産業をさらに窮地に追いやった。

スクレは王室造幣局《カーサ・デ・モネダ》と鉱物銀行（サン・カルロス銀行）を健全な状態に復活させ、貨幣価値を妥当な水準まで引き上げた。だが廃鉱の再開についてはほとんどなす術もなく、最終的には造幣局で最低限必要な銀を確保することに目的を絞り込み、地元ボリビア人経営者が単純な方法で容易に採掘できる鉱山に制限した。坑道で氾濫する水を吸い出すために必要な蒸気エンジンの導入は、銀産業にとって差し迫った技術課題だったが、ボリビアではいまだ数十年も遅れを取っており生産量を増加させることができなかった。

スクレが鉱山以上に革新的に取り組んだのは、新共和体制を支える近代的な税制度の導入だった。スクレはミタ制度の全面廃止と貢納の一時的な廃止を実現したほか王政時代に国が独占した産業も徹底的に解体され、かつて植民地政府が取り仕切っていたタバコ産業も民間に解放された。また悪名高い消費税（アルカバラ）を廃止し、コカ生産の特別税も減税した。消費税は社会の最貧困層に課した退行的な税制で、コカ特別税は商業や生産活動を制限する偏重的な側面を持つものだった。スクレはそれらをすべて単一の直接税に統一し、都市部や農村部問わず収入や財産に応じて徴税した。この直接税は当時としては画期的な制度で、ボリビア税制度の近代化を確実に進める真の革命的改革となった。

だが直接税は導入から一年も経たぬうちに廃止された。土地や収入に応じて直接課税するという新たな方式は、いざ導入してみると官僚体制が不十分なために徴税管理が行き届かず、納税対象となる者全員からの徴税ができなかったのだ。戸籍調査や国勢調査も実施されず古いインディオの貢納記録も存在しない中、政府には新税制を実行する能力がなかった。スペイン帝政からの独立を勝ち取ったボリビアだったが、その反面で最先端の技術力と教育水準の高い政府官僚組織を失ったのも事実だった。これは南アメリカ各地で、植民地独立以後に誕生した新たな自由国家に共通した問題でもあった。ボリビアでは国家の枠組みを手に入れたものの、行政を監督するに足る人員があまりにも足りなかった。そのうえ財源不足から給与も十分に支払えなかったため、数少ない優秀な人材を国家公務に留めることもできなかった。こうしてスクレが意欲的に取り組んだ近代的税制計画は、実現に至らず失敗した。そのうえ外国との貿易は年々衰退し重い関税のみが残ったため、将来的な重要な収入源も見込めなくなった。一八二六年の終わりには直接税の廃止に追い込まれ、国家の財政維持のため従来の伝統的な消費税、貢納、その他時代に逆行した税に頼らざるを得なくなった。

教会解体　財源創出をねらった税制改革に失敗したスクレは、教会問題に着手した。スクレやボリーバルは、同世代の指導者の大半と同様に反聖職主義者で、両者とも新しい共和国家の中で教会の政治的権威を消滅させたいと考えていた。その中でスクレは、かつて王政崩壊の原因にもなった王政復古主義者からの支援を受けた。スクレが改革に着手すると、教会は抵抗できないまま弱体化して指導権を失った。

スクレの教会解体は、一九世紀ラテンアメリカで最も急進的な政策の一つであり、スクレ政権最大の実績でもあった。まずスクレは、信者が収入の一割を教会に納める十一献金の管理権を取り上げた。献金の合計額は年間でおよそ二〇万ペソにも上った。次にスクレは王政時代に着手された未完の改革を引き継ぎ、教会の信用取引など財政全般を整理した。それまで教会では信者への抵当貸付や、私有地の年間地税徴収を行い、そこで得た収入を民衆や聖職者の助成に当てていたが、スクレは司祭や聖職者が担当したそれらの財政管理業務をすべて取り上げた。その後スクレは、収容規模一一人以下の修道院と女子修道院の閉鎖と解体を命令し、国内に四〇あった修道院を一二まで削減させた。残る修道院も政府の管理下に置き、没収した財産を修道士の給与にあてた。この解体によって都市部と農村部の修道院資産の合計およそ三〇〇万ペソが没収された。女子修道院に対しても同様に所有財産を奪い、施設数を削減させた。女子修道院から没収した財産の合計額はおよそ三八〇万ペソに上った。スクレはこれらの取り組みを通じて、国有財産の価値を推定で八〇〇万から一〇〇〇万ペソまで引き上げた。

スクレの教会財産没収と施設の大幅な削減は、共和制政府にとって重要な意義をもたらした。だが都市部や農村部の不況により没収財産のほとんどに買い手が見つからなかったため、最終的には政府財源への目立った還元効果は見られなかった。そこで政府は没収した土地や住居の大半を賃貸物件として市民に貸し出すことに決めたが、徴収した賃料はかつて教会が所有した資産を下回り大きな収入にはならなかった。そのうえ修道院を没収して国の管理下に置いたことで、聖職者の給与や約五〇〇人に上る僧侶の維持費の負担が生じ、さらに政府が雇った教会管理人への給与支払いの義務も生じたため、国はほとんど利益を得ることができなかった。没収した教会資産を担保にして内債を発行する方法もあったが、国内資本市場は窮乏して不安定だったため、仮に発行しても歳入を支えるまでの主要財源には到底なり得なかった。

教会の没収資産から生じた収入の大半は、都市部の教育機関の設置や社会福祉予算にあてられ、主要六都市（ラパス、コチャバンバ、サンタクルス、オルロ、ポトシ、チュキサカ、タリハ）すべてに無償の小学校と孤児院が整備された。だがいずれも長続きせず社会、経済面への影響もほとんど見られなかった。

このようにスクレの教会改革は、当初の期待に反し国家資産を大きく増やすための切り札にはならなかった。だが政治面での成果は上々だった。スクレはこの改革によって王政派の権力を完全に封じ込めたほか、全教会所有地の没収、修道院内の無意味な規律の縮小、信徒組合（コフラディア）の廃止による平信徒と聖職者の関係の断絶を次々に実現し、教会内の銀製品も根こそぎ没収した。改革にあたり都市部支配層や農民大衆から反対の声は一切上がらなかった。こうして教会は分離独立した存在となり、一九世紀末まで国家の諸問題に対し完全に受動的な立場となった。そのためラテンアメリカ独立国家の多くが宗教に端を発する様々な内戦の脅威にさらされる中、ボリビアだけは例外的にそのような問題に悩まされることもなく、大陸内では珍しく信教の自由が徹底した国家となった。

その後一九世紀後半になって、ローマ教会の権威が復興し世界中に影響を及ぼすと、ボリビアでも再びキリスト教会の重要性が浮上した。イエズス会が再び活動を始めたほかシレジア（現在のポーランド南部からチェコ北部にかけての地域）の人々など新たな会派も加わり、教会の教育的、宗教的権力は復活した。だが財政面ではかつての力を取り戻すこともなく、政治的な権力も弱体化したままだった。ボリビアのキリスト教会は、植民地時代からの支配層や共和制支持の民衆いずれにとっても、ほとんど関心を引く存在ではなかったのだ。

スクレの退陣　スクレは人望の厚い指導者で軍の有能な指揮官でもあったが、やがて進退きわまる状況が訪れた。スクレ在任の二年半の間に政府の歳入は減少し景気は停滞した。また八〇〇〇人の成人男子にコロンビア軍の兵役を課したことも、ボリビア国庫と国政両面の大きな負担となっていた。独立戦争を経て共和制を勝ち取った初期世代の指導者達が、その後政策や思想の違いから次第に分裂していく過程はすべての独立政府に影響を及ぼし、ボリビアも例外ではなかった。冷静なスクレはやがて協力者の造反に気付いた。一八二八年、チュキサカで暗殺未遂に合い重傷を負ったスクレは、大統領職を続ける意欲を急速に失った。回復後スクレは政府の職を辞してボリビアを去り、後に故郷ベネズエラのカラカスに戻った。

こうしてスクレ政権は終焉した。他の共和制国家では独立建国時の指導者が退任すると、それに伴い自由主義体制の崩壊や無政府時代に陥る国もあったが、ボリビアではスクレ政権が終わってもそのような事態は起こらなかった。実際にスクレ政権の後を引き継いだのはスクレの側近や支持者達で、スクレと同じく自由主義を掲げた。後任政権でもスクレと同様に国内の様々な問題に直面したが、自由の確立と国家の繁栄を目標に政策を進めた点も共通していた。

建国初期の指導者のうち最も重要な人物はアンドレス・サンタ・クルスだ。ラパス出身でスペイン人の父とケチュア族の母を持つサンタ・クルスは、独立戦争開始時は王政側に付いた。長年に渡り従軍し出世したが、その後王政軍が敗北すると一八二一年には解放側に転じた。解放軍では当初サン・マルティンの部隊に入り、一八二二年以降はボリーバル軍に加わった。ボリーバルのもと指揮者の手腕を高めると一八二三年中頃、ボリビア国境近くのゼピタの戦いで大勝利を収めた。この戦いは数あるサンタ・クルスの戦績の中でも最もよく知られるものである。

サンタ・クルスは当初、ボリビア以上にペルーへの関心を強く寄せた。軍人である父親を通じてクスコの上流階級と関係し、政治、軍事両面で長く親交を持つサンタ・クルスはペルー国内の諸問題に精通していた。一八二五年に出身地ラパスから有権者会議に選出されたサンタ・クルスは、要職への推薦を辞退してチュキサカの地区代表の地位を得た。その後スクレ政権ではラパス県知事に任命されたが一八二六年九月には、ボリーバルの要請でリマに戻り、ペルー共和国の大統領を一年間務めた。その後友人でもあるクスコの将軍アグスティン・ガマーラの陰謀も一因となってスクレが退陣に追い込まれると、サンタ・クルスはボリビアの大統領になる決意を固めた。スクレ自身もサンタ・クルスの動きを後押しした。

スクレの退陣後、サンタ・クルスが着任するまでの間、複数の指導者による暫定政権が相次いだ。うち一人ブランコ将軍はクーデターを試み、力ずくで政権を手中にしようと試みたが結局失敗した。その後一八二九年五月になって、サンタ・クルスはボリビアに戻って大統領に就任した。サンタ・クルス政権は一〇年間という長期に及び、以後二世紀にわたり国民生活の基盤となる数々の組織や機関を創設するなどボリビア史の中でも重要な位置を占める。のちに一八二九年から三九年のチリ軍介入が原因で退陣に追い込まれたが、ボリビア史上もっとも優れた指導者の一人として記憶されることとなった。

サンタ・クルス安定政権　サンタ・クルスの最も優れた功績は、国家の政治、社会、経済すべての秩序を安定させたことだった。それまでボリビアは二五年近くの間独立戦争や外部からの侵略にさらされ常に争乱状態にあったが、サンタ・クルス政権の発足によって一〇年間の平和な時代が訪れた。落ち着いた国内情勢の中で経済も活性化し、国庫財源は潤った。余剰資金は半職業化した軍隊の補強にあてられ治安も維持された。

サンタ・クルスは、経済面では重商主義を徹底した。就任直後から主要な保護関税の設置を進め、国内産業拡大のため庶民向けの実用的な布地トクヨ織物の輸入を全面的に制限するという過激な策もとった。さらに外国からの輸入品をすべてコビハ港経由にするよう強制した。コビハ港はチリとの領土再編をめぐる様々な取り決めの結果、ボリビアに唯一残された港だった。古くからの天然港であるアリカやタクナはペルー人が完全に取り仕切り、経由する輸入品に重税を課した。これに対して自由港のコビハでは税率をより低く設定し助成金も支給するなど優遇策が取られた。そのためコビハは最も活気のある貿易港となり、ボリビアの輸出入品のおよそ三分の一が経由された。当初わずか数百人だったコビハの人口は一〇〇〇人を超え、多数の埠頭や倉庫が整備された。また陸上輸送のための道路がコビハからポトシまで建設され、その他にも運送費用を軽減するために主要な国内道路が次々に作られた。

アンドレス・サンタ・クルス

次にサンタ・クルスは、鉱山問題に目を向けた。鉱山が常に抱える経済問題に対し、ここでも大胆な改革を目指したサンタ・クルスは、鉱山への税負担を大幅に減らすという策をとった。一八二九年には植民地時代から続く造幣税を廃止し、その他の税もすべて廃止して五％税に統一した。またそれまで金産出高にかけた三％の税も一八三〇年に全廃した。その結果金生産は増加し、銀の生産量も比較的安定して維持された。

このようにサンタ・クルスは国家の治安と経済政策に集中的に取り組んだが、努力の甲斐なく目立った景気回復は見られなかった。政府が全面的に保護したトクヨ織物の生産量も植民地時代の四分の一まで減少し、政権末期には国産品の販売促進のため輸入制限をさらに強化せざるを得なくなった。鉱山の減税政策の効果も上がらず資金不足から生産量の拡大も見込めなかったため、一八二〇年代と三〇年代の二〇年間でボリビア最大の輸出品である銀の生産は停滞した。

経済改革と貨幣改鋳　独立から三〇年を経たボリビアは、国民の信頼や税制の面では飛躍的な改善が見られたが、歳入は増加することなく横ばいのままだった。年間歳入は一八五〇年代まで一五〇万ペソ前後にとどまり、いずれの政権もそれ以上の増収を実現できなかった。この歳入額は、それまでの長期にわたる経済体制の変化を示すものでもあった。一八四六年にボリビアの経済学者ホセ・マリア・ダレンセは、歳入が減じた原因はすべて一八二〇年代から四〇年代までの大幅な景気後退にあると指摘した。歳入を常に安定して支えた唯一の財源は、農村部の人口増加に伴い増収したインディオからの貢納収入のみだった。そのため貢納の重要性はさらに増し、国庫歳入全体に占める割合も一八三二年の四五％から一八四六年には五四％に増加した。貢納に次ぐ財源は国内外の貿易関税による収入だったが、歳入全体に占める割合は、貢納をはるかに下回りわずか二二％だった。

鉱山地帯の長期にわたる不況は国の経済成長を大きく左右し、政府財源に深刻な影響を与えた。産業を発展させるため鉱山の基本的な設備基盤を整える資金源も限られていた。サンタ・クルスは全力を挙げて改革に取り組んだが、独立建国初期の政権の常として歳出は常に歳入を上回り、財政は赤字のままだった。政権初期のサンタ・クルスは、政府予算のうち唯一で最大の支出だった軍事費の一部を削減した。軍事費は平時でも予算の四〇から五〇％を占めた。これに次ぐ大きな支出は聖職者の給与で、さらに官僚への給与などを加えると、設備投資など産業開発のための資金はほとんど残らなかった。サンタ・クルスは、資金捻出のため国内交易の売上に対する追加税を設ける提案を掲げた。もはやこれに頼る以外に手段はなかった。

常態化した財政赤字により経済は長期にわたって逼迫した。この状況に対しサンタ・クルスは貨幣改鋳を実施し、新たに品質を下げた硬貨を発行することに決めた。一八三〇年にポトシで極秘に鋳造された新銀貨は、従来二四・四五グラム（植民地時代の八ペソ相当）だった硬貨を一八・〇五グラムに劣化させたものだった。この劣化硬貨《モネーダ・フェブレ》の製造は、一時的な利益を得るには有効だったが、結局は長期的な負債を抱えることになった。そして劣化硬貨の製造量が従来の「正規のペソ」を上回るにつれ、国家の財政体制に不安な兆しが見られ始めた。劣化硬貨の製造量は、一八三〇年には三五〇万ペソで正規硬貨一六五〇万ペソを下回ったが、一八四〇年代には正規硬貨九〇〇万ペソに対し劣化硬貨一一〇〇万ペソと製造量は逆転した。さらに一八五〇年代になると正規硬貨二五〇万ペソに対し劣化硬貨二一〇〇万ペソと、劣化硬貨の製造量が圧倒的に上回った。

政府は国民からの徴税には正規硬貨での支払いを求め、給与など政府からの支給を劣化硬貨に統一すべく取り組んだ。その結果国内経済全体に対する不安が年々広まっていった。長期間の経済停滞によって財政危機に追い込まれ貨幣改鋳に踏み切ったサンタ・クルスだったが、その結果経済不安をさらに助長することになった。サンタ・クルス政権の功績の一つにはコビハ港交易の発展が挙げられるが、ペルー＝ボリビア連合成立の一八三六年以降、ペルーが独占していたアリカ港が再び正規のボリビアの港になると、コビハ港は急速に衰退した。アリカ港に対抗して設けられたコビハ港の優遇税が削減されたため、本来のアリカ港の地理的優位性が高まり、コビハ港の役割は実質的に消滅した。

サンタ・クルスの手がけた長期経済改革は、国家財政の停滞を覆すほどの成果は上がらなかったものの、行政面での改革や社会にもたらした治安と平和は重要な意義があった。行政面では、サンタ・クルスは特別委員会を組織して議会制度の研究を進め、ナポレオン法典を手本に主な市民法や商法を体系化して制定した。また地方行政の整備に取り組み、植民地時代の貢納記録を基に農村部の人口動態調査の再生に成功した。だがサンタ・クルスには独裁的な側面もあった。大統領の権限に制約を設けた民主的な憲法を発布した一方で、出版物の検閲を徹底して反対派を次々に追放すると、急速に権力を手にした。それでもサンタ・クルスは原則として反対派に寛容で、在任期間中政治上の対立から流血に至る事態を最小にとどめた点は重視すべき点だ。特に自ら制定した法制度の下で、一八二九年から一八三五年にかけて築いた安定した社会は、国内有力層から高い支持を得た。

ペルー＝ボリビア連合　ボリビアでは圧倒的な支配権を得たサンタ・クルスだが、自身の関心はボリビア国内にとどまらなかった。サンタ・クルスはかつてクスコに暮らし、一八二〇年代半ばにはリマでペルー大統領に就任するなどペルーの発展にも深く関係した。その後ポトシやチュキサカで陰謀に巻き込まれたことがきっかけとなり、次第にボリビアよりも南ペルーやリマの政治問題に専心していった。ボリビアでの大統領職はあっさりと辞したが、ペルーに対する情熱は決して消えることがなかった。ペルーの内政が混乱をきわめるにつれ、サンタ・クルスはペルー人、とりわけ南部地域の人々から人望を集めていった。

一八三〇年代半ばには南ペルーの指導者ガマーラが、ボリビア内政に干渉する過激な活動を展開し始めた。首都リマではサラベリー政権が弱体化し、存続の危機に瀕していた。この状況はサンタ・クルスにとって、ペルーとボリビアを統合させ新政府を樹立するための絶好の口実となり、両国にこの考えを支持する人々も増えていった。一八三五年六月サンタ・クルスのボリビア軍は、地域内の小さな内乱に便乗してペルーに侵攻した。八月にはガマーラ軍を破り、その後長期にわたる戦闘の結果サラベリー軍も降伏させ、一八三六年一月にサラベリーを処刑した。

この時サンタ・クルスは、ペルーを北ペルー、南ペルー二つの自治州に再編し、そこにボリビアを加えてペルー＝ボリビア連合国を結成し、自身は連合の終身護民官となって国家の統率にあたった。各地方でも支持を集め、一八三六年一〇月には連合政府が正式に成立した。だがサンタ・クルスの実権が及ぶ範囲はボリビアと南ペルーのみに過ぎず、うち南ペルーではガマーラによる反乱の脅威に常にさらされた。

いくつかの問題を抱えていたにせよ、ペルー＝ボリビア連合の成立はペルーとボリビア全土に平和をもたらし、さらにラテンアメリカ内の太平洋地域全体へ影響を及ぼしたことは疑いようのない事実だ。当時ペルーの人口は、ボリビアをわずかに上回るおよそ一五〇万人程度だったが、国内資源はボリビアよりはるかに豊富だった。ペルーはボリビアとは異なり地方経済が活発で、多様な産業があった。地方部では地場産業が栄え、容易に産出、利用可能な様々な資源もあり、世界に輸出して成功するための開発を手がけやすい環境が整っていた。つまり伸び悩むボリビア経済とは異なり、ペルー経済は発展の可能性に満ちていた。この眠れる巨人を完全に目覚めさせるために不可欠なのは安定した政治体制と統制された責任ある官僚だった。

ペルーの状況は、優れた行政手腕に定評のあるサンタ・クルスにとって理想的だった。早速新国家ペルー＝ボリビア連合の市民法および商業法を発布し、統計調査の実施、税関の再整備、保護関税の導入、そして官僚制の再編を次々に手がけ、財政を再建した。軍も資金と援助をすぐに供給され、政府に協力した。だがペルーを一大勢力に育てる野望を持っていたのは、サンタ・クルスだけではなかった。チリもまた、領土問題の絶えない太平洋沿岸地域を含むペルーとの国境方面の勢力拡大をねらっていた。ペルーとチリは、同じヨーロッパ市場に対し互いに商売を競い合う関係でもあったため、サンタ・クルスがペルー＝ボリビア連合国を成立させ両地域を再活性化させたことは、チリにとっては受け入れがたい事実だった。チリはペルー国内の反体制派政治家に手を差し伸べ、チリに招いて武装化させてペルーへの帰還行軍を支援した。またチリ軍自身をペルー反体制派に「偽装」させてサンタ・クルスに幾度も襲撃を仕掛けるなど、連合国体制の崩壊に向けて努力した。

チリの工作に刺激されて数々の侵略や反乱が勃発し、ペルー＝ボリビア連合政府は弱体化した。サンタ・クルスはこのうち多くを武力で制圧したが、長びく紛争によって政府は疲弊し大きな損害を被った。チリは一八三八年ペルーに正規軍を送り込み、一八三九年一月リマ近郊の大規模な戦闘で連合政府を破った。

ここにペルー＝ボリビア連合国は崩壊し、サンタ・クルスの政治生命にも終止符が打たれた。

政権の放棄を余儀なくされたサンタ・クルスはエクアドルへ亡命した。ペルーと分離して再び独立国家となったボリビアの大統領には、かつて政権をとったホセ・ミゲル・デ・ベラスコ将軍が暫定的に就任した。しかしベラスコ政権は発足当初より多くの問題を抱えた。ベラスコはかつて仕えたこともあるサンタ・クルスを糾弾し、個人財産をすべて没収した。だがやがてベラスコ政権は、やはりサンタ・クルス政権時代の将校の一人ホセ・バイビアンから数々の妨害を受け衝突した。ベラスコは秩序ある政府を実現するため憲法を改正していくつかの改革を実行し、チュキサカ市を改名してスクレ市にした。それでも政治情勢の鎮静化はかなわず、ついに二年後の一八四一年六月、サンタ・クルス支持者の反乱によって失脚した。

インガビの戦い　ボリビアでは政権が崩壊する際、国内問題だけでなく時の近隣諸国の情勢がその原因となることが多い。サンタ・クルスの失脚後、リマのペルー政府は長年の政敵だったガマーラが支配した。ボリビア国内の状況についてはペルー、チリ、そしてアルゼンチンまでもが注目し様子をうかがった。サンタ・クルス派がベラスコ政権を破ったと知ると、復権を恐れたガマーラは、ボリビアに侵入して権力を奪還すると表明した。ガマーラの率いるペルー軍は、七月には国境を渡り一〇月には大きな抵抗もなくラパスを占領した。この時ボリビアの大部分をペルーに併合するというガマーラの望みが誰の目にも明らかになった。近隣諸国はこれを政治的好機と捉え、アルゼンチンでは南部のベラスコ率いる反政府軍を支援した。その頃後に大統領となるバイビアンは、様々な陣営を渡り歩いた。最初はガマーラを支援したが、最終的には自身で政権をとり、ガマーラのペルー侵略に抗戦する決意を固めた。

数々の陰謀や争いが勃発する中で突出したのはバイビアンだった。その頃国内に三つの反抗勢力が起こったが、近隣諸国からの侵略軍が国家の存亡を脅かす動きを見せる中で、最終的には有能な指導者サンタ・クルスの復権を諦めて、残る勢力で最も有能なバイビアンを支援することで全派閥の考えがまとまった。これは当時のボリビアの国際関係から見てきわめて重要な判断だったことが後に明らかになった。

一八四一年一一月バイビアンはインガビの町でガマーラと戦い、ペルーからの侵略軍を打ち破った。ペルーのガマーラ政権は崩壊し、ボリビアはペルー＝ボリビア連合政府の成立がもたらしたペルーへの経済負担義務から解放され、ペルーとボリビアの蜜月関係は完全に崩壊した。ペルーはインガビの戦い以降、ボリビアを併合する考えは二度と持たず、ボリビア側もペルーを統合する考えは持たなかった。またサンタ・クルス権力の脅威が去ったことでチリとアルゼンチンからの強い干渉もなくなり、ボリビアは再び国政と国内問題に集中する当初の姿を取り戻した。その一方でボリビアは、サンタ・クルス時代の終焉によってラテンアメリカ地域の主要な権力争いから退くこととなった。それはまた、新生共和国家が必要とした優れた統率力を持つ指導者による最も輝かしい時代の終わりを意味した。スクレ、サンタ・クルス両政権の手がけた改革は、最終的には国全体の経済的な停滞によって成長を阻まれたものの、共和制初期時代の優れた自由主義運動の理念を実現した。スクレとサンタ・クルスは、両者とも独裁的な側面を持ちつつも本質的には人道主義と寛容性に基づく政治行動を実践し、後に続く世代とはあらゆる意味で対照的な指導者だった。

第五章　国家の危機　一八四一――一八八〇年

1　カウディーヨと鉱山支配層の時代

ホセ・バイビアン政権　ホセ・バイビアンは一八〇五年ラパスに生まれた。上流階級一族の出身で、叔父にトゥパク・アマルの反乱制圧を指揮した王室政府官吏セバスチャン・デ・セグロラがいた。バイビアン自身は叔父ほどのエリート教育は受けず、一二歳になると早くも軍に入隊した。独立戦争時には解放軍の中心指揮官として活躍し、サンタ・クルス部隊で最高位まで出世した。当時政界には多くの陰謀が渦巻きバイビアン自身も深く関与したが、大統領就任後は一八四一年から四七年の任期満了まで長期安定政権を築き、建国期カウディーヨ最後の安定した時代となった。国会の動きも活発で、多くの有能な市民が中央政府に参加した。諸外国との紛争もなく、人口や政府の歳入も少しずつ増加に向かった。

バイビアン政権の最重要課題は、太平洋沿岸部の勢力関係を変革し、ボリビアの地位を確立することだった。だがペルーへの侵攻に失敗すると、併合をあきらめてボリビア統治に落ち着いた。その際バイビアンは、過度に拡大した軍備の実態を知った。当時ボリビア軍は国庫予算の半分近くを費やすほど大掛かりになり、兵士一〇〇人毎に将軍一人を配備するという過剰な人員体制を取っていた。バイビアンは国政への負担を軽減させるべく軍の解体に取り組んだ。特別政府援助と年金法の施行によって兵士や士官の人員を削減し、東部低地に複数設けた「軍居留地」の数も減らした。だが退役軍人への年金の支払いで新たな公債の負担が生じたため、国内経済全体への効果はほとんど見られなかった。

バイビアン政権は、軍改革以外の面では大いに成果を上げた。国家予算は相変わらず赤字の状態が続いたが改善も見られ、一八二〇年代と三〇年代には一五〇万ペソだった歳入も一八四〇年代後半には二〇〇万ペソになるなど、緩やかながらも成長に向かった。それでもまだ独立以降の長期不況が尾を引いて、社会は明らかに停滞していた。国庫は相変わらず歳入の四〇%を占めるインディオの貢納税の収入に支えられた。関税収入は毎年大きく変動し不安定だった。しかし主要品目に対する国内関税と税制の整備により、やがて安定した収入がもたらされるようになった。たとえばインディオのみが消費するコカ葉は、順調に生産額を伸ばし年間平均二〇万ペソに上ったほか、新たにキニーネの原料となるキナ皮（カスカリラ）の輸出も再開され、銀に次ぐ第二の主要な輸出品となった。

次いでバイビアンは東部低地帯に目を向けた。ラパス県東部の広大な低地帯に新たにベニ県を設置し、要所に軍の居留地を構えた。ヨーロッパ資本の植民会社も現地に多数進出し、実際の利益はほとんど得られなかったが、積極的に開拓を進めた。また大西洋側を経由する輸出経路の確保に向けて、東部低地帯の河川部や運河の開拓が新たに重要な課題となった。この時期は東部開発のほかにも、国内第二の都市コチャバンバに独立した司教管区の設置を求める声が高まるなど、すでにボリビア全土に広がりつつあった人口と資源分布の変化がようやく体制に反映された時期でもあった。一八四三年、国会は国内で四番目にあたるコチャバンバ司教区の設立を決め、一八四七年バチカンのローマ法王によって最終的に承認された。こうしてボリビアにはラプラタ（スクレ）大司教管区を中心に、ラパス、サンタクルス、コチャバンバの三つの司教区が置かれた。

共和国初期の国勢　一八四六年には優れた統計経済学者ホセ・マリア・ダレンセが中心となり、ボリビア初の国勢調査が実施された。調査の結果、国内人口は約一四〇万人と着実に増加していることが明らかになり、これに加えて東部低地の統治外地帯にも七〇万人のインディオが分散して暮らすことが分かった。だが人口の増加とは裏腹に、社会経済体制は建国後およそ二五年を経たこの時期もほとんど変化は見られなかった。国内の最大都市は植民地時代と同じラパスだったが人口は四万三〇〇〇人と少数で、第二の都市コチャバンバでもわずか三万人だった。主要な一一の都市と、五〇〇人以上が居住する三五の町《ピラ》の人口を集計した都市部人口の合計は全人口の一一％に過ぎず、一八二〇年代半ばにアイルランド人ペントランドがアンデス地域を調査した際の推定人口からほとんど変化は見られなかった。

　都市部の人口が伸び悩む原因は、政府の予算不足から都市部全体が不況にあることで、社会全体の教育水準もきわめて低かった。一八四七年の時点で学校に通う児童数は二万二〇〇〇人で、学齢に達した児童全体のわずか一〇％だった。この数字は将来的にも識字率の改善がほとんど見られないことを示していた。国内のスペイン語話者数は、ダレンセが大目に見積もった数値でもわずか一〇万人と、全人口の七％

に過ぎなかった。児童を学校に通わせない限り事態はますます悪化し、調査実施年の一八四六年以上に非識字人口率が増加することは明らかだった。

また経済状況についても大きな改善は見られなかった。サンタ・クルス、バイビアン両政権時代を通じて国内治安は安定したものの、銀生産量は一八二〇年代には年間一五万六〇〇〇マルクまで落ち込んだ。その後一八三〇年代は一八万八〇〇〇マルク、一八四〇年代は一九万二〇〇〇マルクとわずかに増加したが、それでも最盛期の一七九〇年代の生産量三八万五〇〇〇マルクの半分にも満たなかった。さらにダレンセの調査では国内には一万の廃鉱があることが明らかにされた。廃鉱のうち三分の二はまだ銀脈を残しつつ水没した状態にあり、採掘を再開するには水を汲み出すための蒸気ポンプが必要だった。これ程豊富な資源がありながら、ボリビア国内で事業を営む鉱山主の数は一八四六年の時点でわずか二八二人だった。鉱山主は合わせて九〇〇〇人の鉱山労働者を雇い鉱山を運営したが、労働者の大半は農業と兼業の非常勤労働者だった。

国内産業については大規模な職人集団組織があり、人口の少ない国内の需要はそれら手工業で十分にまかなわれた。日常用の毛織物製品は食物加工品に次ぐ主要産業だった。かつて政府はコチャバンバを重点地域として安価なトクヨ織物生産を促進したが、それも長続きしなかった。コチャバンバのトクヨ織物産業は、植民地時代には推定で七〇〇カ所の作業所（オブラーヘ）が織物生産を行なったが、独立後の一八四六年には一〇〇カ所にまで衰退した。最盛期には年間二〇万ペソだった生産高も、一八四〇年代には六万ペソに減少した。政府はイギリスの安価な綿織物に対抗するため外国製織物の輸入制限や高い関税を課したが、それでも最盛時の一八世紀の水準まで回復させることができなかった。トクヨ織物産業は衰退し、国内消費用の安価な織物は、代わって市場に溢れたイギリス製の綿織物が占めることになった。

ボリビア国内の大部分は依然として地方農村社会が占めた。人口の八九%が都市部以外の農村や辺境部に暮らし、国内総生産の三分の二を担った（物品では一三五〇万ペソ相当、鉱物で二三〇万ペソ、工業製品で三九〇万ペソ相当。一八四六年現在）。農村部には非識字者が多く、スペイン語を理解できないインディオも多数存在した。各言語の話者人口の統計値はないが、全人口のうちスペイン語を理解する者は、スペイン語以外の言語も含め二カ国語以上話す者を合わせてもわずか二〇%と推定された。話者数が最も多い言語はケチュア語で、アイマラ語がそれに次いだ。スペイン語は国家の行政や経済で公式に用いられる唯一の言語でありながら、国民の間では少数派言語の一つに過ぎなかった。

独立後の農村社会　独立後の農村部では、スペイン人大農園（アシエンダ）とインディオ自由共同体（コムニダー）の領土権をめぐる争いが植民地後期時代以上に激しくなった。一八四六年のダレンセ調査では、アシエンダの総数は五〇〇〇で生産高は合計二〇〇〇万ペソ相当、これに対し自由共同体数は四〇〇〇で生産高合計はわずか六〇〇万ペソ相当だった。だが数や金額の上ではアシエンダが優勢だったが、農村部労働者の大半は自由共同体に暮らした。ダレンセの調査ではアシエンダード（アシエンダ地主）数は五一三五世帯、一方共同体の世帯主数は一三万八一〇四人と推定された。またダレンセ独自の推定値によると、一世帯人数を平均四・五人として乗ずると自由共同体に暮らすインディオは六二万人以上と推計され、これは全農村部人口の五一%に相当した。アシエンダに暮らす土地非所有の従属民ヤナコーナは三七万五〇〇〇人から四〇万人の間と推定され、その他二〇万人の農村の人々は南部地域に住む土地の自由保有権を持つ者や、土地を持たず共同体やアシエンダから借地する移動労働者（フォラステロ）と見られた。

スペイン人のアシエンダは、インディオ自由共同体よりも明らかに商業価値の高い財産を所持したが、それでもユンガスとコチャバンバ渓谷地帯の二地域をのぞき全体的に低調だった。ユンガスはコカ生産の主要地域として栄え、インディオ人口の増加に伴い生産量も伸びた。またコチャバンバは植民地時代後半の経済危機から脱し、小麦、トウモロコシという国内二大穀物の主要産地としてボリビアの穀倉地帯の圧倒的地位を取り戻していた。だがそれ以外の地域のアシエンダは全体的に伸び悩んだ。そのため自由共同体の人口が密集する地域では、アシエンダが共同体の領地を侵害するおそれもなかった。

自由共同体は経済的には劣勢だったが、内部組織や階層には変化がみられた。ミタ賦役制度が廃止されたことで、ミタヨ要員だったオリヒナリオ（地元住民）の負担は軽減した。それまで過酷な労働使役義務を負ったオリヒナリオは、逃亡が相次ぎ年々減少を続けたが、一八四〇年代には増加または少なくとも安定し、共同体の世帯主数の三五％を占めるまでに回復した。このほかアグレガード（小規模土地所有者で共同体への所属性がオリヒナリオよりも弱い者）は共同体人口の四二％を占め、土地を持たず外部から住み着いたフォラステロ（よそ者）は二三％に上った。共同体内の人口は緩やかながら増加を続けたが、増加分は明らかにフォラステロであり、共同体内に新たな階級を形成しつつあった。

このように農村社会の内部では着実に変化が進んだが、その一方で鉱山産業は停滞した。そのほかにも地域発展を目指した各種製造業の育成に失敗し、一九世紀前半のボリビアは過度の貿易不均衡状態に陥った。合法的な取引に関する貿易収支は、一八二五年から一八五〇年まで毎年赤字が続き、銀の違法輸出と密輸市場のみで実質的な収入を得ていた。国営鉱物銀行では、違法輸出市場に製品が流出するため国内銀生産量の集計が年々困難になり多大な損失を受けた。ついに政府は恒常的な財政赤字に陥り、特に軍事費関連の過剰な支出は国庫を逼迫した。

鉱山寡頭支配層の興隆　一九世紀中頃のボリビア社会は、共和制国家が成立した当初以上に衰退し、その後もさらに悪化する見通しだった。バイビアン政権が失脚した一八四八年以降は、独裁色の強いカウディーヨ（政治指導者）政権が続き、ボリビア史上最も混乱をきわめたこの時代は一八八〇年まで続いた。だがその反面、ボリビア経済が急成長を遂げたのも、まさにこの史上最大の政治混乱期だった。アルティプラノの鉱山に蒸気エンジンの導入が始まったのも、同時期の一八五〇年代から一八六〇年代にかけてだった。導入にあたり鉱山に開発資金を提供したのは、コチャバンバ地域など発展した穀物生産地域の商人と大農場経営者であるアシエンダ地主だった。彼らは国内の商業活動によって得た利益を資本にあて、鉱山産業の発展に向け新たな技術に本格的な投資をはじめた。

一八六〇年代と七〇年代には、アルティプラノ鉱山の緩やかな発展に加えて太平洋沿岸部の鉱山に急速な発展が見られた。また一八七〇年代には現在のチリ北部でカラコレス銀山が発見され、アルティプラノと平行して全面的な生産体制に入った。各鉱山で技術の発展と近代化が進むにつれ、魅力を感じた海外資本家が投資を活発に進め、潤沢な資金を得て技術もさらに進歩していった。

このような経済の再生と活性化は、すべて国内政治が最も暴走した混乱期と同じ頃に起こった。輸出部門については政治的な混乱の影響はほとんど及ぶことなく、緩やかながらも堅調に成長した。また一八六〇年代と七〇年代には、新たに台頭した鉱山支配層からの様々な要求に対し政府の素早い対応がなされ、政府による金属の購入や取引の独占が廃止された。

だが政治混乱とは裏腹に鉱山が飛躍的に成長した要因には、さらにいくつかの決定的な出来事があった。まず国外で起こった一連の変化がきっかけとなり、国内で休眠状態にあった一万の廃鉱が再生を果たした。一九世紀前半にヨーロッパと北アメリカで蒸気エンジンが増産体制に入り、より安価に入手できるようになった。一八五〇年代と六〇年代の蒸気エンジンは、一八二〇年代のものと比べて性能がはるかに優れているうえ低価格だった。低予算で蒸気エンジンの導入が実現すると、浸水した鉱山を再開するための費用負担は軽減された。またこの時期はペルーやチリにも新興鉱山が発展した。開発のため導入された資本や近代的な技術は、やがてボリビアの鉱山にも伝達されて相互に発展が進んだ。急速な発展を遂げる新興鉱山地域は、ボリビア産品の新たな受け皿として輸出拡大にもつながった。さらに水銀の国際価格が暴落して銀抽出にかかる費用が大幅に削減されたことも、鉱山発展の大きな要因となった。

だがそれらはあくまでも一般的な社会情勢にすぎなかった。確かに鉱山の再生を後押ししたのは、先に挙げた数々の要因だった。再興されたアルティプラノの鉱山には、これまで以上に多くの技術者や機械、価格の下がった水銀が投入された。鉱山はボリビア人自身の資本によって運営されていたが、好調な再生ぶりにやがて周囲からは疑問の声が上がった。つまり共和制が発足して以来数十年間ずっと経済不況の状態が続いているというのに、ボリビア国内のどこにそのような資本力があったのかというものだった。そこでポトシやオルロに古くからある鉱山企業に対し調査を行った結果、資金源はコチャバンバ渓谷地帯の商人や地主階級であり、けた外れに巨額の富を保有していることが分かった。発展のもう一つの要因は、一八五〇年代に疫病の流行に見舞われながらも国内人口が緩やかながら増加を続けたことだった。国内農業市場はますます拡大し、特にコチャバンバではトウモロコシと小麦の需要が著しく伸びて地域の主要農産物に発展した。コチャバンバの有力者は、成長を続ける国内市場の中で巨額の富を得たために鉱山への資金を供出することが可能になったのだ。そのうえ建国当初よりコチャバンバで活躍する実業家層は進取の気象に富み、常に先の読めない鉱山産業という大規模な投資リスクを引き受ける気概も備わっていた。コチャバンバ地域は国内で最も進歩的なチョロ住民の集まる中心拠点であり、不労所得生活をする自由農民階級が多数を占めた。そのうち多くがスペイン語とケチュア語の二カ国語を理解したことも、鉱山企業経営と技術の浸透を後押しした。

新たな鉱山事業を興すにあたり、国内資本の合弁会社を設立しようという動きは、一八三〇年代頃から盛んになった。各企業は運営経費を抑えつつ大量に販売を進め、一社平均でおよそ一万ペソの資金を創出した。このような資本形態で設立された初期企業のうち最も成長したのは、一八三二年にポトシのポルコ鉱山に設立されたウアンチャカ鉱山会社だった。同社は創業間もない新興企業によく見られるように、設立当初は費用に見合う利益が得られず、新たな鉱山稼動のための掘削や排水に長い時間を費やした。また当面の運営に必要となる稼動資金を得るために、すでに採掘可能だった表層部の銀の大半を採り尽くした。このような方法を経て多くの企業は経営が軌道に乗る前に倒産したが、ウアンチャカ鉱山会社も例にもれず、一八五六年までに基本設備投資に一八万ペソも費やしながら株主に還元する利益を生み出せずに破綻した。こうした状況の中で、商人アニセト・アルセが同年四万ペソでウアンチャカ社を買収し、すぐさま経営続行の策を講じた。また大手財閥のアラマヨ家も、一八五〇年代半ばに同様の状況からポトシのレアル・ソカボン鉱山会社を買い取った。さらに一八五五年には商人グレゴリオ・パチェコが、ポトシ県シカス地方のグアダループ鉱山を債務者の一人から買収した。

こうしてアルセ、アラマヨ、パチェコの三大鉱山主は、ほぼ同じ時期にポトシ鉱山地域の新興勢力として台頭した。一度は破綻寸前まで追い込まれた各企業は、鉱山主がもたらした新たな大資本によって再び盛り返し、経営体制も一新された。三大鉱山主は一八六〇年代、近代的機械や蒸気ポンプの導入、縦坑の再建などにそれぞれ取り組み、経営の合理化と鉱山業の構造改革を進めた。一八七〇年代になると、これまでにない巨額な規模の外国資本も流入して改革はさらに進み、その後五年間でボリビアの銀鉱山産業は資本、技術発展、利益すべての面において国際水準まで達した。ボリビアは精製銀分野において再び世界屈指の生産国となり、輸出産業の繁栄によって国内経済に活気をもたらした。

ベルスー政権　一八五〇年代から見られた加速度的な経済成長には、当時の政治舞台に生じた異常な事態も大いに関係した。バイビアン政権の崩壊に伴って、同世代で同じくパセーニョ（ラパス出身者）のマヌエル・イシドーロ・ベルスー将軍が後継の指導者として台頭した。一八一一年ラパスで生まれたベルスーは正統なスペイン人の血統を受け継ぐ人物ながら貧困層の出身だった。若い頃はバイビアンと同じく軍人として務め、独立戦争時にはサンタ・クルスの軍で重要な役割を果たした。バイビアンが大統領に就任すると、ベルスーは軍事参謀として入閣した。ベルスーは前任のバイビアンと同様に、自分に有利となる相手に常に協力し、派閥を転々としながらやがて政府中枢部へと上り詰めた。

一八四七年一二月にバイビアンが失脚すると後任の最有力候補としてベルスーの名が浮上した。一八四八年正式に大統領に任命されたベルスーは、その後一八五五年まで任期を務めた後、自ら任期を退いた。スクレ政権以降、自らの意思で大統領を辞職したのはベルスーが初めてだった。だが国家財政は相変わらず出口の見えない混乱状態にあり、政府への信任はしだいに失われていった。中央政府周辺には給与の未払いなどで不満の募った高官達が溢れ、誰もが大統領の座を狙った。当時ボリビアには、民衆の様々な要望に応じる政党制度もまだなく、どんな小さな地方の指導者でも大統領になれるような極端な無法状態にあった。そのためベルスー政権も、任期中の六年間でおよそ三〇から四〇もの反乱に見舞われた。数え切れないほどの内紛や暗殺未遂、陰謀の中で、屈強な軍人出身のベルスーもさすがに疲れ果て、ついに自ら辞職の道を選んだ。

マヌエル・イシドーロ・ベルスー

だが水面下ではベルスーが在任中に取り組んだ改革が引き金となって、数々の重要な変化が起こりつつあった。ベルスー政権は数々の常軌を逸した政策から、後に多くのボリビアの歴史家に「デマゴーグ（扇動政治家）政権」「社会主義政権」と揶揄された。実際にベルスーは、チュキサカの上流貴族階級や他県の支配階級の人々に対し露骨な敵対心を持ち、富裕層財産の没収計画を発表したこともあるほどだった。また極度に現実離れしたポピュリスト（人民主義者）でもあり、自らチョロや都市部下層階級の代弁者と名乗ることを好んだ。またキリスト教的社会主義の理念を用いて、個人財産や階級社会構造を非難したほか、事あるごとに都市部貧困層に富を分配するなど扇動的な振る舞いも見せた。だが本質的にはこれまでの社会体制を維持したため、ベルスーは一九世紀初期における伝統的重商主義の立場を徹底して支持した最後の大統領となった。

ベルスーは法の制定に力を入れ、特に経済関連の法律を多く成立させた。イギリスの製造業に対する保護関税法、国内芸術産業振興法、国産品への税優遇策、国家独占法の制定、外国人の商業活動を制限する法律などを次々に掲げたが、自由貿易や開放経済政策を支持する商人や新たに結成された鉱山組合から猛反対に合った。ちょうど経済有力者の間に自由貿易運動が盛んになり始めた頃で、伝統的な支配階級の政治家達は古くからの重商主義体制を守るべく行動に出た。ベルスーは複数の鉱物銀行をはじめキニーネ購買専門の銀行を設立したが、新たに台頭した有力な銀鉱山主に対しては敵意を抱いていた。そのため新興鉱山主や有力な商人達はベルスー政権に激しく反発した。

だがベルスーは民衆からの支持を集め、就任当初より絶大な人気を博した。就任した翌年の一八四九年三月には、一部官僚によるベルスー政権打倒の動きが早くも見られたが、そのことがかえって最も人口の集中するラパスとコチャバンバでの支持を高めることに繋がった。両都市部では地元指導層に反発した下層階級の人々が暴徒化し、数日間にわたり組織的な暴動を起こした。一八五〇年九月には、反対派がベルスー暗殺を企て成功寸前まで至ったが、民衆からのあまりにも強い反発を受けて結局未遂に終わった。その後ベルスーは怪我の治療のため長期間休職したが、それでも政権は維持された。

民衆の人気を集めるベルスー政権に対し、上流階級の人々は反発した。また厳格な重商主義政策により外国からボリビアに入る貨物量が制限され、外国人の商業活動に規制がかかったため、諸外国もベルスー政権に反対の立場を取り始めた。この影響でイギリス大使がボリビア国外へ追放された。その報復として英ヴィクトリア女王が世界地図からボリビアを消し去ったという逸話がよく聞かれるが、これは真実ではない。

反ベルスー派の自由貿易推進派は経済力を高め勢力を増したが、一方で地域の職人層や地元産業は次第に衰退に向かった。そのためベルスー人気には翳りが見え始めた。対立派の動きを鎮めることに翻弄されすっかり疲弊したベルスーは、ついに辞任を表明し従順な義理の息子コルドバ将軍を大統領に推した。一八五五年に実施された選挙では一万三五〇〇人の有権者が投票した。自由貿易推進派と外国資本擁護派は優勢だったが、投票結果の不正な操作によりコルドバが当選を勝ち取り、暫定的ながら穏健な政府を樹立した。

リナーレス文民政権　二年間のコルドバ暫定政権の後、一八五七年ホセ・マリア・リナーレスが就任し、ボリビア初の真の文民大統領が誕生した。新たに発足したリナーレス政権の前に課題は山積みだったが、経済分野に集中して取り組んだ結果、鉱山産業における政府の独占体制をついに終焉させた。ベルスーとコルドバは鉱山主の要求に対し特に関心を寄せなかったが、リナーレスはこれを政府の最重要課題ととらえた。一八一〇年ポトシに生まれたリナーレスは、サンタ・クルス以降の大統領全員と同世代の出身だったが、軍人経験がないと言う意味で異色の存在だった。スペイン上流階級に生まれ十分な高等教育を受けたリナーレスは、短期間で政治や行政を担う中心人物となり、特に首都チュキサカの中等教育制度の整備に貢献した。当初リナーレスはサンタ・クルスの忠実な支持者で、ペルー＝ボリビア連合時代には県知事、立法議員、政府事務官を歴任した。だがやがて連合体制に反対する立場に転じ、その後発足したバイビアン政権にも異議を唱えたリナーレスは、ヨーロッパに移住してスペインで法律を学んだ。

ベルスー政権後期になってボリビアに戻ったリナーレスは、古い体質のベルスーを失脚させるため再三陰謀に関与した。一八五五年にコルドバの対立候補として自ら大統領選に出馬して、四〇〇〇票余りを集めて勝利した。だがこの時は政府の不正な操作によってコルドバが当選した。その後リナーレスは様々な策を練り力ずくでコルドバを失脚させた末、二年後ようやく大統領に就任した。リナーレス政権は一八五七年から自ら辞任する一八六一年まで続いた。リナーレスは自由貿易主義を積極的に取り入れ、地域の織物産業を保護する関税を減らしたほか、キニーネの独占体制も禁止した。またボリビア国内で精製された銀以外の鉱石を、すべて市場で自由に流通させた。だがそのような取り組みの甲斐もなく自由貿易体制は浸透せず、鉱山主が望むほどの効果は上がらなかった。それどころか政府は水銀販売に対する規制を強化し、一時は産業全体を国営化し独占管理した。それでもリナーレスは、各鉱山主の要求を通りやすくするため業界団体（カマーダ）の組織化を促進した。

リナーレス政権の初期は、新興鉱山主の重要性がさらに増した時期でもあった。政府の年間歳入の合計は相変わらず一五〇万から二〇〇〇万ペソの間を行き来していたものの、大手鉱山企業、特に三大鉱山主アルセ、パチェコ、アラマヨがそれぞれ所有する企業からの資金援助は政府にとって大きな割合を占めた。

たとえばアラマヨの「ポトシ坑道鉱山業務会社」は、一八五四年から六一年の間に二八万一〇〇〇ペソの資金を提供した。またパチェコが保有する複数の企業は一八五六年から六一年の間に三三万三〇〇〇ペソを投資した。この金額はウアンチャカ鉱山全体への投資金額とほぼ同額に相当した。この頃の鉱山は蒸気エンジンやトロッコ、近代的な精製機械がすでに一般的になり、一八六〇年代半ばには各社とも増資のため国外進出をめざすまでに成長した。数ある鉱山企業のうち、三大企業の投資だけで政府の年間歳入の合計額にも匹敵した。

またアルティプラノの伝統的な鉱山地域が着実に成長を遂げる中で、太平洋沿岸部アタカマ地域の新興鉱山地帯も重要性を増した。一八五七年にはメヒヨネスに最初の硝石鉱脈が発見された。同時に採掘物を輸送する必要からアントファガスタ港も発展し、やがて太平洋岸の主要港としてコビハ港に匹敵するまでになった。だがイギリスとチリの資本家がすべて運営権を持ちイギリス政府の利益を重視した不均衡な取引がなされたため、ボリビア政府が実質的に得た利益はわずかだった。

一八六〇年の政府予算を例に当時の財政状況を見ると、インディオからの貢納税収はそれ以外の財源の倍額を計上し、全体の三六％を占めている。また一時は莫大な富をもたらしたキニーネによる収入は、この頃完全に消失している。キニーネの生産はボリビアが世界で独占的に手がけ、一八四〇年代と五〇年代初頭には政府歳入と輸出の主要財源だったが、一八五五年にコロンビアが生産に乗り出した後は大幅に減少した。厳しい財政を目の当たりにしたリナーレスは軍縮を強化し、兵士数も一五〇〇人規模まで大幅に減らした。それでも軍事費は予算の四一％と半分近くを占めた。

結局リナーレス政権は、財政を黒字に転換させることはできなかった。だが国内債務を返納する努力が実を結び、貨幣の品質も正常に近い状態まで戻るなど一定の成果もあった。また政府組織を再編して地方行政の効率化を進めたほか、余剰資金を投じて地域教育の設備供給も可能にした。リナーレス政権が取り組んだ経済改革は、財政の飛躍的な改善には繋がらないまでも自由貿易主義への転換に向けたいくつかの長期的変革の方向性を示した。また行政組織の改革を徹底したことから民衆からの信頼も得て、以後一八七〇年代から一八八〇年代にかけて次々に台頭する改革政権の先駆的存在になった。

アチャーの暴政　徹底した規則主義と改革路線を貫いたリナーレスは、一八五八年九月ついに独裁政権を宣言した。以後周囲には反対派が増えリナーレス失脚に向け大規模な運動を展開した。その一方でリナーレスの熱心な支持者も存在し、このうちトマス・フリアスとアドルフォ・バイビアンは強力な後援組織を結成し、のちに周囲からロホス派（rojos・赤の集団）と称された。一八六〇年リナーレスは、ティティカカ湖畔コパカバーナの寺院でインディオの反対派集団を虐殺したほか、同じ頃起きた大規模な反乱の動きを武力で制圧した。反対運動と制圧を繰り返すうち独裁政権は弱体化し、一八六一年一月リナーレスは主要な閣僚三人と共に逃亡に追いやられた。

新たな国会にはリナーレス支持のロホス派が多数議員に選出された。それでも国会は、反リナーレス派で政権崩壊の三人の陰謀者の一人ホセ・マリア・アチャー将軍を大統領に選び、リナーレス支持者は完全に権力を奪われる格好になった。新アチャー政権は原則としてリナーレス時代の政策を継続し、経済の自由化をさらに推し進めた。財政改革についてはリナーレスの計画をそのまま引き継いだが、一方で水銀の寡占体制を廃止したほかリナーレスの進めた強引で中央集権的な予算編成計画も中止させた。

アチャー政権は反対派を徹底的に弾圧し、一九世紀で最も強硬な暴政を行った。それを象徴する出来事となったのは一八六一年、ラパスで地方司令官ヤネス大佐が元大統領コルドバを含むベルスーの支持者約七〇人を拘束したことだった。ヤネス大佐はベルスーの反政府的な動きを封じ込めることを口実に全員を処刑した。これは今日まで記録される中でボリビア史上最大の流血事件である。その後アチャー政権は政情不安定な状態に陥ったうえ、軍部が反乱を繰り返しながら対抗勢力が乱立するという典型的な事態に直面した。だがこのような政界の混乱は、意外にも社会や経済にほとんど影響を及ぼさなかった。ボリビアの軍隊はスクレやサンタ・クルスの時代には五〇〇〇から一万人規模の兵士を有したが、ペルー＝ボリビア連合国時代以降、特に一八四一年インガビの戦いでペルー軍を破った後は一五〇〇人から二〇〇〇人規模に削減された。一八五〇年代のボリビアで約一八〇万人の国民を統治するため奮闘した軍部はこれほどに少人数の組織だったのだ。

当時は国内で頻発する暴動も、反乱側と制圧側それぞれ二〇〇人から三〇〇人程度の小規模の争いにすぎなかった。鉱山の新興資本家層も、自らの利権に影響がない限り軍部の動きに無関心だった。経営活動に忙しい彼らは、鉱山の基本的な要求が満たされている以上国内政治そのものに関与するつもりがなかったのだ。後になり利権の絡むチリからの支援者達と手を組んで軍の指導者（カウディーヨ）に対立し、最終的には本格的な国際紛争にもつれ込んでいくことになるが、この時はまだ政治とは無縁の立場だった。

その頃リナーレス支持者は、任期中軍部や民衆を十分に治められなかった原因は新旧経済有力層に無関心だったことにあると気が付いた。かつてリナーレスを支持した民衆やロホス派または立憲主義派と呼ばれる支持派閥は、軍事政権発足以降も文民政権の復活を望み続けた。だが彼らは国内では少数派に過ぎなかった。ボリビア政治で多数派を占めたのは、サンタ・クルス時代からベルスー支持派まで一貫して軍人出身者を国政の指導者に適任とする考え方で、そのため常に軍部将校の中から代表にふさわしい人物が選ばれた。以後よくある軍内部の反乱が繰り返され、軍部の主張が政治以外の場で実現される時まで軍の独裁体制が続くことになる。

2 グアノと硝石の発見

メルガレホ独裁政権の誕生　アチャー政権は典型的な暴政を進めた一方で、新興鉱山主の希望をかなえるなど経済面での成果をあげ、それまでのボリビアの政治経済にはない新たな側面をもたらした。一八六三年になると、アチャーは必要に迫られてチリのアタカマ鉱山地域に初の大規模な介入を行った。この年チリとイギリス資本の鉱山会社の間に争いが生じ、ボリビアの裁判所で仲裁された。チリ政府はボリビアでの裁定を拒否し、一八六三年硝石資源が豊富なメヒヨネス地帯をチリに併合すると主張した。アチャーは調停のため国会議員フリアスを現地に派遣したが、同年のチリ国会で開戦が決議された。ボリビア政府は重要な隣国であるチリの要求を受け入れざるを得ず、広大で豊かな資源を持つメヒヨネス地帯の権利を譲り渡した。

その後アチャーは任期終了の直前になり自由選挙制度の実現に取り組んだ。野党の中ではロホス立憲主義派と、ベルスー派ポピュリストの二大勢力が際立っていた。だが投票直前の一八六四年一二月になって、アチャーの親類にあたるマリアーノ・メルガレホ将軍が突如新政権を樹立した。こうして後世に大いに論争を残すことになるボリビア史上最も長期に渡る暴政独裁主義時代が始まった。メルガレホは前任のアチャーと同様にコチャバンバ出身で、大統領就任前は軍職や反乱、政治的な陰謀をすべて経験した。一八二〇年生まれのメルガレホは、ベルスーを除く前任者達とは世代が異なり、階級による支持とは無縁だった。庶民出身のメルガレホはもとより上流階級の支援を得られず、軍の功績のみで出世した。その反面ベルスーのような革命的思想は持たず、庶民階級の支持を真剣に訴えることもなかった。

沿岸新興地域の開発　メルガレホは前代未聞の暴政を行い、後世の歴史家によって「野蛮な総統（カウディーヨ・バルバロ）」と称された。それでも自由貿易政策を完成させ、国内有力鉱山主の経済力を最大まで高めた点で大きな功績を残した。メルガレホの進めた自由経済主義は、リナーレス政権初期の計画を完全に引き継いだものだった。またアルコール依存症と噂されるほど怠惰な生活を送りながらも、在任中は鉱山の新興実業家層から大いに支持を得た。さらに建国以来続く土地問題に初めて真剣に取り組み、自由共同体の権利と合法性に正面から向き合った。鉱山からの要求に従って、インディオの共同土地所有と経済自由化の両面に反対したことから、メルガレホは鉱山主層から絶大な支持を得た。このようにしてメルガレホ政権時代はボリビアの銀鉱輸出産業が完全な復興を遂げた。

復興の背景には、当時の国際経済の状況が色濃く反映されている。一八六四年から七三年は世界経済がきわめて繁栄し、ヨーロッパから発展途上国への資本流入が大いに進んだ時期だった。同じ頃ラテンアメリカの太平洋沿岸部では輸出産業が盛んになった。まずグアノ（鳥の糞）、次に硝石が開発され、イギリスや北米、ヨーロッパ各地の資本が次々に流入し、現地のチリやペルー企業と提携を結びながら地元鉱山産業に投資した。過熱した投資活動は、南アタカマ（メヒヨネス）地方全体に影響を及ぼした。メヒヨネス地方は常にチリからの干渉を受けつつも、当時は名目上ボリビアの統治下にあった。グアノと硝石の主要な宝庫であり、後に近隣のカラコレス地方で新たな銀鉱脈も発見されたこともあり、メヒヨネス地方への各国からの注目はますます高まった。

外国資本導入策　国内のわずかな資金は、すべてアルティプラノ伝統鉱山地帯の銀産業を近代化させるための開発費用に投じられた。そのためメヒヨネスをはじめとする太平洋沿岸部の新興地域に魅力を感じたのは、ボリビアよりもむしろ近隣の国々だった。新たな鉱山開拓は自らの技術発展にも繋がるため、太平洋沿岸部の鉱山への外国資本の投入は、アルティプラノにとっても歓迎すべきことだった。常に財政面で窮乏し、歳入が五〇年近くにも渡りほぼ横ばいだったボリビア政府にとって、この沿岸部からの降って沸いたような新たな富は、財源を増やす唯一の好機だった。過去の指導者の多くは、退陣後外国に逃亡しても現地で冷遇され、窮乏した挙げ句に死んでいく運命をたどった。ところがメルガレホ政権の参謀部は、諸外国の政府や資本家から熱心にすり寄られた。様々な誘いに対し決して乗り気ではなかったが、断ることもできなかった。

ボリビア史の研究家は誰もがメルガレホ政権を非難し、国家を競売にかけて最高値をつけた相手に売り払った売国者と非難的な評価を下す。だが五〇年間も歳入が停滞したうえ軍幹部がこぞって権力争いを繰り広げる厳しい国内情勢の中で、諸外国からの好条件の誘いを断ることのできる指導者は存在しただろうか。またそのような状況下で、アルティプラノの新興鉱山主は、鉱山をはじめすべての国内産業を保護する立場を取ってチリ資本家から巨額の使用料を受け取らないよう配慮したり、重商主義からの脱却に向け政府の様々な改革に反対することはできただろうか。

メルガレホと参謀達の政治手腕が他の政権と比べて劣ったかどうかはともかく、メルガレホ政権が外国資本の受け入れに対し積極的だったことは確かである。ボリビアでは一八二五年と二六年に初めてイギリス資本が流入して以来、一攫千金を企てる諸外国の資本家が相次いで参入する投資ラッシュに沸いた。北米の一流実業家ヘンリー・メイグスやジョージ・E・チャーチ大佐からチリの老舗企業コンチョ・トレス、イギリスの大手企業ギブス社まで世界の名立たる企業が続々と参入した。彼らにとって最も将来性のある資源はメヒヨネス地域の硝石とグアノだった。チリとボリビアは一八六六年に条約を結びメヒヨネス地域の資源を共有化したほか、両国間の国境を南緯二四度に定めチリの直接統治を認めた。メヒヨネス地域にはイギリスとチリを中心とする外国資本が相次いで参入し、収益性の高い資源を求めてボリビアとの間に輸出と鉄道利権に関し長期条約を結んだ。

諸外国からの数々の投資案件は、どれも低予算で早期の利益が見込めるものばかりだったので、予算不足に苦しむメルガレホ政権にとっては願ってもない話だった。メルガレホは案件をすべて受け入れ、きわめて寛大な条件で次々に長期契約を結んだ。中には数百万ペソ相当にのぼる巨額の契約もあった。ボリビア側の条件は不利きわまり、貴重な資源の採掘権を与えたうえ国内の資金や労働力を長期にわたり提供するという均衡を欠く内容だった。自ら結んだ契約内容に追い込まれた政府では、利権をめぐって内紛が起こり、ついには太平洋戦争の原因にもなった。だがこの時点で政府は、将来起こりうる問題に対し真剣に向き合う余裕もなかった。政権初期のメルガレホは財政的に厳しい状況にあり、国債による強制的な貸付まで行ったが、大した効果を上げず、歳出費を補うどころか赤字はますます膨れ上がった。ひるがえってメヒヨネス地域では、わずか数百から数千ペソ単位の資金を投じるだけで誰もが簡単に長期の土地使用権を手にし、数百万ペソという巨額の富を得ることができた。また高地アルティプラノに暮らす中央政府の政治家にとって、遠く離れた太平洋沿岸部で沸く好景気はあまり現実味を感じられるものではなかったため、現地の産業に直接関与することもほとんどなく、大挙して押し寄せる外国人実業家に地域の利権を事実上与えることになってしまった。外国人投資家にとっても太平洋沿岸部に比べ遠く離れた高地にあるアルティプラノの鉱山はさほど魅力的ではなかった。メヒヨネス地域には各国の投資家がこぞって進出し、硝石とグアノに関し細かく取り決めた様々な輸出条約を結んだ。また太平洋沿岸の鉄道計画を立て、アマゾン川に船舶輸送とベルギー資本の殖産会社が設立された。その他現実的なもの非現実的なもの含め、数多くの投機計画で手一杯だったため、高地の伝統的鉱山地帯に目を向ける余裕などなかった。こうしてアルティプラノの鉱山地帯は、外国からの資本参入もないままに国内企業家のもと着実に維持されることになった。

利権譲渡の諸条約　欧米のみならず近隣の諸国も、太平洋沿岸部の新興鉱山や外国資本が参入する新たな富の存在を知り、極端なまでに寛大な条件を許すメルガレホ政権と関係を結ぼうとした。こうしてボリビアは、一八六〇年代後半には隣接する国すべてと通商および国境に関する条約を締結した。一八六五年にはペルーとの特別条約によりアリカ港を自由に使用する権利を得て、通商関税について事実上の提携関係を結んだ。ボリビアはペルーに対しコビハでの関税を免除し、その代わりアリカとタクナの税関から年間四五万ペソの固定収入を確保した。この協定によってペルーの製造企業がボリビア国内に制約なく参入してきた。ボリビアにもペルーからの固定収入がもたらされ、メルガレホの外国投資短期貸付用資金にあてられた。

次に一八六六年、チリとの間に条約を結んだ。この条約ではメヒヨネス地域はじめ懸案だった領土問題をすべてチリ側に有利になるよう図り、太平洋沿岸部のチリ領の港から鉱山製品を輸出する際にボリビアの関税を免除した。これによりボリビアは沿岸部の港を経由するチリ製品を免税で入手できるようになった。この二つの条約はチリ、ペルーとの事実上の自由貿易協定であり、ボリビアの保護関税による重商主義政策は完全に崩壊した。その後ボリビアは、沿岸部協定地域でグアノを共同産出する条約を交渉の末破棄したうえ、搾取的な条件を提示した外資各企業との契約も解除した。この動きは、以前から進出に積極的だったチリをますます刺激した。メルガレホは、通商協議中に好感を持ったチリ側の外交官を自らの政権に誘い、財務相に任命しようとした。この申し出を断られたメルガレホは、自ら外交代表となりチリ政府と対峙するという手荒な行動まで取った。

一八六八年にはアルゼンチン、ブラジルとそれぞれ条約を結んだ。両国はボリビアの海上輸送のため大西洋に至る河川交通の自由化を与え、その見返りとして両国の輸入品に対する特権を得た。またブラジルとの条約では、およそ一〇万三〇〇〇平方キロにわたりブラジルにとって有利な領土の「調整」を行った。これらの条約は隣接諸国に対し利益や領土面で大幅に譲歩した面も含んだが、全体的には長年ボリビア政治経済を象徴した金城鉄壁な保護関税制度を完全に解体する成果をもたらした。さらにアルティプラノの新興鉱山主にも直接的な影響を及ぼし、自由貿易の確立と国家経済の中核を担うという野望を実現していった。

メルガレホ法　メルガレホは国内経済の面でもいくつかの構造的な改革に取り組んだ。貨幣価値を大きく下げたほか植民地時代からの古い貨幣を改定し、一八六九年にはペソを廃止して新たに一〇進法の通貨単位ボリビアーノを導入した。さらに重要な改革は、自由共同体の土地所有権を奪う試みだった。一八六六年に施行されたメルガレホ法は、インディオの財産所有権を根こそぎ奪う一八二四—二五年のボリーバル法以来の常軌を逸した内容で、スクレ時代に貢納を国庫の中心に据える決定がされて以来棚上げされた問題にメスを入れるものだった。太平洋岸の鉱山やグアノが突如もたらした富によって、インディオの貢納は重要性を失っていた。貢納の実質額は年間八〇万から九〇万ペソと安定していたが、鉱物の輸出や鉱山税の収入が増したため相対的な割合が減少したのだ。そのうえ鉱山産業の復興に伴い都市部市場にも活気がもたらされ、都市部への農産物供給も必然的に加速化した。こうした背景から一八六〇年代には農村部アシエンダが再び注目を集めて領地拡大の動きが盛んになり、インディオ共同体の土地や財産が攻撃対象になった。

メルガレホ法の発効によって国内すべてのインディオ共同体の土地を国有化する宣言がなされ、インディオ住民に各自で土地権利を購入することを求めた。発令から六〇日以内に権利を購入しなかったインディオは土地を没収され、政府が他の購入希望者を募り競売にかけた。国債所有者は債権を土地の支払いにあてることができた。公売で買い手がつかなかった場合、土地は元のインディオ所有者に有料貸与され、インディオは政府に賃貸税を支払う義務を負った。仮にインディオが自身の土地を購入できたとしても、最終的な権利は政府にあったため、五年ごとに借地権の購入を繰り返さなくてはならなかった。

メルガレホ政権末期の一八七〇年には、総額一二五万ペソを超える広大な土地が白人やメスティーソに「売却」され、支払いの大半は国債が負担した。だが反発は年々高まりインディオが暴徒化する動きも見られたため、土地を完全に没収し尽くす前に計画は中止された。そしてメルガレホ以後の政権では、すべての土地を元の所有者に事実上返還した。この没収計画が「失敗」した真の理由は、メルガレホの市場全体への見通しが甘かったことだった。実際にインディオ共同体の土地への需要は、没収計画を発表して以降著しく高まっていった。そのため政府は一〇年後、メルガレホの計画を完全に達成するため再びインディオ土地問題に取り組むことになる。

自由貿易と鉄道建設　メルガレホは銀の独占体制問題にも取り組んだ。政府と鉱山主の間で争いの焦点になっていた政府の銀産業への寡占的役割を弱体化させ、前政権まで代々続いた重商主義政策に完全な終止符を打った。メルガレホ任期中は、アニセト・アルセが所有するウアンチャカ社をはじめとする大手銀鉱山企業が優遇され税控除を受けたほか、銀の自由輸出を許可された。そのため一八六〇年代後半以降、鉱物購入銀行（バンコ・デ・ヘスカテ）では銀購入の比率が激しく落ち込み、政府が国内銀生産価格を管理統制する時代は終わった。このようにしてメルガレホは新興鉱山主の最大の要求を満たした。

一八七〇年になりメルガレホ政権は崩壊したが、その後続いた政権もメルガレホが六年間の任期中に取り組んだ政策を特に変えることなく踏襲した。後任のアグスチン・モラレス将軍政権（一八七〇―七二年）は、メルガレホが制定した数々の極端に偏った法令の是正に取り組み、インディオの土地を一時的に返還する動きも見せたが、実質的にはメルガレホ政権下の基本政策を助長したに過ぎなかった。メヒヨネス地域の好景気は続き、一八七〇年には太平洋沿岸にカラコレス銀山も開かれ、合計一〇〇〇万米ドルに達する巨額の投資額を集めた。国庫に多少のゆとりもでき運用可能な資金ができたため、アグスチン・モラレス政権ではメルガレホ政権が財政難でなし得なかった重要な改革にも着手した。一八七一年から七二年にかけて、国内全企業の生産する銀を政府が独占して買い取る権利を放棄し、自由貿易を宣言した。またサンタ・クルス時代に逆行する悪名高い低質貨幣の発行を打ち切った。一八七一年に設立された半官半民のボリビア国立銀行（バンコ・ナシオナル・デ・ボリビア）は、劣化硬貨を買い戻すための費用を負担して、国家通貨の再編に取り組んだ。

だがアグスチン・モラレス政権は、メルガレホの手がけた腐敗した貸付計画については多くをそのまま継続させた。ボリビア国教会は東部河川地域の汽船会社と二〇〇万ポンドにも及ぶ巨額の契約を結んだが、実際に届いた船は一隻もなく、政府には何の利益ももたらされなかった。沿岸部の鉄道計画に関しては、メイグスなど外国人資本家の資金が確保され一八七二年には実現のきざしが見えた。その年ボリビア政府の多大な助成によってアントファガスタ硝石鉄道会社が設立され、アントファガスタからメヒヨネス平野を経由してカラコレスで新たに開発された銀山に至る鉄道の建設が始まった。こうしてボリビア鉄道建設の時代が幕を開けた。だが沿岸部から高地までの路線を整備する計画については実現せず、その後アルティプラノの鉱山主にとって重要な要求事項となっていった。

ロホス派文民政権　メルガレホ政権の崩壊によって、一時弱体化していた旧リナーレス派の文民立憲主義者（ロホス派）が実権を取り戻した。アグスチン・モラレスは一八七二年五月、不正に操作した選挙で一万四〇〇〇票を得て当選し、公約に反した政策を行うなど混乱ぶりを見せたが翌年には暗殺され、独裁政権の復活という潜在的な脅威は去った。その後ロホス派が優勢となり一八七三年五月、より公正な方法で選挙が実施され、ロホス派の最高指導者で前大統領ホセ・バイビアンの息子アドルフォ・バイビアンが一万六六七四票を得て当選した。都会的で教養があり幅広い見識を持つバイビアンは多くの支持を集め、一八七四年に病死するまで政権を維持した。後任は博士号を持つ人物で、国会議長を務めたことのある副党首のトマス・フリアスだった。一八七〇年から七六年にかけてのボリビアは旧リナーレス派指導者達の支配下に置かれ、当時としては最先端の文民政権を実現した。

だがいずれの指導者もメルガレホ時代とあまり変わらず、軍の統率力に欠け国内外いずれにおいても腐敗した政策を展開した。ロホス派文民政権はリナーレス独裁政権以降一〇年ぶりの、しかも建国以来ようやく二度目となる非軍事政権となったが、十分な指導力を維持することができなかった。ロホス派の指導者は自由貿易主義を採用したものの、国内の有力鉱山主と直接的な関係を持たなかった。その頃鉱山主は事業拡大に忙しく、政治にほとんど関心がなかったのだ。有力実業家層からの支援を得られず、内部の腐敗も加速化したロホス派文民政権はやがて弱体化し、復権を企む軍幹部による陰謀の格好の標的にさらされていった。

3 太平洋戦争

ダサ軍事政権　ヒラリオン・ダサ将軍は、メルガレホ政権時代に精鋭のコロラド部隊を指揮し、ロホス派文民政権時代には軍の司令官を務めた人物だった。その後一八七六年、メルガレホやアグスチン・モラレスと同様軍人出身の大統領に就任した。ダサは歴代政権と同じく資金不足に陥ると、国庫を略奪して私有化し、献身的に働く側近達の給与にあて権力を維持した。一八七〇年代前半にロホス派文民政権が手がけた財政改革も、ダサ政権ではすべて白紙に戻った。政府財政は崩壊し、架空の国債を大量発行したほか、新たに起業する経営者に対し特別な利権を与え、国内外投機家のさらなる買い崩しに合うという異常な事態を招いた。利権の対立や税制の改正による反発からいつ衝突が起きてもおかしくない一触即発の状況になり、太平洋沿岸部のボリビア領土でチリの支援で操業する外国企業の間にも緊張が高まった。チリ側もアタカマ地域を領有する意思をいっそう強めた。

メルガレホ政権降のロホス派文民政権は短命で、政策や体制の抜本的な変化には至らなかった。だが鉄道計画に力を入れるなどアルティプラノ鉱山主の基本的な要求をすべて満たしたことから、鉱山事業の拡大や再編がさらに進んだ時代でもあった。一八七三年から九五年は、一九世紀アルティプラノ銀山の黄金期とされている。一八七〇年代の終わりには、ウアンチャカ鉱山だけで政府の歳入を上回る収入を得た。それ以外の主要鉱山もヨーロッパやチリから大規模な投資を受けた。この時期の銀生産量の驚異的な成長率は、統計からもはっきりと窺い知ることができる。アルティプラノ銀山の年間総生産量は一八六〇年代にはわずか三四万四〇〇〇マルクだったが、一八七〇年代には九五万六〇〇〇マルクに増加、さらに一八八〇年代に一一〇万マルク、一八九〇年代には年間一六〇万マルクに達した。一八九五年には年間推定二六〇万マルクが生産され、この年が一九世紀銀生産のピークになった。

チリの沿岸部侵攻　ロホス派文民政権時代、ボリビアの鉱山主は自らの利権に影響がないため政治への積極的な関与はしなかった。その後ダサ将軍が大統領になり軍事政権が復活した際にも、鉱山の基本的な利益が失われる心配はないと考えた。事実ダサ自身も鉱山事業に肩入れし、ロホス派文民政権の政策を引き継いで鉱山主を全面的に支援した。経営面でチリ側の利益を促進したほか、一八七九年に文民議会が起案した基本的自由権の保障と私有財産権の強化をうたった重要な改正憲法を受け入れ、これに基づく政策を進めた。

だがやがてアルティプラノの鉱山主も、政治に無関心ではいられなくなった。ダサ軍事政権の貧弱さが直接的な原因となりチリとの全面戦争に突入し、ボリビア国内の鉱山主にも政治経済問題が深刻にのしかかってきたためだ。一八七九年に起きた太平洋戦争で、ボリビアの戦況はギリシャ悲劇のように見通しが暗かった。開戦時ボリビアはチリの領土拡大を進める姿勢に対して抗議したが、実際には最初にグアノが発見された一八四〇年代から五〇年代には、すでにチリ人資本家や労働者の採掘権を承認していた。一八六三年以降は国内外からの圧力が絶えず、ついに避けられない事態を招いた。その年グアノ輸出量が飛躍的に増加を続けるアタカマ地域をチリ軍が占拠した。一八六六年にはメルガレホ政権がチリとの間に不平等な条約を結び、チリ政府に最大限有利な条件を与えることになった。その後メヒヨネス近郊の共同所有地域で硝石が発見され、硝石輸出ラッシュの新たな時代を迎えた。次いで一八六八年にアントファガスタ港が開港し硝石の輸送を集約すると、コビハ港は当然のごとく衰退の一途をたどった。一八七〇年にはカラコレス銀山で、その後一八七二年にはイギリス＝チリ合同硝石・鉄道会社でストライキが起こった。鉱山で持ち上がった問題はやがて硝石の分野にも広がり、鉄道開通後には内陸の砂漠地帯にある鉱山地帯の支配権もチリが獲得した。沿岸部ボリビア領土はほとんどチリ人が住み、実質的にチリの植民地と化した。

不毛の砂漠地帯だった領土に降って沸いたような豊富な資源を前に、常軌を逸したやり方で事業拡大に動くチリに対し、財政難と政治的混乱にあえぐボリビアはなす術もなかった。だが軍幹部の反応は異なった。国庫の財源が尽きると、新興沿岸部を新たな収入をもたらす唯一の可能性ととらえ何とか利権を取り戻そうとした。アルティプラノのオルロとポトシの両鉱山については鉱山主の自治権が強く、軍の搾取する余地はなかった。軍部が急激に財力をつけて鉱山の直接支配権を得ると鉱山主の権力が奪われるおそれがあったためだ。これに対して沿岸部地域は高地から遠く離れ、中央政府の政情に左右されることもなかった。軍幹部はあらためて制約の少ない沿岸地域で自らの利権を手に入れるため、集中的に諸税を取り立てようと考えた。

一八七八年、ボリビア政府がアントファガスタ硝石鉄道会社の硝石輸出に関し、最少額ながらも課税することに決めた背景には、このような事情があった。同社のイギリス人経営者は、チリからの全面的な支援を受けてこの「不公平」かつ「違法」な税の支払いを拒んだ。ボリビア当局はこのイギリス人経営者を捕らえようとしたが、チリへと逃亡された。また同社に対し、賠償金を弁済として同社所有の財産を没収することを通知すると、チリは綿密な計画と準備をして事前に財産を移動させ、没収を防いだ。一八七九年二月、チリ軍は在住チリ人の援助を受けてボリビア領アントファガスタ県に侵攻した。二日後にはカラコレスを占領し、翌三月になるとオアシス都市カラマでついにボリビアと全面戦闘状態に突入した。ボリビアはペルーとの協同戦線を張ろうと画策したが、これを受けたチリは四月に正式な宣戦布告をした。この時点でコビハ港を含む沿岸地域はすべて、チリ海軍の圧倒的な勢力にすでに制圧されていた。こうして二月の開戦から二カ月も経たぬうちに、ボリビアの太平洋沿岸領土はチリによって占領された。

だがこれはチリにとってほんの始まりに過ぎなかった。チリはボリビアの沿岸領土占領を足がかりにペルー領土の沿岸部鉱山地域も手に

太平洋戦争中の1879年5月21日イキケ（当時ペルー領）沖での海戦を描く。この海戦に勝利したチリが制海権を握った

入れようと考えた。ボリビアとペルーの間には一八七三年、両国の硝石地域をチリから守るための秘密同盟が結ばれていた。チリはこの同盟を口実に、両国の協約の破棄を求めて、長い時間をかけてペルーとの海上戦争の準備を進めていたのだ。チリは少しずつペルー軍を挑発してボリビア領土の支援に向かわせるよう手を回し、その後手薄になったペルー領土を叩く作戦だった。チリは正式に宣戦布告をした数時間後には、ペルー領南部の港をすべて封鎖した。

ボリビアが四万人の兵力を集めてようやく沿岸部に攻め入る頃には、チリ軍はさらに北上しペルーのイキケ港、タクナ港の攻撃にかかっていた。こうしてボリビア＝ペルー連合軍は、チリ軍の手により徹底的に壊滅された。一八七三年の終わりには大統領ダサ自らボリビア軍ペルー沿岸部隊の総指揮官に就任したが、政治面での無能ぶりを凌ぐほど軍事統率力に欠けることが露呈した。ボリビア軍は総力を挙げて戦ったが、指揮官が無能なため敗戦は避けられなかった。チリ軍は海上支配権を完全に手中にし、ボリビア、ペルー両国の沿岸部を徹底的に攻撃した。

一八七九年の終わりまでに主要部隊が敗戦を喫したため、ボリビア政府はいよいよ高地への侵攻が迫っているとおそれたが、チリにはアンデス山脈を超えてボリビア中心部へ侵略する考えはなかった。チリにとってアルティプラノは魅力のかけらもない地だった。たとえボリビア政府の中枢とは言え、過酷な環境の高地へと遠征して軍事行動を取ることは多大な労力を要すうえ、それに見合う利益が得られないことが明らかだった。その後チリはペルー領土に侵攻して首都リマを占領した。だがボリビア軍はその頃すっかり弱体化してペルーへの十分な援護を送ることもできず、ペルー国内で次々に起こる大規模な戦闘も傍観するほかなかった。戦争によって民衆は動揺を受け、軍の不備やダサの無能ぶりに不満を募らせた。一八七九年一二月、ラパス市内とペルー沿岸部で政府に対する反乱が起き、ダサは失脚した。

敗戦と文民復権　その後、ダサ政権崩壊を進めた反乱指導者達は、激しい議論の末にナルシソ・カンペロを新たな大統領に立てる事でまとまった。カンペロはいずれの反政府運動にも加わったことのない一将官だったが、教育や訓練を十分受けた申し分のない経歴を持ち、軍で最も優秀な人物とされた。カンペロ自身は乗り気ではなかったが一八八〇年一月、チリとの戦争のさなか大統領に就任し、国政を指揮する意思を固めた。フランスのサンスールをはじめヨーロッパの主要な軍教育施設で学んだカンペロは、安定した市民政権を確立するため軍中心の腐敗した体制の改革を徹底した。カンペロは前政権で最も荒廃した軍幹部を一斉に追放すると、副官に有能な自由主義者エリドロ・カマーチョ将軍を登用したほか、その他の閣僚も強力な布陣で固めた。

一八八〇年の国会には、政治的指導者のみならずグレゴリオ・パチェコやアニセト・アルセといった大手鉱山主も加わり、鉱山支配層が国政に無関心だった時代は終わった。太平洋戦争によって長年続いた鉱山主とチリ資本の密接な関係がとだえ、輸出産業も封じられた。そのため鉱山主は、自らの利益のために健全で安定した政府の存在が欠かせないと認識せざるを得なくなった。また鉱山の将来的な成長のためには、近代的な輸送設備を整えることも不可欠だと気がついた。道路や鉄道の建設にはまとまった資金が必要だったが、戦争で太平洋沿岸部の膨大な富を失った以上、財源確保のため残された唯一の可能性は政情の安定と経済の活性化を促す政権を作ることと考えた。戦争の直接的な原因ともなった国家の財政危機、腐敗と無能さを露呈した軍幹部への不信、そして戦争によって沿岸部の富をすべて失ったこと――、それらの要因すべてがアルティプラノ鉱山主や有力層を国政への参入に駆り立てた。太平洋戦争で負った損害によって、軍の権威は完全に失われた。一方文民政治家にとっては、自らの理念を政界に浸透させる絶好の転機となった。経済面での輸出体制や都市部の財政改革の必要性もともなって、やがて文民主義は定着していった。軍政時代はついに終わりを迎え、文民主体による一部の政治家が参加する近代的国会体制が始まった。こうして共和政府建国から五〇年あまりを経て、ようやくボリビアは一九世紀の典型的な市民政治体制の時代を迎えることになった。

第六章　銀と錫の時代　一八八〇――一九三二年

1　ボリビア史の転換期

一八八〇年　一八八〇年はボリビア史の大きな転換期となった。この年最も衝撃的な出来事は、太平洋戦争でチリに完全な敗北を喫し、太平洋沿岸部地域の領土をすべて失ったことだった。だが敗戦ほどの衝撃はないまでも、ボリビア史にとって重要な転換点となったのは、軍事政権に代わる新たな政府が樹立したことだった。ボリビアでは共和制国家が成立して以来五五年間、軍部によるクーデターが相次ぎその度に政権交代を繰り返してきたが、この年に発足した新政権はそのような政治構造を根底から覆すものだった。新政権は文民政府ながら寡頭主義の特徴も併せ持った初の政権として成功を収めた。この文民寡頭体制は、その後一九三四年までボリビア政治の基本方針となった。一八八〇年のボリビアは敗戦によって沿岸部領土を失い、太平洋への直接経路を完全に絶たれるという今日も根強く残るボリビア外交上の課題を産み出した。だが政治体制については近代的な政党政治や市民主導型政府が確立され、ボリビアの政治経済や社会、文化まで大きな変化をもたらす年となった。

鉱山の再編　一八八〇年以降のボリビア政治は安定した成熟期に入った。そのきっかけは、チリとの太平洋戦争の終結も一つだが、それよりもむしろ三〇年前から取り組んだ国内経済の抜本的な改革が実を結んだことだった。一九世紀も半ばを過ぎた一八五〇年頃、それまで半世紀に及んだ銀産業の不況を改革するため大規模な再編事業が始まった。事業には近代的な機械の導入や鉱山会社同士の合併、政府管理下にあった生産や鋳造の自由化といった計画が含まれ、必要な資本が投入された。資本の大半は外資に頼らずボリビア国内で捻出された。また将来の鉱山発展のため国内に新たな世代の技術者を育てる必要もあり、それぞれの計画には長い時間がかけられた。一八六〇年代から七〇年代になりボリビア鉱山は生産量、技術両面で世界の標準レベルまで達した。すると今度は技術を維持、発展させるためさらに多額の資本が必要になった。そのためついに伝統的な高地アルティプラノの鉱山をチリやヨーロッパ諸国の外国資本に開放せざるを得ない事態に迫られた。

その頃銀の国外輸出は政府が独占して手がけ、民間企業に対しては国内販売に限るよう強制していた。アルティプラノの新興鉱山主は、各企業の自由な輸出取引のため体制変革を目指し、自主的な業界団体を組織化していた。だが外国資本流入の可能性を知ると、より利権を得やすい都合の良い政府を実現するため、鉱山主同士で圧力団体を結成した。結成の主な目的は、当時鉱山主が望んだ鉱山と国内各地を結ぶ鉄道網の実現に向けて潤沢な資金が得られるような安定した政府を成立させることだった。銀山の再興が進み全面的な稼動体制に入ったちょうどその頃、世界市場では銀の長期的な価格の下落が始まり、新興鉱山主は生産費用の削減と生産性の向上を一層強いられた。そのためには近代的な設備の導入や電気使用比率の上昇、そして何よりも輸送手段の機械化が不可欠だった。

元々ボリビアの鉱山主の関心事は、もっぱら鉱山への電気導入と機械化に限られていた。鉄道や道路など輸送網の整備については途方もなく大がかりであり、費用をまかなえないため実現不可能と考えていた。輸送網の整備はボリビア国内の産業発展のために必要だったが、莫大な費用が足かせになり計画は進まなかった。鉱山主は政府の助成金や外国からの資金援助に糸口を求め、潤沢な資金をもたらす健全で安定した政権が不可欠と考えた。太平洋戦争によって経済的に大きな打撃を受けた鉱山主は、出来るだけ早く戦争を終わらせて利益を取り戻し、再び富を築きたいと考えた。その後新興チリ人資本家と密接な関係を築いたことで、太平洋戦争を対外貿易への深刻な影響をもたらす元凶と捉えるようになった。そのうえチリ資本家という重要な資金供給源を戦争によって絶たれ、致命的な状況に追い込まれた。また戦争の直接的な原因にもなった軍幹部の無能さにも苛立ちを感じていた。そこで鉱山主同士で団結して強権な平和主義政党を結成し、有能なカンペロ将軍を積極的に支援した。カンペロ将軍は一八七九年一二月、ダサ軍事政権の崩壊に協力した人物だった。

以後カンペロ新政権は早期の停戦を目指して動き始め、失った領土をすべて鉄道建設用地に回すようチリ側に求めた。鉱山主は結束し、理想の実現に向け正式に保守党（Partido Conservador）を発足させた。発足の背景には、当時南アメリカ大陸内の他地域で同様の保守政党が相次いで誕生した影響があった。だがボリビア保守党の主張は他国のような典型的保守主義とは異なり、建前上は教会の利益を保護しつつも、強権な議会制政権や文民出身大統領を立てることが最大の関心事だった。また政府が輸送設備の建設になるべく多くの援助を出すよう働きかけた。さらにボリビア国教会を弱体化させて非政治的な組織にしたが、かといって他国のように聖職者の政治力を徹底的に奪う大規模な教権反対運動には発展させなかった。ボリビア保守党は、他の近隣諸国とは異なりリベラルな教権改革や教会攻撃にはほとんど関与せず、その分ボリビアの政治経済の近代化に労力を集中させた。

近代化と国内の変容　近代的な輸出産業の発展は、ボリビアの政治、経済、社会にそれぞれ大きな影響を与えた。オルロとポトシの両鉱山の発展に伴い食料と労働力の新たな需要が生まれ、二〇〇万人足らずのまま横ばいだった国内人口も増加に転じた。農商業地帯に活気がもたらされたことと鉄道網の開通によって、それまで地理的条件が障害となって周囲から孤立していた地域にも新たな市場が開かれた。

そのような市場の変化の中で、鉱山不況のため半世紀近く停滞していたアシエンダ制の復興と拡大が可能になった。また同じ頃、長年政府の主要財源だったインディオの貢納の重要性が薄れたため、政府は共同体の土地権利の保護に対する関心を失った。自由共同体の土地は一八六〇年代前半、メルガレホ政権が没収計画に取り組んだが、インディオの抵抗に合い無効になった。その後は各共同体で自身の土地を実質的に保持していた。だが一八七〇年代になり白人やチョロの圧力が増し、新興鉱山周辺の都市部で有力地主が経済的な利権を得たことから、インディオの土地問題があらためて顕在化した。政府はインディオ共同体の自治性を認めつつも、時代錯誤な永久土地所有制度については、社会統合や近代的経済発展を阻む壁になると考えた。そこで一九世紀の典型的な自由主義思想を引き合いに出し、自由農民が個人で土地を直接所有する必要性を説いた。政府は一八八〇年代に各共同体に対し直接土地を購入するよう強制し、土地権利を共同所有から個人所有へと移行させた。これにより合法的で独立した権利を持つインディオ「小作農民」階級が形成され、個人の所有地が増えるにつれ共同体の団結力は崩壊していった。それと同時に、領地の拡大を進めるアシエンダードド（大地主）が実権を持つようになった。その後は言うまでもなく、土地売買にありがちの詐欺や横領が繰り返され、やがて高地や隣接するアンデス東麓渓谷地帯一帯のアシエンダは、インディオが伝統的に所有する土地を奪いながら大幅に領土を拡大していった。

この変革の背景となったのは、一八六〇年代にメルガレホが共同体問題に取り組んだ際と同じ一九世紀の「自由主義」的な思想だった。その後一八七〇年代から八〇年代になると、新たな資本が流入してインディオ共同所有地の解体を大いに進めた。さらに一八八〇年から一九三〇年にかけてアシエンダの第二拡大期が訪れた。インディオ共同体は、一八八〇年の時点ではまだ農村部の土地や農民のおよそ半数を占めたが、一九三〇年にはいずれも三分の一まで減少し、自由共同体のインディオ自治権は完全に損なわれた。後に残ったのは辺境部のわずかな土地のみで、それらについては、一九三〇年代以降の不況と国家経済の停滞により、かろうじて没収をまぬがれた。

土地没収計画をきっかけに自由共同体の衰退が進むにつれ、インディオ社会の団結力もやがて失われていった。アシエンダは自由共同体をなぞった社会行政を再構築したが、アシエンダ内のアイユに対しては住民を領地内に拘束する程の力を行使することができなかった。しかも領地内では、かつての自由共同体に比べ労働力の需要が薄れていた。そのためインディオ社会の規範はことごとく崩れ、多くが都市部へ移り住んだ。インディオと白人などの混血化が進み、都市部、農村部それぞれにメスティーソ人口が増加した。幸いにも伝統的なインディオ文化の完全な消滅には至らなかったが、押しとどめた唯一の要因は一九世紀の間インディオ農民人口が増加の一途をたどったことだった。一九世紀半ばには様々な疫病の流行によって成長は緩やかになったが、一八七五年頃コレラなどの伝染病が消滅すると再び人口は増加を始めた。一九三〇年以前の地方部はまだ公的な教育制度が整っていなかったため、農村地域ではどの階級や民族グループもそれぞれの土着言語を使用していた。

二〇世紀初頭のボリビア社会　二〇世紀になってもボリビアは、相変わらず地方農村部とインディオ農民主体の国家だった。輸出産業の成長やアシエンダの劇的な拡大、都市部の近代化は見られたものの、一八四六年の国勢調査でインディオは全国民の五二％、一九〇〇年の調査では五一％だった。都市区分の範囲を拡大しても、一九〇〇年の時点で人口の七三％がなお農村部に属した。公用語であるスペイン語は、民衆の間では少数派言語のままだった。そればかりか数少ないスペイン語話者の非識字率はきわめて高く、七歳以上の就学児童比率は一八四六年にはわずか一〇％、一九〇〇年でも一六％にすぎなかった。この数字は多少大げさながら当時の実際の識字率に相当するといっても過言ではないだろう。

ボリビアは一八二五年の共和制国家建国以来、一部国民のみを対象とした政府が築かれてきた。国家の掲げる趣旨や理念は全国民の四分の一程度に過ぎないスペイン語話者の識字者に向けたものだった。参政権を得るための必須条件として読み書きが出来ることを挙げ、議員資格に資産基準を設けるなど、あらゆる面において全人参加とは言いがたい政治体制を取っていた。有権者の数は、一九〇〇年の時点でもわずか三万人から四万人程度だった。

インディオ農民層は選挙権もなく、一八八〇年以降成立した保守党政権以降も民主的な政治参加は許されなかった。保守党時代の各政権はインディオ農民に対し、かつての独裁政権（カウディーヨ）時代以上に搾取的だった。党の政策は、鉱山主や農場地主など白人支配層の富は、常にインディオの犠牲の上に拡大するという考えに基づいていた。白人支配層の間にもこの搾取体制に異論が上がることはなく、インディオを政治から切り離し、武器やその他の反乱を招く手段から遠ざけることに力を注いだ。特に軍隊は、近代的な職業化が整って以降インディオの従属性を維持するために欠かせない存在となり、周期的にインディオの反乱が起きるたびに制圧のために召集された。

国内の支配層は複数の政党に分かれ、時には政権打倒のためクーデターなどの武力衝突もあった。だがそのような暴力を伴う紛争はきわめて限定的で、都市部の一部特権階級中心の出来事に過ぎなかった。支配層と非支配層、または非スペイン語話者層といった異なる階層同士が結びつく動きはほとんど見られなかった。一八八〇年から一九三四年までの保守党政権時代には、インディオの権限を細かく定義した法律が相次いで作られた。ただ一度の例外は一八九九年の政治的内乱（連邦革命）だった。この時インディオ農民には一時的に政治参政権が認められた。だがインディオ指導者層が完全に制圧されると再び権利を奪われた。地方農村部のインディオ民衆にとって政治的発言をする指導者とは、村の長老達か時々農村部で起きる穏健な「階級闘争」の主導者に限られた。暴動はインディオ共同体の内部で限定的に発生する小規模なもので、すぐに内部で制圧された。暴動の原因は、搾取の増加や土地権利の侵害に対する抗議だった。

二〇世紀を迎えたボリビアで、国内政治はわずか一〇―二〇％の限られた国民のためにあった。

近代ボリビアの学術・文化

政権交代による社会の変化は経済面の活況をもたらし、文化面にも好影響をもたらした。建国初期ボリビアの文化活動はきわめて低水準だった。スペインから独立したことでそれまで盛んだった植民地帝国内のボリビア以外の地域との交流が途絶え、社会面、情報面での孤立が進み、支配層の思想や行動にも影響を与えた。また同じ頃鉱山ラッシュが終わり経済的に困窮したことから、植民地時代に盛んだった大衆芸術の経済的支援者（パトロン）も減少した。

二〇世紀の前半にはいくつかの大学も開校したが、国家の知的活動の中心地は植民地時代より変わらず南米最古の名門大学の一つ、スクレのサンフランシスコ・ハビエル大学だった。だがかつてのように遠くチリやアルゼンチン方面から留学生が学びに来ることはなく、学問領域も神学や法律といった伝統的な学問に限られた。さらにスペインという宗主国の存在を失ったことや、貿易や各種条約などボリビアの外交全体が衰退したことも影響して、ヨーロッパの知的情報から急速に遠ざかった。最新のヨーロッパ情勢は、近隣諸国を通じて入る間接的な情報のみとなった。二〇世紀前半のボリビアにおける知的活動分野は活気と国際性を失い、歴史上かつてないほどの衰退期に入った。

もちろん例外的にいくつかの功績も見られたが、それはボリビア国外で学び活動する者か、国内でも世情とは無縁の環境に置かれた者たちだった。またボリビア在住外国人の活躍もいくつか挙げられる。スペイン出身の作家で詩人のホセ・ホアキン・デ・モーラ、作家で後のアルゼンチン大統領バルトローメ・ミトレ、チリ人のジャーナリストで歴史家のラモン・ソトマヨール・バルデスなどがボリビア在住時すぐれた詩や小説、歴史書などを書き残している。国内の政治経済問題について取り上げた政治運動用の小冊子もいくつか発行されたが、独自性に欠け影響はごくわずかだった。一八八〇年以前の文学潮流の中で唯一傑出した存在は、ホセ・マリア・ダレンセだった。ダレンセは国内社会に関する統計的な作品を著したことで、ボリビア社会科学の父と称せられる。ダレンセは一八四〇年代に国勢調査などを通じてボリビアの社会経済構造を体系的に捉え、再構築に取り組んだ。その研究内容は独創的で、作品は知的で洗練され最新のヨーロッパ研究者にもひけをとらないものだった。

文学や芸術に関しては、この時期目立った作品はほとんど見られない。ボリビア人の手によって書かれる初の小説は一八六〇年代まで待たねばならず、エッセイも同じく一八六〇年代終りから一八七〇年代初め頃にようやく登場する。当時詩や戯曲は、国政への批判活動と見なされ、内容も貧弱だった。例外はナサニエル・アグレで、近代ボリビアで最も重要な小説家とされている。アグレは正規教育を受け早い時期から執筆活動を始め、一八八〇年以降になり代表作品を著した。

一八八〇年以降は安定した文民政権の成立によって国の財政も豊かになり、職業の専門化や近代的な学校制度が普及し再び知的活動も盛んになった。個々に活動していた作家達も、同じような思想を持ったグループに属し派閥を作った。また独裁政権時代に比べ表現上の制約を受けず、外国への移住も自由になったため、最新のラテンアメリカやヨーロッパ文化に触れる機会を得た。この中でボリビア人詩人リカルド・ハイメス・フレイレは、同じく詩人のルーベン・ダリオがブエノスアイレスに暮らした頃に合流すると、モダニズム運動に強い影響力を与え、ラテンアメリカとスペインの文学界に旋風を起こした。またボリビアを代表する歴史家ガブリエル・レネ・モレーノなどの国内作家は、チリの図書館や文書館に職を得て移り住んだ。さらにアルシデス・アルゲダスなどパリ在住の小説家やエッセイストも、そのリアリズム的表現が南北アメリカ全土で知られるようになった。このようにこの頃のボリビアは詩や文学、人文科学全般の執筆活動が急速に活発になり、作家たちはやがて「一八八〇年世代」と称せられた。これは建国以降初めて誕生したボリビア文学世代で、その後続くすべての文化の発展に影響を与える基盤となった。一八八〇年から一九二〇年までの時代は、さまざまな意味においてボリビア文学における黄金時代と言えるだろう。

だが科学分野に関しては、旧式の大学教育制度が弊害となり発展は遅れた。一八八〇年代のボリビアは鉱山技術分野では世界有数の先進国となったが、機械や技術はすべて外国から持ち込まれたものだった。ヨーロッパや北米の名門校出身の外国人が多数訪れ最新技術を備えた製錬所を設立したが、ボリビア人の技師はほとんど育たなかった。ボリビア発祥の冶金技術分野でも目立った進歩は見られなかった。ボリビア人が「精密科学」と呼ぶこの分野での問題点は、基盤となる設備がまったく欠如していたことだった。予算や指導者の不足により、科学実験や体系的な研究を行うための施設を作ることができなかったのだ。一八八〇年代以降のボリビアでは、小説家をはじめ人文科学、社会科学分野の専門家の活躍により、法学、神学、医学など伝統的な職業分野の研究は発展したが、科学技術分野については大いに遅れを取った。国外で教育を受けそのまま職につき、先進諸国で近代科学の発展に貢献したボリビア人は多く存在したが、ボリビア国内では外国からの科学技術に頼り切った状態が今日まで続いている。

造形美術分野では、一九世紀初頭の経済不況とカトリック教会の衰退によって、植民地時代以来続いた創造的芸術活動の黄金時代が終わった。スクレでは十一献金（収入の一〇分の一を教会に納める制度）の廃止と教会財産の押収によって、教会建設は中止に追い込まれた。かつてのように裕福で信心深い市民が後援者となり教会に資金を寄付することもなくなり、教会内に絵画や彫刻で装飾を施す需要も減った。また一九世紀の教会は、ボリビア民衆の間で独自に発展したカトリック信仰（フォークカトリシズム）に対し寛容ではなく、地元のメスティーソやインディオの芸術様式の受け入れに消極的だったため、芸術表現は滑稽なまでに控えめになった。そのためのちに保守党政権が献金収入を復活させ教会建設が再開された時、聖職者や白人支配層は植民地時代に培われたボリビアの豊かな芸術遺産をすべて否定し、それとは正反対のヨーロッパの表現様式をそのまま模倣して取り入れた。その結果ボリビア独自の造形美術の発展は止まり、停滞したまま一九世紀の大半が過ぎた。そしてインディオやチョロの芸術家は国内の主要な文化活動から締め出されていった。

2　鉱山主による政権支配

一九世紀後半、特に一八八〇年以降は輸出分野が大きく発展し、国内の政治、社会、文化に長短両面で影響を与えた。対外貿易は建国以後初めて黒字が続き、国庫は安定し財政は潤った。だがこの発展は同時に、国内経済に不安材料を与えることになった。銀産業の成長は都市部の復興をもたらし、アシエンダ経済も活性化するなど国内経済は再編されたが、そのことがかえってボリビア経済の脆さを対外的に知らしめるという結果にもつながった。鉱山輸出で得た資金を元手に工業製品を輸入する業者と国際貿易からの税収に頼り切った政府、両者それぞれが将来の輸出分野の命運に深く関係した。輸出産業には、好調になるほど国際的な需要変動の影響を受けやすくなるという脆弱な側面もあり、政府、鉱山主、その他有力層の誰もが国際動向に振り回され、問題解決のために自力でなす術は無きも同然になった。

経済学的な観点から見たボリビアは、開放経済の典型例だった。国内消費の大半が主要な鉱山地帯周辺に集中したため、鉱物の国際価格変動に大きく左右された。さらに鉱山資源も当初は銀、次には錫（すず）と単一の金属が経済全体を支え、その構図は二〇世紀後半まで続いた。そのため世界の価格変動は、直接的にも間接的にも地域の経済に大きな影響を及ぼした。国際価格の突然変動により、地域の有力な権力者が一晩で消え去ることも珍しくなく、政治支配基盤もその都度崩れた。ボリビア人は不安を抱えて生きる術を学び、世界の価格変動にできるだけ早く対応する努力をした。だが天然資源に限りがあるようにその対応にも限界があった。そのため一八八〇年以降見られた長期的な輸出産業の成長は、将来にわたり国家経済を支える基盤とはなり得なかった。

一八八〇年以降になり多くの有力鉱山主が国内政治の指導者として台頭した背景には、このように不安定な経済情勢があった。世界的な価格下落と自らの資本の限界に直面した鉱山主は、政府の支配権を握って鉱山で最も費用のかかる輸送行程費用の削減を集中的に進めた。鉱山主の望みは、鉄道建設の予算を優先的に回してくれる安定した文民政権の実現だった。鉱山主と周辺業者は協力してこの目的を達したが、最終的には世界の銀市場価格の暴落によって鉱山産業そのものが崩壊することになる。

保守党寡頭政権時代　鉱山主は、自らの要求の通る政府を作るためには複数政党の正式な発足が必要と考えた。すでに太平洋戦争をめぐり様々な見解が生まれ、その中でいくつかの思想グループが形成されていた。鉱山主は平和主義者で、開戦当初よりチリを支持する立場だった。彼らは鉱山企業専門の法律家マリアーノ・バプティスタと、国内最大の生産量を誇る鉱山主アニセト・アルセの二人の指導者の下に団結した。一方で反チリおよび反平和主義グループは、民衆に人気のあるエリオドロ・カマーチョ大佐を立てた。カマチョはダサ政権時に反乱を企てた指導者で、自由主義理論者の中心人物でもあった。

一八八四年に実施された選挙では、各思想グループの実行力が問われた。ダサ政権の崩壊後引き継いだナルシソ・カンペロ将軍は弱体化したボリビア軍を指揮し、独自の法律を公布、議会の活発化を促し、一八八〇年は一八七八年に改正された新憲法を公布した。また二つの政党を正式に発足させ、選挙の完全な自由化を実現したことで政治の安定性をもたらした。二度の議会投票を経て勝利したのは、ボリビア第二位の銀生産者で無所属の鉱山主グレゴリオ・パチェコだった。パチェコはマリアーノ・バプティスタを副大統領に迎え、一八八四年から一八九九年までの「保守党寡頭政治」時代を率いた。保守党、自由党の二政党が完全に分化したのはこの時代だった。一方政府は、チリとの終戦に向けた和平調停と、国内主要鉄道の建設事業に集中して取り組んだ。

パチェコとアルセ　パチェコは一八八八年の選挙で無所属中立派を宣言した。だが保守党は指導者アニセト・アルセへの支持を放棄して、事実上パチェコを代表に立てた。その結果一八八八年の選挙では、対立する自由党が連立を拒み暴動を起こした。これを引き金に一八八〇年代後半の政治舞台は再び争乱に満ちた状況になった。政府閣僚も現政権の職務を放棄して全員が野党に転じたため、武力による衝突は避けられなくなった。かつて鉱山やアシエンダ以外の財源を意のままに操った政治家達は、どんなに不正な強硬手段を使っても利権を諦めようとはしなかった。選挙の投票結果はすべて公開され、政府が各地域で任命した選挙人によって管理されたため、大統領選挙や議員選挙の確実性は保たれた。与党は議会で過半数議席を確保したが、同時に複数の野党からも多くの議員が選ばれた。数の上では政権支配を深刻に脅かす存在にならなかったため、各野党の議席は容認された。だが大統領の地位については、不正を含めどのような犠牲を払ってでも維持に努めた。こうして保守党、自由党両時代を通じて、政治舞台で起きる暴力衝突は避けられない問題となった。ただし衝突は一部政党の都市部やエリート層の起こす限定的なもので、殺害に至る流血の事態はめったに起こらなかった。

当時はどの政権も民主的手法を原則としたことから、衝突の原因も違法選挙を実施して野党が敗北した場合や、投票した民衆が権利侵害を訴えて行動に移す場合に限られていた。反乱が起きるのはたいてい大統領任期が交代する時期だった。任期交代に伴うクーデターは慣行化し、政治サイクルの一部としてすっかり定着した。だが謀反を起こす者達に、文民政権秩序の崩壊や社会全体に混乱をもたらす程の政治的勢いはなかった。後世の歴史研究家は、この時代に起きた反乱が数の上であまりに多いことから、社会全体が混乱期にあったと推測しがちだが、実際には一八八〇年から一九三六年までの時代は、局所的な暴動が起きつつもきわめて安定した状態が維持された時代だった。

アニセト・アルセ政権（一八八八〜九二年）は、保守党時代の中でも際立った業績を残した。アルセは勢力を増す自由党の台頭を抑えて大統領に就任すると、主要道路の建設事業に着手したほか、チリのアントファガスタ港と高地ラパス間を結ぶ大規模な鉄道建設に取り組んだ。ここにボリビア史上初めて、アルティプラノから海岸部に至る鉄道経路が開通した。またアルセは軍事訓練校を創立し、職業訓練を十分に受けた人員を揃えた軍隊を組織的に編成した。アルセは野党である自由党議員の議会参加を常に容認したが、政権の座は何としても渡さなかった。その後一八九二年に実施された不正に操作された選挙によって、同じく保守党のマリアーノ・バプティスタが大統領に就任した。

錫産業への転換　バプティスタ政権（一八九二〜九六）は前任者達を引き継いで鉄道建設に集中して取り組んだ。またチリと条件付きの平和条約を結び、ボリビア領アクレ州の天然ゴム資源開発を手がけた。その後バプティスタは自ら任期を退き、鉱山主セルジオ・フェルナンデス・アロンソ（一八九六〜九九年）に政権を譲った。これが最後の保守党寡頭政権となる。この頃には世界の銀市場価格が下落し、スクレを中心とする南部鉱山地帯を主な支持基盤とする保守党は、次第に力を失っていった。代わって自由党が台頭し、当時勢力を増していたラパス都市部の専門職階級や銀以外の鉱山団体、特に新興の錫鉱山主と密接に協力関係を保ちながら、保守党寡頭政権の崩壊に向け熱心に働きかけた。

一九〇〇年以降ボリビアの主要産業として発展する錫生産は、もともと保守党政権時代に開発が始まったものだった。近代銀産業が黄金時代を迎えた頃、ボリビアの鉱山では電動機械や電気の使用から最新技術を持った技師の雇用まで、最先端の技術を手にした。それと同時に、有力な銀鉱山主と保守党政権による大規模な鉄道網が建設され、鉱山地域と太平洋沿岸を結ぶ輸送路が完成した。

その後銀の国際市場価格の下落に伴って、培った技術や輸送手段をそのまま他の鉱物資源に移行させて利用することが可能になった。ちょうどこの頃、缶詰食品など様々な産業で錫の用途が急増した。世界的な錫需要の高まりに加え、ヨーロッパの伝統的な錫鉱山の枯渇が重なったことが好条件に作用し、ボリビアの錫資源を資本化して一気に世界の需要に応じていった。錫はそれ以前より銀山の副産物として重要性を増していた。だが輸送網が未発達だったことから、ヨーロッパの製錬所で精製させるため原料を輸送する費用が常に足かせとなっていた。その後ボリビア史上初の鉄道網が完成したことで安価な輸送手段がもたらされ、採掘した鉱物資源を輸出するだけで十分な利益を得ることが突如として可能になった。錫の産地は銀山地域とほぼ一致しており、同じ坑道から産出されることも多かったため、これまでに掘り進めた銀山の断層や輸送手段をそのまま利用することも可能だった。このため錫産業は比較的少額の費用負担で開発することができた。

銀から錫への転換は、社会経済の面では比較的容易に実現可能だった。だが伝統的な支配層にとってはあまり歓迎される事態ではなかった。錫鉱山はごく少量の産出から始めて一〇年もたたぬうちに莫大な量を輸出するまでに成長したため、ごく短期で終わる一時的なブームに過ぎないと見られた。さらに元は銀山と同一地域にあったはずの採掘地が少しずつ北に向かって移り始め、やがてポトシ北部とオルロ南部の鉱山が錫産出を独占するようになった。その移行はあまりにも急だったため、多大な固定資産投資に対応できない多くの銀鉱山主は、錫への転換を諦めざるを得なくなった。そのため伝統的な有力銀鉱山主はほとんど錫産業への転換をせず、かわって多くの外資系企業と、ボリビア初の新興財閥企業グループが市場に参入した。

鉱山で起きた変化は、国内政治に深い亀裂をもたらした。ポトシ鉱山と周辺のスクレで古くから実権を握る支配層は、野党である自由党の人気の高まりや勢力の拡大を食い止めることが次第に困難になった。同じ頃ラパスは急成長を遂げ、新たに興った錫産業の主要拠点となったほか国内経済や社会生活の中心地として繁栄した。このような中で一八九九年、ラパスの自由党指導者が中心となり連邦革命を起こした。地方分権主義者と同盟した自由党は、保守党政権の失脚と地方連邦主義を主張した。

連邦革命　一八九九年、ラパスで野党自由党を中心に連邦革命が起こった（実際には一八九八年一二月から一八九九年四月まで続いた）。反乱側は当初より武器もほとんど持たず孤立し、アロンソ大統領率いる国軍に追い込まれた。そのため自由党は、伝統的な支配権闘争のルールを越えインディオ農民を扇動し戦力に加えた。インディオも「シカシカのウィリュカ」として知られたアイマラ族のカシーケ（首長）パブロ・サラテ主導のもと団結し、ラパス県農民軍として蜂起した。農民軍は戦力に乏しく武器もほとんど持たないままに、自由党軍の防波堤として前線に立ち多くの犠牲者を出した。おかげで自由党軍は効果的な追撃をするための時間稼ぎができた。だがインディオ側にも別のねらいがあった。まずモホザとペナスという二つの共同体で、所有権を巡り争った土地を奪い返し、地域内の白人支配層を虐殺した。その後インディオの運動はラパスからオルロ、コチャバンバからポトシへと徐々に広がりを見せ、やがてトゥパク・アマルの反乱以来となる広範囲のインディオを巻き込む武装化運動へと発展した。だが自由党は、アロンソ軍を破り勝利を得て、ラパスを事実上の首都とした途端に、当初革命の目的だった地方連邦主義をあっさりと放棄した。それればかりかインディオの武装解除のため軍を送り込み、指導者を投獄してインディオの行動を武力で制圧した。

ロスカ自由党体制　こうしてボリビアの二〇世紀は、連邦革命による政権交代と錫産業の新たな誕生で幕を開けた。だが新たに政権をとった自由党は、多くの面で保守党のやり方を踏襲し根本的な部分はほとんど変わらなかった。自由、保守両党は、いずれも運輸関連事業への多額の助成を公約に掲げて鉱山産業を支援し、都市部の発展と近代化を促した。また両党ともにインディオ共同体の解体に力を注ぎ、アシエンダ制度の拡大を図った。一方で当時ラテンアメリカのほぼ全域で重要になっていた教会問題については、両党ともまったく関心を持たなかった。

自由党政権時代は、旧態依然とした政治参加手法を根強く残す時代となった。議会選挙は比較的開放的だったが、大統領選挙については厳重な管制下で行われた。そのため政治の中枢から外れた野党の一部は、唯一残された政治参加の手段として暴動に走った。マスコミへの情報公開や白人とメスティーソ市民への権利保障、支配層の知的活動の繁栄といった方針は、前任の保守党時代からそのまま受け継がれた。その一方でこれまでにない新しいタイプの政治指導者も現れた。この時期の錫鉱山主は、新たに迎えた鉱山時代の中で錫産業の発展や鉄道網の整備など事業への取り組みに忙しく、国政に直接かかわることはなかった。さらに保守党の計画を引継いで教育政策を進め、学校教育や専門教育を体系的に支援した。その結果ようやく国内に法律専門家層が形成され、政府の法律に関する諸問題にも対応することが可能になった。

後年政治学者が「ロスカ」と名づけた法律・経済の専門家集団による政府はこうして誕生した。ロスカは国内の有力錫財閥の利権を中心に働いたため、経済的に有力な実業者グループは自身の利権確保のため国政に直接参加する必要がなくなった。国内錫鉱山の勢力をめぐり激しい競争下にあった各地域の錫鉱山主にとって、ロスカの存在はきわめて重要になった。ボリビア国内の鉱山は外国からの投資に制限を設けず、当初より外国人企業家や技師をすべて受け入れてきた。だが驚くべきことに、錫産業が始まって以来三〇年間に及ぶ激しい競争を経て優勢となったのは外国企業ではなくボリビア人鉱山主だった。当初はヨーロッパ、北米、チリの投資家達が相次いで参入し、錫鉱山の支配をめぐって地元ボリビア資本家達と競争を繰り広げた。何百と言う会社が設立され、うち多くは同じ鉱山で掘削権を争った。それでも一九二〇年代には地元ボリビア人資本家層が勢力を上回り、大手各社との競争にすべて勝ち抜いた末、国内錫産業の支配権を手にしたのだった。

シモン・パティーニョの台頭　台頭した三人の鉱山実業家のうち最も有力だったのは、後に世界三大富豪の一人と称される錫男爵シモン・I・パティーニョである。一八六〇年コチャバンバ渓谷地帯に生まれたパティーニョは、技術者出身でチョロの血も引いていた。彼は地元で中等教育を終え、銀産業がまだ優勢だった一八八〇年代と一八九〇年代前半に、様々な鉱山や関連輸入企業で働いた。一八九四年には、ポトシ県境オルロのウンシア区画で最初の錫鉱山掘削権を買い取った後一八九七年に地域一帯の全鉱山の支配権を買収し、一九〇〇年にはボリビア史上最大級となる錫鉱脈を掘り当てた。このラ・サルバドーラ鉱山（救世主の意味）はボリビア最大かつ唯一の錫鉱山として栄え、一九〇五年には海外の技術者や最新の精製設備をすべて集め開発に専念した。パティーニョは初めて投資を行った一八九四年以降幅広い分野への投資を続け、急速に資産を増やした。近隣にあるイギリス資本のウンシア鉱山会社を買収し、一九二四年にはチリ資本のララグア社も手に入れると、ウンシア、ララグアの二大鉱山地帯を完全に支配した。こうしてボリビア国内の全錫生産のうち半分近くをパティーニョの関連企業が占め、一万人以上もの労働力を有した。

一方でパティーニョは、自ら経営する各企業の垂直統合化に関心を向けた。ラテンアメリカ内の資本界とほとんど交流を持たなかったパティーニョは、協力関係にあるヨーロッパの製錬業者を傘下に収めるべく動いた。さらに北米の顧客の力を借りて、やがて一九一六年に世界最大のボリビア錫製錬企業である英リバプールのウィリアムス＝ハーベイ社を買収した。一九二〇年代初頭にはパティーニョは海外に永住し、ボリビア国外に莫大な資本を所有することから、「ヨーロッパ人資本家」と揶揄されるようになった。にもかかわらずパティーニョは、一九四〇年代に死亡するまでボリビア国内を独占する鉱山経営者として、また国内で最大資産を持つ個人銀行家として、ボリビア最大かつ世界有数の資本家として君臨した。

錫の全生産量のうち半分を占めたパティーニョ財閥だったが、残る半分を均等に二分したのは二つの鉱山会社だった。一つはパティーニョと同じくボリビア人資本家で、古くから銀山を所有するアラマヨ一族、もう一社はヨーロッパのユダヤ人技師、マウリシオ・ホッホチルドが経営する鉱山だった。アラマヨとホッホチルドはいずれもヨーロッパ資本を多量に投入したが、パティーニョの会社とは異なり主にボリビア国内で経営した。ホッホチルドはチリにもある程度の投資を行ったが、自身の住まいはボリビア国内に構え、引退までずっと経営や投資の主要拠点にした。同じようにアラマヨ一族もボリビアを活動拠点の中心にした。こうしてボリビアの三大錫財閥は、一九三〇年代には錫生産を独占したほか、鉛、亜鉛、タングステン、その他産出鉱物の大半を手がけた。各財閥が所有する会社はボリビア国内に拠点を置くか、パティーニョが経営するグループ企業のように外国に本社を置きながらボリビア人が完全に支配権を握った。ボリビアの鉱山産業は一九世紀半ば以降、外国資本の企業家を全面的に受け入れる方針だった。その中でボリビア人資本家が国内支配権の大半を独占したことは、ラテンアメリカ鉱山史の中でもきわめて異例の出来事だった。

ラパス遷都　パティーニョをはじめとする有力錫鉱山主は国内政治について直接かかわろうとしなかった。かわって政治の中心を担ったのは、主に都市部在住の中上流階級専門職の人々（ロスカ）や、地方の中堅地主（大規模ではないがそれなりの土地と農民を従え社会的信用の厚い者）だった。彼らの多くは法律の専門教育を受けており、憲法と議会制に基づく自由主義思想者で、白人が独占的に支配する身分階級制度やそれを保障する法律を強く支持した。

身分階級制度は、当時の流動的なボリビア社会の中でも安定して維持され、人々から支持されていた。一九〇〇年の国勢調査では「白人」の占める割合はわずか一三％だった。この調査の結果は、一八四六年以来都市部の人口が大きく増加したことも同時に示したが、人口二〇〇人以上の共同体を「都市部」に定義するという非常に大まかな区分によるものだった。これとは別に、人口二万人を超える町を都市部と区分するというより現実に即した調査を行った結果、目立った増加はほとんど見られず、一八四六年から一九〇〇年にかけての人口比率はわずか六%から七%に増加したのみだった。国内最大の都市ラパスでは一九〇〇年の人口は五万五〇〇〇人で、半世紀前から一万二〇〇〇人増えたのみだった。オルロ南部およびポトシ北部には、鉱山の開設によって新たに多くの町が作られたが、町に移り住んだ労働者数は一九〇〇年の鉱山ラッシュ時でも一万三〇〇〇人で、経済人口の一%に過ぎなかった。このようにボリビアの社会構造は、新興輸出産業の発展や白人支配層やチョロ階級の拡大、略奪による農村部インディオの土地権利の大幅な喪失など様々な変化にさらされながらも意外なまでに前近代的だった。そのため自由党も、身分階級制度を複合民族社会の分裂をもたらす深刻な問題として捉えることはなかった。

自由党政権はインディオ共同体に対し保守党以上に攻撃的な態度を示し、一八九九年の連邦革命を支持したインディオ団体を武装解除させた。また鉱山産業への強い支援を続ける中で、鉱山主と同じ経済的支配階級である自らの立場を正当化した。また同じ理由から自由貿易の保護、鉱山主や地主、資産家に対する減税、鉄道建設の助成も実施した。自由党は政治理念の上でも、前任の保守党以上に旧態的だった。また保守党政権と同様に、大統領の座についてはどのような手段を使っても野党に決して譲ろうとしなかった。国内経済は飛躍的に成長したものの、主な雇用受け入れ先は依然として政府機関であり、大統領は最大の雇用主だったのだ。国会議員を選ぶ際は公平性を守った自由選挙、議会では不正操作による大統領選挙を実施し、自由党支配を覆そうと一部の市民がクーデターを起こすという一連の流れが繰り返され、すっかり慣例化した。

自由党は政権を取った際、かつて政敵だった保守党の参謀をほぼ全員政府に受け入れた。そして首都をスクレからラパスに移し、当初公約に掲げた地方連邦主義を完全に放棄して中央集権主義を確立した。自由党政権は鉄道網の完成と都市の近代化という長年の悲願を達成したが、その反面貴重な領土と国際社会における立場を自らの手で放棄し、後には海路を完全に絶たれ、さらに多くの負債を抱えた無残な状況が残された。

アクレ紛争　外交問題が拡大する発端となったのは、アクレ紛争だった。ブラジル国境に隣接したボリビア領アクレ州は、アマゾン川の天然ゴム産出ラッシュの中心地でブラジルからの移民が多く住む地域だった。前保守党政権はアクレ川岸の町プエルト・アロンソに税関を設立し、川を経由してブラジルに輸出する天然ゴムに対し税を課すことに成功したが、これに不満を持つ地元の樹液採取業者が反乱を起こした。自由党政権は反乱鎮圧のため、この遠く離れた東部低地帯の町まで軍を送り込んだが、反乱側はひそかにブラジルの支援を受け、政府軍を圧倒した。その結果ボリビア政府軍は完全に敗北し、アクレ領土は一九〇三年のペトロポリス条約によって、二五〇〇万英ポンドと引き換えにブラジルに併合された。

自由党政権は失ったアクレ領土を取り戻すことに力を注いだ一方で、チリとの領土問題についてはあまり熱心に関与しなかった。前任の保守党政権は、長期にわたり政治面に影響した太平洋戦争を終結させるため、チリ側に過剰に有利な条件で譲歩した。その結果資源豊富な領土をチリに奪われ、国の財政は大きな打撃を受けた。だが自由党政権は、近隣諸国に対しそれ以上に過剰な譲歩を行った。かつては領土回復主義者として奪われた領土を徹底的に取り戻すことを公約として掲げたことのある自由党は、あっさりと立場を覆し、一九〇四年チリとの和平講和条約を正式に締結した。その際チリに奪われた沿岸部の領土すべてをそのまま割譲し、太平洋岸に港を設置する目標を断念した。チリは、そのみかえりとしてアリカからラパスを結ぶ鉄道建設に合意した上で、賠償金として鉄道建設用の資金三〇万ポンドをボリビアに提供したほか、ボリビア交易の特別最恵国待遇を放棄した。この条約によって太平洋沿岸地域の領土問題は形式上解決したかに見えたが、実際にはアンデス地域諸国の国際関係問題は、一八八〇年代から未解決のまま今日まで根強く残ることになった。

自由党政権の終焉　アクレ紛争の解決とチリとの講和条約により自由党は外交問題に一応の収まりをつけ、チリから鉄道建設のための資金援助も得た。また国内に絶えず続いた外交問題をめぐる政治論争も一時的に落ち着いた。こうして国内外の不和問題を解決した自由党は、保守派の経済計画を原則として引き継ぎつつ、首都をラパスに移したことでスクレの有力者を失墜させ、国内権力をほぼ独占した。自由党政権は安定し、一八九九年から一九二〇年まで政権打倒を図る反逆的な動きは全く見られず、ボリビア史上初の記録すべき長期安定政権となった。

自由党政権時代最初の大統領になったのは、野党時代に党首を務めたホセ・マヌエル・パンドだった（一八九九～一九〇四）。当初パンドは複数指導者を登用する体制を取ったが、より現実的な考えを持つ周辺の幹部達は権力を一点に集中させるべきと考えた。自由党政権二代目の大統領にはイスマエル・モンテスが就任し、二期にわたる長期政権を維持した（一九〇四～九、一九一三～一七）。専門教育を受けた弁護士であるモンテスは、その頃新たに勢力を増しつつあった都市部の中流階級出身の政治家の一人だった。如才なく強引な性格も手伝って長期に及んだモンテス政権は、第一次世界大戦後まで野党の台頭を許さなかった。大戦による特需から錫の輸出が急増して好景気に沸いたことも長期政権の一因となった。財政も大幅に回復し、モンテスは潜在的な反対派の買収に資金を投じた。

また自由党政権が新たに公約した大規模な公共事業建設によって、国内の有力者達も大いに恩恵を受けた。大幅な貿易黒字が確実になると、モンテスは政府貸付のため民営の国際銀行を設立した。一九〇六年には米国民間銀行より大規模な貸付を受け、ポトシとオルロの鉱山地域をはじめ、コチャバンバやスクレといった主要内陸都市を結ぶ鉄道網を整備した。新たな路線はティティカカ湖のペルー国境グアキまで延長され、ペルーの鉄道網にも接続された。都市部では建築ラッシュが進み、近代的な衛生設備や照明も整えられた。この活況は第一次世界大戦直前の一九一三年から一四年に経済危機が発生するまで続いた。

モンテスは後任者の選出権を得るとエリオドロ・ビラゾンを指名し、その後一九一三年になって自身が再任を果たした。だが第二次モンテス政権は、多くの功績を残した第一次政権時とは異なり多くの問題を抱えた。自由党政権は国営銀行の創設を試みたが、主な有力者層から厳しく非難され圧力を受けた。次いで第一次世界大戦前夜に世界中をおそった貿易危機によって、一九一三年から一四年は錫の生産と輸出高が三分の一にまで落ち込んだ。さらに同じ頃起きた天候不良による農作物の不作が決定打となった。財政が逼迫し国庫も減少すると、それまで勢いに流され奔放にやってきたモンテスは、手の内に取り込めない頑固な反対派の存在に気付いた。そのうえ長く権力の座に居座ったために、反対派の動きに対する対応も鈍く機転を失っていた。その結果自由党内には二つの派閥が作られ分裂が避けられない事態になった。こうして一九一四年、自由党から分派する形で共和党が正式に誕生した。

3　恐慌と多党体制

共和党政権の誕生　共和党の誕生によって、ボリビア政治はより健全な二大政党体制に戻った。だが新たに共和党代表になったダニエル・サラマンカと自由党党首のモンテスは、分党後も互いの政策や理念がそっくり丸写しに過ぎないことを自覚していた。両党ともに同じ支持層を持ち、鉱山産業の利権を守るための支援を全面的に行い、いずれも人種差別的で一党独裁主義だった。モンテスは共和党を、自由党の「離党者」と名付けた。一方でサラマンカは、単に自由選挙体制を確立させ大統領の権力集中を阻止することを目的として党を発足したに過ぎないと主張した。二党政治に戻ったことによる効果は、結局は閉塞的な政治と不正な大統領選挙へと逆行する形で現れ、その結果反対派の一部から暴動や反乱が起こった。

モンテスは第一次世界大戦後の復興期の恩恵を受け、共和党から大きな反対に合うこともなく銀行や財政の改革を進めた。議会および大統領選挙では八万票を集め、民衆からの人気も勝ち得た。一九一七年には中道的な立場のホセ・グティエレス・ゲルラに後任の座を譲ったが、ゲルラは共和党の影響を排除することができなかった。共和党は、主に自由党政権下で不遇を受けた商業界の人々から支持を受け、大きく前進した。一九二〇年の選挙でゲルラは不正な手段を使って勝利を得ようとしたが共和党に反撃を許し、ついに自由党政権は幕を閉じた。

共和党政権は一九二〇年から一九三四年まで続き、体制にわずかながらも重要な変化をもたらした。二党体制だったボリビア政治は、より多くの政党が林立する複数政党体制へと発展を遂げた。それと同時に、一九世紀自由主義思想を土台とし人種偏重主義に支えられた党の基本理念にも少しずつ変化が見られ始めた。その後世界規模の経済恐慌時代を迎えると、外国への経済依存の高さも手伝って、ボリビアは世界恐慌により国内経済に壊滅的な打撃を最初に受けた国のひとつとなった。

マルクス主義と労働運動　国内経済の成長は保守党、自由党両政権の特徴だったが、これはもともと一部の有力者に限られた話だった。一九二〇年代にはメスティーソやインディオも経済成長の恩恵を受けたが、しばしば対立も伴った。アシエンダの拡大によって共同体インディオとの間に土地を巡る争いが紛糾し、それを引き金に多くの反乱が起こった。だが有力層にとってさらに差し迫った問題は、ボリビア初の近代的労働組合が組織化されたことだった。労働組合を結成する動きは、すでに一九世紀より起きつつあった。だがボリビアの労働組織運動は、近隣諸国に比べ数十年遅れを取っていた。ボリビア初のメーデーの祝祭は一九一二年、都市部の地域労働連合は一九一六年から一七年にかけてようやく実現した。都市部や全国規模のストライキが始まったのも近隣諸国より遅い一九二〇年だった。

一九二〇年代になると有力層は、自ら所属する階級以外に政治的脅威をもたらすグループが潜在し、それぞれ異なる思想や要求を持つということを初めて自覚した。共和党政権時代には政治体制はより複雑化し、複数の小政党が出現した。多様な思想を持つ政党が成立すると互いの議論が活発になり、階級問題や将来の国のあり方について初めて真剣に話し合われた。また一九二〇年代にはアルゼンチン、チリ、ペルーの作家などを通じて、ヨーロッパのマルクス主義が初めてボリビアにもたらされた。

サアベドラとサラマンカ　共和党は政権を取った直後、二つの対立する派閥に分裂した。一つは都市部中流階級の知識層バウティスタ・サアベドラ、もう一つはコチャバンバのアシエンダード（大農場主）で共和党代表のダニエル・サラマンカが率いた。一九二一年に派閥間争いに勝ち、共和党の党首として政権を取ったのはサアベドラ派だった。一方敗れたサラマンカと側近達は、右派の「真性共和主義」党を新たに結成し、新政権を積極的に挑発した。

一九二〇年代のボリビアは、深刻な内政危機と世界恐慌の始まりによって政治的緊張が一気に高まり、その後数十年に渡り過去最大規模の暴動と社会混乱に見舞われた。ティティカカ湖近郊のヘスス・デ・マチャカ地域ではインディオの大反乱が起き、インディオ数百人と地域の白人やチョロ数十人が殺害された。大統領に就任したばかりのサアベドラは対応に追われ、制圧のため軍の総力を注ぎ込みインディオ共同体やアイユを徹底的に攻撃した。サアベドラは実力行使によって事態の収拾にあたり、インディオに対して一九世紀の自由党と同様に抑圧的な態度を取った。

だがサアベドラは、労働者の組織化に関しては柔軟な考えを示した。とりわけ自身の地盤である中上流階級に、対抗勢力のサラマンカ率いる「真性共和主義」党や自由党が浸透していたことから、労働組合を新たな潜在的支持層に取り込もうと考えた。サアベドラはボリビア史上初の近代的労働組合組織の結成を後押ししたことで新たな支持層を得た。また限定的ではあったが、ストライキや労働運動を奨励した初の大統領となった。だがストライキが次第に激しさを増し、鉱山の本格的な挑発運動や一九二二年に初のゼネストまで起きると、サアベドラは態度を変えた。現に一九二三年後半にウンシア鉱山で起こったストライキには軍を投入し、流血を伴う強硬な制圧をした。これはその後鉱山で多発する虐殺事件の初めてのケースとなった。サアベドラは、労働法を制定し労働運動支持を表明しつつも、現実には一部の白人支配層を代表する立場を取り、根強く残るボリビア社会の階級構造の頂点に君臨し労働関連の予算を少しずつ縮小していった。サアベドラが労働運動を支持した理由は、一九世紀自由主義的な旧思想から脱却した進歩的な考えを持っていたためというよりは、むしろ支持層集めなど自らの政治的便宜を図る目的だったことが次第に明らかになった。

社会主義党の結成　一九二〇年代は、保守党や自由党以外の支配層が、それまでの伝統にとらわれない地位や階級を受け入れ始めた時代でもあった。一九二〇年には各地方において初の社会主義政党が結成され、その後一九二一年後半になると全国規模の社会主義党が結成された。社会主義党は当初一部知識階級による少数集団に過ぎず、労働者からの支持はほとんど得られなかったが、封建的なインディオの使役制度（ポングァヘ）やインディオ共同体の合法的自治化、労働者や女性の権利など社会の基本的諸問題について議論を提起した。このような考え方は当時のボリビアの社会背景からすれば革新的なものだったが、当時ペルーを含む近隣諸国ではすでに急進マルクス主義が定着し、一部にその流れも汲んでいた。一九二〇年代ラテンアメリカの多くの地域では、マルクス主義社会主義党の分裂と、共産主義運動の高まりという当時世界的な潮流でもあった現象が起きていたが、ボリビアではそれら周辺地域の動きとは無縁だった。ボリビアには一九二〇年代の終りまで穏健派のマルクス主義政党すら存在せず、正式な共産主義政党は、それよりずっと後の一九五〇年代になるまで発足していない。

この頃の初期社会主義運動には、一九二〇年代に始まった急速な経済不況が大きく影響している。一九二二年後半になり鉱山が再開されると、労働運動は沈静化した。これら労働組合運動は、最終的には初の全国組合組織結成まで発展し、ゼネストも実施されることになるが、サアベドラは当初、自身の支持基盤として捉えるには勢力が弱すぎると考えた。一方で温和な法令や社会政策から、初めて中流以下の下層階級がサアベドラの支持についた。だが強引な人柄から自由党と真性共和主義党の反対は避けられず、サアベドラ政権はますます苦しい状況になった。

スタンダード石油問題　サアベドラは、労働者や下層中流階級と一時的に同盟関係を組むと、その後海外の個人投資家市場に目を向け、過去の政権にならって有権者の人気を集めるため大規模な開発計画を進めた。前任の自由党や保守党政権時代以来懸案となっていた鉄道や公共事業、国営銀行の財政支援に向けて、サアベドラはニューヨークで三三〇〇万米ドルの個人貸付の約束を取り付けた。だがこの時ボリビア政府の抱える債務は、すでに途方もない額に膨れ上がっていた。米国からの直接的な税政介入まで行われたが効果もなく、債務は国庫の財力では返済し難い金額になっていた。その裏にはボリビア外交担当者が不正な横領を続ける実態があり、金利を大幅に優遇されながらも国中が総力を挙げて返済に当たらざるを得ない状況に追い込まれていた。「ニコラウス・ローン」と呼ばれたこの膨大な債務を抱える政府に対し周囲の反発は強まり、サアベドラにとって対策は急務だった。

それらの財政問題に加え東部低地帯の石油資源をめぐる利権問題があり、サアベドラは前任のモンテスと同様に強引な方法で解決しようとした。ボリビア国内の実業家に油田の開発をする力がないと知った共和党は一九二〇年、この資源豊富な保護地帯を外国人に開放した。これを受け一九二〇年から二一年にかけて、北米の企業数社が採掘権を獲得した。だが一見小規模に見えたそれぞれの企業も、実はすべて米ニュージャージー・スタンダード石油会社の息がかかっていた。一九二一年にボリビア政府から採掘権の購入や新規参入を許可されたこれら採掘企業は、新たに現地企業ボリビア・スタンダード石油会社を設立した。このようにスタンダード石油会社に偏った特別待遇は国内有力層から反発を買い、サアベドラ政権への風当たりは強まった。

汚職、偏愛主義、独裁政治といったお決まりの問題をすべて解決するため、サアベドラは保守的な側近と共に、経済国家主義という全く新しいテーマを掲げた。その頃各国では、外国企業が参入して天然資源を搾取することに対する抵抗運動が盛んになっていたが、ボリビアでもスタンダード石油会社に初めて石油採掘権が認められた時から同様の動きが起こった。鉱山についてはそれまで一度も抗議の声も上がらず、グッゲンハイム社はじめ多くの北米企業が積極的に採掘を行なっていたが、石油に関しては例外だった。スタンダード石油会社に対する非難は、伝統的保守派とその後の初期左翼運動の対極にある政治派閥においても、それぞれに共通した主張の一つとなった。

サアベドラは任期が終わりに近づくと、全派閥を味方につけるべく必死に説得を試みた。一九二三年六月にウンシア鉱山でストライキが起こると、鉱山主側を支援して運動を鎮圧したが、それとは裏腹に一九二三年後半、鉱山の税制度の実態について大規模な調査を実施し、その結果錫生産高にかける課税額を二倍に引き上げた。この決定に錫財閥のパティーニョは激怒して、一九二四年初頭に自らの鉱山会社の拠点をボリビアから米国に移転させた。そして米デラウエア州にある複数企業を合併してパティーニョ鉱山会社を拡大させると、ボリビア政府に鉄道建設費用六〇万ポンドを貸与した。その見返りに税率の引き上げを五年間凍結することをサアベドラに約束させた。

シレス政権と世界恐慌　サアベドラの手がけた改革はことごとく失敗し、後任選びや政権延命のための取り組みも無駄に終わった。サアベドラは同じ政党で反対派のエルナンド・シレスに政権を譲った。シレスは着任当初より積極的に改革を進め、その結果考えを異にする従来からの各政党の分裂を促した。サアベドラの共和党支配を間近で見ていたシレスは、自身の民族主義党を結成し大学改革運動を支援した。この運動は大学の自治とカリキュラム改革を求めて規模を拡大し、一九二八年には急進的な学生による初の全国組織ボリビア全国学生連合（ＦＵＢ）が発足した。社会主義者とＦＵＢはいずれも知識層の人々からなり、小規模なグループながらも急進的な社会変革の提案を次々に行い、農民改革と地方農村部の労働封建主義からの脱却を求めた。彼らは天然資源の国有化と個人資産区分の改革を強く主張し、初期の労働運動に対し強力な支援を行なった。

同じ頃経済状況は悪化の一途をたどり、非常事態の域まで達した。一九二六年から二九年にかけて、政府の財政赤字は膨らみ続け、それに伴って国際債務の返済はますます困難になった。原因は錫の国際市場価格がちょうどピークに達した頃に世界恐慌の打撃を受け、その後長期の不況に突入したためだった。危機に直面した政府は、被害範囲の全貌も見えないままに伝統的手法と先進的方法の両面から対応を試みた。一九二七年と二八年、特別に定めた税制に基づき、新たに米国個人投資家からの貸付を確保した。同年政府は米国のケメラー経済調査団の改革提案を受け入れ、国立の中央銀行を創設して国家の貨幣供給の全面監視をついに実現した。それに加えて一九二八年後半には、パラグアイ国境のチャコ地域（グランチャコ）問題が一時的に再燃した。これは二国間の深刻な紛争のきっかけになったと同時に、シレスにとっては非常事態宣言を正式に発令し国内反対派を傘下に置くための打ってつけの口実になった。国境問題は次第に激しい争いへと発展したため、シレスは予備軍を徴兵しパラグアイへの徹底的な攻撃を命じた。しかし全面戦争へと発展させる意思はなく、一九二九年前半にはパラグアイとの調停条約を締結すべく働きかけた。

紛争による愛国心の高まりや強制的な非常事態宣言、そしてシレスの行った政治および経済改革は、国家の政治体制にほとんど影響を及ぼさなかった。シレスは伝統的な形式に偏重するあまり民主的な勢力の動きを抑制した。シレス政権によって刺激された自由党、真性共和主義党、サアベドラ派共和党は、一時的に連立党を結成した。一方で一九二九年、輸出用の錫生産量は過去最高の四万七〇〇〇トンに達したが、価格は一〇年前を下回っていた。一九二七年には一トン当たり九一七ドルだったが、一九二九年には七九四ドルに下落し、その後も年々下落を続け一九三二年には一トン当たり三八五ドルまで落ち込んだ。また錫価格の下落に伴って政府の歳入も急激に落ち込んだ。一九二九年の政府予算を見ると外国への債務返済に三七％、軍事費に二〇％があてられ、通常予算に残された額はわずかだった。公共福祉のための予算を捻り出す余裕は少しも残されていなかった。

シレスは任期を延長して職務を続けようと試み、一九三〇年の半ばには議会に自らを選ばせて再選を果たす計画を実行に移した。さらに権力を確実にするため軍事政権を成立させた。だが周囲の全勢力から反対に合い、政府の政策に異議を唱える大学生が声をあげ、ボリビア史上初の学生運動が起きた。軍事政権の指導者達は、反乱運動が高まる中逃亡を余儀なくされた。都市部の労働運動を反映して急進的マルクス主義者が南部国境の町ビラゾンに侵入する事件も起こった。このようにシレス政権の崩壊には、これまで以上に多くの反対勢力が複雑に絡んだ。一九三〇年の反乱は、最終的に伝統的な保守勢力の勝利に終わったものの、白人寡頭政治思想の団結が初めて崩壊した事件でもあり、伝統的思想は次第に衰退していった。

サラマンカ政権　その後ダニエル・サラマンカが大統領に立候補し、全政党の連立同盟政権を目指した。伝統的思想を持つサラマンカは、サアベドラやシレス以上に学生や労働者による新たな動きへの対応が不十分だった。サラマンカはコチャバンバ出身の地方地主で、議会では雄弁家として知られたが、極端なまでに厳格な一九世紀自由主義者でもあった。政府の倫理性と自由選挙を公約に掲げたが、政権をとるとすぐにその無意味なスローガンを覆し、前任者達と同様に汚職に走った。

サラマンカ共和党政権は、一八八〇年代の保守党政権を手本にした一部の権力者による寡占体制だった。政府は一九三〇年にはすでに分裂を始め、各派の支配階級の政治理念も、少しずつ明らかに変化を始めた。大学生による改革運動は、白人支配層中心だったボリビア政治の世界に初の急進的マルクス主義思想をもたらした。労働運動は、これまでになく激しいストライキに発展して国中の関心を集め、鉱山に制圧軍が介入し武力衝突が起きた。インディオ農民も一九二一年にヘスス・デ・マチャカ、一九二七年のポトシのチャヤンタの二カ所で大規模な反乱を起こすなど攻撃性を増した。

世界恐慌はサラマンカ政権にとって、様々な国内の問題から一時的に逃れる口実となった。鉱山では大規模な解雇があり、多くの労働者が故郷で自給自足の農民生活に戻った。一方すでに弱体化していた労働運動は、世界恐慌をきっかけにほぼ消滅した。また大規模な資本投資により農村部の土地が買収され、アシエンダ領地の拡大期がほぼ成熟すると、抵抗する術もないインディオ農民はますます主体性をなくしていった。だが若い大学生はおとなしく引き下がることなく運動を続けた。そして世界恐慌が国内に深刻な影響を及ぼすにつれ、恐怖政治と抑圧をもたらす以外の何者でもないというサラマンカに対する新たな評価ができあがった。ボリビアの過激派は、他の南アメリカ諸国と比べて未熟で組織も弱く、数世代の遅れを取っていた。だがサラマンカと支持者達は一九二〇年代の共和党とは異なり、彼らの意見を聞く公聴会の開催提案を一貫して拒否したため、一部の急進派と改革派グループは伝統的体制に対しますます反発し、暴力的な対決姿勢を強めた。ただしこれら左翼過激派グループも、所詮はエリート社会のごく一部の分派に過ぎず、もしサラマンカ政権がボリビア史上最悪の軍事作戦の失敗で大きな損害を受けることがなければ、そこまで勢力を増すこともなかったと言えるだろう。世界恐慌の最中に起きたチャコ戦争は、権力を分裂させる決定的な要因となり、一八八〇年から一九三四年にかけて続いた伝統的体制はついに崩壊することになった。

錫産業の危機　世界恐慌の影響を最も早い段階から受け、その後深刻な衰退に追い込まれたのはほかならぬ錫産業だった。一九二九年までのボリビアは、他の錫産出大国ナイジェリア、マレーシア、インドネシアと合わせて世界の八〇%近い生産量を供給していた。だがボリビア産の錫は他国産に比べ品質が劣るうえ輸送費用がかかり、世界一対価が高いたため、世界恐慌による価格暴落のあおりをいち早く受けた。ボリビア錫はもともと赤字価格だったが、他の大手産出国は恐慌下でも何とか利ざやを得ていたため、他国に生産量の自主規制を求めることもできなかった。一九二九年七月、ボリビアの錫財閥パティーニョの呼びかけに応じ、世界四大産地の民間企業が自主的な錫生産者組合を結成した。組合の合意を受けて、ボリビアの三大錫財閥では一九二九年後半および一九三〇年前半に集中的に生産量を削減した。だが他国の企業が取り決めに従わなかったため、一九三〇年代半ばにはこの自主規制も失敗に終わった。

自由競争市場の状況下で過度な自主規制を課すことは不可能だったため、組合は一九三〇年後半、政府に生産管理計画介入を求めるという思い切った決断をした。それまで個人鉱山主は強硬な立場を取り、政府の民間企業への介入をことごとく拒否してきたが、恐慌に直面すると突如大きく態度を変えた。初めて錫産業への介入権を与えられた政府は、生産業者への税の優遇措置を縮小したほか生産量の完全な統制権も得て、その後数十年にわたり国内から海外向け販売量まですべてを管理した。この組合要請による政府の介入は明らかに、政府の直接支配によって自らが有利になることを望んだ大手生産業者の捨て身の決断だった。しかしそれは同時に、一九世紀半ば以降初めて政府の本格的な鉱山への介入を許した決断でもあった。政府の生産量についての取り決めは大まかなものだったが、全社の生産計画を自在に削減できるということは、逆に言えば政府の決断により市場割当が変化すれば、中小企業を含むどの企業でも容易に増産が可能になることを意味した。そのため生産をほぼ寡占してきた三大錫財閥同士に過剰な緊張関係が生まれ、政治舞台に企業間の競争が持ち込まれることになった。大手鉱山主は地域の政治活動に直接的な関心を寄せるようになり、それぞれが支持する派閥を財政的に支援した。

政府による錫生産量の規制に実際に関与したのはボリビア、オランダ、イギリスの主要三カ国のみだったが、いずれも有効に作用した。その後一九三二年三月一日、新サラマンカ政権就任のわずか数日前になって、国際錫管理事業計画が発効された。この計画によりボリビアの生産量は劇的に削減され、国内全体に大規模な経済危機が広がった。また生産規制の取り決めによって、世界中の錫の余剰在庫もやがて一掃され最終的に価格も安定したが、ボリビアの生産量が再び増加を始めるのは一九三三年以降のことだった。

開戦への動き　世界規模で起こる様々な変化とそれがもたらす地域経済への打撃は、ボリビアの支配層にも直接的な影響を及ぼした。独裁化したサラマンカ政権は公共事業計画を打ち立て、パティーニョの生産短縮計画を全面的に支持した。また政府の支出を最小限にとどめ、各国が試験的に導入している様々な国家復興計画手法を真剣に取り入れた。国家経済の再生議論に加わった派閥のうち、最も建設的な提案を行なったのは自由党だった。内容自体は平凡だったが、政府による本格的な介入を提案した点が重要だった。しかし肝心のサラマンカは無関心で、問題の存在にすら気付いていないような態度を取った。サラマンカは経済再生への取り組みについて周囲に尋ねられる度に、政府の倫理性など遠回しな話ばかりしたため何一つ具体的な計画を立てられなかった。そのような実効性の欠如した理念は、安定した社会秩序の経済成長時代には十分通用したのかもしれないが、この時代の背景に照らし合わせるとまったく意味をなさないものだった。結局一九三一年の議会選挙でサラマンカ率いる真性共和主義党は大敗を喫し、自由党が圧倒的勝利を収めた。鈍感なサラマンカも、議会が敵に回り突如自分の支配が及ばなくなったことをようやく自覚した。サラマンカは経済状況をほとんど理解しようとせず、厳しい社会情勢に対して何ら解決策も示さなかった。また全政党の支持を得て政権を取ったにもかかわらず、一部の熱心な支持者のみで組閣したために伝統的政党はすべて遠ざかっていった。

サラマンカは自由党の支持を断ったばかりか、国家の最重要課題は経済危機ではなく急進主義と共産主義の台頭にあると公言し、周囲を驚かせた。「赤の思想」に対する妄想的な脅威は、当時の伝統的政党の政治家にとって全く異質で新しいものだった。同時にサラマンカは、労働者組織に対し公然と敵意を示した。通信交換手による合法的な労働組合がストライキを行った際には強制的に解散させ、ラパスの労働者連合が起こしたゼネストも鎮圧した。だが経済問題は解決することなく、政府は公務員への給与を約束手形で支払うことに決め、さらに七月下旬になると債務不履行を宣言した。

サラマンカは通常の行政業務にかける予算を過剰なまでに節減した反面、チャコ地域の軍事介入について、歴代大統領が誰もなさなかった前代未聞の壮大な計画を提案した。チャコ地域の大半は未開発のままで、ボリビア、パラグアイ両国ともに占有しないまま残されていた。サラマンカが新たに打ち出した積極的な軍事計画は、防衛中心だった国内政策を攻撃的な姿勢へと大きく転換させることを意味した。国内政治と経済はこれまでになく緊張感が高まり、サラマンカはチャコ問題にいっそう関心を払った。経済状況はより複雑化し、もはや解決できない状態にも思われたが、それでもサラマンカはいずれ簡単に解決できると断固たる尊大な態度を取った。

一九三一年七月一日、サラマンカは国境の日常的な小競り合いの一つを口実にして、パラグアイとの国交を断絶した。多くの人はこれを攻撃的すぎる極端な行動ととらえた。その後八月になりサラマンカは大統領演説を行い、政府歳入が減少を続けていることを発表した。そこで事実上すべての行政部門の予算削減をあらためて強調したが、次に軍事予算の拡大を発表した。また国内労働者階級の労働組合やストライキ活動をすべて制圧する方針を明らかにした。

その直前の六月、サラマンカはオルロ出身の党指導者デメトリオ・カネラスを財務相に起用した。カネラスは経済危機を乗り越えるため、それまで保守党が立てた政策を捨て、より過激な手段を用いる必要性をサラマンカに説いた。カネラスの最初の提案は、当時世界の多くの国が解決策として採用した財政のインフレ化を促進する金融策だった。彼のねらいはそれまでの金《きん》本位制度からの脱却と、兌換《だかん》できない紙幣を採用して貨幣供給を増加させることだった。この変革案に対して、国会はもちろん中央銀行の支配権を握っていた自由党は、当初反対の立場を取った。だが九月には、英国が金本位制度の廃止を発表したため、自由党もカネラスの案をやむなく受け入れた。英連邦諸国による保護関税経済圏（スターリングブロック）の一員だったボリビアは、これに従わざるを得なくなった。だが物価の急上昇を始めると政府の人気は急速に悪化した。これに対応した自由党は、議会で閣僚達に攻撃的な質問を浴びせるなど政府に様々な圧力をかけた。そのためサラマンカ政権は仕方なく妥協案を示し、自由党もこれに合意した。この案には二重政党体制の協定を正式に発足すること、そしてあらゆる経済政策について自由党に拒否権を与える内容が含まれた。

経済面における指導力を完全に失ったサラマンカは、その後独裁政権の強化を試みた。サラマンカは、他の伝統的政党がまだほとんど意識すらしなかった共産主義の脅威が迫っていると訴え、一九三一年の終わりに社会防衛法案を発議した。これは反政府左翼が起こす運動に対して、大統領の特別な権限の行使を保障する内容だっラグアイ軍駐屯地は元々存在しなかったと主張し、新たに手に入れたボリビア軍駐屯地を手放すことを拒んだ。そしてパラグアイ軍の反撃に対抗するべく急速に配備を増強した。六月の後半には予想通りパラグアイ軍の反撃が始まり、ボリビア軍はこれを打破した。この時点の戦況は、まだ他の多くの紛争と変わらず、兵力も小規模でごく限定的な戦いだった。紛争解決のために正式な外交手続きによる二国間の交渉が必要になったが、サラマンカは慣例を破って全面的な戦闘に拡大する決意を固めた。こうして七月の後半になりボリビアとパラグアイは全面戦争に突入した。

サラマンカの開戦への決断は、国内の厳しい政治状況を拭い去る効果があった。またサラマンカは、ますます高まる経済危機が社会的無秩序をもたらしていることにも気付いていた。五月には国際錫管理機構が、七月と八月の錫生産を一時的にすべて中止するという強硬な手段を発表し、生産量は一九二九年水準の三分の一まで激減した。サラマンカは二カ月間の生産中止と、その結果生じた極めて不均衡な貿易状態に対応するため、とだった。それはちょうどサラマンカがチャコ問題に介入して開戦の決定を下す直前のことだった。サラマンカは二カ月間の生産中止と、その結果生じた極めて不均衡な貿易状態に対応するため、全国民の金《きん》取引の完全な統制に乗り出し、鉱山主に対しては、中央銀行に外国貨幣交換証書の六五%を差し出すことを強制した。輸出経済は急激に落ち込んだが、その原因は明らかに政府が数週間という短期間で重大な決定を採択したことによるものだった。

サラマンカは典型的な国境の小競り合いを口実に、意図的にパラグアイとの全面戦争を引き起こした。開戦はパラグアイにとって不意打ちを食らった格好だった。これは開戦以降発表された数々の文書から疑いようもない事実だ。またもう一つ明らかな点は、サラマンカが開戦の最終決断を下した際、側近の文書によるアドバイスに逆らって、平和的な調停を一切行わず強引に開戦に仕向けたことだ。つまりボリビア史上最大の犠牲を払う戦争を起こした責任は、サラマンカ自身にあった。

だが一般的に考えられているチャコ戦争の原因とは、石油を巡る利権争いである。ボリビアの主張を支持する米ニュージャージーのスタンダード石油会社と、パラグアイと結びつくイギリスとオランダの合弁会社、ロイヤル・ダッチ・シェル社との利権を巡る争いの結果生じたということが真相のように語られている。たしかに戦争が長期化し泥沼化するにつれ、優勢になったパラグアイ軍がチャコ地域を占領し、さらに北上してアンデス山麓部まで接近した際、争いの焦点が石油問題になったことは間違いない。しかし一九三五年後半まで実際に戦場となったのは油田採掘地から数百キロも離れた地だった。しかもニュージャージー・スタンダード石油会社はボリビアの石油を違法かつ内密にアルゼンチン、さらにパラグアイへと転売し、その上でボリビアの油田からは何も産出されなかったという主張をでっちあげたことが戦後明らかになった。戦争の真の原因はむしろ、ボリビア内の複雑な政治紛争が第一にあり、次に世界恐慌が引き起こした脆弱な政治体制から来る緊張状態が挙げられる。戦争の続行はアルゼンチンのパラグアイ軍への支援状況次第だと見られた。平和的な解決を望まないアルゼンチン軍の能力と、数々の戦勝歴を誇るパラグアイ軍が手を組むということは、一度開戦するとボリビアにはその猛攻撃を止める力がほとんどないことを意味した。

つまりチャコ戦争は様々な原因によって引き起こされたが、実際のところは石油紛争という一般的に知られた見方を覆すほどの決定的な要因がなかったと言うこともできる。戦後になり一九三七年のスタンダード石油会社の接収と国営化を含む政治、経済の根幹にかかわる複数の決定がなされたのも、この石油紛争という見方が直接的に作用した結果だった。また戦後の政界が陥った不和に満ちた混乱状態も、多くの面でこの見方がもたらしたものだった。

原因以上に重要なのは、戦争がもたらした結果だった。チャコ戦争によって、一八八〇年以来続いた政治体制は崩壊し、文民政府と伝統的諸政党は戦後それぞれ失墜した。かつては一部の急進的な知識層に限られた思想が、多くの若者や旧兵士達に支持される政治理念となった。その理念は新たな派閥を作り、やがて「チャコ世代」と呼ばれ戦後の政治面における明確な変化を象徴した。それまでの文民政府では公正な選挙や鉄道建設が最重要課題だったが、チャコ戦争後はインディオ問題、労働者問題、土地問題、そして個人鉱山主への経済依存といった民衆の問題が新たな国家的課題となった。これらの諸問題がもたらす様々な議論は新たな政党の結成を促し、一九三〇年代後半から四〇年代後半にかけて多くの革命的な運動も生じた。そして最終的には一九五二年のボリビア革命へとつながっていく。

またチャコ戦争は経済面へ大きな影響を及ぼし、ボリビア経済史上重要な転換点ともされている。世界恐慌が引き起こしたチャコ戦争はそれまで右肩上がりだった経済の成長を阻み、鉱山産業への大型投資活動も中止された。その後鉱山産業全体の衰退が始まり、一九五二年まで産業構造や資本形態に何の変化も見られなかった。農村部でも戦争の影響は甚大で、国内経済の停滞により一八八〇年代から一九二〇年代後半まで続いたアシエンダの拡大も止まった。この時代の終りには、土地を持たない農場労働者がほぼ倍増し、自由共同体の土地所有のインディオを上回るまでになった。こうして農村部社会の構造は一八八〇年から一九三二年代にかけて大きく再編されたが、インディオ共同体を完全に消滅させるまでには至らなかった。その後インディオ共同体は、チャコ戦争後にすっかり保身的になったアシエンダとの土地を巡る争いを常に繰り広げることとなる。

錫生産の拡大はさまざまな分野の発展をもたらしたが、いずれも社会の近代化にほとんど影響を及ぼすことはなかった。ボリビア国民の三分の二以上は、一九四〇年の時点でもまだ市場経済活動外にあると推定され、一九五〇年代後半になっても、都市部の職人層が近代産業化した工場労働者と同じ数だけ存在するなど、依然として前近代的なままだった。労働人口の三分の二は農業従事者だったが、食料自給率は低く外国からの輸入食料品に頼り、伝統的なアンデス高地の根菜類すらも近隣諸国から輸入する状況が続いていた。錫の生産ブームによる経済効果は、国民の三分の一にあたる都市やスペイン語話者のみに恩恵を施し、残る三分の二の農村部の人々に相乗的な効果をもたらすことはほとんどなかった。あえて例外を挙げるとすればラティフンディア(大土地経営)、つまりアシエンダ制度が拡大したために小作農民の生活水準の低下をもたらした点だった。

チャコ戦争開戦時のボリビアは、きわめて前近代的で未発達の、輸出依存型の経済状況にあり、それ自体が戦争の原因ともなった。だがこの戦争は、ラテンアメリカで最も動員力に乏しかった社会を、最も急進的な理念と強い団結力を持つ国の一つに変えることになった。チャコ戦争はボリビア社会の伝統的な信念に基づく体制を打ち砕き、ボリビア社会の特性を考え直すきっかけとなった。戦後の変革によって有力者の大半は、南アメリカ内で沸き起こった最も急進的な思想を汲む革命的な政治運動の形成に向かった。またチャコ戦争は、両アメリカ大陸で最大規模になる自主的で急進的な労働運動の動きを後押しした。このような観点からチャコ戦争は太平洋戦争と同様に、ボリビア史にとって大きな転換点となる出来事だったと言うことができる。

第七章　既成秩序の崩壊　一九三二—一九五二年

1　チャコ戦争と伝統的寡占体制の終焉

チャコ戦争（二）　チャコ戦争は一九三二年七月一八日に始まった。開戦の直接の引き金となったのは、当時の大統領サラマンカが、チャコ地方（グランチャコ）のボリビア軍要塞がパラグアイ軍に侵略されたと虚偽の発表をして民衆の感情をあおったことだった。真相は異なり、元々パラグアイ軍のものだった要塞を五月末にボリビア軍が占領し、七月になってパラグアイ軍が再び奪還したに過ぎなかったが、その事実は封印された。開戦の夜サラマンカは大規模な攻撃を命令し非常事態宣言を布いた。ボリビア軍参謀部は、サラマンカの計画に反対した。戦闘に向けた準備が不十分なため紛争が拡大すれば戦力を維持できなくなるというのが参謀部の主張だった。参謀部と大統領の間で激しい議論が交わされた末、戦争指揮の決断について全責任をサラマンカ自身が負うことと、指示内容をすべて正式な文書に記録することで最終的な合意に至った。こうしてあらゆる軍事作戦に対する責任から逃れた参謀部は、国家の利益を損ねる開戦行為

チャコ戦争ではボリビア軍に初めて軽戦車（右）が登場した

そのものには反対の意思を表明しつつも、実際には大統領命令に従う形ですべての軍事行動を遂行した。

パラグアイをはじめ諸外国は、ボリビアの不当な主張に対し一斉に非難した。だがボリビア国内の支配層は自国の立場を支持し、最初に挑発したのはパラグアイ側だと応酬した。ボリビア民族独立主義を支持する共同の宣言書が出され、右翼のアルシデス・アルゲダスから左翼のフランツ・タマヨ、カルロス・モンテネグロまで全派閥が署名をした。各都市の中心部ではつかの間経済危機も忘れ、愛国的なデモが行われた。政府は全国民の合意を確実に得るため非常事態宣言を利用して、反対派である労働運動家や急進派政治家達を検挙した。この時リカルド・アナヤ、ホセ・アギーレ・ガインスボルク、ポルフィリオ・ディアス・マチソなどの有力指導者が投獄または追放された。何とかまぬがれた者もすぐに徴兵されて前線に送り込まれた。こうしてサラマンカは開戦を機に、左翼反対派をあっという間に一掃した。だが実際には戦争の被害が拡大するにつれ、左派運動はさらに急進化して広がっていくことになる。

ボリビアは総力を尽くしてチャコ戦争に臨んだが、敵国パラグアイにとってはごく些細な国境紛争処理に過ぎなかった。パラグアイ軍は七月に要塞を奪還するといったん本部に戻り、ボリビアと不可侵条約の交渉を継続しようとした。だがサラマンカはこれを受け入れず、パラグアイ領のボケロン、コラレス、トレドの主要な三カ所の要塞に攻め入った。この三要塞はパラグアイ防衛線にとってきわめて重要だったため、パラグアイ軍は大いに刺激され全面対決の姿勢を固めた。ボリビア参謀部は全面戦争を避けられない深刻な事態に気がついた。だがサラマンカの見解は異なり、三カ所の要塞を攻略するという思い切った軍事行動に成功して、パラグアイ人の主導権を完全に打ち砕いたと考えた。八月上旬になり、サラマンカは双方に軍事行動の停止を呼びかけた。その際参謀部とサラマンカの間には戦争の発端や軍事行動への責任の所在、ボリビア軍の真の戦争の目的などについて激しい議論が起こった。議論が紛糾し非難と応酬が繰り返されるにつれ、将来の見通しについて誰もが悲観的になった。まるでボリビア軍が最終的に惨憺たる敗戦に至ることを暗示するようだった。そしてこのような風潮はすべて、まだ開戦から一カ月のボリビアが一度も戦闘に敗れていない段階から決定づけられていた。

開戦直後からボリビア軍の形勢は不利で、すでに敗戦は濃厚になった。サラマンカがパラグアイから奪った要塞を返還するつもりがないことを知ると、パラグアイ軍は一般市民からも徴兵して軍を増強し、大規模な反撃を開始した。九月にはボリビアの進軍は完全に止まり、ボケロンの戦いが始まった。約六〇〇〇人規模のボリビア軍は自軍の要塞でパラグアイ軍に完全に包囲された。チャコ前線の駐留兵をすべてかき集めてもわずか一五〇〇人に過ぎないボリビア軍は抵抗する術もなかった。九月末にはパラグアイから降伏を迫られ、一〇月初旬には敗戦が決定的になった。敗戦の知らせはボリビア全土に衝撃をもたらした。

ボケロンの戦いに敗れた影響はまたたく間に現れた。すでにボリビア知識層の間には、ボリビア側に不誠実な裏工作があったのではないかという噂が広まっていたが、サラマンカは戦争を巧みに政治に利用して世論をかき消した。だが徴兵がすべての階層まで及ぶと人々の間にますます不安と緊張が高まった。ボケロンの戦いの敗北の知らせが伝わると、ついに市民による大規模な暴動が発生した。一〇月四日には約二万人の反政府運動が起き、サラマンカの辞任と一九三〇年にサラマンカ率いる共和党に追放されたドイツ人将軍ハンス・クントの復職を要求した。クント将軍はボリビア軍相談役も務めた有能な人物だった。四日後には国会からもクント将軍の軍への復帰の要求が出された。ダビッド・トロ、カルロス・キンタニーヤの二人の少佐もサラマンカの解雇を要求した。暴動は次第に沈静化したが、開戦後四カ月間持ちこたえたサラマンカの絶対的な権力はついに崩壊した。サラマンカは不本意ながら野党である自由党に対し連立政権を呼びかけた。

だが連立政権の発足を待たずして、また新たにボリビア軍要塞が奪われた。一〇月下旬になるとパラグアイ軍は、ボリビア軍に奪われた要塞すべてを取り戻したうえボリビア領土に侵入して攻撃を開始し、ついにアルセにあるボリビア要塞を占拠した。アルセの戦いでボリビア軍は完全な壊滅状態に陥った。サラマンカ政権はすっかり弱体化し、野党からの攻撃を交わすことすらできない状態になった。自由党と、共和党内の反対派はいずれもサラマンカを非難したが、これに対抗したサラマンカは彼らが傘下に置く野党系新聞社に対し暴動を仕掛けて破壊工作をもくろんだ。一一月になるとサラマンカは、すべての労働組合や労働連合を非合法化した。だが一二月にはもはや策も尽き、ヨーロッパに戻っていたクント将軍を呼び戻して復職させざるを得なくなった。サラマンカ自身は軍内で降格し、文民相談役になった。

クント将軍は組織力に優れ、疲弊したボリビア軍の体勢をすぐに立て直したが、戦術や戦略に関しては不得手だった。クントは軍を強化すると、ナナワにあった難攻不落のパラグアイ軍要塞を突破すべく猛攻を仕掛けた。この作戦は一九三三年の一月から七月まで六カ月間続いた。パラグアイ軍は要塞を完全に守り抜いたうえ、迎撃してボリビア軍を打ち負かした。さらに他の地域にも進軍し、駐留するボリビア軍を次々に壊滅させた。一九三三年の半ばまでにパラグアイ軍はボリビア軍拠点を次々に破ったうえチャコ地域のボリビア側領土へと大規模な侵攻をした。その年の終わりクントは解雇され、かわってエンリケ・ペニャランダ将軍が軍指揮官へと就任し、相談役にはダビッド・トロが任命された。だがこの人事異動は、国内の悲観的な風潮をますます高めたに過ぎなかった。クント将軍率いる軍に徴兵された兵数は七万七〇〇〇人で、このうち一万四〇〇〇人が戦死、一万人が捕虜になり、六〇〇〇人が脱走、さらに三万二〇〇〇人が病気や負傷のため戦線を離脱した。かつては圧倒的強さを誇り、その名を馳せた残る七〇〇〇人の部隊と後衛部隊八〇〇〇人も、今やすっかり士気をくじかれていた。

新たに就任したペニャランダ将軍のもと五万五〇〇〇人規模の第三次隊が結成された。両軍は六カ月間攻防を繰り返した末に膠着状態になった。だが一九三四年八月、有能なパラグアイ軍指導者エスティガリビア将軍によってボリビア防衛線の弱点がついに突かれ、ボリビア側のチャコ前線は陥落した。その後パラグアイ軍はアンデス山麓に向かって急進し、ボリビア油田地帯の目前まで迫った。これ以後チャコ戦争は、石油をめぐる解放紛争の様相を強めていった。パラグアイ軍は八月から一一月にかけての四カ月間で、開戦時点の目標だった国境周辺地帯をはるかに凌ぐ、膨大な範囲に渡るボリビア領土を占領した。

一一月末になるとサラマンカは、軍部の反対派を排除して任期を全うする狙いから、忠臣フランツ・タマヨを後任に立て選挙の不正操作を企んだ。そのためチャコの前線にわざわざ出向き、ペニャランダ将軍とトロに軍指揮権を放棄するよう強いた。これに抵抗した軍は、一九三四年一一月二五日にチャコ地域ビラモンテスの軍本部でサラマンカを捕らえ、辞職を迫った。政権は副大統領で自由党党首のテハード・ソルサーノの手に渡ることになった。

軍部によるこの反乱は、ボリビアの軍事作戦に直接的かつ好都合に作用した。テハード・ソルサーノは有能な政治家であると同時に実務能力にも優れていた。ソルサーノは直ちに全党から人員を集め、超党派閣僚を組成した。組閣メンバーには追放したサラマンカの支持者を取り入れたほか、錫男爵アラマヨを財務相に登用した。ソルサーノは軍部の命令を全面的に支持した。軍事予算が大幅に強化されると、与党同士の内部抗争が収束したほか、野党急進左派からの攻撃も中断され、国内政治はようやく団結に向かった。ボリビア軍もようやく難攻不落と名高い要塞を構えるに至り、友軍の供給ラインに接近した。一方パラグアイ側は財源不足に陥り、もはや軍勢の差はほとんどない状態だった。

サラマンカの退陣によって、戦争は徐々に停戦へと向かい始めた。一九三五年初頭パラグアイ軍はタリハとサンタクルスを侵略し、いくつかの油田も確保した。だがビラモンテスにある強固なボリビア要塞が障壁となりそれ以上の進軍は不可能だった。要塞の攻防戦でもパラグアイ軍は持ちこたえることができなかった。この時ボリビア軍では、有能な指導者であるヘルマン・ブッシュ少佐が前線の防衛計画に当たたっていた。ブッシュ少佐はビラモンテスでパラグアイ軍を破り、さらに猛攻を仕掛けてタリハやサンタクルスのパラグアイ軍を一掃して油田拠点を全て奪還した。

こうして両軍とも和平に向けてようやく動き始めた。パラグアイ軍はビラモンテスの戦いにも敗れて財源が尽き、もはやアンデス山麓部への進軍は不可能だった。これに対しボリビア側は新たな指導者のもと士気を高めつつあり、もし戦闘が続けば明らかにチャコ地域のパラグアイ領まで占領する勢いだった。だがボリビアにとってはチャコ地域以外の侵攻された領土を取り戻すだけでも十分な勝利だった。その頃ボリビア政府は、錫産業の復興による徴税収入もあって、パラグアイとは異なり戦争を持続する財政的な余力は十分にあったが、国家としては和平を望んだ。開戦の真の発端となったサラマンカの悪政と、一般に原因と信じられているスタンダード石油会社問題の両面から見て、戦争をもたらし国家の信用を打ち砕いたのは内政のやり方そのものだったと断言できる。和平調停会議は一九三五年五月ブエノスアイレスで開かれ、同年六月一四日、ボリビアとパラグアイの間でブエノスアイレス講和条約が正式に調印された。

チャコ世代の誕生　三年間に及びボリビア史上最も過酷な戦闘を繰り広げたチャコ戦争は、一カ月近くかけて行われた和平会議を経てようやく終結した。ボリビアは一九世紀のチリとの太平洋戦争でも多くの貴重な領土を失ったが、その際戦闘による被害は最小限にとどまり、市民への影響もほとんど見られなかった。しかしチャコ戦争で国民が受けた被害は甚大だった。戦死、脱走、または捕虜収監中の兵士死者数は六万五〇〇〇人に上った。これは全ボリビア軍の二五%に及ぶ規模だった。当時全国民の人口がわずか二百万人足らずだったことからもその影響の大きさがうかがえる。人口比による被害規模では、第一次大戦時のヨーロッパ戦線にも相当した。

さらに戦争をきっかけに、国家の様々な制度の大義について疑問が持ち上がった。軍の階級は身分制度によって厳格に定められていた。将校など上官は白人が占め、副官にはチョロ、兵士はインディオという構成だった。階層区分の唯一の例外はサラマンカの思想統制によって捕らえられた労働者や急進派で、全員が前線に送り込まれた。戦場では国内社会の身分制度が完全に保たれた。指揮官と兵士の間には決定的な溝があり、白人将校の間には汚職が横行した。前線で戦った少数の白人はきわめて苛酷な経験を強いられたため、戦後生き残った者は急進的な活動に入り、さらに過激な人種主義を謳い始めた。インディオにとっては白人からの搾取がこれまで通り続くことを意味した。多くの兵は脱走し、前線では多くの謀反が起こった。だが戦争が終わるとアイマラ族やケチュア族のインディオ兵士はすぐさま家庭や農場に戻り、共同体の再建に努めた。

しかしチョロや戦地と無関係だった民間の白人にとって、チャコ戦争による影響はまったく異なる形で現れた。彼らの多くはかつて支配的立場にあったが、いつの間にか伝統的身分制度の外に押しやられていた。そして高官の汚職や無能さに呆れ果て、戦争中に露呈したボリビアに潜む二面性に衝撃を受け落胆した。この「チャコ世代」と呼ばれる若い人々にとって、チャコ戦争とは多大な犠牲を強いられたうえ何も得ることのない無意味なものだった。チャコ世代は、自らを不幸に陥れた戦争や軍の指導者達、チャコ地方の領土をめぐる混乱を生み出した政治体制そのものへの苛立ちの中で出現した。そのような苦悩や不満から解放するための最も端的な手段として、社会的現実主義に基づく文学作品が大いに流行した。開戦から数カ月後には早くもいくつかの作品が発表され、以後十年余りにわたり国内文学の主流となった。労働者の立場から厳しい現実を描いたこれらプロレタリア小説はチャコ派と呼ばれ、戦争の残酷さ、生活の崩壊、飢餓、指導者の無能さ、反乱、官僚階級の腐敗といったテーマによる作品が次々に発表された。

チャコ派文学は、チャコ戦争敗戦後の廃墟から突如不死鳥のように生まれ出た新潮流というわけではない。元は一八八〇年世代の辛らつな現実主義文学を原点とした。その後二〇世紀初頭の自由党政権の平和で幸福な時代には、アルマンド・チルベス、アルシデス・アルゲダス、ハイメ・メンドーサといった作家達が、支配層の腐敗政治や搾取、鉱山労働者やインディオ農民への圧政などのテーマで数々の小説を発表した。また同じ世代のアデーラ・サムドは、身分階級問題にこそ言及しなかったが性差別問題をテーマに数々の詩や短編小説を発表した。一九三〇年代チャコ世代の作家は、このように半世紀前から確立された文学潮流とそこで培われた手法を基盤にして、自らの思想表現を実現したのだった。チャコ派文学は、チャコ戦争の被害とそこから得た様々な経験を具体的に表した。社会の実情に根ざしたチャコ派文学は、あたかも政治理念や革命的宣伝文句の一形態のように扱われ、エリート層の思想の核をなし若い世代や知識層に対して深い影響を与えた。

急進左派の台頭　社会への厳しい批判の声をあげたのは小説家だけではなかった。戦争がもたらした凄惨な状況は、新たに急進左派の政治運動を生み出し、国家支配層に対し数々の挑発的な思想を突きつけた。サラマンカ政権はこれらの動きを静めるべくあらゆる手段を講じた。だがチャコ戦争によって社会全体が痛手を被り、民衆の中で急進派の役割が再び重要性を増した。戦前から続く急進左派グループは、戦時中も反戦、反伝統社会プロパガンダの最前線に立った。戦場の兵士を刺激して脱走を促すなど人々の支持も多く得た。やがて戦後には社会における思想の主流をなしていった。

チャコ戦争をきっかけに新たに台頭した急進左派は、ボリビア社会の現実をさらに掘り下げて、社会に根強く残る人種差別思想や政治経済の独占支配的な体質を徹底的に糾弾した。チャコ戦争の責任は複数の多国籍企業にあるとされ、特にニュージャージー・スタンダード石油会社に非難が集中していた。また国内に古くからある伝統的秩序の終焉も一因とされ、政府が権力保持のために国際紛争に乗り出したのではないかと見る者もあった。初期の急進派思想グループのうち特に突出した人物はトリスタン・マロフと、復興マルクス主義のペルー人ホセ・マリアテッギの二人だった。彼らの思想はボリビア社会の枠組みをあらためて見直すきっかけとなった。アンデスの伝統的制度の根付くボリビア社会では、インディオの搾取や土地所有権の問題を長年抱えていた。スペイン人によるインディオの土地略奪は植民地時代に端を発し、子孫である白人達に受け継がれ、搾取と征服の中で彼らの文化までも破壊してきた。無抵抗で後進的なインディオはもっぱら略奪される一方だった。体制を変える唯一の方法はアシエンダ制の解体と、インディオへの土地の返還だった。チャコ派作家の多くは、一部の限られた個人鉱山主が鉱山を長年独占的に支配していることにも言及した。また鉱山のもたらす収益は国家の主要な財源となっており、国家は鉱山主の存在なくして富を得ることができないという点も明らかにした。そもそも中央政府官僚は、「ロスカ」(鉱山主やアシエンダの利益を最優先して国家を支配する特権階級の政治家や法律家を指し侮蔑的な意味もこめられる)が独占していた。かつてボリビアを支配した非民主的な独裁主義政権は内部から必然的に発生したもので、経済官僚が国家の収益を完全に搾取するための唯一の方法だった。マロフを初めとする急進派は様々な改革を掲げたが、いずれも労働者、鉱山労働者、インディオ農民の同盟を目指し、究極の目的は「インディオに土地を」(Tierras al Indio)、「鉱山の国営化」(Minas al Estado) だった。

急進左派の主張は、当初から多くの人に受け入れられたわけではなかった。だがボリビア社会が根強く抱える様々な問題を明らかにすることによって、将来の方向性を議論するための土台を形成した面もあった。鉱山の国営化というテーマは、今や白人とチョロの政治意識の中にしっかりと根付き、インディオの諸権利を訴える主張までも合法的に認められるようになった。

革命労働党(POR)の成立と新興諸勢力 チャコ戦争が終わり政治体質の変化が起きる中で、急進左派の思想は少しずつ広がりを見せた。その影響からインディオの反乱にも伝統的な階級闘争的側面がしだいに薄れ、かわって社会抗議的な意味合いが強まった。そしてインディオ全体の権利要求を反乱の最大の目的とした。一部インディオ農民の間には階級社会に対する問題意識が高まり、労働運動や若手過激派が基盤とする急進的マルクス主義の思想にも一致した。この他にアルゼンチンに逃れた脱走兵や反戦主義者による多数の活動が最終的に一体化し、より持続性のある政治運動へと転じた。一九三四年、コルドバで開催されたアルゼンチンの特別国会において、チャコ戦争後初の大規模な急進派政党、革命労働党 (Partido Obrero Revolucionario、POR) が誕生し、指導者にはトリスタン・マロフとホセ・アギーレ・ガインスボルクが就任した。革命労働党はあくまでも野党の少数過激派集団にすぎなかったが、チャコ世代の中から結成された最初の政党であり、数十年後に活発化する革命運動の先駆けとなった。

革命労働党はやがてトロツキズムをめぐる内紛によって分裂するが、その思想は人々に多大な影響を与えた。ボリビアがチャコ戦争において、兵力や財源の上で優勢だったにもかかわらず完全な敗北を喫したという事実は、多くの知識層に衝撃を与えた。だがそれ以上に大きな衝撃となったのは、戦争を機に民衆にも知れ渡った官僚の汚職や無能さだった。政府は財政的に窮乏し解決能力にも欠けたために、悲惨な戦争を引き起こす以外に取るべき手段がなかったのだ。ボリビア国民はパラグアイに対する敵意は意外なほど持たなかった一方で、国内指導者に対しては激しい憎悪をあらわにした。終戦後、指導者に対し敗戦の責任を厳しく追及したのは、戦争で辛苦した民衆だった。そして指導者から納得のいく説明を得られないと知った人々は、社会、経済、政治全体の秩序に変化を求めて蜂起した。

伝統的政党と新興政党の対立　政治に対する不満の高まりは、一九三五年六月パラグアイと平和議定書を交わす際に頂点に達した。議定書の締結にあたり、国内諸政党は弱体化して調停能力がなく、米国やアルゼンチンなど各国政府の仲介に頼らざるを得なかった。このことは民衆の政治への不満をいっそう刺激した。軍はテハード・ソルサーノに対し、完全な和平が成立するまで大統領任期を延長するよう頼んだが、野党各党はこれに反発した。また他方ではサアベドラ派が旧体制の復帰を望むなど、国内政治勢力は完全に分裂した状態にあった。だがこの頃には既存政党以外に新たな多くの政党が台頭しつつあった。新興政党はそれぞれ一見外国風の名称やシンボルを用いたが、実態はかつて旧諸政党の協力者として中心的に活躍した若者や退役軍人達だった。これに対して戦前寡頭体制の中心だった既存の諸政党は、「伝統的政党」と呼ばれるようになった。新興政党には、かつて「伝統的」な独裁秩序の支持者だったが、やがて当時イタリアで盛んだった協調組合主義（コーポラティズム）からインディオ復権運動（インディヘニスモ）、マルクス主義者までありとあらゆる思想に傾倒した者達が加わった。それぞれの新党は、その頃死亡したばかりのサラマンカ支持派をはじめ、自由党や共和党系の伝統的諸政党に対して、戦争がもたらした数々の問題の責任を追及した。

退役軍人達による敗戦責任を求める運動も激しさを増し、やがて強い政治勢力へと発展した。また労働運動も復活し、労働者の基本的権利を要求して活発に運動を繰り広げた。そして情勢に不安を感じた若手将校達は、存続の危機に陥った自らの特権を守ろうと必死になった。これら三つの主要勢力はそれぞれ異なる立場にあったが、伝統的政治体制の復権を怖れ、対立するという点で共通していた。伝統的諸政党はもはや民衆からの支持も失い反対派の動きを鎮めることもできず、かつての支援者は新改革主義者、独裁主義者、急進派各グループへと分散していた。また伝統的諸政党の内部にも大きな変化が起こった。自由党は従来の立場を守りテハード・ソルサーノを支援した。だが伝統的政党の中で最も改革的だった旧エルナンド・シレスの民族主義党が解散すると、新興諸勢力と労働運動、そして伝統的諸政党を互いに結びつけた唯一の接点が途絶えた。一方同じ頃、サアベドラの共和党は「社会主義」計画を発表し、党名も共和主義社会党と正式に変更した。だがいくら社会主義の名前を掲げても組織にほとんど変化は見られず、戦後新たに興った諸勢力から疎外された。

パラグアイとの間に平和議定書を締結すると、有能なテハード・ソルサーノ政権はすべての新興勢力に対し譲歩を働きかけた。まず退役軍人の運動に対し正式な支持を表明した。一〇月にはスタンダード石油会社の法的手続きを進め、最終的に接収に成功した。その年の終りには憲法制定議会を合意にこぎつけ、社会改革法案制定のため新たに労働福祉省を設置して労働運動勢力にも対応した。だがいずれの動きも改革派諸勢力を満足させるには至らなかった。その後戦後の経済復興ブームの中で労働市場が成熟すると、再び労働組合運動が盛んになり、ついに政権を退陣させるきっかけになった。また急進派労働組織も復活し、下火になっていた各地方都市での運動も盛んになった。一九三六年五月には過激派の印刷工連合によるゼネストが始まり、しだいに大規模な運動へと発展した。革命運動をおそれたテハード・ソルサーノは警察官を撤退させ、軍参謀部は中立を宣言した。ゼネストは大成功を収め、労働組合員は一時的に各都市の警察権力まで奪うほどだった。そして賃金の一〇〇％割り増しを要求し、無期限の労働ストライキを宣言した。中央政府は大規模な労働運動を前に明らかに弱腰で、不安にかられた軍参謀部は作戦を練るための時間が必要と逃げ口上に終始した。一九三六年五月一七日になり、ついに軍内の二人の大佐ダビッド・トロとヘルマン・ブッシュがクーデターを起こし政権を握った。こうして伝統的秩序体制はついに終わりを告げた。

2　軍事社会主義時代

トロ＝ブッシュ時代のはじまり　一九三六年の軍部によるクーデターは、チャコ戦争時の若手士官を中心とするチャコ世代政権時代の始まりとなった。しかし軍の内部そのものは、国内政治勢力全体の動きを反映して、穏健派から急進派そして保守派へと次々に方針を転換させていった。その後数十年にわたりボリビア政府を率いることになる若手将校達は、「チャコ世代」としての改革を追求すると同時に、クーデターを起こすきっかけともなった対立する急進諸勢力からの圧力にさらされ、複雑な背景から主体性の確立に悩んだ。また退役軍人や議会が戦争犯罪法廷を要求したことも、軍部クーデターを駆り立てる動機の一因となった。

クーデターを起こした将校達は、当初ダビッド・トロを指導者に立て、ヘルマン・ブッシュをその後ろ盾に据えた。トロはサアベドラと同様に情勢の変化に迎合する考えの持ち主で、「軍事社会主義」を掲げて新たな時代の流れに取り入った。かつてサアベドラはマルクス主義の理念を汲んで自身の党を共和社会主義党と改名したが、トロ自身はマルクス主義思想について何も理解せず、民衆の人気を得るためにその言葉だけを利用して、改革路線を打ち出した。またボリビア初の労働省を作り、閣僚に急進派である印刷企業組合の現代表を任命するなど左翼勢力も取り込んだ。これにより政府内に小規模ながら左翼マルクス主義集団と無政府組合主義（アナルコ・サンディカリスム）の一派が生まれた。だが新政権を支持する文民勢力の多数派は、どちらかと言うと修正独裁主義勢力と密接な関係を築いていた。「民族社会主義」思想を最も明確に表明したのは、トロ政権発足の数カ月前に少人数で結成された社会党だった。社会党はカルロス・モンテネグロやアウグスト・セスペデスといった政治思想家に傾倒し、党の理念に反映させた。この二人の思想家は、後に民族主義を基に成立した複数の政党が民衆を扇動する頃に重要な役割を果たすことになる。社会党は新政権発足の数カ月後「ラ・サール」紙を発行し、ドイツ独裁主義のプロパガンダ機関として徹底した反ユダヤ主義の立場を取った。そのため民族主義の各政党は、三人の錫男爵の一人ホッホチルドがユダヤ人という事実を盾に鉱山主全員を非難の対象にあげ、諸外国と国際的な謀略を図っているという疑惑まで掲げて糾弾した。民族主義政党はトロ政権への影響力も持ち、国会の組織改正や運営方法の提案を行ったほか国営の労働組合を組織化させた。しかし労働省内の急進派は国営の組合を作る考えに反対し、政府の管轄下ではなく各労働組合の自主的な組織づくりを支援した。急進派の反対に加えてトロ自身がこの問題に無関心だったことから、結局労働組合の国営化計画は実現しなかった。

新たに台頭した急進的諸政党と既存の伝統的諸政党は、トロ政権の主導権を奪おうとそれぞれに画策を重ねた。これを見た若手将校達は、様々な思想がせめぎ合う分裂した情勢に不安を感じ、民衆の支持がまとまらないことに幻滅した。六月後半になると、ブッシュは軍と民衆の同盟関係を突如断交する宣言を出し、厄介者のサアベドラを追放すると全面的な軍事政権体制に突入した。こうして多党乱立の政治波乱期は突如終わりを告げた。無力なトロは決定をそのまま受け入れざるを得なかった。その後数カ月間は、ブッシュとチャコ派若手将校双方にとって満足のいく統治がなされ、多くの民衆から支持される穏健な改革を目指した。

このような混乱した状況は、軍参謀はもちろん伝統的政治家の間にも不安を広げた。自由党は権力の維持が困難になり、サラマンカ派共和党内部は無秩序の混乱状態になった。またサアベドラ派は新たな急進派の動きに翻弄され、寡占支配主義者は権力を守るため組織の再編成が必要になった。五月には錫鉱山主カルロス・アラマヨが新たに中央集権主義の政党を結成し、支配層の特権を守ることを目標に掲げた。党は当初鉱山連盟から強力な支援を得たがやがて衰退した。しかしアラマヨの新党結成は既存の諸政党に対する大きな警告となった。チャコ戦争後の動乱を経て緊張の緩んだ彼らに対し、その安定も長く続かないと自覚させた。それまで伝統的諸政党は不当な階級主義に基づく寡頭主義体制を取ってきたが、その後衰退に向かい新興政党に勢力を押されつつあった。また伝統的諸政党内部に新たな改革派分子が生まれ、急進的な動きを見せる可能性もあった。改革派の影響力はそれほど大きくはなかったが、将来的に脅威と化すことは明らかだった。鉱山主はそれらの脅威に対抗すべく安定した強い勢力を作ろうとした。アラマヨの結成した中央政権主義党の目的は、伝統的諸政党が長年抱えた様々な内紛を強引に断ち切り、徹底した階級主義に基づく政党として統一することだった。これは後に一九三六年から五二年にかけて鉱山支配層が掲げる目標ともなり、合法と非合法両手段を駆使して旧秩序の再構築を目指した。アラマヨの中央政権主義党は短命で、実際にはすぐに表舞台から姿を消したが、その存在は伝統的諸政党に多くの教訓を与え、後に自由党と複数の共和主義政党の間で連立に向けた話し合いが進められることになった。

ヘルマン・ブッシュ

ダビッド・トロ

派閥間の抗争に直面したトロは、解決にあたり全勢力に対し譲歩するという常套手段を用いた。右翼内過激派をなだめ、労働党内急進派を追放し、さらに改革派諸勢力の求めに応じて憲法選定会議を開き、新たな国家憲章を提案した。しかしこの対応に不満だったブッシュと側近の若手将校達は、一九三七年前半に不信任投票を行ってトロ政権の辞職を要求した。こうしてブッシュは、事実上クーデターに近い形でトロに政権交代を迫った。

ブッシュからの圧力に対して、トロは民衆からなるべく多くの支持を得ることで解決を目指した。退陣要求を受けた一〇日後、トロはボリビア・スタンダード石油会社の法的手続きを急ぎ、一九三七年三月一三日に正式な接収を発表した。同社保有の施設、資材などすべての資産は、新たに創立した国営企業ボリビア石油公社（YPFB＝Yacimientos Petrolíferos Fiscales de Bolivia）にそのまま移譲され、同社には一切の補償が与えられなかった。スタンダード石油会社の接収は、国内外双方にとって歴史的な事件となった。それはラテンアメリカ初の北米大手多国籍企業の接収であり、一年後メキシコで起こるさらに大規模な石油会社接収による外資国有化の先駆けとなった。また同時に政府の石油市場への直接介入を急激に推し進めることになり、以後ボリビアは主要な石油産出国として名を連ねることとなった。この接収によってボリビア政府は従来の自由放任主義の立場を捨て、より活発な経済活動に乗り出した。一九世紀に複数設立された鉱物購買銀行の存在と、一九三〇年代初期になされた政府による錫生産計画の経験が、その先駆的役割を果たした。だがこの頃の改革はまだほんの始まりに過ぎなかった。その後一次産業の国営化は加速的に進み、一九五〇年代には国内総生産のおよそ半数を国営企業が占めるまでになる。

次にトロは新たな社会主義に基づく政党を結成しようと試み、全国貿易連合組合からの暫定的な支持も得た。だがそのような急場しのぎの行動では、ブッシュの不満は解消できなかった。トロへの不信感を募らせたブッシュは、自身の豊富な経験と若手士官の支持も得たことから、自ら政権を取る意思を固めた。一九三七年七月前半にブッシュはトロに対し、軍部としてもはや政府を支持しないことを告げ、これをきっかけについにトロ政権は崩壊した。こうして一年三カ月に及ぶボリビア史有数の混乱と政党乱立の時期はついに幕を閉じた。改革派のトロ政権は民衆からの幅広い支持を得た。一方新たに政権を取ったブッシュは世間ではほとんど無名の存在だった。そのため鉱山主の要求に大きく左右されて伝統的諸政党の方針に立ち返るだろうというのが周囲の見方だった。だがいざ蓋を開けてみると、ブッシュ新政権はトロ時代の改革と政党再構築を単に繰り返しにすぎなかった。

政権当初のブッシュは、伝統政党同士を再び連立させることに関心を示したが、実際には正反対の行動を取った。ブッシュは伝統政党を閣僚メンバーに加えることを拒み、改革的な法案を続けざまに発効した。各政党もブッシュ政権に賛同するものは皆無だった。野党に新党結成の動きは衰えることなく、一〇年後には強力な改革派民族主義政党が相次いで誕生した。新興諸政党の勢力が増すにつれ、伝統政党は入閣どころか国会での発言権すら失い、その後四年にわたる低迷期を経て一九四〇年にはすっかり弱体化した。

トロ＝ブッシュ時代はこのように国内政治の混乱期にあったが、それでも公共の福祉を目的とした比較的穏健な改革を進めた点は重視されるべきだ。また表向きは社会主義を掲げつつも、国内資源や私有財産の接収という組合主義（サンディカリスム）的な動きは、スタンダード石油会社の件を除きそれほど本格的に進めたわけではない。トロとブッシュが力を入れたのはむしろ軍事面の強化だった。両政権の軍部はチャコ戦争時以上に多額の予算を手にした。軍の規模は五〇〇〇人まで縮小されたものの、一九三七年の時点で軍事費は国家予算の三二%を占めた。だがやがてブッシュが左翼に傾倒するにしたがって、旧体制出身の将校達は右翼へと走った。その後参謀長にカルロス・キンタニーヤが任命されると、急進派若手将校からの支持も失われていった。

一九三八年の新憲法　軍事社会主義の時代は、決定力に欠ける改革が続いた点をのぞけば将来さらに大きな変化をもたらすための基盤を作った時期と言える。一九三八年の新憲法制定議会は、一八八〇年の自由憲章以来の、国の将来を討議する場となった。一八八〇年に公布された自由憲章は、当時の典型的な一九世紀自由主義に基づいたもので、ごく一部の有権者による立憲政府を定め、国家と中央政府の権力維持を優先した。また個人の諸権利について厳しく制限する内容を盛り込み、民衆にとってきわめて不平等なものだった。

それまでラテンアメリカ地域では小さな政府が主流の傾向にあったが、一九一七年のメキシコ憲法改正以降、この流れは大きく変化した。革命的な内容のメキシコ憲法に影響を受けた地方部の急進改革派は、個人の所有権を犠牲にしてでも国民の教育や福祉に重点を置くことを国に求めた。「社会立憲主義」として知られるこの流れは、やがてラテンアメリカの急進主義者の政治思想の主流となり、憲法改正は改革の青写真の一つとなった。こうしてボリビア憲法の改正に向けた動きはチャコ戦争後急速に高まり、チャコ世代の中から台頭した新たな政治勢力の共通の合言葉となった。一九三八年五月の憲法改正会議でなされた票決では、ブッシュ政権はトロ派の新たな複数グループを後押しし、退役軍人派閥や中央労働連合が立てた独自の候補まで容認した。これに加えて弱体化した旧政党も複数加わり、一九三八年の立憲会議は激論をきわめた。

一八八〇年憲章を改訂した一九三八年の新憲法は、社会立憲主義の方針に沿ったものだった。また制定会議では、当時のボリビアで最も急進的な思想まで含め合法的に討論する場が提供された。農業改革の提案やアイユの合法化、鉱山の国有化については急進的と見られ最終的に否決されたが、私有財産権については憲法上で厳しく制限した。新憲法の中で私有財産は、不可侵の個人権利ではなく社会全体の公共サービスに役立つ社会的権利と見なされた。それと同時に、国家は個人の経済的福祉に責任を負い、女性や子供、家族全体を保護し、全国民に無償の教育機会を提供した。憲法改正会議の重要な目的は、これら条項を含む全国民の健康、教育そして福祉に対し国家が全責任を負うことを約束するものだった。それまでの自由放任主義体制下では、国民生活に対する政府の干渉は最小限にとどまったが、改正後は国民個人の生活まで積極的に介入し、集団としての幸福を追求する方針に変わった。

このような積極的な改革姿勢は、むしろブッシュを困惑させた。ちょうど穏健左派や伝統的諸政党が、チャコ戦争の自らの主張を明確にしつつあったその頃、ブッシュは右派から左派へと着実に転換を遂げつつも、自身の政治的立場が定めらなかった。憲法改正会議の討論の場は、穏健派と急進派にとって互いの思想を学ぶよい機会であり、それぞれの主義をさらに明確に位置づけて差異化を促す場でもあった。自由党は党内に生じた改革的な派閥を否定し、党の指導者に反チャコ世代改革派の保守的な知識人の作家アルシデス・アルゲダスを起用した。またいくつかの派閥に分散した共和党も、一九三八年三月チャコ戦争前の最後のカウディーヨ、サアベドラの死をきっかけに再び統一された。その後伝統的諸政党は、「コンコルダンシア」(Concordancia) と呼ばれる「同盟」を結び、チャコ戦争後活発になった新興勢力の動きをけん制するため互いに連立関係を組むという新たな段階に踏み出した。新興政党も憲法改正会議の議論を通じて、それぞれに確固とした基盤を築いていった。

ブッシュ独裁政権　ブッシュはいずれの派閥にも共感せず、一九三八年の改正憲法についても受け入れる決心がつかなかった。憲法改正による社会改革で恩恵を受けた民衆は政権を大いに支持し、新たな政治的安定がもたらされたが、それでもブッシュは満足できなかった。一九三九年四月、ブッシュは独裁政権を宣言した。これにより全党の政治活動が制限されたほか、議会選挙は中止され一九三八年改正憲法は無効化された。そしてブッシュ独裁政権が独自に定めた様々な法令を新たに公布した。法令は主に政府の倫理規範に言及するもので、内容は比較的単純なものだった。さらに一九三九年五月には新たな労働法を制定した。トロ政権時に設置された労働省は複数の労働関連改革法案を提案したが、国家立法にとって重要である近代労働法はまだ制定されていなかった。のちに「ブッシュ法」(Codigo Busch) と呼ばれるこれらの法令は、一九三八年改正憲法も含めブッシュ政権時代で最も評価される業績である。

またブッシュは、中央銀行を経由した外国への錫販売に反対する錫男爵達の声を退けた。前任のトロは政権時の一九三六年、中小規模の鉱山業者支援と政府を通じた合法的な鉱山販売をめざし鉱山購買銀行を設立した。さらに大手鉱山主に対し、外国への錫販売で得た利益を中央銀行に還元するよう求め、ボリビア通貨に特別な為替レートを適用して換金させようとした。トロは公開為替市場よりも低い利率を維持することで、鉱山産業の直接税や間接税の税率を四倍まで引き上げることに成功した。その後ブッシュ政権では、トロの方針を引き継いで為替レートのさらなる引き下げを断行した。政府による取引額は大幅に増加し、全錫輸出額の二五%を占めるまでになった。鉱山主は自由市場体制に戻すようブッシュに求めたが、ブッシュはまったく正反対の行動を取った。さらに中央銀行では一九三六年から五二年にかけて、急進派政権や保守派政権の時代と同様に外国への錫販売を完全に支配し、外国為替相場を巧みに操作することで間接的な徴税収入を得て政府の財源を創出した。

このように新政権下で多くの近代的な改革を実行したにもかかわらず、ブッシュは現状に満足することができなかった。ヨーロッパのユダヤ人を解放してグランチャコや東部低地帯に移住させる査証《ビザ》を発給する決断を自ら下したものの、ユダヤ人に対し有料で査証《ビザ》を売りつけているという根も葉もない噂を立てられ困惑した。噂を拭い去るため、ユダヤ人の錫男爵ホッホチルドに対し外国為替関連法を破ったとの罪を仕立てて投獄したが、周囲からの圧力を受け数日後には釈放した。ブッシュは伝統的諸政党と対等に協議を続けることを目的として、自らの党の結成と解散を常に繰り返した。そして自ら制定した数々の法による統治をすることでボリビアの運命が奇跡的に変わることを望み、民衆の前で再三その思いを口にした。だが改革の大半は平凡なもので、奇跡を起こすほどの劇的な影響力はどれひとつなく、やがてブッシュ自身もそのことに気付いていった。

政権末期の公式演説や法案からは、ブッシュが自らの政策に不満を持つ人々の存在に対し明らかに動揺していることがうかがえる。一九三九年八月、ブッシュはついに自ら命を絶った。その死は国中に衝撃を与え、国民中の尊敬と支持を集めた。それは皮肉にも、政治人生において最も欠けているものとブッシュ自身が痛感していたものだった。自殺によって訪れた情勢の急激な変化の中で、ブッシュは革命的左翼の殉教者と見なされた。また人々は、利権に不満を持つ錫男爵とロスカ支持者達が、このチャコ戦争の英雄を暗殺したという説まで信じこんだ。今日ではほとんどの学者が自殺説を採用しているものの、当時急進派や改革左派はブッシュの死を一つの伝説として持ち上げ、政治の変化と自らの思想を正当化するための新たな宣伝材料にした。それはちょうど、チャコ戦争の原因はスタンダード石油会社のせいだという真相とは異なる噂が一般の人々に広く信じられたのと同じような現象だった。

3　革命前夜

軍事社会主義時代の終焉　ブッシュの死によって、チャコ世代の将校によるカリスマ的な時代が終焉した。それは軍部による急進的新機軸時代の終わりでもあり、保守的な寡占主義者にとっては政権復帰の機会が訪れたことを意味した。右翼はブッシュ政権下の軍部を率いたキンタニーヤ将軍のもと、主要な急進派士官達を権力の座から首尾よく追放した。軍部自身もブッシュの死をきっかけに、伝統的諸政党側に向かう準備を整えた。右派にとってブッシュの死は、戦後の混乱期に生じた急激な変化から脱するための絶好の機会だった。

だが伝統的諸政党はやがて、チャコ戦争前の状態に戻ることは不可能だと気付いた。一九三六年から三九年は急進左派の飛躍的な成長期であり、これまで存在しなかった穏健左派が大きく進展した時期だった。少数派であるスペイン語話者は、この時期に近代の最新的な急進改革派思想を学び、その思想は一部の農民や都市部貧困層チョロにも広がった。穏健左翼層はトロ＝ブッシュ時代に優遇された時期もあったが、それ以外は常に冷遇され迫害まで受けてきた。チャコ戦争後の混乱期に何ら抑圧もなく野放しにされ、特に中流層や学識のある労働者階級の間に拡大した。一方最左翼は労働者や大学生が活発なグループを形成し、やがて全ラテンアメリカ左翼運動の中核をなすほど急進化して新たな組織的権力として台頭した。さらに急進左翼はこれらの新たな諸勢力と関係を結びつつ、同時に中流階層も取り込むべく彼らの意見を聞くため聴聞会まで開催した。

このように軍事社会主義時代は一八八〇年以降続いた伝統的政治体制を終焉させ、それまで一部特権階級によってなされた寡占的な旧共和党政権から、階級政治を基本としつつ中下層階級を政界に受け入れる形へと移行した。その結果様々な内部抗争が発展した。穏健左翼と最左翼は依然として少数勢力で、組織力のある安定した政党はほとんど見られなかった。だがそれでも順調に成長を続け、右翼はその動きに歯止めをかけることは出来なかった。ブッシュ政権時代の終焉以降は両翼とも文民政治体制に背を向けて、自らの思想や階級を守るため暴力に訴えたため内紛は一層激化した。

しかし右翼保守勢力は、ブッシュの死を機にチャコ戦争前の体制に戻すことが可能になったと考えた。

そこでキンタニーヤをそそのかして指導者に立てると、開放選挙と文民体制の再生を目標に動きはじめた。キンタニーヤには政権をとる明確な意思があったが、多方面から強い反対にあった。「コンコルダンシア」（連立同盟）を結んだ伝統的諸政党は軍事政権の退陣を要求し、体制に不満なチャコ派士官達は反発し、戦時の英雄でブッシュ＝トロ政権支持者のビルバオ・リオハ将軍を支持した。勝利を収めたのはキンタニーヤで、大統領就任後一カ月後には一九三八年改正憲法を復活させ議会を召集し大統領選挙をおこなった。またビルバオ・リオハ将軍を追放し、チャコ派士官や新左派グループとの協力関係を断ち切った。左翼は明確な指導者を失い、右翼が再び権力を握る状況が出来つつあった。

しかし一九四〇年に実施された数々の選挙は、旧支配層に衝撃を与えた。伝統的諸政党はエンリケ・ペニャランダ将軍を正式な統一候補に立てて連立し、自由、共和両党ともに一致団結して議会選出の際にも支持を表明した。一方最左翼は、法律および社会学を専門とするコチャバンバ在住の大学教授ホセ・アントニオ・アルセを中心に組織化した。アルセは過激派マルクス主義者の一派で、チャコ戦争に反対の立場だったほかトロ政権時代には改革路線に異議を唱えたことから、一九三六年に一度追放されていた。アルセはチリでの亡命生活中に、マルクス社会主義者の連合組織であるボリビア最左翼前線を結成した。一九四〇年の選挙では、アルセは非公認政党から出馬したほとんど無名の候補者にすぎなかった。またマスコミの後押しもなく、ペニャランダを推す穏健派左翼からの支持も得られない状況だった。このような様々な障壁がありながら、アルセは五万八〇〇〇票中一万票という驚異的な票を得た。右翼政権下にもかかわらずアルセを支持した一万人の有権者とは、学識者や都市部の白人やチョロで、革命的マルクス主義の実践を、ボリビア発展のため唯一有効な手段と考えている人々だった。アルセ候補の健闘は右翼に衝撃を与えた。それまでの独走状態から将来を楽観視していた右翼は優越感を打ち砕かれ、一九三二年以前の旧体制を復活させる望みは水の泡と消えた。

その後国会が開催されると、右翼の優越感はさらに打ち砕かれた。選挙後の国会は、穏健、急進両派含む左翼が圧倒的な支配権を握った。こうして一九四〇年代初頭のペニャランダ政権時代は、旧体制の復活というよりも新たな政治的枠組みを組成する時代となった。ペニャランダは原則として自由主義思想に基づき、伝統的な議会制政治に回帰した。また後にヨーロッパをはじめ各地域で第二次世界大戦が始まると、連合国側を熱心に支援した。この二つの取り組みによって、ペニャランダは国内外の様々な問題にかかわる討議の場を提供し、左翼各グループは様々な思想に基づき、それぞれ組織化を進めた。ペニャランダ政権時代は、前政権までに結成された複数の急進派や改革派思想の諸勢力がそれぞれの思想をより確立させて、安定した政党へと成長する時代となった。

国民革命運動党（MNR）と左派革命党（PIR）の成立　国会で新たに頭角を現した勢力は穏健左派だった。かつてトロ＝ブッシュ政権の一部を担った中流階級の知識層からなる穏健左派は、独裁主義（ファシズム）の思想に影響を受け、「民族社会主義者」と呼ばれた。彼らは原則としてペニャランダ政権を支持したが、米国に対し温情的だった点については厳しく非難した。ペニャランダが第二次世界大戦の開戦に際して連合国支持に回ると、ボリビアの錫産業貿易も連合国側へと傾倒し、米国軍需産業の需要に大きく左右されることになった。このことは内需の利権を重視する人々の怒りを買った。民族社会主義を掲げる穏健左派は、国際面では枢軸国側のドイツやイタリアを支持し、ボリビア国内の基幹産業とりわけ錫鉱山の国営化を熱心に働きかけた。ファシズムに傾倒し社会主義を推進する立場から見て、急進的な鉱山労働運動を強く推進するのも必然的な流れといえた。そこで穏健左派は、ペニャランダ政権時代に民族社会主義に基づく新たな政党を結成した。機関紙ラ・サールの編集者カルロス・モンテネグロとアウグスト・セスペデス、そして議会で中心的役割を担ったビクトール・パス・エステンソーロの三者が指導者に立ち、国民革命運動党（ＭＮＲ　Movimiento Nacionalista Revolucionario）を名乗った。

さらに一九四〇年の選挙で急浮上した最左翼のアントニオ・アルセも、国民革命運動党の左派として新たに党を結成した。アルセはリカルド・アナヤと共に知的階級のマルクス主義者を組織化し、一九四〇年半ばに過激派政党の左派革命党（ＰＩＲ　Partido de la Izquierda Revolucionario）を正式に設立した。左派革命党は鉱山の国営化とインディオの自由を求め、対外的にはソ連を全面的に支持する立場を取った。当時はまだ正式な共産主義政党ではなかったが、ソ連の連合軍加盟と第二次大戦参戦を党結成の動機としたことからも、極めてそれに近い性格を持っていた。

国民革命運動党と左派革命党、そして旧トロツキー派革命労働党（ＰＯＲ）の三政党は左翼三大政党として頭角を現し、「コンコルダンシア」（連立同盟）と呼ばれた伝統的諸政党に対抗した。左翼三大政党はいずれも錫鉱山の国営化を公約に掲げ、鉱山労働者中心に労働運動を支援した。だがこの共通の目標以外に、各党にはそれぞれ根本的に異なる思惑もあった。革命労働党と左派革命党はインディオの問題に真剣に取り組み、賦役義務とラティフンディオ（大土地所有制）の廃止を求めた。また労働者や中流階級と農民を連携させ、革命の前線軍として組織化させようとしたのも革命労働党と左派革命党だった。一方白人中流階級出身者が中心となる国民革命運動党は、インディオ農民に関しては静観する構えで、反乱などの動きがない限り特に状況を変えない方針だった。

国際問題をめぐる様々な議論も、第二次大戦をきっかけにボリビア国内政治の場で初めて顕在化した。左派革命党は連合国側を熱心に支持した。国内鉱山の利害関係にも大きく左右される左派革命党は、連合国にボリビアの鉱山資源が常に供給されるよう配慮しなくてはならなかった。戦争支持の立場に加え、右翼反ファシスト同盟からの要求にも左右されやすく、政治活動の上で多くの制約を受けた。これとは対照的に、国民革命運動党は国内の利害関係にほとんど影響されない自由な立場にあり、ファシズム諸国の枢軸国側を支持した。また革命労働党も同様に国内利害関係を持たず、国際問題については非干渉の立場を貫き、国内の諸問題に取り組むことが可能だった。

当初左派革命党は左翼内でも圧倒的に優勢で、第二党の国民革命運動党を大きく引き離し、革命労働党は少数派にすぎなかった。やがて左翼が議会で発言権を強めると、趨勢の変化にいち早く反応した鉱山では労働組合活動が盛んになった。各地でデモ行進やストライキが頻繁になり、賃金の値上げや労働条件の改善を訴えた。議会の内部にも労働運動を支援する大きな勢力が育ち、ビクトール・パス・エステンソーロなどを中心に労働者権利保護団体が作られた。伝統的諸政党は、労働者支援や政権への攻撃を続ける左翼にことごとく対立した。だがペニャランダ自身には、左翼三政党を糾弾する考えはなかった。一九四〇年代の国会は、ボリビア史上最も過激で自由奔放なものとなり、今日の国会すらも凌ぐほどの様々な論議が交わされた。

　政治に関しては自由主義の立場だったペニャランダ政権も、経済や労働問題に関しては保守的だった。ペニャランダは米国政府からの貸付金や技術支援を必要としボリビア錫の長期販売契約の締結を強く望んだが、チャコ戦争後ボリビアが没収した米企業スタンダード石油会社の執拗な抵抗に直面した。スタンダード石油会社はボリビア政府に対し、補償金とその代替または追加条件として、国営化によって奪われた施設の返還を要求し、米国の外交立場を利用してボリビア政府を意のままに操った。米国務省側の思惑は、ボリビア＝ドイツ間の蜜月関係を断ち切ることだった。ボリビアとドイツは、軍事面での密接な協力関係のほかボリビア国営航空の設立支援を受けるまでに深いつながりを持ち、国民革命運動党の機関紙ラ・サールの関連会社もドイツ資本企業だった。米国務省はそれらの関係を絶ち、ボリビア鉱山に米系企業を本格的に進出させたいと考えた。だがスタンダード石油会社にまつわる様々な問題が足かせになり、実現は不可能と思われていた。

　しかし米国の国際戦略上ボリビアとの関係維持が重要になったため、一九四一年後半になり米国は、ボリビアと武器貸与の約束を間接的に取り付けたうえ技術使節団を送り込み、ついには政府間で鉱物資源購入の長期契約を結んだ。これを後ろ盾にしたスタンダード石油会社は、ついにボリビア政府との和解交渉に応じた。かつてボリビア政府がスタンダード石油会社を無償没収した際の「補償金」については、最終的にボリビア内の多国籍企業が経営する地域の地質調査結果と油田分布図をすべてボリビア政府が購入することで決着した。これはボリビア外交にとって事実上の勝利だった。スタンダード石油会社から補償金に対する異議は上がらず、立場も合法的に納得させた。しかし国内左翼と、スタンダード石油会社にチャコ戦争の責任があると未だに考える民衆からは非難の嵐が起こった。

政府に対する左翼や民衆の非難の声は次第に激しさを増した。これを受けた政府は一計を案じ、米国にある捏造文書の作成を依頼した。内容は国民革命運動党がドイツから資金援助を受けボリビアを独裁政権化する構想を抱いているとするもので、左翼の過激さが国益を損なうという世論を民衆に植えつけようとした。ラ・サール紙は休刊されドイツ大使は追放された。だが国会の国民革命運動党派議員はそのまま残ったため、議会内では激しい議論が起こった。左派革命党や他の左翼過激派グループは、国民革命運動党の独裁化計画が政府によるでっちあげだと知りつつも、根本的に国民革命運動党のファシズム的性格に不信感を抱いていることを自覚した。国民革命運動党の構想のうち、改革主義や民族主義的な側面については支持を表明したが、その他の側面については厳しく非難した。

一九四一年一二月、米国は第二次世界大戦に参戦した。ボリビアは翌一九四二年一月になって連合国側に加わり、ドイツ、日本との関係を絶った。枢軸国側の独裁主義に賛同していた国民革命運動党もドイツとの蜜月関係がもはや維持できなくなり、正式に断絶した。これ以降国民革命運動党は国内問題により力を注ぎ始め、ストライキなど労働運動の温床となった。その反面、最左翼の各政党に向けた敵意は緩和していった。

国民革命運動党の過激な運動はすべて、ペニャランダ政権後期に起きた主に二つの出来事――一九四二年の議会選挙と、鉱山での大規模な虐殺事件を背景に組織化された国家鉱山労働者連合――の影響を受けていた。一九四二年五月の議会選挙では、伝統的諸政党の得票数一万四一六三票に対し、新興勢力の諸政党はその倍近い二万三四〇一票を獲得した。新興政党は知識層や白人有権者から広く支持され、伝統政党はその勢いを止めることができなかった。以後白人中上流階級の有権者は、一九五一年の大統領選まで選挙の度に増え続け圧倒的な多数派となり、チャコ戦争前の政治体制に反発してより急進的な立場に向かっていった。

カタビの虐殺　中流階級白人層が急進化するに伴って、労働者階級もさらに過激化の一途をたどった。このうち最も強硬に革命思想を打ち出したのは鉱山労働者だった。鉱山では早くも一九四〇年には、各地の鉱山組合が全国組織を作る動きを見せた。政府は、第二次大戦に備えて一致団結することを口実に各組織の解体を試みたが、組合側は議会の左派各政党から強い支援を受け活動を続けた。一九四二年一一月と一二月には、オルロとポトシで賃金値上げを求める大規模なストライキが起こった。その後パティーノ所有のカタビ鉱山で、最も長期に渡る激しいストライキが起こった。一二月下旬には、軍が鉱山労働者や家族に向けて火を放ち何百人もの非武装労働者が殺害された。このカタビの虐殺は、左翼や鉱山労働者を再び蜂起させるための強力なスローガンとなり、これを機に両者は一層団結を強め、一大政治組織を形成していくことになった。

政府は左派の動きを鎮めるため、マルクス主義派の左派革命党をスケープゴートにしてカタビの虐殺を引き起こした罪をなすり付け、左派革命党の機関紙を閉鎖して幹部達を投獄した。だが実際には、当初より鉱山労働者運動に深くかかわり、政治色を強める以前から徹底的に利用したのは国民革命運動党だった。パス・エステンソーロ率いる国民革命運動党は鉱山労働組合を支持して、虐殺を引き起こしたペニャランダ政権を議会で大いに非難した。また偶然にも政府と利害関係の一致した鉱山主と米国を合わせた三者を同時に糾弾した。非難を受けた政府は左派革命党を糾弾する動きを止めたが、それが原因で政府側にあった穏健左派が協力関係を絶ち、より急進的な勢力へと変貌していった。こうしてトロ＝ブッシュの時代から続く穏健左派はカタビの虐殺を巡る論争の中で消滅し、伝統的政治家にも自身の政党を去る者が相次いだ。結果として政府は、最も反動的な自由党と共和党以外の支持を失った。左派革命党については、党と密接な関係を持つソ連が連合国側に付き第二次大戦に参戦したことから、将来的に同じ連合国を支持する政府側に取り入れる期待もあったが、ペニャランダ政権自身がこれを拒絶した。左派革命党は、政府から強制される形で国民革命運動党や革命労働党と同様の野党に加えられた。

軍事政権の成立　一九四三年の終わりにはペニャランダ政権はすっかり弱体化し、軍の統制権も失いつつあった。不満を持つ軍内では数々の秘密組織が結成され、小規模な反乱が頻繁に起きた。組織のうち最も勢いがあったのはＲＡＤＥＰＡ（国家の大義）だった。ＲＡＤＥＰＡはチャコ戦争でパラグアイの捕虜となった若手将校によって結成され、ビルバオ・リオハ将軍の逃亡により軍内随一の政治勢力として頭角を現した。だがそれまでに結成された軍内勢力とは異なり、ＲＡＤＥＰＡとその分派は改革社会主義路線よりもファシズムへと強く傾倒していった。ＲＡＤＥＰＡの将校は一九四三年一二月後半、国民革命運動党と手を組んで革命を起こしてペニャランダ政権を崩壊させ、ボリビア史上初の国民革命運動党政権の一部権力を担った。

新たに発足した政府は、無名のグァルベルト・ビヤロエル将軍による軍事政権だった。ビヤロエルは戦争の功績者でもなければ軍事社会主義時代に目立った活躍をしたわけでもなかった。それでもRADEPAで重職にあったビヤロエルは、組織の掲げる抽象的な改革主義や独裁主義モデルに基づく政治を行った。ビヤロエルは閣僚に国民革命運動党メンバーを三人入閣させる一方で、軍内部で新たな動きを見せる急進派将校グループとも協力関係を結ぼうとした。国民革命運動党は新政府の発足に合わせ、それまでのカルロス・モンテネグロとアウグスト・セスペデスの両過激独裁主義指導者を中心とする体制を変え、新たにパス・エステンソーロを指導者に立てた。軍事政権は枢軸国側の考えに賛同したものの、一九四四年になり大戦の敗戦が濃厚になると、将来の見通しが暗くなった。またRADEPAによるビヤロエル軍事政権は米国やラテンアメリカ諸国の大半に否認され、国民革命運動党内の過激分派に政権を渡さざるを得なくなった。ビヤロエルは一九四四年前半には政府内の権力の中心を国民革命運動党に引き継いだ。しかしRADEPAと国民革命運動党の関係は悪化することなく、政策の基本路線は国民革命運動党の思想が踏襲された。

鉱山労働者組合の結成　その後政府の関心事はインディオの権利保障や鉱山の労働運動支援へと移った。これら問題には革命労働党の労働組合分派が特に深く関与した。国民革命運動党は、鉱山の労働運動指導者であり革命労働党派のファン・レチン・オケンドと密接に関係した。さらに鉄道建設労働者からの支援も得て、一九四四年六月にワヌニ鉱山で六万人という大規模な全国規模の鉱山労働者連合組織が結成された。ボリビア鉱山労働者組合連合（FSTMB）と命名されたこの組織は、労働運動の中心的役割を担い、ボリビア史上最大の労働者組織として国民革命運動党や軍事政権を支えた。一方で一般の労働者は鉱山労働者組織に反対し、左派革命党を支援した。

さらにビヤロエル政府はケチュア語、アイマラ両語族から一〇〇〇人以上のインディオ指導者を集め、一九四五年五月ラパスで初の全国インディオ会議を開催した。この会議でビヤロエルは、自由共同体に教育施設を提供することを約束した。そしてポングァへと呼ばれる悪名高いインディオの労働奉仕義務を廃止する法案を可決した。この法令はあまりにも革新的だったため施行には至らなかったが、急進派インディオに対し国会が最低限の権利を保障するという成果をもたらした。また伝統的な共同体指導者は、複数の共同体間にまたがる協約を初めて結んだ。これは後に農民蜂起運動への道を切り拓くことになった。

ラパス暴動　ビヤロエル政権は、国民の自由や権利という側面においてボリビア史上名うての非道な政策をとった。一九四四年の憲法改定会議で、決議投票の際に左派革命党が多数派を占めると、政府は左派革命党の代表を暗殺して支持者達を投獄した。その後一九四五年後半にオルロで起きた一時的な反乱も、伝統的政治家の中心人物を捕らえて処刑するための絶好の口実に仕立て上げた。中流階級の知識層に対して弾圧を加えるという手段は、それまでのボリビア政治にはない新たな動きだった。国内は深刻な分断状態に陥り、支配層の多くはビヤロエルを暴力的な独裁主義指導者として、政府が掲げる改革も無益なものと考えた。それでもビヤロエルは強圧的な行動をやめず、マルクス主義派や伝統的政治家に対して過剰な敵対心を抱いた。そのような態度を取ったことが最終的に政権崩壊をもたらす原因となった。ビヤロエル政権後は国民革命運動党も一時的に弱体化し、少数勢力となった。

ビヤロエル政権崩壊後は保守派を中心に、左派革命党も加わった暫定政権が発足した。極左および極右両勢力への弾圧はその後も続き、ついに双方が連立せざるを得ない状況に追い込まれた。こうして一九四四年から四五年にかけて左右両翼の急進派による反ファシズム民主主義連合が成立した。この連合は政府の抑圧が続く一方で確実に広がりを見せ、一九四六年初頭までに鉱山以外の労働運動や学生運動組織など、国内政治支配層の大半に浸透した。さらに一九四六年六月から七月には教職者によるストライキ運動をきっかけに、世論を反政府へと向けさせることに成功した。一九四六年七月一四日には、民衆の反対デモ行進が大規模な反乱へと発展した。こうしてビヤロエル政権は軍部や警察出動によるクーデターを一切経ず市民運動の力によって失脚させられた。ビヤロエルは大勢の側近達と共に民衆に捕らえられ、ラパス市内中央広場の街灯に吊るし上げられ処刑された。

ラパス暴動によって、国民革命運動党とRADEPAは完全に失墜し民衆の支持を失った。そのため将来政権を握るのは、ラパス暴動を主導した左派革命党ではないかと思われた。しかし三年間の内乱期を経て旧国民革命運動党幹部が市民に追放されると、国民革命運動党は野党最大政党として、また国内最強の政治組織として新たに浮上した。国民革命運動党と左派革命党の命運が転換した背景には、国民革命運動党が左派革命党指導者の無能ぶりを如才なく宣伝したことも一因として挙げられる。また国民革命運動党は国内にチャコ世代勢力がまだ残っていることを理解し、彼らの要望に速やかに対処したが、左派革命党はそのような勢力が存在したことすら忘れていた。軍部の独裁主義時代の悲惨な経験から教訓を得た国民革命運動党は、「セセニオ」と呼ばれる地下潜伏時代（一九四六年から五二年の六年間）に、変化を求める急進的な民衆のための政党として再浮上し、信用を勝ち得た。この間に党内に残った独裁主義的要素もすべて排除した。国民革命運動党内の革命的転換を主導したのは、ファン・レチンと彼を支援する鉱山関係者だった。レチンは党の改革が成功したことの見返りに、党に対し鉱山産業の支援を要求した。その頃パス・エステンソーロやエルナン・シレス・スアソをはじめとする新たな国民革命運動党指導者達は、中流階級を確実な支持基盤として党の再建に専念した。党の理念として経済の安定を前面に打ち出しつつ、他方では経済の国営化を目指した。一九四六年七月に、ラパスの群集によるビヤロエルの処刑という革命的な事件が勃発したのは、新生国民革命運動党が飛躍的に成長を遂げ始めたのと同じ頃の出来事だった。このラパス暴動は後になって、保守体制への復帰を唱える大規模な反動的な運動へと形を変えた。ビヤロエルはブッシュやカタビの虐殺の鉱山労働者と同様に、国の犠牲となった殉教者として崇められ、新たに反動主義者の英雄的存在となった。

これら一連の動きを通して左派革命党が取った対応は、すべてその後の命運を左右するものとなった。国民革命運動党とビヤロエルの政権打倒を目の当たりにした左派革命党は、主義を貫くために残された唯一の手段として伝統的諸政党との協力を決めた。そしてこの決断は、左派革命党にとって致命的な過ちとなった。国民革命運動党は、チャコ戦争がもたらした数々の変化を忘れなかっただけでなく、伝統的諸政党の気質についても忘れていなかった。伝統的諸政党の連立同盟「コンコルダンシア」は、今や階級制度を保護する立場にあり、様々な改革派や急進派による新興勢力を倒すことを目的としていた。そのため伝統的諸政党は、自身の行動の隠れ蓑として左派革命党を喜んで利用した。労働者運動に反対する立場にあった伝統的諸政党は人々から非難を受けたが、糾弾の矛先をすべて左派革命党に向けさせると、特に鉱山労働者からの直接的な攻撃が左派革命党へ集中した。かつて政権をとった伝統的諸政党のねらいは、すべての改革の動きを徹底して阻止し、チャコ戦争以前の体制を復活させることだった。しかしこれは実際にかなうことなく、伝統的諸政党は左派革命党のみならず自身の内部組織をも解体して終焉を迎えることになる。国民革命運動党の「セセニオ」がもたらした結末は、伝統的政治家達が政権奪還を完全に断念せざるを得ない状況に追い込まれたうえ、変革を求める民衆の要求に対抗する唯一の防衛手段として、軍部への依存関係に転じたことだった。

プラカヨの主張　民衆の求める変革の全容は、ラパス暴動から数カ月後に明らかになった。それはきわめて急進的な内容だった。ボリビア鉱山労働者組合連合は一九四六年一一月、鉱山都市プラカヨで開催された第四回全国鉱山労働者会議でトロツキーの永続革命論を採択し、闘争に備えて労働者の武装化を呼びかけた。このいわゆる「プラカヨの主張」(プラカヨ・テーゼ)は、すべての改革派の立場を否定する革命的な内容だった。七月のラパス暴動は民衆が起こした運動として同意したものの、左右両翼の急進派による反ファシズム民主主義連合には対立の構えをみせ、寡頭政治による真のファシズム実現を主張した。プラカヨの主張がめざすものは、労働者と農民の協力組織の結成と労働者支配による政府だった。通常は目立たない部分に過ぎない労働細則の中にも労働者の即時武装を求める内容を盛り込み、賃金上昇を要求する一般的なストライキとは対照的に、革命論を訴えて労働者の鉱山経営への参加を促した。これは実際に革命労働党派の鉱山労働者が最も強く唱えた主張でもあった。そして鉱山労働者に対し革命を起こすよう促したほか、国民革命運動党に急進的な立場をとるよう圧力をかけた。

計画を知った政府は運動を弾圧する決意を固め、左派革命党の閣僚を利用して労働者組織に直接的な攻撃を加えさせるよう仕向けた。一方左派革命党は、ラパス暴動でビヤロエル政権が崩壊した後の暫定政権に加わった経験から権力の座に執着する考えだった。そのため一九四七年の選挙で伝統的政党の共和党が勝利すると、寝返って新たな連立政権に加わった。だがこれは決定的な間違いだということが分かった。共和党はエンリケ・エルツォグとマメルト・ウリオラゴイティーアのもと伝統的諸政党の中で最も反動的な一派に属し、断固としてボリビア鉱山労働者組合連合の息の根を止める考えだった。結局左派革命党は新政権でも都合よく利用され、一九四七年初頭に軍を鉱山に出動させる命令を直接下すことになった。この結果大規模な虐殺を伴ってカタビのストライキは鎮圧されたが、左派革命党もまた左翼の代表政党としての立場を失った。

同じ頃国民革命運動党では、ビクトール・パス・エステンソーロを含む指導者の大半が追放されたが、それでも中流階級の支持は確固として維持された。一九四七年の選挙では民衆からの支持は激減したが、四万四〇〇〇票を得て勝利した共和党に対して国民革命運動党は一万三〇〇〇票を得た。その後左派革命党は解体され、伝統的諸政党は穏健派戦後改革主義のトロ＝ブッシュモデルも含む全新興勢力に対し敵対を強めた。これに対して国民革命運動党は支持基盤をますます拡大していった。一九四九年五月の議会中間選挙で、国民革命運動党は政府と強硬に対立する野党ながら大幅に議席を増やし、共和党に次ぐ第二政党にまで成長した。現職のエルツォグは、国民革命運動党の復権に対し不意を衝かれた格好で辞任し、副大統領ウリオラゴイティーアに政権を譲った。

だが共和党と左派革命党は、政権そのものを譲る事を共に拒んだ。カタビでは議会選挙後まもなく再びストライキが起こり、レチンとマリオ・トレス、その他ボリビア鉱山労働者組合連合幹部達は追放された。指導者達の逃亡の知らせを受けたカタビでは労働者が武装蜂起し、大規模な軍の介入があった。この軍事行動によって改革主義分子は一掃され、共和党政権の弾圧的な政策に完全に吸収された。共和党と左派革命党は、労働者や国民革命運動党の革命運動に恐怖を抱きつつも、中上流階級や官僚など保守的な支持基盤を背景に団結した。

しかし第二次世界大戦後の錫の国際価格の下落は、政府の深刻な財政危機を引き起こした。国内物価は急激に上昇し景気は衰退した。共和党政府はそれらの状況に対して講ずる策もなく、従来から続く支持基盤のいくつかを失った。支配階級の有力者達は、共和党政府と野党国民革命運動党の最終的な勝負の行方には無関心だった。一方国民革命運動党は、共和党による労働者の暴力的な弾圧と、選挙の得票率を減らすための不正行為を受け、武装化して政権打倒を目指した。一九四九年九月シレス・スアソ指揮下の国民革命運動党は、市民による反乱を引き起こした。二カ月に渡る反乱で全県庁所在地に軍を動員し、サンタクルスには暫定的総本部まで設置した。この反乱は多数の犠牲者を伴ったものの、ボリビア国内政治の方向を転換する重要な変化をもたらした。完全に市民主導による反乱で政府軍は反乱軍に対抗して団結を維持した。かつて国民革命運動党と軍の間には密接な協力関係があったが、将校達が反目したため完全に敵対関係になった。反乱は労働者と中流階級が協力して起こったという面からも独自の性格を持った。それは国民革命運動党にとって、古くからのファシストや軍との繫がりを断ち切って軍そのものを解体し、革命を起こす必要性を示すものだった。

革命前夜　国民革命運動党は、持続的に弾圧を受けながらも日ごとに力を増した。一九五〇年の労働運動の際に見られた圧倒的な支持の高さもそれを象徴するものだった。一九五〇年五月、ラパスの工場労働者がストライキを起こし、次第に他の国民革命運動党武装労働組織による反乱へと発展した。ラパスの労働者拠点では、軍が静圧のため飛行機や大砲を用いた。だがそれ以上に重要な点は、それまで左派革命党の拠点だった都市部の労働運動を国民革命運動党が引き継いだことだった。この頃国民革命運動党は、各地の複雑な事情も乗り越えて国内ほぼ全域の労働者組織から支持を得ており、それまで中流階級から得た磐石な支持基盤と同等までに拡大した。

一方左派革命党では、党内の急進派閥が連立政権からの離脱を迫ったが、党としてそれ以上過激な立場を取る事はできなかった。一九五〇年初頭、党内の若手が離党して新たにボリビア共産主義党を結成すると、左派革命党はさらに縮小化して存在感を失っていった。一方国民革命運動党は、様々な民主的な手段によって権力を手にする努力を重ねた。一九五一年五月の大統領選挙では、逃亡中のビクトール・パス・エステンソーロとエルナン・シレス・スアソを候補に立てた。動揺した保守派を尻目に、国民革命運動党は大多数の支持を得て五万四〇〇〇票中三万九〇〇〇票という圧倒的勝利を収めた。与党の共和党はわずか一万三〇〇〇票、左派革命党はわずか五〇〇〇票で、得票数は自由党すらも下回った。

しかし国民革命運動党政権の正式な発足を待たずして、軍部は介入を決意した。選挙から数日後、現職大統領のウリオラゴイティーアは退陣にあたって軍の参謀部に職務を引継ぎ、後任にウーゴ・バイビアン将軍を指名した。新たに発足したバイビアン政権は、国民革命運動党が勝利した選挙をただちに無効化し、党の政策が当時国際的に発展しつつあった冷戦理論を反映したものであることを理由に、国民革命運動党を非合法的な共産主義組織と断定した。だが軍の行動を支持したのは共和党と少数派右翼で聖職支持の独裁主義政党、ボリビア社会主義ファランヘ党のみだった。そのことに気付いた参謀部は反乱をおそれ、緊迫した状況と紛争から逃れるため、多くの将校が国外任務の外交大使に就くことを望んだ。

いまや国民革命運動党が一旦無効化された選挙の結果を力ずくで取り戻す考えを持つことは、誰の目にも明らかだった。一方軍参謀部はあくまで軍部による政権を守ろうとした、国民革命運動党は本来武力による解決を望まない主義だったが、文民のみが政権を取るべきと確信して軍と全面的な対決に突入する方針に転じた。こうしてビクトール・パス・エステンソーロ率いる国民革命運動党幹部はついに民衆を武装蜂起させることに同意した。国民革命運動党は一九四九年九月に大規模な反乱を起こした際も、内戦が拡大して国内全土が混乱に陥ることを怖れて一般の人々に武器を開放せず、実際の戦闘行為には党員のみが関与した。だがここに来て軍事政権を転覆させる唯一の手段として武力行使を選ぼうと決意した。

このように国民革命運動党の謀略や暴力がのしかかる緊迫した状況の中、軍事政府は経済問題に対処すべく米国への錫販売を制限し、その結果国内経済は深刻な危機に陥った。一九五一年後半、政府は長期にわたる錫価格の下落に対する錫鉱山主の不満を支持して、米国への販売中止と数カ月間の生産休止に強制的に合意させた。この策略は最終的に成功を収めたが、国内全体の政治と経済の緊張は悪化の一途をたどった。

国民革命運動党は数々の小規模な戦闘を経て、最終的に一九五二年四月九日、大規模な反乱を起こした。民衆に武器庫を開放して三日間に及ぶ激闘を繰り広げた末、鉱山労働者による武装集団がラパス市内を占拠すると、軍部はついに敗北した。国民革命運動党は六〇〇人を超える犠牲者と多くの損害を伴いつつ権力を取り戻した。このボリビア革命に成功した時の国民革命運動党は、かつて一九四六年ラパス暴動で失脚した際のファシズム信奉の党とはまったく異質の政党になっていた。新生国民革命運動党は急進的な中流階級の人々や革命的思想を持つ労働者を代表する政党となり、新たなポピュリズム（人民主義）運動の代表的存在となった。またこの革命政権は、伝統的諸政党や秩序と権威の中心だった軍部と警察に打ち勝った上で成り立ったものだった。革命に際して国民革命運動党は民衆や労働者の参加を受け入れ、その思想や武装化を認める代わりにそれまでの古い秩序を崩壊させることを約束した。

軍部や伝統的諸政党への反対勢力から強い支持を得た国民革命運動党は、近代的な改革を手がけるにあたり旧来の組織からの政治または軍事的な制約や拘束をまったく受けなかった。都市部の白人やチョロ階級、農村部のインディオが武器を手にしたことによって軍や警察は完全に混乱をきたした。国民革命運動党の理念はすっかり知れわたり、民衆は武器を手にし、活動を抑制され外国に亡命した指導者達も復帰した。こうして一九一〇年のメキシコ革命以来となるラテンアメリカ最大の社会経済革命は幕を開けた。

第八章　ボリビア革命から冷戦まで　一九五二―八二年

1　ボリビア革命

一九五二年の情勢　一九五〇年のボリビアは依然として農村部中心の社会だった。国民の大半はごくわずかな所得で暮らし、国家財政に資することはほとんど無かった。一九五〇年の国勢調査では農業と周辺産業の従事者が、全経済活動人口の七二%と圧倒的多数を占めた。だが国内総生産に占める農業生産高の割合はわずか三三%だった。この矛盾は、農業経済の深刻な遅れをはっきりと示すものだった。それでもボリビア社会は一九〇〇年以降半世紀の間、絶えず著しい構造変化を続けて来た。人口五〇〇〇人以上の町や都市に住む都市部人口の合計は一四%から二三%に上昇し、各県の主要な都市部で人口の急速な増加が見られた。同じ頃、識字率や就学児童数も向上し、特にチャコ戦争後の各政権が手がけた大規模な教育投資の効果が顕著に見られた。識字率は一九〇〇年から一九五〇年にかけて一七%から三一%まで上昇し、大学入学前の生徒数は二万三〇〇〇人から一三万九〇〇〇人へ、人口比率では一%から五%まで上昇した。だが高学歴層にはほとんど増加が見られず、高等教育はほんの一握りの国民に限られたものだった。一九五一年には大学生数は一万二〇〇〇人に達したものの、同年の学位取得者はボリビア全土でわずか一三二人だった。

国土の大半が辺境や農村地帯のボリビアでは、二〇世紀も後半に入ったこの時期になってもなお、全国民が十分に自活すらできない状態にあった。農村部で拡大するアシエンダと土地分配制度は、ラテンアメリカで最も不公平な制度の一つだった。一〇〇〇ヘクタール以上の土地を所有する地主は人口の六%で、所有地の合計面積は国内耕作地の九二%を占めた。その大半は利用されないまま放置され、一〇〇〇ヘクタール以上の土地所有者の開墾地は平均わずか一・五%だった。これと完全に対極の立場にあったのは五ヘクタール以下の土地を所有するいわゆるミニフンディオ（零細土地所有者）で、人口の六〇%と過半数を占めた。ミニフンディオ所有地の合計面積は全土地のわずか〇・二%に過ぎなかったが、耕作の必要から平均五四%が開墾されていた。

極端に不平等な土地分配は、農村部労働力の統制に不可欠だった。アシエンダード（アシエンダ地主）は国内で最も条件に恵まれた土地を専有し、労働者に土地の使用権を提供することで自らの労働力を確保した。労働力を担ったインディオは種子や農具の提供を強いられ、時には労働用の家畜を差し出した。地主自身は生産のための元手を負担する必要がほとんどなく、最終的には収穫後の出荷作業もインディオに託した。さらにアシエンダードの自宅での家事労働や警備にインディオを酷使した。このポングァヘ（労働奉仕義務）制度は、植民地時代からずっと変わらず、アシエンダのインディオにとって必須労働の一つだった。インディオは通常の農作業をこなしたうえ奉仕労働まで課された。またポングァへのうち特に全インディオ農民の嫌う使役にポンゴ制度があった。これはたとえ遠く離れた都市部に暮らしていても、雇用主の求めに応じてアシエンダのある農村部に戻り、奉仕労働の義務を負うものだった。アシエンダに戻る交通費は農民自身が負担させられ、奉仕労働には多大な時間と労力を割かなくてはならなかった。

ポンゴ制度は、表向きは負債懲役制度などの強制手段を取らず、ラティフンディア（大土地経営者）に雇われたインディオも領地内外を制限なく移動することができた。だが最後のアシエンダ黄金時代が終わると、伝統的なインディオ自由共同体の所有地に対する圧力が増し、土地の代価として農民の奉仕労働が事実上義務化された。都市部の発展が進む一方で農村部はほとんど発展せず、人口増加も緩やかだった。また自由共同体の土地区画の解体が急速に進み、多くのインディオが家族を養うためアシエンダの強制労働や鉱山や都市部の出稼ぎ労働者として流出した。

このようにアシエンダードは、インディオを低賃金や時には無償で働かせ、農具や種子の提供を強制した。そのうえ収穫された農産物は保護政策によって市場で優遇された。アシエンダードは多くの利益を得たが、農場に対しては最小限の投資さえすればよかった。多くのアシエンダードは領地を離れて暮らす不在地主の形を取り、都市部で専門的な職業に就き、農作業は領地のインディオに任せきりにした。その結果農業技術は未発達なまま取り残され、種苗の品質は悪く生産率は低下し、利益はますます減少した。国全体の農業分野の発展は立ち遅れ、拡大する都市部人口の需要に対し食糧自給は困難になった。しだいに輸入食料に頼らざるを得なくなり、一九二〇年代には全輸入品の一〇%、一九五〇―五二年には一九%を食料品が占めた。しかも輸入する食品の大半は、本来ボリビアやペルーで独占的に生産していたアンデス原産の根菜類だった。それほどに一九五〇年頃のボリビアの農業は、非効率的で生産性が低く前近代的な不正が横行していた。また国内労働人口の大半を経済活動の枠外に追いやり搾取的労働や使役に就かせ、その代償にごくわずかな賃金を与えるという労働体系を維持した。製造業に従事することができたのは都市部労働者やコチャバンバ渓谷など経済的に活発な農業地帯の人々に限られた。

ボリビアの工業分野は小規模で、一九五〇年の工業従事者は経済活動人口のわずか四%に過ぎなかった。それも前述のように過度に偏向した国内市場の特質を見れば不思議ではない。実際にボリビア国内産業と呼べるものはごく少数の織物工場と食品加工工場のみだった。一九五〇年まで工業部門の景況にほとんど変化は見られず、設備は古く生産性も国際標準にはるかに及ばなかった。産業発展のために必要な資本も不足していた。だが資本不足は農業や工業分野だけに限った話ではなかった。鉱山産業はさらに深刻な事態に陥り、一九三〇年代後半以降ほぼすべての鉱脈が枯渇し新たな設備投資も中止されていた。工場の老朽化や鉱物の品質低下は著しく進み、鉱物価格の引き上げを余儀なくされた。ボリビアの鉱物資源は、第二次大戦中の世界規模の物資不足からくる軍需景気の時期を例外として、以後価格性や競争力を完全に失った。一九五〇年にはボリビア産の錫は世界で最も産出費用が高額となり、数年後には鉱山会社自身も経費をまかなえなくなった。どうにか生産しても僅かな利益しか得られず、各社とも世界価格のわずかな変動に敏感になった。また価格が上昇しても低質な鉱石しか産出できず生産力に欠けたため、ボリビア鉱山産業の発展はきわめて困難となった。錫生産の年間出荷量は、年四万七〇〇〇トンを輸出した一九二九年をピークに以後減少に転じた。一九五二年のボリビア革命も回復のきっかけにはならず、現在もなお更新されていない。

革命政権の発足　国内経済全体の停滞や後退に直面した国民革命運動党は、体制の抜本的改革を実行に移す絶好の機会ととらえた。アシエンダの大半は領地を離れて暮らす不在地主で、領地への設備投資もほとんどされていなかったため、領地の押収にあたって特に大きな抵抗もなかった。一九五二年四月に国民革命運動党（ＭＮＲ）は農民や労働者を巻き込み武装蜂起するが、この行動を可能にしたのは国家警察の全面的な支援を取り付けたことだった。また鉱山の国営化に際しても、老朽化した設備を国が引き受ける形で適切な対価を支払ったため、錫男爵からの強い反対もなく実現した。それまで権力を意のままに操った経済的特権階級も、一九五二年のボリビア革命の頃にはすっかり衰退し、それに伴い政治的立場も弱体化していった。

MNRが結成した市民軍

さらに新生国民革命運動党の指導部は、軍部の抵抗も一掃した。一九五二年四月、国民革命運動党主導のもと蜂起した市民と鉱山労働者が軍部と三日間におよぶ死闘を繰り広げた末、市民軍は首都を占領し軍は全面降伏したのだ。のちにボリビア革命と呼ばれるこの出来事は、政府の権力全体を瞬時に滅ぼすほどの衝撃を与えた。一般民衆を動員し武装させたことで、各地の都市部や農村部で市民軍が結成された。また国家警察が中立無効化したことによって政治、経済、社会の根幹的な変化をもたらした。それは国民革命運動党指導部が当初抱いた改革計画をはるかに凌ぐほどの変貌ぶりだった。国民革命運動党の政策理念そのものは革命蜂起の時点でも比較的穏健で限定的だったが、国家の衰退という現実を受けて民衆や指導者達が一挙に暴徒化したことで、結果的に国民革命運動党を中心とした抜本的な社会変革が起きたということが言える。後に「闘争的な革命」と呼ぶものもいるように、ボリビア革命は徐々にそして容赦なく社会全体の再編を促した。

革命によって新たに発足した国民革命運動党政権が最初に手がけた法案の一つは、普通選挙制度の施行だった。識字者以外にも選挙権を拡大したことでインディオ農民にようやく参政権が与えられ、二〇万人足らずだった有権者数は一気に一〇〇万人近くまで増加した。次に国立軍養成学校（アカデミー）を一時的に閉鎖し、およそ五〇〇人の将校の地位を剥奪した。軍部本体も再編成によって規模や権限を大幅に縮小され、一時は軍そのものが消滅したと信じるものも多かった。政権発足当初は国民革命運動党が編成した市民軍が、警察や政府軍を凌ぐほどの優れた組織だったため、それまで両者が担った国内任務をすべて引き継いだ。

全ボリビア労働連合と鉱山の国営化　国民革命運動党は、党の地盤強化のため周辺組織の再編に取り組んだ。四月下旬に鉱山労働者が新たな全国労働組織、全ボリビア労働連合（ＣＯＢ）を結成した際も、政府として全面的に支援した。ＣＯＢは政治的中立を宣言し、組織内の委員に革命労働党（ＰＯＲ）、左派革命党（ＰＩＲ）、新生ボリビア共産党（マルクス＝レーニン主義、ＰＣＢ）を受け入れた。一方で国民革命運動党政府とも強い同盟関係を結び、最終的には新閣僚にCOBから三人もの労働相が入閣した。一九四四年に結成されたボリビア鉱山労働者組合連合（FSTMB）の代表ファン・レチンもCOBの幹部に加わり、のちに鉱物石油相に任命された。国民革命運動党内では過激派に位置づけられるCOBとFSTMBは、すぐに革新的な計画を発表した。COBが提出した最初の法案の一つは、鉱山の無補償での国営化だった。次いで軍の廃止と後継に市民軍を置くこと、ラティフンディオ制度や農民賦役の全廃を含む大規模な農地改革など、革新的な法案を次々に掲げた。

議会や政府に激しい圧力をかけるCOBの動きを受け、大統領ビクトール・パス・エステンソーロとエルナン・シレス・スアソ率いる国民革命運動党政府は徐々に対応を進めたが、彼らの求める改革についてはできるだけ阻止しようと努めた。七月になりようやく全鉱物資源の輸出と販売の国営化を宣言し、管理を国立鉱山銀行（Banco Minero）に一括して委ねた。国民革命運動党政府は改革支持派の主張を尊重しつつ論理的かつ段階的に検討したが、党内部に反対の声も挙がったこともあり計画をまとめるまでに数カ月を要した。だがやがて反対派も、労働者が鉱山の無補償での国営化を強く望んでいることに対し理解を示した。COBからの要求は激しさを増し、ついに幹部は全面的な国営化に踏み切る決意を固めた。一〇月初旬、政府は半自治方式による国営鉱山会社を設立し、ボリビア鉱業公社（COMIBOL）と名づけた。直後の一〇月三一日にはパティーノ、ホッホチルド、アラマヨの三大財閥も国営化され、ボリビア錫産業の三分の二はCOMIBOLと政府が占有することになった。

鉱山の国営化にあたり、過激派労働者は各企業の補償なき没収を求めたが、国民革命運動党は米国政府の反応を考慮した。国民革命運動党はボリビア＝米国間の関係を強化するため精力を傾けた。その頃米国内で拡大したボリビア錫ボイコット運動の中止に向けた合意書をようやく締結にこぎつけたこともあり、米国政府との敵対関係を避け、将来反感を呼ぶ可能性のある行動を自重した。世界では東西冷戦が本格化し、米国がグアテマラの過激派政府抑圧のため積極介入するという状況の中、国民革命運動党は共産主義政府という烙印を押されぬよう望んだ。だが米国は、ビヤロエルがかつて軍事政権時代に取った立場を思い出し、当初国民革命運動党を独裁主義のペロニスタ（訳注＝ペロン主義者。アルゼンチンの独裁政治家ファン・ペロンより）の政党と誤解し、あまり協力的でなかった。鉱山改革では三大財閥に対して補償を約束したうえで国営化したが、その他中小規模企業や米国の所有する錫以外の鉱山企業については、米国や自らの立場への配慮のため国営化することなく残した。だがやがて政府はCOBやFSTMBが理想とする、ボリビア鉱業公社主導による労働者の「共産政府」構想を受け入れざるを得なくなった。労働者勢力はCOMIBOL運営委員の七議席中二席を獲得し優勢になった。委員会での拒否権も与えられ、労働者全体の意見も反映されるようになった。権力の主体が労働者へと移行したことにより雇用は増加し、企業が資金提供した社内直営売店（プルペリア）の設置も進められた。

農地改革　一方農村部では政府による様々な取り組みの甲斐もなく、一九五二年後半から五三年初頭にかけて崩壊の危機に陥った。地方農村部では政府への反発が高まり、若手過激派政治家が変化と行動を煽る宣伝文句をばらまいた。農民はまたたく間に組織化され、武器を手にするとラティフンディオ制度を糾弾した。フランス革命の際に地方農村部で起きた「大恐慌」と呼ばれるパニック現象とよく似た状況になり、軍部も制圧できないほどの規模に発展した。農村地域の労働体系は崩壊し、地主や監督者が殺害や追放され土地が略奪された。農民は全ボリビア労働連合（ＣＯＢ）の援助を得て、伝統的な共同体組織を基盤にしたシンジカート（sindicatos、農民連合）を結成し、武装訓練し義勇軍を育成した。農村部は一九五二年四月のボリビア革命にはほとんど関心を持たなかったが、その年の終りには各地できわめて暴力的な破壊活動が起こった。

国民革命運動党政府は当初アシエンダ問題に真剣に取り組むつもりはなかったが、農民運動の規模はますます拡大し有権者の圧倒的多数が支持に回った。さらに地主の永続的な所有地に対しても組織的な破壊活動が加えられたため、政府はやむなく制度の改革に乗り出した。一九五三年一月には革命労働党と左派革命党のメンバーからなる農地改革会議が設立され、八月三日には急進的な農地改革法令が制定された。この法令によりアシエンダの土地をすべて没収し、二五年債券の形で地主に補償を与えることになった。さらに個人への転売禁止という条件付で、旧アシエンダの土地をシンジカート（農民連合）やコムニダー（共同体）を通じてインディオ労働者に分け与えた。だが債券は年々価値を失ったため、実質的には無補償で取り上げたも同然になった。政府は農村部に近代的資本の勢力を残すため、大手アシエンダ領地の完全な没収を防ごうとした。だが高地のインディオ地域ではほぼすべてのアシエンダ領地が奪われ、インディオもやがて地代を支払わなくなったため、やはり事実上無償に近い形で没収された。唯一の例外は比較的人口の少ないサンタクルス地域と、モンテアグドをはじめとする南部地域の中規模アシエンダだった。それらの地域では大規模ではないが資本集約的農業を営んでいた。住民にインディオはおらずシンチ渓谷地域には小さなワイン農園を有した。だがそれ以外の地域ではアシエンダ制度やアシエンダード階級が廃止され、領地は半占有的にインディオ農民の手に渡った。

同じ頃、シンジカートに対する都市部や鉱山の労働者の保護指導が打ち切られ、農民指導層が農村部の権力者として台頭した。またインディオ内部のグループ間対立により各地域で連合組織の結成が相次ぎ、このうちティティカカ湖のアチャカチ共同体とコチャバンバ渓谷ウクレナの村落が最大拠点となった。前者はアイマラ族、後者はケチュア族の農民組織だった。両部族は衝突を繰り返しつつも互いに協力し合い、時に政府から権力を侵害されつつも自身のシンジカートの自治権を維持してきた。このようにしてアイマラ族とケチュア族は一九五二年以降国内の有力政治権力として台頭し、各地の農民連合は現在もなお存続している。

農地問題が解決すると、それに満足したインディオは国内政治の場でやや保守的な立場を取り始め、かつて協力関係にあった都市部労働者との結びつきは薄れていった。その後二世代を経てインディオの主な関心事は共同体の医療や教育設備の近代化と、自らの土地権利の確保へと移行していった。

有能なパス・エステンソーロは、インディオ農民をまったく新たな保守勢力として重視した。中流階級からの支持を失い、急進的な全ボリビア労働連合（COB）や各種労働者組織への依存が増すにつれ、エステンソーロは農民支持を基盤にした右翼政党の結成を思いついた。これが妙案となり、その後二五年間農民は中央政府の主要な保守基盤となった。農民との同盟関係が結ばれたことによって、国民革命運動党は早期の失墜をまぬがれ、最右翼軍政権の復権を阻止することにもつながった。

ファランへ党（FSB）の台頭　革命による国家体制の崩壊、鉱山の国有化、アシエンダ制度の解体、そして社会福祉計画のための政府予算の大幅な転換――。それらすべての要因が、国内経済や政府財源の大混乱に繋がった。鉱山の国有化を進めるにあたり膨大な政府資金を投入したことで、国庫は枯渇した。そのうえ農地改革によって都市部の農産物供給が激減したため、人々は大量の輸入食品に頼らざるを得なくなった。経済再生のための唯一の手段は、国内通貨を増やすことだった。だが実際に通貨を増やした結果、一九五二年から五六年にかけて世界でも類を見ないほどの極度なインフレ状態におちいった。生活費は二〇倍に跳ね上がり、年間インフレ率は九〇〇％にもなった。

国内通貨の平価を劇的に切り下げる財政改革を決断した国民革命運動党は、中流階級に対し改革費用の一部を負担させることに成功した。固定賃貸料制度は破綻し、都市部の不動産価格は一夜にして無価値になった。中流階級の人々は最も重要な経済基盤を突如奪われた格好になり、収入源を失ったことで政府に対し敵意を抱くようになった。与党の核をなす確固たる地盤だった都市部中流階級の人々は一挙に離党し、新たに支持につくとみられた左派革命党やボリビア共産党（PCB）すらも拒絶した末、少数派だったボリビア社会主義ファランへ党（FSB）と同盟関係を組むことにした。

FSBは一九三〇年代、チリへと亡命した人々がサンティアゴのカトリック大学で結成した。本来は独裁主義的指向の強い保守的なカトリック派政党で、革命労働党と同じく比較的少数派だったが、教会の強力な支援を得てやがて穏健な民族主義の立場に収まった。だが互いの主張が相容れず、一九五二年以前は国民革命運動党を支援する中央右派グループと対立関係にあった。またボリビア社会におけるキリスト教会の立場の弱さもあり、多くの支持者は聖職者に依存する党の体質に反発してFSBを離れていった。一九五二年以降は、前述の通り国民革命運動党に地位を脅かされ、強制的に資産を没収され下層階級にばらまかれたことから、多くの中流階級の人々が本来の党原則を忘れFSBへと乗り換えた。こうしてFSBは都市部の最も有力な政党として台頭した。FSBの新たな人気ぶりは、パス・エステンソーロ政権最初の中間選挙の際明らかになった。その後一九五六年の大統領選挙でも各都市でFSBが優勢となり、一九五二年以前の旧国民革命運動党支持者の大半を味方につけた。

だが国民革命運動党も地盤強化を怠らず、失った中流階級支持層にかえて新たに都市部急進派や労働者組織、小作農民層と手を組み、勝利を確実にした。しかし国民革命運動党は、中流階級の支持基盤を失ったにもかかわらず、社会主義的変革に向けた踏み込んだ動きを取ろうとしなかった。常に合法性や古い秩序との関係性を重視した国民革命運動党は、三大錫財閥を国営化した一方で、新たな外国資本の誘致や個人資産の保護に全力を注いだ。農地改革の際には多くの個人所有の土地を犠牲にしたが、他方では外資などの民間資本を求め、民間投資拡大の主要拠点としてサンタクルス地域の保護に努めた。最終的に政府はボリビア鉱業公社と、一九三七年創立の国営企業ボリビア石油公社（YPFB）を所有し、国内唯一で最大の生産者となった。また政府外郭法人のボリビア産業促進公社（CBF）が民間産業に多額の営業資金を提供し、「国家資本主義」という経済モデルを創り出していった。

政府は財政破綻の危機に直面し、国民生活の保障すらままならなくなった。意欲的に計画された福祉改革もすべて予算不足のため頓挫した。そこで政府は米国からの経済援助を受ける決意を固めた。それ以前の一九五三年六月にも政府は米国の圧力によって、三大錫財閥パティーノ、ホッホチルド、アラマヨに対し補償金と引き換えに国営化の合意を取り付けていた。その際ボリビア錫の製錬を専門に手がけるイギリスのパティーノ・ウイリアム・ハーベイ製錬会社の反対を受けたが、これを退けたうえでの決断だった。翌月には米国との鉱産物販売協定に調印したと同時に米国からの援助額をこれまでの倍額受け取ること、そして米連邦法四八〇号に基づく五百万ドル相当の食糧品緊急輸入を受けることを発表した。そのような形の食糧援助を受ける国は、ラテンアメリカではボリビアが初めてだった。一〇年後ボリビアは米国から総額一億ドルもの多額な援助を受ける国となった。これは当時米国からラテンアメリカに向けた海外援助の単一国としては最大で、国民一人当たり援助額では世界最大規模だった。ボリビアは米国からの援助に全面的に依存し、一九五八年には予算の三分の一を米国から直接支払われた基金が占めるほどになった。

米国のボリビアへの過剰なまでに多額な援助は、当時の内情とはきわめて矛盾した。その頃米国は冷戦体制下にあり、ドワイト・アイゼンハワー大統領と国務長官ジョン・フォスター・ダレスの率いる超保守派共和党政権だった。アイゼンハワーは諸外国の共産主義や革命的要素を持つ政府をすべて敵視したため、当初は革命政権下のボリビアに対し援助に乗り出す見込みはほとんどないと思われた。だがグアテマラとガイアナに過激派政府が成立すると、米国内では南北アメリカの支配権を失う危惧が高まった。米国はボリビアもいずれ過激化の一途をたどると確信し、ラテンアメリカ勢力圏での絶対的指導者的立場が揺らぐという冷戦中初の危機に直面した。アイゼンハワーは当初「独裁主義」と見なしていた国民革命運動党政府を逆に支援して掌握することが、ボリビアの共産主義革命を防ぐ唯一の策と考えた。実際に米国は、かつてトルーマン政権が提唱したポイントフォー計画（開発途上地域向け技術援助プログラム）においてボリビアをラテンアメリカ初の大規模な救済計画モデル地域に指定し、大きな成果を上げていた。ボリビアの米大使館では援助の継続を歓迎し、共産主義政権への転換を防ぐことのできる唯一の人物としてパス・エステンソーロ政権を受け入れた。やがてボリビアの鉱山各社や農業地帯にも小規模ながら米国資本が参入し始めた。国民革命運動党による鉱山の国営化や農地改革の私有地没収命令が下された際も、米国企業に対しては資産に攻撃を加えることはしなかった。エステンソーロ政権はこのよう親米派の立場を取ることで、米国からの強い圧力を回避していった。

米国からの多額の援助は、ボリビア経済を安定させた。米国連邦法四八〇号に基づく緊急食料輸入は、農地改革の混乱による食糧不足から生じた切迫した需要を満たした。米国の食糧援助によって都市部は深刻な飢餓から救われ、政府も障害から解放され冷静に農地問題に対処することができた。米国の援助は近代的道路網の建設にも及び、国内社会の活性化をもたらした。またボリビア経済にとって重要拠点だったサンタクルス地域の発展に関しても、米国の援助が重要な役割を果たした。健康や教育分野にも大量の資金が投入され、発展の遅れた社会福祉を近代的するための財源となった。また最終的には国の行政事務に対しても直接的な緊急改革資金が投入され、政府の潤滑な運営に結びついた。このような形での援助は他国にはない異例なものだった。米国からの資金援助によって、援助前には存在しなかった社会の安定がもたらされた。国庫は健全に維持され、国民は食料や衣料の援助を受けた。もし米国からの援助がなかったら、一九五二年以降のボリビアはこれまでに経験したこともないような凄惨な状況に陥ったであろうことは疑いようのない事実である。

だが援助には犠牲や対価も伴った。米国政府にとってボリビアへの援助は、米民間企業が拠点を置く国のひとつとして、通常どおり必要な支援を与えているにすぎなかった。米国資本企業の利益を優先する米国は、援助の見返りとして全ボリビア労働連合（COB）の権力を衰退させ、政府直営の鉱山に雇用される労働者との協力関係を断ち切ることを常に求めた。そして一九二〇年代より当時まで不履行となっていた債権の返済や、米国の利権を優先した石油採掘関連の諸法案の施行を要求した。米国はボリビア政府に対し多額な援助をしつつ、同時にボリビア鉱業公社への財政援助を妨害すべくあらゆる手段を講じた。新石油法では、米民間企業に対しボリビアの石油資源を直接採掘する権利を認めたため、以後ボリビア国内に米国資本の石油企業の参入が増進することは明らかだった。新石油法は米国の後押しにより一九五三年一〇月に制定され、一〇年後には米国石油企業約一〇社がボリビアに参入した。このうち最大の会社は、一九五五年にボリビアで操業開始したガルフ石油会社だった。さらにブラジルからも国営石油企業ペトロブラスが参入をもくろみ、既存法と新石油法双方に基づき利権の譲歩を迫ったが、ボリビア政府はすべて退けた。

国民革命運動党の分裂　米国や親米諸国に有利に働く資本の投入や様々な決議は、ボリビア政府にとってそれほど厄介な問題ではなかった。だが米国が通貨の安定化を迫り国内政治に直接介入した点は例外だった。国民革命運動党はパス・エステンソーロ政権最後の数年間、主に二つの派閥に分裂した。一つはシレス・スアソ率いる中流階級層による中道右派で、もう一つは左派でレチンと全ボリビア労働連合（C

ＯＢ）を中心とした労働者階級派閥だった。パス・エステンソーロ自身はそれぞれの派閥を支持しつつ、原則として派閥を超えた中立的な指導者の役割に徹した。中道右派は、穏健派としてパス・エステンソーロの様々な社会改革を受け入れたが、同時に中流階級の利権維持のため政府に圧力をかけた。経済の近代化を要求したのも中道右派で、そのために社会主義的改革の必要性を訴えた。旧体制を破壊するボリビア革命の初期段階はとうに過ぎ去ったが、国内経済は相変わらず停滞していた。そのため次の政権は保守的な中道右派の手に渡ることが確実視された。党内部も二つのグループに分かれてはいたが、互いに密接な協力関係にあることは疑いようもなかった。党内ではパス・エステンソーロが任期を終えた後にシレス・スアソ、さらにシレス・スアソの後任に左派レチンが大統領に就くことで合意された。シレス・スアソは次期政権を控え、パス・エステンソーロ政権で農民問題に取り組む労働相ヌフロ・チャベス・オルティスを自らの副大統領候補に立てた。

一九五六年六月の選挙では、国民革命運動党は農民層や労働組織層から強い支持を集め、七九万票という大量票を難なく獲得した。だが一方では中流階級勢力の躍進も浮き彫りになった。都市部中流階級の白人から主に支持を集めるファランヘ党（ＦＳＢ）は一三万票を獲得し、国民革命運動党に次ぐ第二政党となった。シレス・スアソ政権が経済対策について国際通貨基金（ＩＭＦ）の指示に従う決意をしたのは、国内経済の発展はもちろんだが、浮動的な都市部中流階級の票を国民革命運動党側に取り戻すためでもあった。国内の経済状況はますます厳しさを増し、米国の直接援助なしでは政権の維持すら困難になった。シレス・スアソ政権は何らかの譲歩をせざるを得ない状況に追い込まれた。シレス・スアソに残された三つの選択肢のうち一つ目は、社会主義経済を完全に実現させ必要な資本を創出することだったが、政治理念に反するため何としても避けたかった。第二の選択肢は、経済が完全に破綻するかＦＳＢに政権を奪われるまで、またはその両方の状態になるまでインフレ計画を継続すること。そして第三に社会改革計画に必要な最小限の費用を得るため、米国の要求を受け入れて援助額をできる限り拡大することだった。シレス・スアソはこの第三の道を選んだ。

シレス・スアソは、米国が一九五六年後半に策定した「安定化計画」を一九五七年一月に受け入れ、ＩＭＦ保護のもと計画を実施した。この計画の中で、ボリビア政府は国家収支の均衡化、鉱山労働者への食料援助の中止、労働者賃金の凍結、為替相場の統一化、そして政府の独裁や浪費を監視するための第三者機関の受け入れを求められた。これは当時の基準からするときわめて急進的な内容で、インフレ成長率ゼロに近い状態のまま一年から二年以内に通貨の安定性を創出するというものだった。だが計画は成功し、通貨は安定し政府赤字は削減され、ボリビア鉱業公社の収支もより健全になった。一九六〇年代前半には米国の直接財政援助もついに打ち切ることができた。その頃には米国以外の国々からも政府や民間からの資金が大量に投入され、政府財政にとっても外国からの借款や投資の重要性が増した。鉱山の生産性が向上し経済状況が安定したことで国庫も豊かになり、様々な投資のための資金も得られた。

だが成功には多大な犠牲も伴った。米国は、ボリビア国内の各派閥の立場を重視することなく強引に計画を進めた。そのため左翼はシレス・スアソ政権に強く反発し、副大統領ヌフロ・チャベス・オルティスは辞職した。鉱山ではレチン主導による大規模なストライキの甲斐もなく、鉱山会社の直営売店（プルペリア）が閉鎖された。この状況を見た米国大使館は、米国にとって宿敵であり目の上のコブだったファン・レチンを、いよいよ孤立化させたと確信した。シレス・スアソは、鉱山労働者の労働運動に対し実力行使に踏み切ることは決してせず、それと引き換えに自身のハンガーストライキや辞職をほのめかす発言によって、全ボリビア労働連合（ＣＯＢ）からほぼ全面的な譲歩を得た。同様に党内の左派反対勢力についても、拒絶することなく受け入れた。シレス・スアソ政権にとって右翼やファランへ党の台頭を抑え、左翼勢力にも打ち勝つため唯一の得策は、諸経費の出費を抑えて安定した政府を維持することだった。それでもシレス・スアソは一九六〇年、レチンとＣＯＢを自らの後任に認めた。だがこれは、相変わらず内政に強い圧力をかける米国からの反対に合った。米国はかつて民主党政権下で大使を務めた冷戦自由主義者の影響からレチンや左翼に強硬な態度を示した。レチンとシレス・スアソは、米国との対立を緩和するためやむなく妥協し、パス・エステンソーロを再び大統領に立ててレチンは副大統領職に収まることにした。レチンはその後訪米してワシントンＤＣで外交に務め、さらに台湾も訪れ中華民国幹部とも会談した。レチンのこれらの動きは、米国の冷戦上の立場を最大限に受け入れるというボリビアの外交姿勢を象徴的に示す意味を持った。またシレス・スアソは、「三角計画」によってドイツと米国からボリビア鉱業公社へ多額な投資を受けた代価として、鉱山における労働者の共同統治を打ち切ることに合意した。

二期目を迎えたビクトール・パス・エステンソーロ（一九六〇～六四年）は、権力を強めるＣＯＢと鉱山労働者に対し、シレス・スアソとは異なる強硬な態度を取った。軍を再編し、共産勢力の台頭を防ぐためという大義名分から米国にもその存在を認めさせた。さらに軍の指揮系統の一環に米軍を受け入れ、駐留米軍に兵士を訓練させゲリラなど反対勢力に備えた。パス政権は、革命時に台頭した市民軍の復活を阻止するため軍部権力の回復に全力を注いだ。ちょうどこの頃シレス・スアソとレチンは結託して党との関係を絶ったため、国民革命運動党は一時的に壊滅状態に陥った。パス・エステンソーロの支持に残ったのは軍と農民層だけだったが、優秀な将校レネ・バリエントスを副大統領候補として立て三期目の出馬へと打って出た。

一九六四年の選挙でパス・エステンソーロは当選し三期目の大統領に就任したが、国民革命運動党内の左派や中道派から反対に合ったほか、野党ファランヘ党（FSB）も依然として優勢で形勢は不利だった。かつての勢いを失った政府を前に、軍部は復権への弾みを得た。大統領選のわずか数カ月後の一九六四年一一月、軍はほぼ無血クーデターの状態でパス・エステンソーロを追放し、副大統領バリエントスを代表に新たな軍事政権を樹立させた。こうして軍部は国内政治に返り咲き、その後一九六四年から八二年の一八年にわたり政権を維持することになった。ボリビア革命の余波を受けた改革期も終わり、以後長期に渡る「テルミドール的」な反動期に入っていく。

2　六四年軍事体制時代

一九六四年からの一八年間は、ボリビア革命時に形成された様々な派閥や小規模な組織が、互いに支配権を巡り争う時代だった。軍、農民、労働組織、伝統的政党、新興政党などあらゆる種類の勢力が対立した。長期に渡る激しい争いを経て、やがて政治体制は洗練されより複雑な社会が形成されたが、多くの犠牲も伴った。パス・エステンソーロはクーデターにより退陣に追い込まれ、その後軍部が政権をとった。国民革命運動党反対派の指導者はこれを単なる暫定政権ととらえたが、実際にはこの一九六四年のクーデターを境に政界は新たな局面へと移った。国民革命運動党政権の下で実権を得た軍部の若手将校は農民と密接な協力関係を結び、民主主義と労働組織に敵対した。彼ら将校は軍事政権こそが近代化への唯一の方法として自らの立場を正当化した。その背景には当時南北アメリカで軍事政権が主流だったことも挙げられた。また軍事政権指導者の多くは、新たに富裕層や地方支配層からの支持を得た。地方有力者層は、国民革命運動党以上に自らの利益にとって有利に働くという理由から軍事政権の支持に回った。

しかし軍部では、政権交替による組織内の変化から人事的な混乱が生じ、内部に抗争が起きた。チリやアルゼンチン、ブラジルなど他のラテンアメリカ地域では旧態依然とした厳格な階級制に基づく軍組織が確立されていたが、ボリビアの軍部はこれとは対照的に、軍幹部クラスの人事すら誰も予測できなかった。そのため軍政権時代には個人の地位や役職はおろか、幹部指導者まである日突然交代する事態が相次ぎ、その都度想定外の新たな人物が出現した。だが急激で予測不能な変化にさらされつつも、一方では限りなく永続的な合意事項もある程度存在した。軍政権は、ボリビア革命時に国民革命運動党が取り組んだ様々な社会経済改革を原則として容認し、基本政策の中に盛り込んだ。中でも農地改革と農民の徴兵について確実に保証した。また六四年軍事政権は一部ポピュリズム的思想も持ち、農民の立場を積極的に認める方針だった。農民と軍の協力関係は、基本的に表立った形で明文化されることはなかったものの完全に機能していた。これら方針はすべて初期のレネ・バリエントス時代に基準化され、以後も軍事政権時代を通じて各政権に受け継がれて行った。

バリエントス政権　バリエントス政権は、発足後すぐに労働組織や左翼への根強い敵意をあらわにした。バリエントスはキリスト民主党とファランヘ党（FSB）の一部からなる新たな連立政党を中心に都市部での支持を集めた。だがその反面で農地改革や普通選挙権といった革命時代の改革を就任当初より引き継ぎ、農民の権利を存分に支援した。政権発足後に施行した法案では、以後政府は左右派閥を問わず農地改革を支持し、農民の土地権利を増やすことと定めた。また農村部の教育や福祉、シンジカート（農民連合）を全面的に支援し、農民は十分な武器と政府からの保護を得た。事実バリエントス政権はビクトール・パス・エステンソーロ政権以来となる、農村部で人気の高い政権となった。ケチュア語を母語とするバリエントスは複数の農民組織を支配し、支援のため農民に気前よく金銭をばら撒くことで知られていた。これを受けて都市部の反労働者勢力や保守的な軍部も、インディオ農民と協力関係を結んだ。それは汚職の横行する不安定な軍内部にとって、政治的実行力をもたらす唯一の原動力となった。

バリエントス政権はボリビア鉱山労働者組合連合（FSTMB）の解体に成功し、ボリビア鉱業公社（COMIBOL）から六〇〇〇人の鉱山労働者を解雇した。さらに一九六七年六月にはストライキが相次ぐカタビとシグロ・ベインテ両鉱山で、サンファン祭の夜に労働者を襲撃し、多数を殺害した（サンファンの虐殺）。だがこれらの弾圧は一時的なものにすぎず、労働者政治組織の根を完全に絶やすことはできなかった。

ボリビアの労働運動は一九四〇年代に過激化し、一九六四年以降は一連の軍事政権による度重なる介入や圧力を巧みに妨害した。それでも政府は鉱山に軍隊をほぼ常駐させ、サンフアンの虐殺によって一九五二年以来初めて大規模な労働運動を孤立させ、暫定的ながらも制圧に成功した。

一九五二年に国民革命運動党政府が設立した国営の鉱業生産組織ボリビア鉱業公社(COMIBOL)は、一九六六年になり創業以来初の黒字に転じた。この背景には国際市場における錫価格の上昇と外国資本の流入、そして労働者の強制的な酷使や賃金の削減など複数の要因があった。以後COMIBOLは生産量と収支バランスが長期的に安定し、国家歳入の重要な財源を担った。また民間鉱山企業にも同様の変化が見られた。かつて国民革命運動党政府が特別援助金の投入など全面的に支援した中小規模鉱山企業各社も、その頃には持ち直し生産量も増加を始めた。特に中規模鉱山会社の重要性が増し、一〇年後には全錫生産量の三分の一を占めるまでになった。このように当時はCOMIBOLに限らず鉱山産業全体が好況に沸いた。新たに民間中規模鉱山主の権力が増したことで、産業全体の構造もさらに複雑になった。一九六五年に外国資本の投資自由化を認める法律が発効されると、USスチール社はCOMIBOLからマチルダ亜鉛鉱を借り受けた。またガルフ石油社は石油採掘に関しさらなる利権を与えられた。それらのもたらす経済発展によってバリエントスはさらに政治的立場を強めた。一九六六年の再選選挙では農民、新興富裕層、保守的なファランヘ党、政府官僚をすべて味方につけ、全勢力を統合した強大な連立政権を実現した。バリエントスの地すべり的勝利により、左派反対勢力の動きは表面的には壊滅したかに思われたが、労働者組織の抵抗の動きが静まることはなかった。やがてボリビア政府は、一九五二年以来初となる武装化した反対勢力との対立問題に直面した。

ゲバラの抗争　バリエントス政権時代には、主に都市部の知識層から多くの小規模ゲリラ組織が生まれ、それぞれが活動を始めていた。だが最大の抵抗運動は、それら国内組織とはまったくかけ離れた所からもたらされた。一九六六年、アルゼンチン出身の革命家エルネスト・ゲバラ（チェ・ゲバラ）がボリビアに潜入した。ゲバラはサンタクルス県に活動拠点を設けたが、いずれはアルゼンチンやブラジルにゲリラ活動の拠点を移す考えだった。ボリビア共産党とは接触を持ったものの、鉱山労働者組織と協力関係を築く考えはなかった。ちょうどこの頃鉱山地域では労働運動に対する政府軍の介入が相次ぎ、暴力や紛争が日常茶飯事となっていた。だがゲバラはむしろそれらの闘争から遠く離れた地を選び、自らの小隊を訓練し新たな革命を起こすための準備を密かに整えた。

ボリビア山中のチェ・ゲバラ

ゲバラとその一団は、ボリビア入りから一年後の一九六七年三月、野営地ニャンカウアス農場でボリビア軍と最初の衝突を起こした。バリエントスと陸軍参謀長であるオバンド将軍は米国からの強力な支援を受け、ゲバラ軍と対峙した。四月にはゲバラに同行したフランス人ジャーナリスト、レジス・ドブレが捕らえられ、一〇月には政府軍が完全に勝利し、ゲバラは処刑された。こうしてバリエントスは、武装化ゲリラ左翼反対派勢力を残しつつも農民や中流階級からの圧倒的な支持を手中に収めた。一九六九年四月に航空機事故で不慮の死を遂げたが、その後も国内ほぼ全勢力がバリエントスの支持でまとまっていた。政府内の汚職や、親友で内務相のアルゲダス大佐の離職など様々な問題を抱えながらも、バリエントスは完璧な国の指導者として認められ、もし事故死を遂げなければさらなる再選も確実とされたほどだった。

トーレス急進左派政権　バリエントスの死後、支持派の軍幹部にその思想や政治的地位を引き継ぐ者はなかった。軍内部は分裂し腐敗し切っていた。幹部達はそれぞれに異なる政治思想を持ち、過去に内部分裂が政権崩壊をもたらした失敗を共有しているにもかかわらず、それを教訓に将来の軍の政治的立場を強化する見込みはなかった。軍部のこのような混乱は、バリエントス以後すべての政権に見られた。一九六九年から一九八二年までの間に軍部指導者は次々に交代し、政策も最左翼から改革主義、反動的右翼まで多岐に渡った。政府の方針は就任した指導者の人格や思想によって二転三転し、軍内部の考えが反映されることはなかった。この時期ラテンアメリカの主要な国々では、軍が民主制に向け協力的姿勢や共通政策を打ち出したが、ボリビアは異なっていた。

一九六五年、バリエントス政権の参謀の一人だったオバンド将軍がクーデターを起こし、やがて一九六九年九月に政権を手にした。オバンドは国民革命運動党の伝統を受け継いだ穏健な改革主義者で、左翼との歩み寄りを進めた。一九六九年一〇月、オバンドはボリビア・ガルフ石油社を国有化し、翌一九七〇年初頭には全ボリビア労働連合（ＣＯＢ）とボリビア鉱山労働組合連合（ＦＳＴＭＢ）を再び公認し合法化した。さらに追放中だったフアン・レチンの復権を認め、一九六四年以来鉱山に駐留した政府軍をようやく撤退させた。オバンドは新生国民革命運動党内の旧左翼派の残党をまとめ上げ、自らの支持基盤にしようと試みた。だがバリエントスのように民衆の圧倒的な支持を得ることはできず、支持基盤となる政党の組織化も最後までかなわなかった。また軍内部には、軍参謀長として権力の座にあったオバンドが、大統領としてさらに八年間の任期を務めようとすることに対し不満を持つ者も多かった。権力への野望を抱く内部勢力の争いに巻き込まれたオバンド政権は辞任に追い込まれた。一九七〇年一〇月、オバンドはかつて彼の側近だったファン・ホセ・トーレスに政権を引き継ぐことを決めた。こうしてボリビア史上最も過激な急進左派軍事政権が誕生した。

トーレスは一九七〇年一〇月に就任し、一九七一年八月の失脚まで短期ながらも歴代政権でもきわめて急進的な極左思想に基づく政策を展開した。青年時代にファランへ党員としてゲバラを封じる動きに積極的に加わったトーレスは、その後も自身が政権を取るまで軍部に協力を続けた。トーレスの政策は、オバンドが唱えた民主的で開放的な「革命的民族主義」路線を踏襲したうえで、さらに過激派労働組織や左翼政党までも取り込もうとする理想的な左派政策とされた。就任後トーレスが最初に取り組んだ政策の一つは、ソ連や東欧からのボリビア鉱業公社（ＣＯＭＩＢＯＬ）への財政援助の申し出を受け入れる事だった。両国からの援助の申し出はそれまでに何度も持ちかけられていたものの、国民革命運動党政権や軍事政権の前任者達は米国の圧力により返答を先延ばしにしていた。またトーレスは錫製錬所建設の契約に調印した。それまで欧米の製錬所に全面的に依存してきたボリビア産の錫が、初めて国内で製錬されるようになった。ソ連は最終的に米国に匹敵する多額の財政援助をＣＯＭＩＢＯＬに提供した。ボリビアが米ソ両国から受けた援助額は、各々二・五億ドルずつに上った。

またトーレスは、国内で年々高まる米企業への反発の動きを受け、具体的な行動に移した。カタビの鉱山廃棄物から錫を抽出するためCOMIBOLが米国の錫会社と結んだ特別協定を無効にしたほか、USスチール社とのマチルダ亜鉛鉱運営の貸与契約も解除した。さらにボリビア国内に駐留する米国の途上国支援組織、平和部隊（Peace Corps）も、農村部で中絶思想を吹聴しているとして国内から追放した。これら一連の反米行動は国内では民衆の支持を得たが、米国からは激しい怒りを買い、一九五二年以来続いた米国との過度な依存関係はついに途絶えた。

トーレスがこのように極端な反米政策に打って出た背景には、国内経済の大幅な好転があった。一九七〇年代前半のボリビアは、一九五二年以降国民革命運動党が手がけた数々の投資活動がようやく実を結び、社会、経済の成熟期を迎えつつあった。近代的道路網の整備やサンタクルス地方の商業的農業の発展、ボリビア鉱業公社（COMIBOL）とボリビア石油公社（YPFB）への過度な投資などが引き金となり、さらに鉱産物の国際市場価格の上昇気流も相乗効果となって国内経済は大きく成長を遂げた。これに加えて識字率の向上と義務教育の飛躍的な普及が見られたほか、一九五二年以降農民に課された様々な制限が全廃されたことで人材が流動化し、国内の人的資源価値が高まったことも一因となった。ボリビア政府は国庫財源の健全性や各種開発資金を維持し、米国の直接援助への依存体質からほぼ脱却した。その後米国以外の国々からの財政援助や、鉱山や商業農業への大規模な個人投資から得た利益によって、北米の資金に依存する体質から解放された。

左派人民議会　トーレスは国内左派勢力を統合するべく努力を続けたが、目立った成果は上がらなかった。共産党はモスクワ派と中国派の二派に分かれ、左派革命党は党内の分派が進み、全ボリビア労働連合（ＣＯＢ）とレチン支持派は互いの政策を統一できず、旧中産階級の急進派はますます拡大して現実的な脅威になっていた。また左派勢力はバリエントス政権下での経験から、農村部のシンジカート（農民連合）の動きにも警戒した。一九七〇年代前半にはＣＯＢが政治集会を開催し、かつての国民革命運動党左派の一部を統一に導いた。これは国会に代わる左翼中心の議会を作る目的で一九七〇年六月に形成された「人民議会」の土台となった。しかし人民議会は、国会議事堂内部で開催されたにもかかわらず、国民投票による正当性もボリビア立法府としての権力も得られなかった。最終的に二一八人の代表で構成され、このうち農民連合の代表者はわずか二三人だったが、労働組合からは一二三人、ボリビア鉱山労働者組合連合は単独で三八名の代表を送り込んだ。このほかにもすべての主要な左翼団体をはじめ、新たに結成されたキリスト民主主義運動左翼や旧国民革命運動党の学生組織からなるＭＩＲ（左派革命運動党）も加わった。急進左翼と労働組織については、トーレス政権の不安定さから及び腰になり全面的な協力は得られなかった。人民議会では反逆的な法案を次々に掲げ、右翼や中道派を恐れさせたものの、重要な法案の制定には何一つ至らなかった。政府では労働者への武器提供を拒むなど、軍の権力や優位性を脅かす可能性の排除を徹底した。

人民議会は自ら扇動して民衆の支持を得ると、政権交代を目指し軍部によるクーデターを企てた。少し前の一九七〇年一月にも、軍学校の校長だったウーゴ・バンセル大佐が同じようにクーデターを試みたが、その際軍部は忠誠を保ちバンセルの動きに加わらなかった。以後数カ月の間、人民議会は労働者組織の起こす様々な行動を支援した。新聞社エル・ディアリオや数々の小規模鉱山企業の占拠を支援したほか、共産党中国派が支配するサンタクルスの複数のアシエンダが労働者の手により次々と差し押さえされた。一九七一年八月にバンセルが二度目のクーデターを試みた際には、左翼はその動きを止める事ができなかった。旧右翼パス・エステンソーロ派や中道派の国民革命運動党、そしてFSBからの支持を得たバンセルは、サンタクルスの地方有力層から多額の資金援助を受けた。サンタクルスの支配層は政府の農地改革政策の拡大によって、新興商業農業地帯の自らの利権が侵害される危惧を抱いていた。トーレスの失脚に対し抵抗する勢力はひとつもなかった。トーレスは労働者の反乱を防ぐため武器を与えない方針を徹底したが、現実には学生や労働者は一斉に軍への抵抗を見せた。その結果政権に忠実な一部の政府軍と反乱軍の間に激しい戦闘が生じ、一九七一年にバンセルの起こしたクーデターは、一九五二年四月のボリビア革命以来の流血惨事となった。

サンタクルス地域の発展　バンセルが大統領に就任した頃は、ちょうど鉱物の国際的な価格変動が国内経済に深刻な影響を及ぼし始めた時期だった。一九七〇年から七四年にかけてボリビアの輸出額はほぼ三倍に増加した（二億二六〇〇万ドルから六億五〇〇〇万ドルへ）。二〇年前からの設備投資や体制の変革が成果に現れた形だったが、増収分もすぐに新たな投資に回され経済ブームが起こった。中規模鉱山企業には大がかりな投資がつぎ込まれ、錫以外の鉱物の輸出も拡大した。また新興商業農業地区として重点的に開発されたサンタクルス地域が成長し、生産物から十分な利益を上げはじめた。そのためボリビア建国後初めて、砂糖や綿を中心に農産物の対外輸出が実現した。都市部では建設ラッシュが起こり、製造業部門にも発展が見られた。

同じ頃、二〇年の歳月をかけた教育への重点的な投資育成がついに実を結び始めた。政府内にもようやく自国の技術専門家職員が増加し、独立した人材紹介組織が政府に対して専門的な人材や技術を提供した。専門的人材の増加に伴いサービス産業も発展し、地方有力層が新たに台頭した。中でもサンタクルス地域の発展は目覚ましく、一九四〇年代には国内第四都市だったが一九七〇年代にはラパスに次ぐ国内第二の都市に成長した。全天候対応の舗装道路が建設され、サンタクルスからボリビア全土に繋がる交通網の整備により国内有数の近代都市になったほか、国際便も毎日発着し世界の主要都市と密接に結ばれる国際都市へと成長を遂げた。サンタクルスの発展は国内、特に地方の有力者に大きな変化をもたらした。サンタクルス地域の石油産業や農業に投資が集中し人口が著しく増加すると、地域の白人やチョロ住民は、国内政治の場で発言力を得たいと思い始めた。こうしてボリビア史上初めて、伝統的な高地アルティプラノや内陸渓谷地帯以外の地に、政治経済権力の重要拠点が築かれることになった。

バンセル右派独裁政権　バンセルはそれまでの政権が手がけた農地改革や東部低地開発を徹底して受け継いだ。また軍事、文民含む歴代政権をはるかに凌ぐ農民支援を行い、多くの農民世帯に対し土地や利益を分配した。農民への土地分配はボリビア革命による農地改革以降進められ、政府は一九五三年から一九八〇年にかけて土地非所有の農民世帯四三万四〇〇〇人に対し計三一〇〇万ヘクタールの土地を分配した。一九六四年から八〇年の軍事政権時代には、農地のおよそ八一%が農民世帯の六二%に与えられたが、このうち多くはバンセル政権時代になされたものだった。このようにバンセルは、軍と農民の協力関係を強化する方針に基づき徹底した農民保護政策を進めたが、それでも農民側からは変化を求める声が高まり、最終的には歴代で最も農民の権利を悪化させた大統領として名を残すこととなった。農村部では人口増加につれ所有財産の細分化が進んだ。さらに農民自身も都市部への農産物供給者としての立場を自覚するなど、意識の上で変化が見られ始めた。農民は土地の所有権を与えられるだけではもはや満足できず、自らの市場価値を高めるべく資金や価格面などの様々な支援や優遇を政府に求めた。このような背景からコチャバンバ渓谷で起きた農民の反乱は、決して偶発的な出来事ではなかった。一九七四年一月、政府の食料品価格据え置きへの抗議をきっかけに起きたこの反乱は、一九五二年の農民暴動以来となる農民と軍部による大規模な衝突に発展し、軍部は凄惨な弾圧を行った。

またバンセル政権は、当時ラテンアメリカ全土を支配した反民主主義思想を受け入れた。これは民主主義的規範に基づく政治は究極的に社会混乱を招くという思想で、バンセルは自らの信条として頑なに守った。また経済成長を早期に実現するための絶対条件は、民衆を「政治に無関心」な状態に置くことと考え、早急に「近代化」を達成するために民衆を「管理下」に置き注意深く監視することが必要とした。さらにバンセルはブラジルの軍体制を手本として軍部を再編した。軍部の介入はもはや一時的な事件にとどまらず、民主政治に代わる長期体制の確立へと向かっていた。バンセルは政権に就くとまもなくボリビア労働連合とボリビア鉱山労働者組合連合を違法化し、伝統的な国民革命運動党をはじめ全左翼政党を正式に否認した。その結果多くの左翼指導者が投獄されるか亡命した。中には左派革命運動党（ＭＩＲ）の幹部や元国民革命運動党のシレス・スアソ＝レチン派（ＰＲＩＮ）も含まれ、やはり暗殺や厳しい拷問を受けた。

就任直後よりバンセルは、前トーレス政権が悪化させた米国との関係修復に取り組んだ。より自由度の高い投資法を新たに制定し、米国から再び軍の備品供給や人材育成のために必要な援助を得た。だがその頃にはソ連や東欧諸国との関係も重要になっており、バンセルにも断ち切ることはできなかった。ボリビアは米国からの援助と同時に、社会主義諸国からも錫やその他鉱山開発のため長期的な支援を受けることになった。このほかにバンセル政権は、それまで続いたアルゼンチンとの伝統的な同盟関係を突如修正し、新たにブラジルと密接な関係を築く方針に転換した。これはサンタクルス地区の経済開放と製品輸出によって、ブラジルから長期的な利益を得たことを受けたものだった。バンセルは国際経済に関する一連の協定をブラジルとの間に締結したが、そこにはボリビアの天然資源、特にサンタクルス地区の天然ガスや鉄鉱石の開発において、ブラジルをアルゼンチン以上に優遇するという内容を盛り込んだ。

バンセルは支持勢力の組織化を試み、与党の二大政党――ファランヘ党と国民革命運動党のパス・エステンソーロ派――に対し、政府閣僚への参加に先立ち協力関係を結び、バンセルの「前線」(Frente) になることを強いた。このように政権発足時のバンセルは、右翼ポピュリズムに基づく軍事政権を形成しようと試みたが、最終的に自身の意思にそぐわなくなった。一九七四年後半にはバンセル自身の手で「アウトゴルペ（自作クーデター）」を決行し、突然の政策転換を発表した。そして軍部が全面的に権力を握る無党派政府を設立し、支持基盤にテクノクラート（高級技術官僚）や中立的な非同盟関係にある元政治家達を据えた。さらに国民革命運動党を閣僚から外してパス・エステンソーロを追放すると、以後中道派や右翼まですべての政党の政治活動を禁止し、軍はいかなる民主的な利権も考慮せず統治を行うとした。

一九七〇年代の社会経済　このように伝統的な体制を覆す決定がなされた背景には、主に国内外二つの出来事があった。最も重要な出来事は一九七三年九月、チリでピノチェト将軍がクーデターを起こしアジェンデ政権を崩壊させ、自ら大統領に就任したことだった。チリで新たに発足した軍事政権は非民主主義的で権威主義的かつ反政党主義の方針に基づき、バンセルがこれを手本に自らの政権の規範を形成したことは明らかだった。二つ目の要因は、国内経済の著しい成長に満足した民衆が、反民主的ながら政府への支持に傾いたことだった。一九七三年から七四年には国際市場の錫価格がほぼ二倍に上昇したため輸出額も倍増し、過去最大の貿易黒字を創出した。また石油価格の世界的な高騰から、少量ながら石油産出国であるボリビアにも予期せぬ富がもたらされ、一九七四年には全輸出量の二五％を占めるまでになった。一〇年後には石油の輸出は中止されたが、その後は天然ガスの大量輸出が開始され長期的な利益をもたらした。天然ガスは一九七二年に初めて輸出され、二年後の一九七四年には早くも全輸出額の四％を占めた。その後も二〇世紀を通じて、天然ガスの輸出は着実に成長を続けた。また一九七一年には初めて国内製錬所で融解処理された錫が輸出され、これも一九七四年には全輸出額の九％を占めるまでになった。新たな産業が次々に発展した要因には、それまで唯一の輸出産業で一九六〇年代には全輸出額の約九〇％を占めた錫鉱石やその他非精製鉱物の輸出額が、一九七〇年代半ばには五〇％まで落ち込んだことが挙げられる。一九七〇年には砂糖や綿などの農業製品が初めて輸出され、その後も着実に成長して一九七四年には全輸出額の六％に上った。農業製品は全輸出額に占める割合は小規模だったが、一九七〇年から七六年にかけて全品目のうち二番目の急成長率を遂げた。年間平均四九％という成長率は、天然ガス輸出の成長率年間五〇％に次ぐ驚くべき急成長だった。

一九七〇年代初頭の産業ブームは、それまでの国際価格の突然変動による短期間のブームとは異なり、長期に渡りボリビアの輸出経済を上昇気流に乗せる変化を象徴するようだった。その頃サンタクルス産業農業地区は常に安定して農業製品を輸出するまでに成長し、砂糖の価格が下落すると綿に転換するなど世界の需要の変化に柔軟に対応可能な産業インフラが整った。また天然ガスはアルゼンチンとブラジルなど近隣諸国中心に輸出され、今後も堅調に市場を拡大していくものと見られた。そして錫以外の鉱物の長期的な価格成長や、国内製錬所で精製した錫金属の輸出は、将来国内経済に豊かな富をもたらすことを示した。貿易相手国も常に変化を続けた。ボリビアはかつてのような単一の相手国のみに依存する体質から脱却した。今や輸出先の三分の一は中南米自由貿易連合（ＬＡＦＴＡ）加盟国が占め、次いでヨーロッパが二〇％、米国は第三位、残りはアジア各国と多角的な交易関係を持った。また輸入についてもＬＡＦＴＡやアジア諸国中心に各国から多岐に渡る品目を複合的に取扱い、欧米からの輸入を相対的に減らした。

貿易収支の黒字による収益の目覚ましい増加は、大規模な建設ラッシュを引き起こした。主要都市ラパスやサンタクルスでは超高層ビルが次々に建設され、都市景観は変貌した。空港設備も急速に整備され、サンタクルスに国際空港が新設された。またラパスからオルロ、そしてティティカカ湖に至る舗装道路網が拡張したことも大きな効果をもたらした。だが一方で、コチャバンバ県のチャパレ辺境部まで道路が延長されたことによって、今日も残るコカイン国際違法取引の道を開くことにもなった。チャパレ地方のコカ生産量は、新道路完成前には国内総生産量のわずか五―一〇%程度だったが、一〇年後には七〇%を占めるまでになり、そのうちほぼすべてが国外市場に流出した。

バンセルの強権と失脚　だが経済成長もやがて勢いを失い、バンセルは複雑で流動的なボリビア社会を統制できなくなった。国家予算の浪費や汚職の露呈から、やむなく国内通貨を四〇%も引き下げ、一九五六年の通貨安定法案以来の平価切下げに踏みきった。その結果インフレが生じ社会不安や賃金の凍結が起こったが、それも一時しのぎの措置に過ぎなかった。鉱山には軍が駐留を続け、ボリビア鉱山労働者組合連合や全ボリビア労働連合も解散に向かうと見られたが、労働者によるストライキや暴動は止むことがなかった。一九七六年初めには全国でストライキが起こり全大学の閉鎖を余儀なくされた。政府は労働組合の動きを制圧できなかったばかりか、チリとの太平洋の海上交通路を得るための交渉に敗れたことを認めたため(海への出口問題)、中流階級民族主義者の票の大半を失った。何とか折り合いをつけようと必死のバンセルは、港と引き換えにボリビア領土の一部を差し出す案まで示したが、ピノチェトから色よい返事を引き出すことはできず、一九七六年の終りに交渉は完全に決裂した。このような経緯からついにバンセル政権は、他のラテンアメリカ諸国の軍事政権とは対照的に中上流階級層の支持基盤をすべて失ってしまった。ボリビアの中上流階級は将来的に不安の多い軍事独裁政権よりも、民主主義的な政党政治体制の方がより信頼できると考えた。市民の有力層は軍部将校の汚職や規律の乱れた状態を知るにつれ、トーレス、バリエントス、バンセルのいずれが後任になるか知る由もなかったが、仮にクーデターでバンセルを倒しても良い結果にならないことは誰の目にも明らかだった。

一九七七年初頭バンセルは一九八〇年に大統領選挙を実施すると約束し、一一月には独裁主義的な数々の法案を公布後わずか三年ですべて撤廃した。だが軍部からの風当たりが強まるにつれバンセルは二期目の出馬を諦めざるを得なくなり、その年の暮れには任期を早めて翌一九七八年に改選選挙を実施するとあらためて発表した。しかしなお周囲の不満は消えず、やがて投獄や追放された労働者や政治指導者達計三四八人に対し恩赦を与える要求が出された。バンセルがこれを拒絶すると一九七七年一二月、ラパスの大聖堂で鉱山の労働者組合指導者の妻達によるハンガーストライキが起こった。教会はこの運動を全面的に支援し、一月初旬までにボリビア全土から一〇〇〇人を超える人々がハンストに加わった。要求は全政治犯の恩赦と組合活動の自由を保障することだった。ストは拡大を続け、やがて制圧し難い規模にまで発展したため、バンセルはやむなく要求をのんでストを支持する人権団体との調停を正式に交わした。

調停により恩赦が実現して政治犯が解放されると、労働組合は政府への干渉を中止し、数日後ボリビア鉱山労働者組合連合（ＦＳＴＭＢ）と全ボリビア労働連合（ＣＯＢ）は一九七一年のバンセルのクーデター以降禁止されていた活動を再開して権力を復活させた。その後ストライキや労働運動など反政府活動はさらに激しくなり、バンセルは政権の維持が困難になった。そこでペレーダ・アスブン将軍を後任に立て、新政権では民主主義を再建すると発表した。軍部が立てた対立候補はエルナン・シレス・スアソ、そして左翼からは新たに組織化された中道派各政党が名乗りをあげた。シレス・スアソは一九七二年にパス支配下の国民革命運動党を去った後チリへと逃亡し、現地で自らＭＮＲＩ（左派ＭＮＲ）を結成していた。ＭＮＲＩはＭＩＲや他の政党と連立して、七月の選挙直前に民主的大衆連合（ＵＤＰ）という緩やかな形態の有権者連合を結成した。七月の選挙では農民層がかつてのような組織的な投票をせず、そのことに軍部は衝撃を受けた。多くの農民は都市部民衆と同じく、人気のあるシレス・スアソ候補を支持した。軍部は選挙に勝ち目がない事を知るとクーデターを企てた。

しかし軍部クーデターによるペレーダ政権は数カ月しか続かず、一一月にはダビッド・パディーヤ将軍率いる新たな軍事政権が発足した。パディーヤは自由選挙や対立候補との競争もなく、文民の対抗馬を認めることもなく就任したが、一年足らずの任期の間に現代ボリビア史上最も政治的に機知に富んだ政策を打ち立てた。この時期のボリビアでは四年間で三回に及ぶ大統領選挙が実施され、旧式の投票方法を改革する重要な転換がなされた。これは新たな複合的な政治体制の先駆けとなり、以後今日に至るまでボリビアの主流体制となった。またそれまでの単一政党が農民支持を基盤に人気を寡占する体制に代わり、都市部や農村部の有権者がそれぞれ任意の党を支持する複数政党の共存体制へと変革を遂げた。これも一九七八年以後現代に至るまでボリビア政治の特徴となっている。このパディーヤ政権以降、ボリビアは真に近代的な選挙制度を確立したと言える。

一九七九年の選挙　新選挙制度の導入は、この時期の社会、経済の多様な変化を反映したものだった。一九七六年に実施された国勢調査の結果、ボリビアは医療と教育面においてようやく近代的社会福祉国家の仲間入りを果たした。基本的な医療サービスを文字通りすべての国民に提供した事によって死亡率はようやく低下を始め、その後は安定して低い水準を維持した。死亡率の低下と高い出生率（一〇〇〇人につきおよそ四四人）により人口は急速に増加しはじめた。一九七〇年代の死亡率は全体で一〇〇〇人当たり一八人、乳児死亡率については一〇〇〇人当たり二〇二人ときわめて高い数字だったが、一九五〇年以降の人口増加率は年間平均二・六％と高水準を維持し、一九五〇年の二七〇〇万人から一九七六年には四六〇〇万人に増加した。

また都市部での人口の増加が顕著になり、それまで農村部に集中していた人口分布構造にも変化が見られた。都市部の人々は農村部と比べ、より高度な教育を受けていた。一九五〇年には都市部および規模不問の市町部人口は三四％だったが、一九七六年には五〇％まで上昇した（人口二〇〇〇人以上が住む町では四二％）。また学齢期一〇～一四歳のうち八〇％が学校に通い、識字率も一九五〇年には推定わずか三一％程度だったが一九七六年には六七％に上昇した。スペイン語話者人口は年々増加し、一九七六年には建国後はじめてスペイン語がボリビアの多数派言語になった。調査対象四六〇万人のうち一六〇万人が単一言語話者、一七〇万人が二カ国語話者で、合計すると人口の七二％を占めた。農村部人口はかつてないほど著しく増加したが、これに反してインディオ言語のみを話す単一話者人口は大幅に減少した。一九五〇年と一九七六年の二度にわたる国勢調査実施年の間に、ケチュア語単一話者は九八万八〇〇〇人から六一万二〇〇〇人に減少し、アイマラ語単一話者は六六万四〇〇〇人から三一万人に減少した。一九七六年にスペイン語が多数派の立場になったということは、二言語話者の増加を意味した。その成果は農村部の学校教育の普及によって証明された。これら統計値は当然チョロ人口の急増を示すものだが、むしろそれ以上に重要な点は、農村部のインディオ農民層の大半が、いまや先住民諸語に加えスペイン語を使用するという事実だった。

一九七九年の選挙は、前述のような背景から有権者の教育水準と識字率がボリビア史上最高になり、スペイン語話者数も過去最大になった。ビクトール・パス・エステンソーロと新生国民革命運動党、そしてシレス・スアソと民主的大衆連合（UDP）は、両者とも農民と労働者層を地盤とし、互いに支持勢力を奪い合った。さらに専門職階級の人々からなる新たな政党や連合が複数台頭し、それぞれに異なる主張を展開した。新旧両党はいつの間にか、右派、中道、左派の各勢力にそれぞれ均衡を保ち分類された。かつて全員を敵に回し孤立した独裁者バンセルも自党の結成を実現し、地方有力者などから強い支援を得て国内有数の文民政治家へと転身した。一政治家のこのような方針転向は、ラテンアメリカ内ではきわめて珍しい例だった。

このような多数政党の乱立による複雑な政治舞台を背景に、一九七九年七月の選挙ではかつて盟友関係にあったシレス・スアソとパス・エステンソーロがそれぞれ対立するグループを率いたほか、国民革命運動党時代のもう一人のベテラン政治家で過去にシレス・スアソやパスとの選挙で同数票を得たバルテル・ゲバラ・アルセが再び妥協候補とし台頭した。有権者の支持も国民革命運動党時代の古参の英雄達に傾いた。新時代の若手指導者達に対しては、公開自由選挙で圧倒的勝利を収めることで力を見せ付けない限り、支持しない考えだった。一九七九年の選挙は様々な意味で前代未聞となった。ボリビア史上もっとも公正に行なわれた選挙の一つとして、一六〇万票を超える大量の得票数を得た。また候補に名乗りを挙げた連合や政党の大半が、国内すべての地域で均等に人気を得る結果となった。実際にサンタクルス県では他県と異なり反バンセル候補が最終的に勝利した。

ボリビア初の女性大統領リディア・ゲイレル・テハーダ

選挙の結果、最高得票数を得て勝利したのはパス・エステンソーロだったが、他党の意見はまとまらずパスを統一の候補者として立てることができなかった。特にバンセルの新党は、文民主義に方針を変えたとはいえ独裁時代からの反発が根強く、他勢力にとって相容れない存在だった。厳しい闘いになることを見越した議会は翌年あらためて投票を行うことに決め、それまでの暫定指導者として上院議長でシレス・スアソ、パス両者にとって旧友であるバルテル・ゲバラ・アルセを立てた。だが一九六四年以来の文民政府となったアルセ政権は数カ月しか続かず、一九七九年一一月には再び軍部に権力の座を奪われた。しかし国内の軍事政権への反発は激しさを増し、暴力やストライキによって二〇〇人以上が死亡し、軍事政権は数週間で倒壊した。その後中立派の文民政治家リディア・ゲイレル・テハーダが暫定政権に就いた。ゲイレルはボリビア史上初の女性大統領であり、南北両アメリカで現在でも希少な女性指導者の一人として名を残す。ゲイレルの選出は、民主主義政権として民衆から大いに支持された。一九七九年一一月の軍事クーデターは、いずれの政党も支持しなかった一方で、唯一支持を表明したビクトール・パス・エステンソーロは全方面から非難を浴びた。過去二回の選挙で決定的な結果が得られず膠着状態に陥っていたパス勢力は、クーデターを機に総崩れとなった。その後一九八〇年六月に実施された三度目の選挙では、エルナン・シレス・スアソと民主的大衆連合が多数票を獲得して勝利した。

八〇年軍独裁政権　ゲイレル暫定政権下で一時的ながら国内に秩序が戻ると、民主主義路線を継続すべく後任にシレス・スアソを推す声が高まった。そのため軍部は妥協を強いられたが、ルイス・ガルシア・メサ将軍率いる強硬派は、これを決して認めようとしなかった。軍部は一九八〇年七月、全文民政党や諸勢力からの反対に合いながらクーデターを起こし政権を奪った。だがそのように強引なやり方で初期バンセル式の専制的な軍事政権に戻しても、労働組合や文民政党の強い結束力が崩れる事はなかった。文民勢力は、かつて軍事政権下で違法とされ活動を禁止された時代にも、民衆からの強い支持を基盤に水面下で活動を続けていた。二年間に及んだ八〇年軍事政権は市民の大規模な反対運動に合い、至るところで違法ストライキやハンスト行進などの動きが起こった。軍の海外コカイン貿易への直接関与で内部腐敗が一層進んだ事実も明らかになり、軍政への反発はますます高まった。軍幹部の権威主義はますます進展し、もはや引き返せないところまで達した。軍部は一九八一年一月、ラパスでＭＩＲの指導者九人を暗殺し、当時のアルゼンチンのやり方にならって準軍事的な決死隊を結成した。その結果メサ将軍率いる軍政権が誕生し、一九八一年八月までの短期間ながら非常に過激な軍事体制を維持した。その後も軍部による暫定政権が続いたが、やはり過激な政策を踏襲し、独裁主義テロリストとして国際的に知られるイタリアのピエトロ・ルイジ・パッリアイや、第二次大戦時リヨンで大虐殺を行ったことで知られるナチスドイツの親衛隊大尉クラウス・バルビーらを政府顧問に登用した。

だが軍内部の腐敗はすでに広く知れわたり市民からは相変わらず激しい抵抗に合った。一九七〇年代後半の暫定諸政権につきまとった深刻な経済問題を解決できなかったことも重なり、ついに軍内部の将校達も政権に反発を始めた。経済問題の主な原因は、政府財源を公営独立機関の収益に強く依存していたことだった。七年間のバンセル独裁政権を経て、各機関はすっかり混乱状態にあった。バンセル政権発足時には二億ドルだったボリビアの輸出額は政権末期には七億ドルまで膨れ上がり、政府開発計画への投資は国家予算の四八％という異常に高い比率を占めたが、その大半は無駄に費やされた。とりわけ三大国営機関であるボリビア国営石油公社（ＹＰＦＢ）、ボリビア鉱業公社（ＣＯＭＩＢＯＬ）、国立錫製錬所（ＳＮＡＦ）は本来の能力以上の業務を引き受け、新たな資源開発のための財源も不足していた。その結果経済危機が起こり、あらゆる分野で生産力が低下した。各機関では莫大な額の公債を発行したほか政府からの資金援助も膨らみ、一九八〇年には外貨金利の三〇％という巨額な資金を運営費用にあてた。その後主要輸出品の国際価格が下落を始めた。一〇年前には年間六％という高水準を誇った経済成長率も年々低下し、一九七七～七八年にはついに対前年比成長率がゼロになった。一九七八年には国内総生産（ＧＤＰ）も低下し、翌年には一九五〇年代以来となるマイナス成長を記録した。その後も国内生産の危機は続き、一九八二年から八三年にかけては年間低下率六・六％という過去最低の数字になった。この時期のボリビアは史上もっとも長期にわたる不況に突入し、経済的に苦しい状況は一九九〇年代まで続いた。不安定な政情や経済危機を背景に暴力や搾取が横行し、時代に逆行した軍事政権は国情への対応もおろそかだった。軍部による弾圧的な独裁政権には、混乱したボリビア社会を再び蘇らせる力もなかった。

第九章　多民族民主主義国家への道　一九八二―二〇〇二年

1　民主主義の再生

シレス・スアソ文民政権　一九八二年九月、民衆からの反発の高まりを受け軍部独裁政権時代はついに終焉した。その年軍部は、一九八〇年の選挙後離散された議会の復活を決め、最後の軍政権を自身の手で解体した。すぐさま議会が再招集され、八月にエルナン・シレス・スアソを大統領に指名した。その後短期間のうちに次々と新たな体制が整えられ、民主主義政府が復活した。シレス・スアソは再生した国民革命労働党（MNR）の指導者で、左派進歩主義の考えに基づき全国規模の労働者組織である全ボリビア労働連合（COB）や新たな農民指導者層など様々な左翼政党と連立した。また急進派知識階級中心の左派革命運動党（MIR）とも手を組み、指導者のハイメ・パス・サモーラを副大統領に任命した。右派や中道派からも一九七九年と一九八〇年の選挙には多くの候補者が出馬し、その後一〇年間でそれぞれ国内政治の支配勢力に成長した。中道派はビクトール・パス・エステンソーロ率いる国民革命労働党の伝統派閥が中心となり、かつて党内で分裂した中道派と右派を併合したほか、古くからのインディヘナ指導者団体も取り込んだ。このインディヘナ団体は、元は国民革命労働党に属しその後分離したが、独立後もパス・エステンソーロを強く支持していた。もう一つの勢力は、バンセルが軍事政権末期に結成した民族民主行動党（ADN）だった。ADNは一九七九年四月に再生した左派革命党（PIR）と旧ファランヘ党支持者を取り込み勢力を拡大すると、予想以上の強権ぶりを発揮して周囲を驚かせた。有力な文民政治家としてウーゴ・バンセルを新たな指導者に立てたうえ、民間鉱山主やサンタクルスの大規模農場主、一九五二年のボリビア革命以降二五年間で台頭したテクノクラート層など新たな経済支配層を味方につけた。バンセル率いる民族民主行動党は一九七九―八二年の軍事政権とは一線を画し民主主義路線に徹したため、文民政府の中心政党として台頭した。この頃は軍事政権時代の空白期間が原因で若手文民指導者層の育成が遅れ、ボリビア革命時代からの旧指導者層にとっては、再び権力の座に就く最後の機会だった。こうして一九八〇年代前半の政界は、当初一九五〇年代からの旧指導層が幅を利かせることとなった。その後数年の間に、新世代の若手文民政治家が国内政治舞台に台頭し始め、やがて政界を受け継いでいった。

シレスは、軍部がアルゼンチンなどの独裁主義グループの支援を受け、政権末期に結成した非人道的な準軍事組織を徹底的に解体した。軍部顧問などを務めた元ナチスドイツ親衛隊大尉クラウス・バルビーはフランス政府に、イタリア出身のテロリスト、ピエトロ・ルイジ・パッリアイはイタリア政府に引き渡された。アルゼンチン軍から招き入れた顧問団も解任して軍内部の独裁主義的要素を一掃した。このような断固とした民主化への動きを進めたことから、発足当初のシレス政権は国内外からきわめて熱狂的な歓迎を受けた。
だが経済に関しては惨憺たる状況だった。国内経済は、シレスが政権を継いだ時点ですでに逼迫し、その後一〇年間で悪化の一途をたどった。シレスは反軍事政権を確立させた指導者として、その誠実な人柄で信頼を得たが、行政管理力に欠け政治面での交渉力も不十分だった。シレスは当選後わずか数カ月で左派革命運動党（MIR）をはじめ主な支持基盤を失い、深刻に落ち込んだ国内経済の再生は不可能だと気付いた。このような状況から、シレス政権は文民的秩序を確立し評価されながらも早期のうちに信頼を失った。

八〇年代経済危機　経済不況の発端となったのは軍事政権時代の一九七〇年代後半のことだった。当時の政府は、石油輸出国機構（OPEC）が引き起こした世界的な石油価格の高騰と、国内の鉱物、石油生産の衰退という二つの出来事をきっかけに財政管理に失敗し、公共部門の破綻や民間経済の深刻な衰退をもたらした。一九八〇年から八四年にかけて農業生産額は一一％、輸出額は二五％減少した。また国民一人当たりのGDPは、一九八一から八四年にかけて当時の米ドル換算で年間一％ずつ減少を続けた。さらに一九八三年の厳しい干ばつにより農作物も深刻な被害を受け、農業生産そのものも強く落ち込んでいた。各国からの借款は世界的に鉱物価格が高額だった頃に契約され、低金利で優遇されていたが、それでも一九八三年にはおよそ三〇億ドルに達した。これはラテンアメリカの水準では低い金額だったが、ボリビアにとっては同年GDPの八〇％に相当し、一九八四年に全輸出額の三六％を占めるほどきわめて高額なものだった。八〇年代半ばには錫生産量が激しく落ち込み、以後衰退が続いた。錫の年間生産量は一九七〇年代には毎年平均して三万トンを上回り、その後減少を始めたものの一九八〇年代前半までは二万トン後半の水準を維持した。だが一九八四年になると二万トンを下回り、以後衰退の一途をたどった。一九八三年にはついにラテンアメリカ最大の錫生産国の座をブラジルに明け渡した。以後ボリビアの生産量は、世界全生産量の一〇%を下回っている。一九八六年には民間鉱山企業（中小規模や労働者組合に属す会社）の生産量が初めて国営ボリビア鉱業公社（COMIBOL）の生産量を上回った。ボリビア史における錫の黄金時代は、一九八〇年代後半には正式に終わりを告げたと言えよう。そして一九九〇年代になると、新たに亜鉛がボリビア最大の輸出用鉱物資源となった。

コカインの輸出に関しては、国際的な需要の高まりから新たな市場を創出しつつあり、輸出による高い収益を上げていたが、それすらも鉱山経済全体の衰退や海外借款資金による損失の埋め合わせにはならなかった。また同じ頃、政府では歳入が減り続ける中でこれ以上必要経費の支出を抑えることも不可能ということも明らかになった。シレス政権に残された唯一の解決策は紙幣の増刷だった。その結果一九八〇年から八四年にかけて、総通貨流通量は一〇〇〇%以上増加した。それに伴い物価も月間五〇%以上もの勢いで急上昇し、一九八四年五月ついに深刻なハイパーインフレ状態に陥った。一九七〇年代の一〇年間でボリビアの経済成長率は年間平均四・七%で、インフレ率はわずか一五・九%だったのに対し、八〇年代には年間平均マイナス二・三%の下落に転じた。一九八三年、インフレ率は三桁まで跳ね上がり、一九八四年には二一七七%、一九八五年前半には年間八一七〇%まで急騰した。

このような財政危機の中、シレス・スアソ政権の支持率が低下し、与党各党の支持が離れたのも無理からぬことだった。一九八三年一月、左派革命運動党は自党出身の副大統領パス・サモーラの辞任をきっかけに、政府との連立関係を撤回した。またシレスはレチン率いる全ボリビア労働連合（COB）をはじめ、長年協力関係にあった多数の国民革命労働党出身勢力の支持を失った。シレスは自らハンガーストライキ作戦を再現し（前回任期の一九五七年には成功）支持回復を試みた。だがこの時は民衆の反対に合い、軍部による一時的な強権発動すら中止に追い込まれた。一九八〇年以来実権を握ってきたシレスだったが、もはや情勢を安定させるための有効策も尽き、辞任もやむなしというところまで追い込まれた。こうして一九八五年七月、シレス合意のもと新たな大統領を立てるための選挙が実施されることになった。

インディヘナ勢力の台頭　一九八五年の大統領選挙には古くからの政党、特に伝統的政党と呼ばれた国民革命運動党（MNR）と民族民主行動党（ADN）が出馬した。しかしシレス文民政権下で協力関係にあった多くの新興左派政党にとっても、勢力を拡大する絶好の機会だった。既存の左派政党の中ではパス・サモーラ率いる左派革命運動党と、一九七〇年代にサンタクルスのマルセロ・キロガが設立した第一社会党が二大政党として台頭した。

またインディヘナの直接的な権利を訴え全国民の二％の支持を得たトゥパク・カタリ革命運動党（MRTA）の出現は、将来の国政にとって重要な意味を持った。それまでインディヘナ指導者は全ボリビア労働連合（COB）から長年妨害を受け、左派の人々は軍＝農民連合と協力関係を結んできたが、その裏では独自のインディヘナ指導者を新たに育成していた。伝統的なインディヘナ農村地域、特に長年沈黙を保っていたアイマラ族地域のシンジカート（農民連合）では、一九六〇年代後半にはすでに若手指導者層が育ちつつあった。一九七四年にコチャバンバで起きた農民の抗議行動に対し、軍部が封鎖と凄惨な弾圧を行うと、インディヘナ指導者達は新たな弾みを得た。一九七六年にはラパス地方のアイマラ族農民指導者達が組織化したトゥパク・カタリ運動が起きた。運動は一九七〇年代後半、政府公認の各農民組織に引き継がれ、ボリビア農民労働者統一連合（CSUTCB）へと発展した。一九八一年になると、トゥパク・カタリ運動を支持するカタリスタ（インディヘナ権利拡大運動家）達はアイマラ農民連合を支配し、全ボリビア労働連合（COB）での代表権を得た。同年COBは方針を変え、インディヘナ農民指導者を初めて組織の一員として認めヘナロ・フローレスをその中心人物とした。その後国内の労働組織の中心は、かつて強大だった鉱山労働者組織に代わり農民組織や公務員組織、都市部の労働組合へと移行したため、COBにおけるインディヘナの立場は恒久的なものになった。

新たなインディヘナ指導者達は、それまで受けた不平等な扱いを是正するべく農産物価格や食糧供給の保証、教育や医療に関する数々の権利や伝統文化の尊重を政府に要求した。またボリビア人としてのアイデンティティや現代社会におけるインディヘナの役割に基づき、多くの地位回復を提案し、階級問題と同時に民族問題を強調した。かつて服従する立場だったインディヘナ農民や都市部メスティーソが諸権利を訴え政治力を得ることに対し、異議を唱える反対組織も相次いで結成されたが、この新たなインディヘナ権利運動はその後数年間でさらに活発になり権力を強めた。一九九〇年代後半になるとインディヘナ自身の新たな政党を結成し、主張をさらに徹底した。このように新興多数派として台頭したインディヘナグループは以後拡大を続け、二一世紀になるとついに既存の伝統的政党体制を崩壊させることになる。

このようなインディヘナの新たな動きに直面した伝統的諸政党は、当初彼らの勢力を党内に取り込み、自らの権力拡大に利用しようとした。そして実権はこれまで通り非インディヘナ、非メスティーソ特権階級の指導層が握ることができると考えた。だが一九八〇年代前半以降、優勢政党が不在のまま複数の政党が乱立するという複雑な政治体制が常となった。一九八五年以降は実施されたすべての選挙において、有権者の支持が左翼、中道、右翼と大きく三つのグループに分かれ、各グループにはそれぞれ様々な政党からなる政治連合組織が存在した。このような決め手を欠く状況を打破するため、大統領選挙では決選投票を加えた二回方式を採用した。二度目の投票は、選挙に先立ち新たに選出された国会議員による議会投票を行うこととした。前シレス政権以降二〇〇五年まで、多数票を得て勝利した大統領は一人も現れず、いずれも選挙後に国民革命運動党（ＭＮＲ）、左派革命運動党（ＭＩＲ）、民族民主行動党（ＡＤＮ）の通常三者による協議という複雑な過程を経て選出された。

このような多党体制は、小規模な政党や団体に政権獲得の機会を大いにもたらした。多くの小政党は複数の党と手を組み連立政権の形を取った。また小党乱立の選挙では、有権者の多数派であるインディヘナやメスティーソの人々からなるべく多くの支持を得るため、どの政党も十分な対策を迫られた。インディヘナやメスティーソは大半が貧困層に属し、うち多くが非識字者だったが、シンジカート（農民連合）や共同体の強い政治的行動力や組織力を持つことから、投票結果を大きく左右した。やがて農民の中にもアイマラ語やケチュア語で政策を訴える独自の候補者が現れ、支持層を獲得すべくポピュリストまたは徹底した民族主義政党を結成する動きが相次いだ。

パス・エステンソーロ新経済計画　一九八五年の選挙は、軍事政権後の新選挙体制が定着したことを明確に示すものだった。国民選挙ではおよそ一四〇万人の有権者が投票した結果、ウーゴ・バンセルが最高得票数を得て勝利した。だが国会は中道寄り左派諸政党が多数派となり、七七歳を迎えたビクトール・パス・エステンソーロを選んだ。四期目の大統領に再選したパス・エステンソーロは、かつて一九六〇年代前半には軍と農民の連合関係を基盤にした革命政権を立て、その後一九八〇年前半には軍事クーデターにも関与したこともあったが、一九五三年ボリビア革命の農地改革を積極的に支援したことから農民や民衆から依然として強い支持を受けていた。だがすでに過去の人物となっていたパス・エステンソーロが、二〇世紀最後になり最も有能で活動的な政治家として再び表舞台に浮上したことは、反対派のみならず支持派の人々をも驚かせた。それまでの伝統的な立場や考えを捨て、先進的改革や素早い政治判断を徹底的に受け入れたパス・エステンソーロは、自身の一期目時代を思い起こさせる積極性を発揮し、国内の圧倒的支持を得た。

第四次パス・エステンソーロ政権最大の功績は、一九八五年半ばに成立させた新経済計画法案だった。この法案は伝統体制を基盤にしつつも、非公式な協定を結んだＡＤＮの提案も多く受け入れたもので、先進的な方法を取り入れたものだった。当時はボリビアのみならずアルゼンチンとブラジルでも、急騰するインフレと国際的な借款危機問題に直面していた。その際両国では経済学者の呼ぶいわゆる「ヘテロドックス」*的政策を採用したが、パス・エステンソーロは伝統的な「オーソドックス」方式を選び、通貨の平価切り下げ、政府による外国為替相場介入の中止、変動制の導入、政府支出の抑制を徹底した。これらの施策は「ワシントン・コンセンサス」として知られる経済政策を多くの面で取り入れた典型的な例だった。

パス・エステンソーロの政策で最も際立った点は、経済的自由主義の理念を受け入れ、かつてパス自身ボリビアにとって不可欠と考えた国家経済主義や国家資本主義理論を全面的に否定したことだった。これには二つ理由があった。第一に近代ボリビア史上二度目となるハイパーインフレの影響で、国内経済が深刻な危機に見舞われたこと、そして第二にかつて国内経済基盤を形成した錫産業の急速な衰退によって、維持費用の高い国営鉱山制度が完全に崩壊したことだった。第一次政権よりおよそ三三年という歳月を経たパス・エステンソーロには、これらの修復しがたい二つの状況を解決するため抜本的な解決策が必要だった。パス・エステンソーロは北米の専門家の助けを借りて、まるで保守経済政策の教科書モデルのようなオーソドックス方式の経済政策に数カ月かけて取り組んだ。

一九八五年八月二九日には法令二一〇六〇号が公布され、国内通貨の平価切り下げが実施された。外国

＊訳者注＝オーソドックス（正当）式のインフレ対策は、総需要の抑制により速やかな価格調整を伴うことを前提とした経済引き締め対策。これに対してヘテロドックス（非正当）式インフレ対策は、価格凍結や所得政策に基づく安定対策を行う。前者は失業や深刻なリセッションをもたらし、後者は一時的なインフレ抑制になっても、財政の健全化が伴わず、結局はさらなるインフレを引き起こした。ワシントン・コンセンサスとは、一九八〇年代に顕在化した発展途上国への累積債務問題の取り組みに際し、国際通貨基金（ＩＭＦ）、世界銀行および米国政府をはじめ先進諸国の金融機関が合意した対中南米経済政策。新古典派経済学の理論を基盤とし、財政赤字の是正、規制緩和など一〇項目に及ぶ。米国や先進諸国は、中南米やアフリカの途上国に対し、融資の条件としてこれら政策に基づく経済改革を勧告した。

為替相場は自由変動制に統一され、個々の価格や賃金統制はすべて廃止された。また公共事業価格は大幅に引き上げられ、政府支出は厳しく制限された。政府職員の実質賃金も削減された。計画中唯一のヘテロドックス的な動きとして、外国借款の返済も一時的に凍結された。価格が上昇し投資が中止されたことで経済は深刻な不況に陥った。労働者がゼネストを起こす動きを見せたが戒厳令によって中止させられた。それでも急速にインフレ率を引き下げハイパーインフレ状態から脱したことによって、パス・エステンソーロは一般大衆の支持を集め、改革を進める足がかりを得た。財政危機に伴って大規模な税制改革が進められ、一九七〇年代に税法指導団体の「マスグレイブ委員会」が推奨した多くの方法に立ち返った。やがて付加価値税制度が整うと、国家財源は回復に向かい、再び余剰資金も創出され始めた。

鉱山組織の解体　その後パス・エステンソーロは、公営組織の問題に着手した。ボリビア産の錫はもとより高価で少量のみ採掘されていたが、最大輸出品の地位を天然ガスに奪われると、もはやボリビア鉱業公社（ＣＯＭＩＢＯＬ）の唯一の存在意義も無きも同然になった。ボリビア鉱業公社はボリビア革命時の一九五二年、パス・エステンソーロ自身が設立したものだったが、当時隆盛を極めたこの国営組織を自らの手で壊すことになった。ボリビア鉱業公社の解体は、労働組合の力が骨抜きになったことも意味した。ボリビア鉱業公社は一九八五年から八六年にかけて、従業員数を二万七〇〇〇人から七五〇〇人に削減した。またボリビア石油公社（ＹＰＦＢ）でも従業員四〇〇〇人の解雇に踏み切り、五〇〇〇人規模まで縮小させた。ボリビア鉱業公社とボリビア石油公社の変貌に伴い、ボリビア鉱山労働者組合連合（ＦＳＴＭＢ）もすっかり弱体化し労働運動は衰退した。一九四〇年代の設立以降、国内労働運動の根幹をなしたＦＳＴ

ＭＢだったが、もはや強い政治力と経済的役割の維持が不可能になった。変化を象徴する出来事の一つは、一九八六年ファン・レチンがＦＳＴＭＢの代表を退き、翌年には全ボリビア労働連合（ＣＯＢ）からも身を引いた事だった。国民革命労働党（ＭＮＲ）三大指導者の一人であるレチンが、一九四四年以来初めて労働運動組織における地位を失ったのだ。権力をそがれ弱体化したＦＳＴＭＢの主導権は、トロツキスト指導者の手に渡った。それと同時に、ヘナロ・フローレス率いるボリビア農民労働者統一連合（ＣＳＵＴＣＢ）は、中央労働本部内の唯一で最大の団体となった。

世界全体の錫市場に危機的状況が続いたことは、パス・エステンソーロにとって緊迫した事態を乗り切るための大きな助けになった。一九八五年一〇月、錫価格保護の目的で錫生産国と消費国三二カ国が加盟して国際錫理事会（ＩＴＣ）が設立されたが、やがて破綻し国際錫市場は暴落した。ロンドン鉱物市場では半年近くの間錫取引が中止され、世界有数の産出国マレーシアでも一〇〇近い鉱山の閉鎖と四〇〇〇人の従業員解雇を余儀なくされた。ボリビア産の錫は、国際水準で最高価格でありながら最低品質だった。採掘費用がかかるうえ一九七〇年代前半まで国内に製錬設備すらないというお粗末な状況で、低品質かつ高額なボリビアの錫は精製、未精製いずれも売り出す市場がなかった。国内ではハンスト行進やゼネスト、道路封鎖など様々な抗議行動が起きたが、鉱山企業や鉱山労働者を救う手段はなかった。パス・エステンソーロはデモを中止させ指導者達を投獄したが反対運動は弱体化し、もはや大きな反発が起きることもなかった。

コカ経済の興廃　新経済計画は政治、財政面では一応の成功を収めたが、経済は停滞し社会全体がさらに厳しい苦境に陥った。失業率は二〇%を上回り、オルロやポトシの伝統的な鉱山地帯は深刻な経済不況に陥った。厳しい財政難から立ち直るには米国からの援助が不可欠だった。しかしコカの違法取引市場の成長が政府の主要な財源となり、貧窮したボリビア財政が大いに救われていたことも事実だった。コカの葉はボリビア原産で、植民地時代以前よりラパス地方ユンガス渓谷地帯の主要な地場産業として栄えた。一九七〇年代には世界のコカイン需要の高まりに応じ、主要輸出品のひとつとして注目を集め、増産体制を整えるため東部低地帯の熱帯地域に新たなコカ生産地帯が開拓された。

コチャバンバ地区東部の熱帯低地帯チャパレ地方はかつて未開の地だったが、一九五〇年代に初の近代的な道路がアマゾン川流域まで建設されて以降、高地から多くが移り住み開拓を進めた。コカは元々この地域の主要な生産物の一つだった。チャパレ産のコカは、ユンガス産に比べアルカロイド含有率が高く値段も手頃で、主にアンデス地方のインディヘナを中心に国内で消費された。コチャバンバへ移住した人々は、元からコカ生産を営んだわけではなかったが、チャパレ産のコカ葉がコカイン生産に最も適していることがやがて知れわたった。その頃先進国ではドラッグが流行し、中でも米国では一九七〇年代よりコカインの人気が高まっていた。ボリビア産のコカ葉は飛ぶように売れ、世界三位の生産国にまで成長した。特にチャパレ地方のコカ葉はボリビア国内以上に国際市場の需要が高く、一九七〇年代半ば以降急成長を遂げた。伝統的な高地都市から離れた地理的条件も手伝って、チャパレ地方は違法コカイン輸出用コカ葉の独占的供給地帯となった。

成長の要因となったのは、生産に適した土壌や労働集約性の高い栽培上の特質は言うまでもないが、生産の大半を小規模農園が手がけたことも一因だった。チャパレ地方のコカ総生産量のうち三分の二は、六ヘクタール以下の小区画地で栽培された。農民自身の所有するこれら小区画地は、複数世帯をまとめた居住区（コロニー）に区分され、さらに複数のコロニーをまとめる大規模なシンジカート（農民連合）が編成された。組合では小区画地主の農民にも発言権が与えられた。このようにコカは、近代以降ボリビアの主要な輸出農産物で初めて、生産の大半を小作農民が担う作物となった。生産者自身が収穫物から利益を得やすい特質と、小作農民が組織化して力を持ったことにより、国際貿易業者も葉の栽培を小作農民に委ね、業者側で収穫物を加工、販売することを自主的に規制した。一九八〇年代半ばにはボリビア業者がコカ葉からコカインベース（またはペースト）の製造を手がけるようになったが、最終的な製品の結晶化や国際市場への販売権は、依然としてコロンビアの仲買人が牛耳った。以後ユンガスでは従来通り伝統的な国内消費向けコカ葉の生産と販売が続けられたが、チャパレや近郊のベニ地方、サンタクルスの都市部とコチャバンバはコロンビア向けの輸出用コカ葉生産地帯となった。

コカ輸出は非正規のいわゆるインフォーマル市場を形成した。違法経済の規模は拡大を続け財政への重要性も増し、国家経済にかかわる問題となった。だがコカ輸出額は年々増え続け、一九八〇年代半ばには控え目に見積もっても合法的な輸出品とほぼ同額まで迫り、国にとって重要な輸出品であることは否定できない事実となった。コカの物理的な生産量が増加すると、それに伴い輸出量も増した。コカ葉生産にあてられた農地は一九七六年には一万二〇〇〇ヘクタールだったが、一九八五年には六万六〇〇〇ヘクタールに急拡大した。また生産量も当初は一万五〇〇〇トンにも満たなかったが、この頃には一五万三〇〇〇トンまで急増し、一九八六年にはチャパレ地方だけで四万から四万五〇〇〇ヘクタールの農地で一〇万トン以上のコカ葉を産出した。ボリビアでは少なくとも二五万人の農民がコカ用耕地を開墾した。もちろんコカ葉以外の農産物生産も行われたが、コカ葉がボリビア唯一で最大の商業農産物となったことは間違いない。

だがやがて米国からの圧力が強まり、ボリビアのコカイン輸出に対し厳しい国際規制が課されることになった。米国とボリビアは、かつての「冷戦」関係から、「ドラッグ戦争」を主軸とした関係へと変化し、この関係は一九八〇年代以降現在もなお続いている。しかしボリビアにとって対米関係と同等に重要だったのは、他の生産国とのシェア争いだった。コカは隣国ペルーで生産が拡大され、コロンビアでも新たに栽培が始まった。一九九〇年代前半には国際競争の激化により価格が下落したことや規制強化の影響から、ボリビア産コカの価値は著しく低下した。一九九二年にはボリビアのコカ栽培面積は四万ヘクタールまで減少した。これに対してペルーでは一一万三〇〇〇ヘクタール、コロンビアでは八万九〇〇〇ヘクタールのコカ用地が新たに開墾された。ボリビア産コカは衰退を続け、一九九九年の時点で栽培面積はわずか一万四〇〇〇ヘクタール、生産量は七〇トンまで減少した。同じ頃コロンビアの生産量は三〇〇から四〇〇トン、ペルーではおよそ一七五から二四〇トンの大規模な生産量を維持した。価格や生産量の下落により、コカイン輸出はもはやボリビアの主要輸出品の地位を失った。一九九〇年代後半になると、政府介入によって違法コカイン輸出の生産価値は大幅に下落した。

天然ガスと大豆　一九八〇年代のボリビア経済にとって、コカペーストとコカインの輸出がきわめて重

図 9-1　品目別輸出額シェアの推移 1980 ～ 2008 年

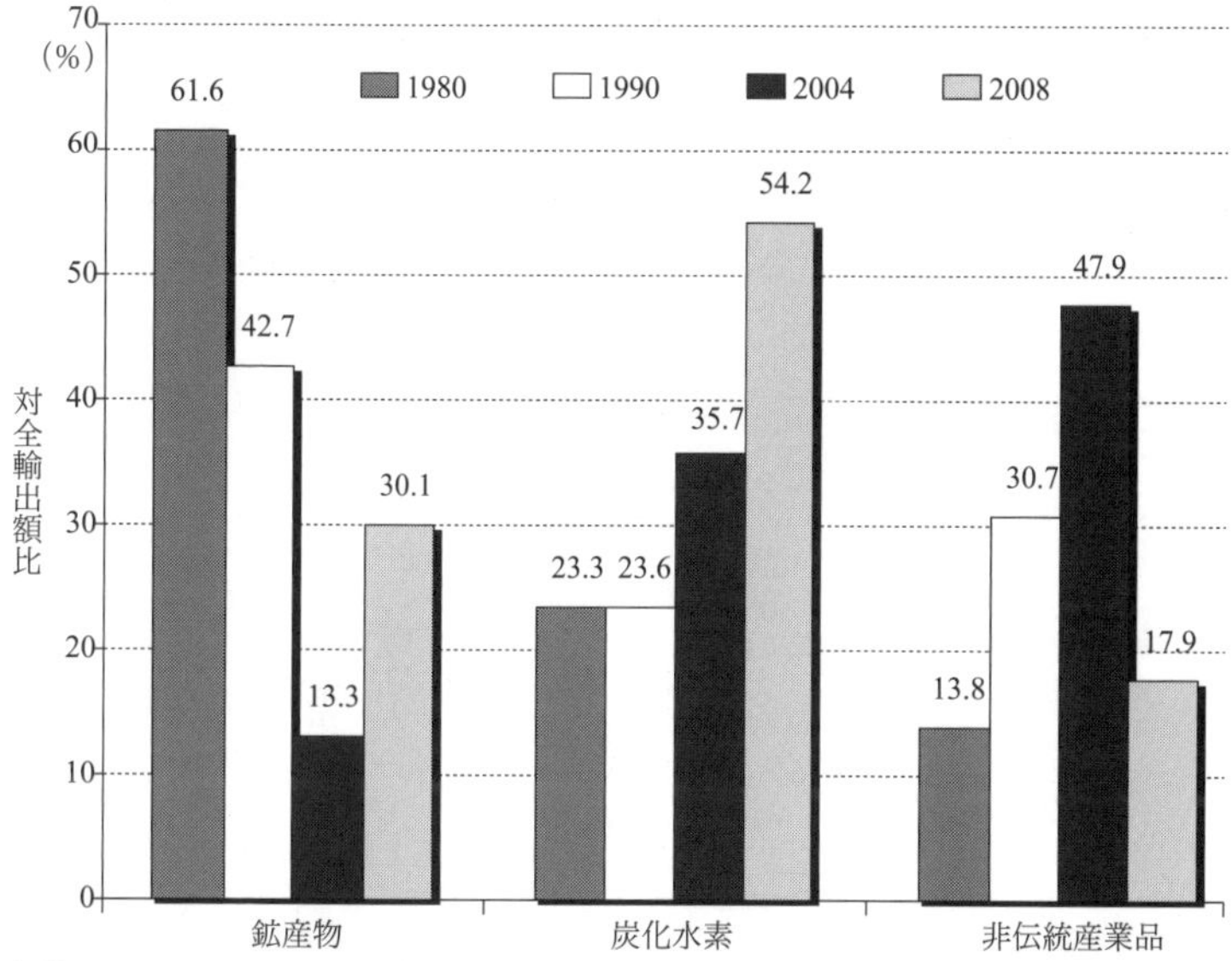

出所：Humerez & Dorador, "Una aproximacion...del crecimiento economico en Bolivia 1960-2004," pp.8-9; and BCB, "Volumen y Valor de Exportaciones"at http://www.bcb.gov.bo/index.php?q=estadisticas/sector_externo (3/2010)

要な位置を占めたことは紛れもない事実だ。政府もこの違法取引によって得た多大な利益を国内経済に還元すべく最大限の努力をした。当時はまだ天然ガスやコカ以外の商業農業などの新興産業からの利益も少なく、コカ輸出は停滞を続ける一九八〇年代ボリビアで主な収入源となった。一九九〇年代に入り経済は再びプラスに転じたものの、成長率の伸びは緩やかだった。それでも二〇世紀最後の一〇年間で国内経済は抜本から再編され、政府の政策や投資に大きな影響をもたらした。この頃にはボリビア石油公社（YPFB）が外国政府や民間外資企業の協力のもとで開発した天然ガスと、大豆を中心とする商業農業製品という二つの産業が新たに成長し、やがて主要輸出品となった。天然ガスのパイプラインは一九七二年に、サンタクルスからアルゼンチン国境まで建設された。その後ブラジルのペトロブラス社とボリビア石油公社が共同事業を興し、サンタクルスからブラジルの産業中心地サンパウロまで至るパイプラインを新たに建設した。このパイプラインは一九九九年に開通し、ボリビア天然ガスの新規販路となったほか、ブラジルへの輸出量が一気にアルゼンチンへの輸出量を上回ることになった。ブラジルへの天然ガス輸出量は、一九九〇年代後半にはおよそ二八億立方メートル（NG）だったが、二〇〇八年には一四〇億立方メートルを上回った。ボリビアの一九世紀と二〇世紀を銀と錫の世紀と呼ぶなら、二一世紀は天然ガスの世紀と名づけることができるだろう。二〇〇八年になるとボリビアの輸出品目構成に大きな変化が現れた。伝統的な鉱産物は著しく減少し、かわって天然ガスを中心とする炭化水素が主要輸出品となった。また大豆など新興商業農業品目も大きく成長した（図9-1）。

サンタクルスは一九五〇年代後半以降商業農業地域として発展したが、その大きなきっかけとなったのは、一九九〇年代後半にブラジル西部の大豆産地の境界が拡大し、国境を越えボリビア・サンタクルスまで到達したことだった。以後サンタクルスは、世界各国への輸出農産物の生産拠点となっている。大豆は近年、ボリビアの輸出品として重要性を増し、二〇〇八年には全輸出の五％を占めた。また砂糖やヒマワリの種、熱帯木材を合わせると全輸出額の一〇％に相当した。ボリビア産大豆の特徴はブラジルの大豆農家とほぼ同等の優れた生産性を持つことで、世界でも有数の生産国として評価されている。一方これとは対照的に、高地の伝統的な農業地域に関しては政府、民間いずれの資金もほとんど投入されず、発展から取り残されたままである。アルティプラノ産のジャガイモは、二〇〇八年の一ヘクタール当たり収穫量が米国農家平均のわずか一二％だった（FAO調べ）。そのため政府は一九五〇年代半ば以降、道路網建設や農業資金を供給してアルティプラノ農業の発展を支援した。これら新興産業にコカイン違法輸出の収入が加わって、世界で最も発展の遅れたボリビア農業にようやく近代的な体制が整ったが、伝統農業地域の生産性が大きく向上することはなかった。

またこれまで国内経済を支えた伝統的な鉱山輸出産業にも根本的な変化が生じた。ボリビアは世界の金属産出国の中では依然として下位にあったが、唯一亜鉛に関しては例外で、二〇〇〇年の輸出額が錫の二倍に達するなど主要金属輸出品として成長した。また一時は衰退した銀の輸出量も錫を上回った。それでもボリビアは一定の錫を生産と備蓄を維持し、ペルーやブラジルには及ばないものの、一九八〇年から二〇〇〇年の年間生産量は一万トンから二万トンの間を堅調に推移した。

また休止中の製錬所を利用して精製した錫も輸出した。輸出全体に占める伝統的鉱産物の比率は減少を続けたが、一方で天然ガスの輸出は急増したため、輸出額全体の中では依然として再生不能エネルギーが大部分を占めることになった。天然ガスの生産と輸出量は年々ゆっくりと成長し、二〇〇一年にようやくついにボリビアの主要輸出品となった。その後は急成長を続け、二〇〇八年には全輸出額の四五％を占めるまでになった。一方で亜鉛と錫は減少し、それぞれ一一％、三％と比率を下げた。その他に材木やカシューナッツ、コーヒー、砂糖、綿、大豆、ヒマワリ油など従来の伝統産業以外の再生可能品が新たな輸出品として着実に成長した。大豆と植物油は、二〇〇八年には全輸出額の八％を占めた。これら新産業は一九九〇年代に本格生産を始め、その後二〇〇〇年に入り一〇年間で著しく成長した。そのため一九六〇

図 9-2　国民 1 人当たりＧＤＰの推移　　1980 ～ 2008 年

単位：米ドル

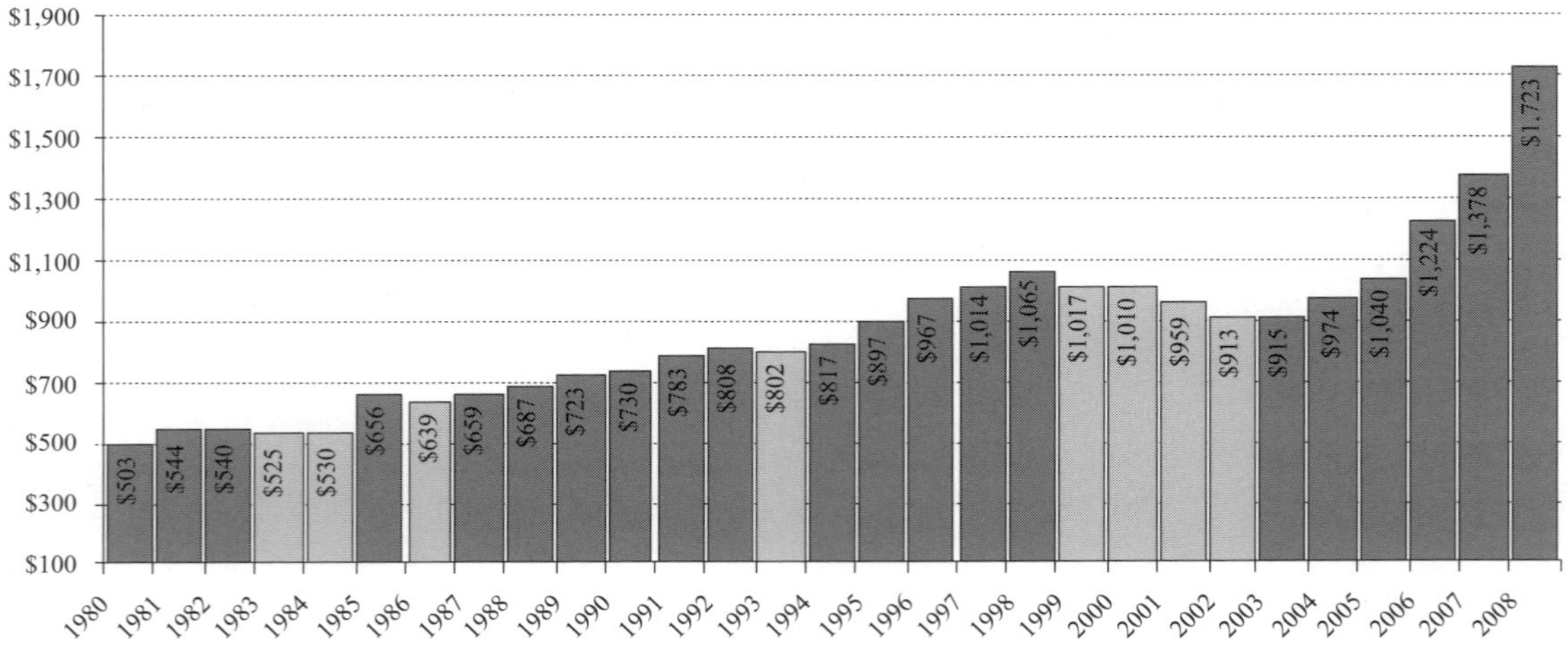

注　：対前年比で減少した年は薄色表示
出所：2010 年 4 月現在国連データ
http://data.un.org/Data.aspx?d=SNAAMA&f=grID%3A101%3BcurrID%3AUSD%3BpcFlag%3A1

年代以来停滞していたボリビア経済はようやく上昇に転じ、一九九〇年代から二〇一〇年代にはラテンアメリカの平均成長率を上回るまでになった。

輸出額全体の規模は急激に伸び、二〇〇〇年代の数年間で倍額にまで成長した。だがボリビアの輸出額は相変わらずラテンアメリカ地域の最低ランクにある。二〇〇八年の総輸出額は、中米諸国やハイチを多少上回ったが、ボリビアより小国のホンジュラスやパラグアイを下回った。天然ガスや大豆など新興産業の成長を加えてもなお、ボリビアが貧困国であることには変わりなかった。国民一人当たりの収入額は、一九九〇年代の七三〇米ドルから二〇〇八年には一七二三米ドル（いずれも当時の通貨換算）と大幅に増加したが（図9-2）、それでもラテンアメリカで三番目に低く、ハイチとニカラグアをわずかに上回る程度だった。また諸外国からの援助も継続して受けていた。ただし年々援助への依存から脱却し、自立した体制を目指していることも事実である。一九九九年には政府予算の三〇％を外国からの援助が占めたが、二〇一〇年予算では税収や国有企業への使用料収入、在外送金の増加もあって、三％まで縮小された。

2　多党政治の確立

複数連立与党制　一九七〇年代と八〇年代の二〇年間、経済面で大いに発展が見られたボリビアだが、政治面についても同じく変革を遂げた。複数政党体制の確立と議会制の強化、地方や地域自治の重要性の高まり、そして複数政党の連立方式による統治が、ボリビア政治の新たな形となった。軍事政権末期に起きた市民権闘争によって、急進左翼や極右翼は国内政治から一掃された。これと同じ頃急進左翼は、支持基盤の中心だった旧労働中道派や鉱山組合が衰退したため、新たに台頭したシンジカート（農民連合）に移った。一九七一年、アルティプラノのシンジカート内部からアイマラ族人権計画を掲げたカタリスタ（インディヘナ権利拡大）運動の動きが拡大し、一九七九年にはさらに発展して強大な農民組織、ボリビア農民労働者統一連合（CSUTCB）が新たに設立された。連合は全ボリビア労働連合（COB）の主要出資者になるとやがて指導権を引き継ぎ、組織内固有の問題だった人権および階級問題をさらに展開させより広範囲の政治的要求を示した。中には急進左翼の立場を維持した労働組合もあり、特にトロツキー派（POR）は小学校教員の連合組織を支配したが、その他大多数は穏健な立場を受け入れた。

また国民革命運動党（MNR）、バンセル率いる民族民主行動党（ADN）、そして左派革命運動党（MIR）の三大勢力は、いずれも議会や大統領選挙で絶対的多数の票を獲得することができず、政権擁立に向けて他党との複数連立体制を取らざるを得なくなった。この連立与党体制は、ボリビア政治史上有数の安定した秩序をもたらした。また強い実行力を持つ選挙裁判所の開設によって、史上最も公正な選挙の時代をもたらした。かつて政敵同士だった各政党には、協議による合意を経て代表を決定するという新たな流れが定着した。また政府も、ポスト軍事政権の各省庁のあり方について協議を重ねた末、建国以来最大規模の改革と再編を実現した。

改革の多くは、軍事政権終焉直後のシレス政権時代に着手され、その後ビクトール・パス・エステンソーロ政権が受け継いだ。自身最後となった第四次パス・エステンソーロ政権は、後に続く次世代指導者達への先導的役割を果たしたことからも重要な意義を持った。新世代の指導者のうち最も重要な人物は、一九五二年のボリビア革命以降鉱山実業家として台頭したゴンサロ・サンチェス・デ・ロサーダだった。米国で教育を受けたロサーダは、上院議員を経て経済企画省長官に就任後、政府経済審議会の議長を務めるなど次々に出世し、老齢のパス・エステンソーロ政権の手強い対抗馬として頭角を現した。ロサーダは、軍事政権後期の一九八〇—八一年、暴政ナトゥッシュ・ブッシュ政権に深く関与したパス・エステンソーロ派を厳しく追求した。

パス・エステンソーロは経済計画を成功させるため、かつての政敵ウーゴ・バンセルや民族民主行動党と密接な協力関係を結んだ。議会で優勢の二大政党と組むことによって、国民革命運動党であるパス・エステンソーロ政権は、国会をはじめ労働運動制圧の際に強い味方となる軍部など実行組織の統率権を手にした。だがそのために自身が払った犠牲は多大だった。国民革命運動党はやがてサンチェス・デ・ロサーダに主導権を奪われた。ロサーダは一九八九年五月の大統領選挙に名乗りを上げると、強い対抗勢力であるウーゴ・バンセル率いる民族民主行動党や、成長著しい左派革命運動党と対峙した。左派革命運動党は、国民革命運動党政権時に労働運動への厳しい弾圧が行われた際には静観の立場を取った。

左派革命運動党政権　一九八九年の選挙では、一九四〇年代以来国内を支配してきたあらゆる世代の政治指導者達が顔を揃えた。三大政党からの候補者には、一九五二年のボリビア革命以降活躍した指導者達が初めて一堂に会した。このうちファン・レチンはすでに労働運動から退き、シレスは不祥事を起こし、パス・エステンソーロは任期続行にはあまりにも高齢だった。旧革命世代で唯一残ったのはバンセルだった。バンセルが政治舞台に登場したのは、他の三人より遅い一九六〇年代の後半だった。一九八五年の選挙では得票数の上で勝利したが、一九八九年選挙でバンセルはサンチェス・デ・ロサーダに次ぐ第二位だった。この時最大の勝利を得たのは左派革命運動党（MIR）だった。左派革命運動党は八五年選挙ではわずか九％の票を得たのみだったが、四年後の八九年には二〇％を獲得した。勢いを増す左派革命運動党を目の当たりにしたバンセルは、選挙での敗北を認め、その後左派革命運動党と連立して大統領にハイメ・パス・サモーラを選出した。この連立によってボリビア革命以後初めて、ポスト革命左派勢力が権力の座に就くことになった。

またこの選挙では、多種多様な政党やグループがそれぞれの立場を確立し乱立する複雑な様相が浮き彫りになった。この傾向は一九八〇年と八五年の選挙でも見られたが、三大政党が優勢になった一九八九年の選挙ではさらに明確になった。このような複雑な構図は一九八九年選挙以前にも、二つのポピュリスト政党が新たに結成され顕在化しつつあった。愛国良心党（CONDEPA）は一九八八年、メディア王カルロス・ペレンケによって結成され、ラパス地域やアルティプラノのメスティーソとアイマラ語族まで幅広い支持を得た。もう一方の市民連帯連合（UCD）は、ビール製造会社を営むマックス・フェルナンデスによって一九八九年に結成され、サンタクルス地域を中心に強い支持を集めた。

選挙では両党共に健闘し多くの票を得た。特に愛国良心党は、多くのインディヘナの支持を得て彼らの拠り所となり、二一世紀以降急速に頭角を現していくことになる。また国民革命運動党、民族民主行動党、左派革命運動党の三大政党も互角に票を伸ばし、国内全土のあらゆる階級から支持を得た。この他にカタリスタ（インディヘナ権利拡大）運動が政治参入する動きも見られたが、わずか二万三〇〇〇票を得たのみで、多数の票を伸ばした愛国良心党と市民連帯連合とは対照的だった。かつて単独政党が国家全体を支配した時代や、農村部の民衆が受動的な組織票を投じた時代はすでに過去のものとなり、一九五二年国民革命運動党のボリビア革命時代にもなし得なかった変革がここに実現した。地域単位でまとまった組織票を投じる共同体も減少し、農民の支持は複数の政党に分散した。これは軍と農民が協力関係を築いた時代が終わったことを示すものだった。

一九八九年選挙のもう一つの特徴は、パス・エステンソーロの新経済計画や、経済の長期的衰退の実質的な原因の一つと考えられた国家資本主義制度の解体に対して、三大政党がいずれも異議を唱えなかったことだった。対立する左派革命運動党までもが経済安定化を進める計画を支持し、旧国営企業の再生支援を行わないことを表明した。そのため左派革命運動党内で極左翼派が反発し、離党するという事態にまで及んだ。だがこの動きは、経済の成長と発展にますます弾みをかけることになった。左派革命運動党は、バンセル率いる保守的な民族民主行動党と密接な協力関係を結び、以前に比べ急進性を失った。パス・エステンソーロの新経済計画を受け入れ、政府による錫産業の縮小を継続し、外国や民間の投資を促進するため市場の開放を支持した。また全ボリビア労働連合（COB）とボリビア鉱山労働者組合連合（FSTMB）への支援も中止した。だが左派革命運動党政権は、労働運動との関係を断ちつつも支持基盤を失わず、左翼の一角を担う存在であり続けた。一九九〇年代には、分派した急進グループが勢力を拡大した時期もあったが、二〇〇〇年以降は再び支持を取り戻し、チョロの町エルアルトの中心政党になった。

左派革命運動党政権は、統率面でいくつかの問題を抱えていたものの、主要な知識層に対し、国のあり方や社会、経済体制について再考を促した時代でもあった。大統領制度や中央集権主義をはじめ、それまで着手されなかった様々な構想の実現に向けて真剣な取り組みがなされた。また政府は、一九八〇年に強硬な軍事クーデターによって民主主義政権を崩壊させた独裁指導者ルイス・ガルシア・メサ将軍を法廷で裁き、投獄することに成功した。メサは軍事政権初期時代の指導者のうち、民主主義政権移行後に投獄された数少ない指導者の一人だった。また東部低地（オリエンテ）の未開拓貧困地域に暮らすインディヘナ諸部族の問題について、初めて政府として公式な見解を表した。一九九〇年には東部ベニからラパスにかけてインディヘナによる大規模な行進が起きた。東部低地の一二のインディヘナ自治区から老若男女およそ八〇〇人が参加し、非インディヘナによる土地侵害や搾取への抗議を訴えた。この時初めてボリビア農民労働者統一連合（CSUTCB）が行進に加わり、チキタノ族、グアラニー族をはじめそれまで看過されたさまざまな部族を代弁して闘った。またこの頃国内各都市では、既存政党に代わり新たに台頭した複数の新興政党が勢力を増し、地方政治の重要性が大いに増した。ゴッドファーザー（頭領）を意味する「コンパドレ」の愛称で知られる代表カルロス・パレンケと、「チョリータのレメディオス」*と呼ばれる女性副代表レメディオス・ロサ率いる愛国良心党は、一時的にラパス市の実権を握った。レメディオス・ロサは一九八九年、「ポジェーラの女性」(mujer de pollera) として初めて国会議員に選出され、一九九七年パレンケの死後は党の指導者として活躍した。

一九九四年憲法改正　一九九三年の選挙ではゴンサロ・サンチェス・デ・ロサーダに三四%と多くの票が集まり、国民革命運動党が政権復帰を果たした。だが国民革命運動は、農村部の票を集めるためにカタリスタ（インディヘナ権利拡大運動家）の力に頼らざるを得ず、その代償として彼らの指導者の一人ビクトル・ウーゴ・カルデナスに副大統領に起用した。このことは都市部や農村部のメスティーソおよびインディヘナが国内政治舞台で新たに重要な存在となったことを示した。カルデナス副大統領夫人は、政治、社会の公式な場で伝統的インディヘナ衣装の着用を定着させた。さらに一九九四年、新政府は一九六七年の憲法を改正し、それまでの序文の冒頭部「ボリビアは自由で他の支配を受けない自主独立した」国家であるという部分に、ボリビア史上初めて「複合的かつ多民族文化の」という文言を書き加えた。さらにインディヘナ共同体やシンジカート（農民連合）の合法性や独自性を公認する一連の法案を制定した。改正した憲法では、アイユやコムニダー（共同体）の伝統的な土地権利についてもふれ、個人よりも共同体に根ざした固有の権利を明らかにし、共同所有権（propiedades comunarias）の存続を確約したほか、各共同体で独自の伝統的な諸法を適用する権利も保障した。

地方改革　複合民族国家という新たな理念の後押しを受け、一九九三―九七年のサンチェス・デ・ロサーダ政権は国家体制と参政権の構造改革に取り組んだ。民衆参加法（一九九四年）と地方分権法（一九九五年）

＊訳者注＝チョリータ（cholita）とは、メスティーソ女性を示すチョーラ（chola）の示小辞。ペルーでは侮蔑的な意味に用いられることもあるが、ボリビアでは愛称として用いられる。ポジェーラはチョリータを象徴する伝統的なスカートであり、年配チョリータを指すことが多い。

を公布して各自治体に政治、経済面の自治権をさらに与えることで、国家の中央集権主義的体質の変革に努めた。地方自治体は、地方分権法の制定前には全国でわずか数十しか存在せず、それもすべて県都や主要都市周辺部に集中していた。その後政府は三一一の地方自治体を新たに創設する計画を明らかにし、各自治体に独自の市長や町長、議会を制定する動きを全国に広めた。こうして都市部のみならず農村部にも多くの自治体が成立した。この法により政府は、制定前に二六二人だった全国の地方公務員数を二九〇〇人と大幅に増員した。また新たに成立した自治体には、それぞれの地域の合法的な市民団体を基盤とする自主監視委員会が結成され、各自治体の行政を監視した。政府はその後三年間で、都市部周辺から農村部のシンジカートに至るまで、計一万三八二七の地方自治体を正式に承認した。すべての自治体に自主監視委員会が設置され、自治体の公務員に何らかの不正行為があった場合、正式な罷免手続きを取る事が可能になった。

また地方自治体は、経済面でも初めて本格的な実権を与えられた。各自治体が独自に予算を管理したほか、国家歳入の二〇%が地方交付金と定められ、人口に基づき各自治体に配分された。政府は自治体の行政運営を支援するため調査研究機関を設立した。この計画には外国からも多額の援助が投入された。また一九九四年の教育改革法により地方教育の管轄も国から自治体に移行され、共通履修科目以外をのぞく教育課程の計画と、学校設備や備品予算についての権限が委譲された。

地方政治の変化が本格化したことは、民衆参加法制定後に選出された市長や市会議員一六二四人のうち推定三分の二近くが農民またはインディヘナだったことからも示された。この変化を受けて、主要政党も地方政治への取り組みをそれぞれ重視せざるを得なくなった。その後の地方選挙では、少数党や急進派政党から多くの議員が選出されたため、既存の主要各党は大きなダメージを受けた。実際に新たに自治体となった各地方には三〇〇〇近くに上る後援業務があり、中央政治を基盤に活動する各政党にとっても重要な存在だった。また政府は、国会の下院議員に全国規模の政党名簿選出（比例代表）と、米国議会と同様に中央政党所属ながら単独選出（小選挙区代表）の二つの区分を設け、議員定数を増やした。これも既存の伝統的各党を弱体化させるもう一つの要因となった。この制度には短期的な問題がいくつかあったものの、ボリビア史上最も抜本的と言うべき行政改革が始まったことは確かだった。

国営企業の民営化　このほかサンチェス・デ・ロサーダ政権は、数多くの国営企業の民営化を手がけ、一九八〇年代半ばに始まった新自由主義（ネオリベラリズム）経済政策を大きく前進させた。一九九二年に民営化法案が成立すると、政府は実現に向けて真剣に取り組んだ。国営企業のうち小規模企業の大半は個人投資家に安く売却されたが、大規模な国営企業は「株式資本化」計画に基づき再編された。つまり各企業の株式五〇％は国が保有したままで、残りの五〇％を民間企業グループに売却し、その企業の経営も委託するというものだった。民営化された企業には石油や天然ガス開発を手がけるボリビア石油公社（YPFB）をはじめ、ボリビア電力公社（ENDE）、ボリビア国鉄（ENFE）、ボリビア電信電話公社（ENTEL）、ボリビア航空（LAB）があった。政府は民営化による衝撃を緩和するため非拠出型年金制度（BONOSOL）を導入し、退職金制度未加入の労働者に対し配当金の形で年金を支給した。

これらの国営企業のうち、一九九六年ボリビア石油公社（YPFB）の民営化は最も衝撃的な出来事だった。YPFBは株式資本化された直後に六〇〇〇人近い従業員を一気に二〇〇〇人まで削減し、その後残務処理組織による運営期間にそれまで活発だった石油や天然ガスの探査、生産、輸送などを次々に中止した。官民含む多数の外国企業と契約が交わされ、新たに発見された石油や天然ガス資源からYPFBの得る使用料は徹底的に削られた。このように各国と結ばれた様々な契約や、すっかり受動的になったYPFBの役割は、数年後に大規模な政治紛争をもたらすことになる。

一九九七年選挙　地方分権と民営化が進む中、一九九七年の国会議員選挙で国民革命運動党は惨敗し、議席率は民族民主行動党（二一％）と、依然強い勢力を持つ左派革命運動党（二〇％）を下回る一八％まで低下した。選挙後左派革命運動党は、過去に連立した経緯から当然のように民族民主行動党の支持に回り、大統領にウーゴ・バンセルを指名した。こうして元独裁指導者で軍将校出身のバンセルは再び表舞台に返り咲き、一九九四年の改正憲法で定められた五年間の任期に就いた。バンセルはペロン的性格のポピュリストではなく、軍部の後ろ盾を得たわけでもなかったが、かつての独裁軍事指導者から方針を変え、中道右派政党を率いるれっきとした文民政治家へと異例の変貌を遂げた。政治手腕がどうであれバンセルが二〇世紀ラテンアメリカ政治の特質を示す存在であることは間違いない。だが二〇〇一年半ばに経済成長率の衰退と自身の病気により辞任を余儀なくされ、副大統領のジョルジ・キロガに政権を譲った。

二〇〇二年六月に実施された選挙では再び票が分かれ、トップ当選者の得票数が全二八〇万票の四分の一に満たなかった。国会での二次投票の結果、ゴンサロ・サンチェス・デ・ロサーダが二期目の当選を果たした。これにより国民革命運動党が新たな指導者の下で再び力を取り戻し、政権与党に就くかに思われた。しかしこの選挙は、近現代ボリビア政治史上重要な転機をもたらす結果となった。一九八五年以来続いた政治体制はこの時終わりを告げようとしていた。およそ二〇年でボリビアの大統領制度は大きく改定され、議会が重要な役割を担う政府へと変わった。また二院制立法議会が再編され、国民による直接選挙の結果がより明確に反映されるようになった。地方自治体の権限強化と拡大、国会や上院議員の権力増大によって、ボリビアは長年続いた中央集権的な大統領制度を一掃した。だが八五年以来体制を整え地方分権の強化に取り組んだ各政党はもはや勢力を失い、表舞台から消え去ろうとしていた。バンセル率いる民族民主行動党や左派革命運動党は惨敗し、国民革命運動党に次ぎ全票の四分の一の得票数を稼いだのはこれまでにない新進の政党だった。その指導者はアイマラ族のインディヘナだった。

コカレロ運動とアイマラグループの躍進　二〇〇二年選挙で起きた政界の根底部分を揺るがす変化は、元をたどれば一九七〇年代に起きたトゥパク・カタリ運動から始まっていた。その後一九八〇年代後半から一九九〇年代初頭にかけて、初の純正インディヘナ政党である愛国良心党（CONDEPA）が飛躍的に拡大し、さらに複数のインディヘナ政党が結成されるなど、それらの運動が実を結ぶ形で最高潮に達したものだった。また一九九〇年代中盤以降は、民衆参加法(Participacion Popular)に基づく地方分権改革によって、地方や農村部地域のインディヘナやメスティーソ指導者達が政治舞台に台頭した。やがて新たなインディヘナ政治運動の中心地となったのは、それまでインディヘナが拠点としたアルティプラノやコチャバンバ渓谷から遠く離れた地域で高まったコカレロ（コカ栽培者）運動だった。これは米国との「ドラッグ戦争」政策がもたらした結果引き起こされたものだった。一九八〇年代後半から一九九〇年代に、米国がボリビア政府に対して大規模な介入を行ったために、コカレロと彼らの属するシンジカートや組合が政府に対し激しく抗議運動を起こし、時には武力衝突まで伴った。一九八五年以降、既存各政党の過激な新自由主義政策に対し、民衆の抗議運動が高まったきっかけも、このコカレロ運動だった。

一九九〇年代に行われた各選挙では、複数の急進的なアイマラ族グループが台頭した。中でも一九九八年にボリビア農民労働者統一連合（CSUTCB）の代表に就任したフェリペ・キスペ率いるグループは活発だった。さらに目立った動きを見せたのは、エボ・モラレス率いるチャパレ地方のコカレロ（コカ栽培者）運動で、一九八八年に地域最大の農民組合である熱帯コカ生産者連合（FCT）を引き継ぐ形で起こった。モラレスとその支持者達は、社会主義運動党（MAS）の前身となる先住民自治会議（ASP）を結成した。モラレスの新党は、シンジカートを基盤としながらコカ栽培地域からコチャバンバ県全域に至る地方勢力を握った。さらにモラレス自身も一九九七年、圧倒的な支持を得てチャパレ地方から下院議員に選出された。この年四人のインディヘナ指導者が国会議員に当選したが、すべてコチャバンバ県からの選出だった。モラレスは二〇〇二年に下院議員を除名されるが、同年の大統領選挙に出馬し、国民革命運動党に次ぐ第二位の得票数を得て既存の政治体制に衝撃を与えた。事実二〇〇二年の選挙の結果、議員席数別では二つのインディヘナ政党、モラレス率いる社会主義運動党（MAS）とフェリペ・キスペのパチャクティ先住民運動党（Movimiento Indio Pachakuti MIP）が第三位に躍進した。さらにモラレスの社会主義運動党は八名の上院議員も選出した。モラレスとキスペという両インディヘナ指導者は、特に都市部の貧困層や農村部の代表者として、様々な経済、社会問題の解決に向け様々な要求を訴える代表者となった。

だが彼らの目的はそれだけにとどまらず、天然資源の管理を再び国営化することによってボリビア政治経済の体質の変革を提案した。近現代ボリビア社会におけるインディヘナの人々の新たな役割と新たな国家アイデンティティを提案した。

水紛争とガス紛争　このような動きは、全国および地方レベルの新たな政党や政治グループの発展を促しただけでなく、ボリビア全土で政治運動や民衆の暴動が空前規模の広がりを見せる時代をもたらした。新たな時代の幕開けとなったのは、大統領選挙直前の二〇〇〇年一月にコチャバンバ県で起きた「水紛争」だった。これはコチャバンバで水道事業を民営化させる政府の取り組みの中で、米ベクテル社に売却しようとしたことが市民の反対を受け、大規模な暴動へと発展したものだった。地域の市民団体は三カ月に及ぶ反対運動の中で数々のゼネストを展開し、ケチュア族農民も加わった。反対運動の拡大を受けた政府はコチャバンバ地域における水道事業の民営化をついに断念し、暴動は鎮まった。水紛争は、市民が政策について真剣に議論し直接的な利潤を追求した点と、権力の拡大を目指すインディヘナ団体が要求をさらに推し進めた点で、初の大規模な住民運動として記録されることになった。

次に天然ガス産業に外国資本の参入を許したことが大きな問題となった。参入した企業の多くは諸外国の国営企業だったが、一九八五年のボリビア国営企業民営化政策をきっかけとした大規模な反対運動のあおりを受け市民の抵抗に合った。第二次サンチェス・ロサーダ政権は、新興資源である天然ガスをボリビア石油公社（ＹＰＦＢ）の管轄から外し、南米以外の市場にボリビア産ガスを輸出する計画を立てた。政府がアンデスからチリの港湾部にかけて天然ガスのパイプラインを建設することに決めると市民は反発し二〇〇三年、農民やメスティーソを中心に国民革命運動党と幹部を襲撃する「ボリビアガス紛争」が勃発した。パイプライン計画のためにチリの領土を利用し、一九九六年の炭化水素法で定めた国家資源として重要性の高い天然ガスを国外企業の手に委ねようとしたことで、ナショナリスト（愛国主義者）と左派運動家双方から反対を受け、両勢力は政府の天然資源民営化政策に対し真っ向から対立した。二〇〇三年九月、ラパスとコチャバンバの都市部で反対運動が起き、続いてアイマラ族のアルティプラノ居住地の重要拠点ワリサタで農民の虐殺が起こった。一〇月一三日反対派がエルアルトとラパスの通信網を封鎖したことを受け、サンチェス・ロサーダは軍を出動させ、多くの非武装の反対派市民を殺害した。その結果道路封鎖は急拡大され、蜂起したエルアルト市民がラパス市部を占拠した。警察と反対派の対立はますます激化し、多くの武力衝突が起こった。富裕層は国民革命運動党側を支持したが、市内の封鎖と毎日のように起きる反乱の中で党の権力は失墜し、事実上の首都であるラパスの機能は完全に停止した。二〇〇三年一〇月一七日、サンチェス・ロサーダはついに辞任に追い込まれ、国外に脱出した。後任となったのは副大統領のカルロス・メサだった。ジャーナリスト出身で歴史学者でもあったメサは、無所属で主要な政党やグループからの支持もないままに激動するボリビアの新大統領となった。就任にあたりメサは、国内に起こりつつある急激かつ重大な変化をとらえ、それまでラパスにあった大統領官邸をメスティーソの都市エルアルトに移した。

第一〇章　メスティーソとインディヘナ・エリートの台頭
二〇〇二―一〇年

1　二一世紀ボリビアの背景

二〇〇二年選挙　二〇〇二年選挙が国内に与えた衝撃は多大なものだった。暴徒化したメスティーソとインディヘナの各団体は空前規模の封鎖を行い、彼ら自身の率いる初の一大権力政党を組織化する原動力となった。二〇〇五年一二月の大統領選挙では、既存政党の大半が新たな非インディヘナ政党、民主社会勢力（PODEMOS）に議席を譲った。またエボ・モラレス率いる社会主義運動党（MAS）と、キスペ率いる先住民運動党（MIP）の両インディヘナ政党が総得票数二九〇万票のうち五六％にあたる一六〇万票を獲得して勝利した。既存政党は二〇〇二年の選挙後わずか三年のうちに力を失い、様々なインディヘナ政党や非インディヘナ運動の新勢力に権力の座を奪われたのだ。新政党のうち最も勢いがあったのはエボ・モラレス率いる社会主義運動党で、二〇〇五年選挙で勝利を収め政権に就くことになった。こうしてボリビア史上初のインディヘナ大統領が誕生した。

ボリビア国内の政党勢力は二〇〇二年以降大きく様変わりしたが、その他に地方同士の政治的連帯という新たな現象も起きた。地方分権が進み連邦主義的性格が強まる中で地域毎の政治的特色が生まれ、伝統的に国政の中心地となっている高地の各県と、東部や南部低地帯の各県（ベニ、パンド、サンタクルス、タリハ）の間に明確な区分が形成された。東南部各県は、高地に対し半月状に面した位置関係だったことから半月（media luna）グループと呼ばれた。

高地のラパスとコチャバンバではインディヘナグループが武装し、非インディヘナグループ経営の天然ガスや石油産業、商業農業が盛んな地域との対立を深め、その状況は政治勢力分布にも反映された。とはいえ全国規模政党の勢力は完全に分散した訳ではなく、また都市部と農村部の対立が新たな政治勢力区分の要因になった訳でもなかった。そのうえ高地や周辺部は選挙の度に勢力の変遷する流動的な地域で、民族的区分すら地理的分布と完全に一致しない程だった。政治的独立を真剣に考える地域はなく、内乱があってもすべて地域内の当事者同士の話し合いで解決された。しかしたとえ地域区分はあいまいであっても、伝統的支配層と新たに中央政治に台頭したインディヘナ階級の勢力を明確に分かつ現象が起きたことには違いなかった。二〇〇五年の大統領選挙で社会主義運動党が勝敗を分けた県別地図（地図 10-1）では、その勢力関係が大いに浮き彫りになっている。

ボリビア革命の効果　政治勢力図が大きく変化するきっかけとなったのは半世紀前、一九五二年のボリビア革命だった。この時国内には革命政府による計画的な改革と、予想外に生じた動きの両面から重大な変化が起きた。ボリビア革命でなされた主な改革は農地改革と、ボリビア史上初めて非識字者を含む全成

地図 10-1　2005 年大統領選挙県別勝敗地図

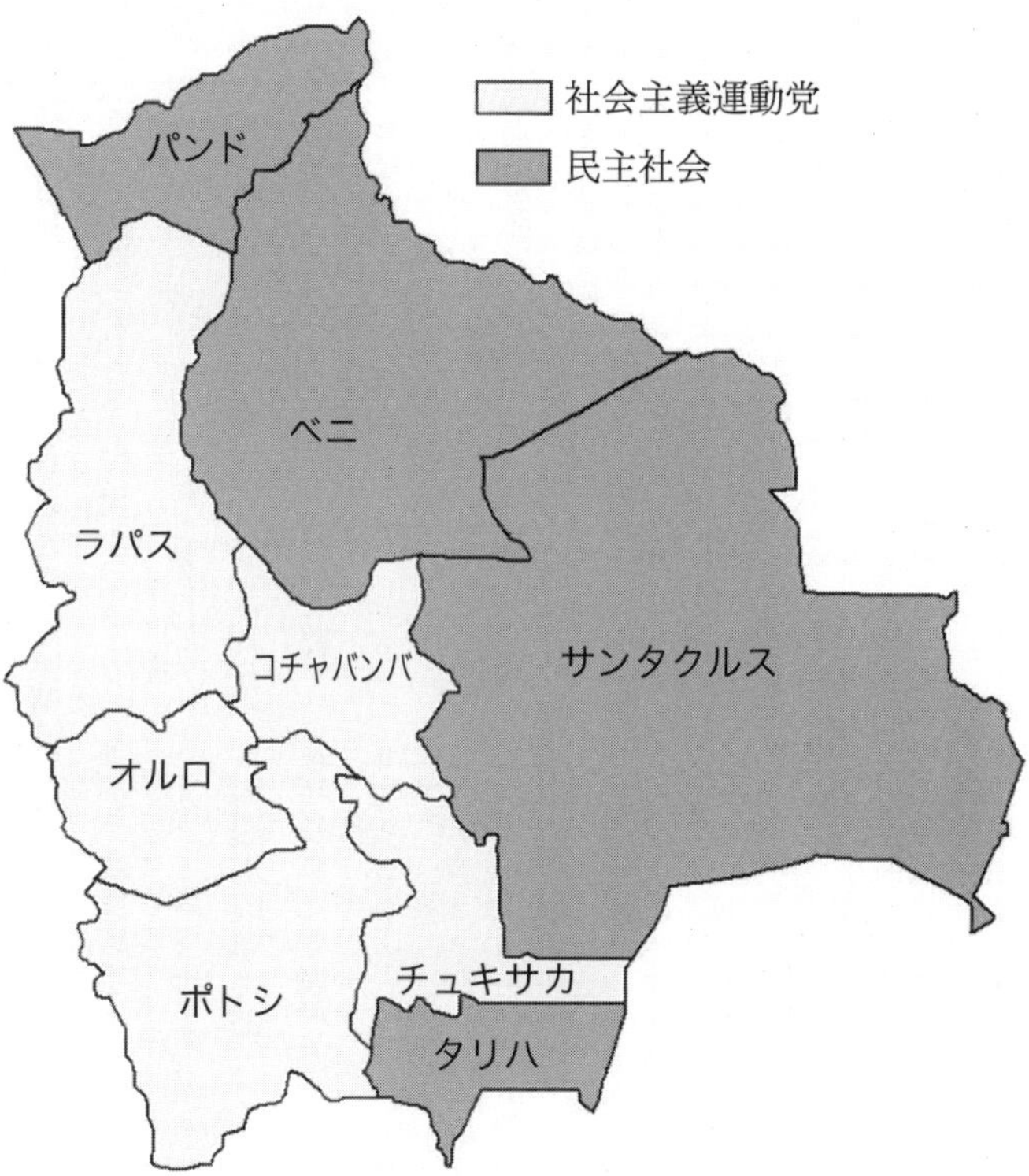

出所：CNE, Boletin Estadistica III:7(Nov. 2007), mapa 7, p. 1

人に選挙権を与えたことの二つだった。一九五三年八月の農地改革法では高地のアシエンダ所有地をすべて没収し、個人への土地販売を行わないという条件付きでシンジカート（農民連合）やコムニダー（共同体）を通じてインディヘナ農民に分配した。この時政府に土地を接収されなかった地域は、人口の少ないサンタクルス地域とモンテアグドなど南西部の中規模アシエンダ渓谷地帯、シンチ渓谷のブドウ園地帯のみだった。これら地域では小規模な資本集約的農業を営み、インディヘナ住民は皆無だった。それ以外の接収地域ではアシエンダ制が廃止され、農場主であるアシエンダードも消滅し、接収された土地はすべてインディヘナ農民の手に渡った。一九九三年には八三万一〇〇〇件に及ぶ土地権利が放出され、総面積は四四〇〇万ヘクタールに上った。これは国内全農地の四〇％に当たり、六二万六九九八人の農民に分配された。この農地改革に加え、一九五〇年代半ばと一九八〇年代初頭という二度のハイパーインフレ時代を経て、長年にわたり農村部や地方共同体を支配してきた白人特権階級は著しく衰退し、ほぼ消滅した。かわって支配階級についたのは新興メスティーソ権力層だった。彼らは大都市のインディヘナ労働者出身で、都会の生活規範やスペイン語を身に着け、その後国内全域の小規模な町や都市部に広がった人たちだった。メスティーソは今やボリビア国内の農村部と発展する都市部を結びつける仲介的役割を担った。

ボリビア革命のもう一つの重要な課題は、インディヘナの人々を解放し権利を保障することだった。一九五二年のボリビア革命で発足した国民革命労働党政権では、それまでの識字者に限った選挙制度を撤廃し、全成人に門戸を開いた。インディヘナ農民は解放され、有権者数は一九五一年の一二万六〇〇〇人から一九五六年には九五万五〇〇〇人と一気に増加し、一九六四年の選挙ではさらに増えて一三〇万人が投票した。それ以後も政府は、軍事政権も含みすべての政権において、インディヘナの権利要求を満たすため何らかの策を講じることを革命時の法令によって義務付けられ、学校教育や住居、電気、衛生、その他全般的な経済支援を行ってきた。だがインディヘナにとって政府の支援は十分でなく、インディヘナ団体からの圧力は年々高まった。国内政治の変化は重要な課題だったが、インディヘナ自身の声を代弁する政治家の誕生にはまだ多くの時間を要した。

一九五三年の農業改革法で農地の分配に並び重要な意義を持ったのは、すべてのインディヘナ農民や小作民を土地借用と引き換えに地主への無償奉公労働（ポングァへとコロナート）から解放したことだった。この農業改革法一つでそれまでボリビア史上なしえなかった改革を実現し、貧困層を大きく変えた。教育や雇用、より良い暮らしの機会を求めて、これまでになく多くの農民が都市部へと移り住んだ。それと同時に国内道路網が整備され、国内各地の交通が開かれたため、地方農村部に豊かな暮らしをもたらした。シンジカート（農民連合）やコムニダー（共同体）が公共事業の支援を行い、保健や教育を向上させた。農村部でこれら組織の存在は重要で、東部低地帯の新開拓地に高地の人々が移住した際もその規範は受け継がれた。

人口動態の変化　一九五二年のボリビア革命以降、政府は国民の健康や福祉を保障する新たな公約に基づき保健や教育の向上に取り組み、その成果は社会面や人口統計に現れた。それ以前より行われた保健衛生関連の様々な対策が実を結び死亡率が低下したほか、革命以後の歴代政権が集中的に行った保健関連事業の成果によって乳幼児死亡率や普通死亡率が大幅に低下した（図 10-1、10-2 参照）。さらに出生時および出生後の新生児死亡率にも少しずつ変化が見られた。一九七〇年の出生後新生児死亡率は全乳児死亡率の五五％を占めたが、二〇一〇年には四七％に低下した。先進諸国の出生後新生児死亡率は、全乳児死亡率中の三分の一程度であることからこの数値の低下は重要な変化といえる。乳児死亡全体のうち出生直後の

図 10-1　自然出生率および死亡率の推移　1950-55 ～ 2010-15 年

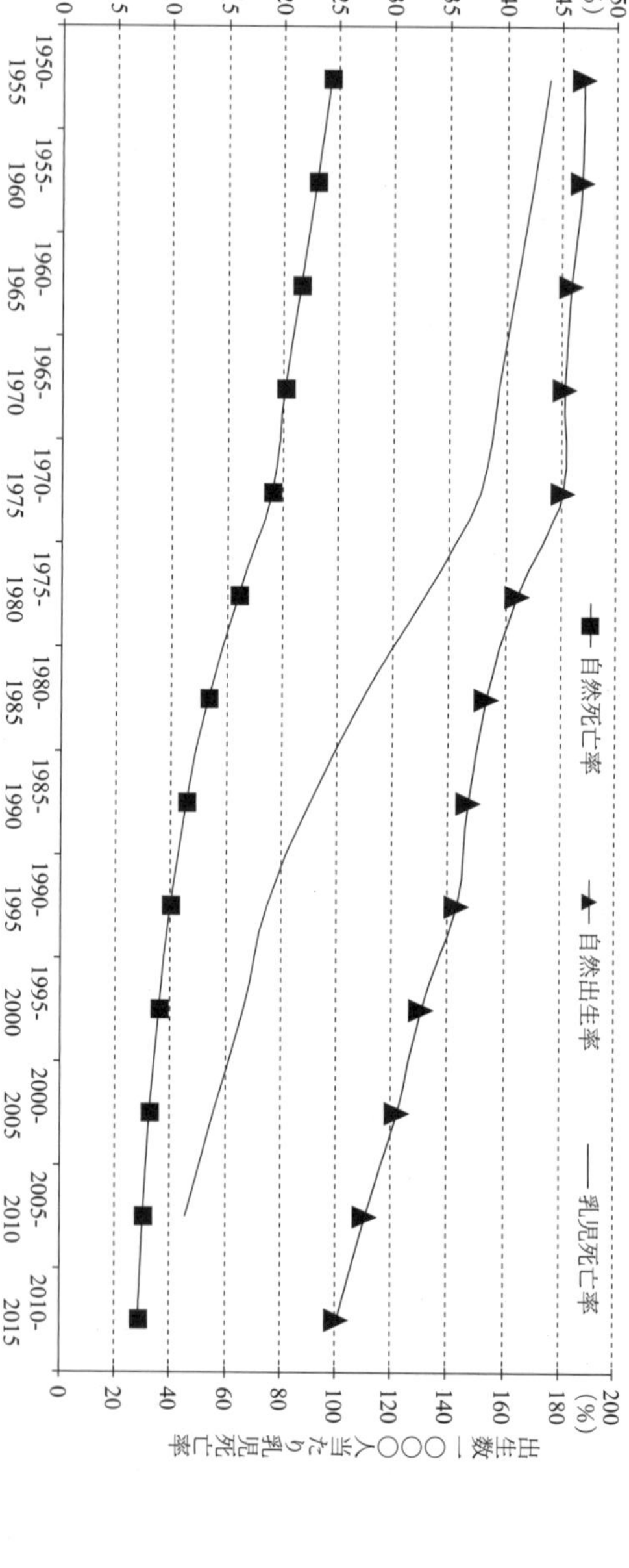

出所：INE, Cuadro 2.01.19 at http://www.ine.gob.bo/indivice/visualizador.aspx?ah=PC20119.HTM

新生児死亡が高い比率を占めるということは、出産医療の質が問われることであり、引いては社会、経済状況を反映するためだ。貧困率の高い社会では出生後一週間から一年以内の乳児死亡率の比率がより高まるという統計結果もあり、両者の相関性を見て取ることができる。出生後新生児死亡率の低下は、ボリビ

図 10-2　5 歳未満乳幼児死亡数の推移　1970 ～ 2010 年　単位：人

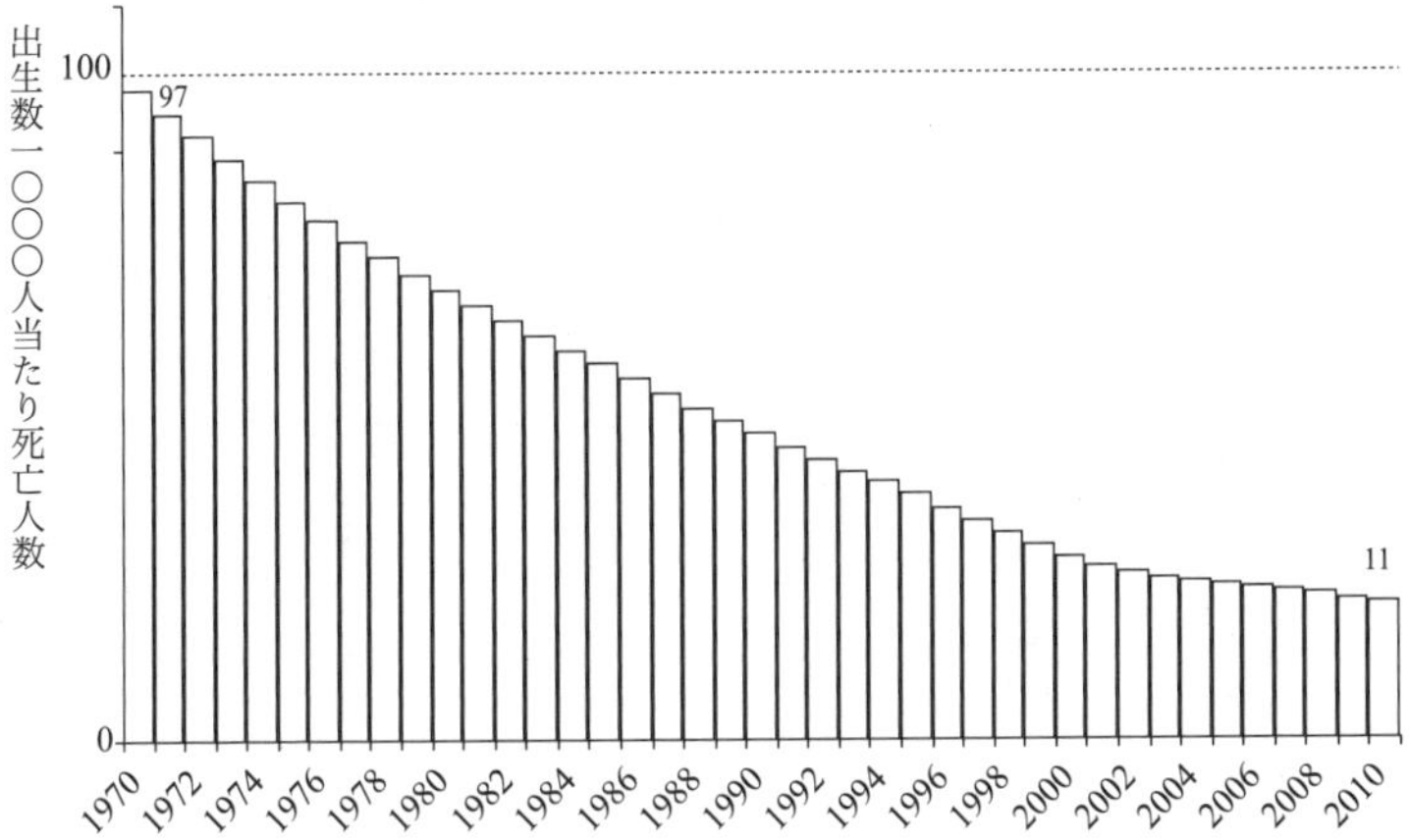

出所：Institute Health Metrics & Evaluation U of Washington, May 2010

ア全体の平均寿命の上昇にも大きな効果をもたらした。

平均寿命を大きく左右する二つの指数、乳児および幼児死亡率が低下を続けたことから、一九五〇年以降国民生存率は急激に上昇した。一九五〇年のボリビア人平均寿命は男性三八歳、女性は四二歳だった。その後一九七六年に実施されたボリビア革命後初の国勢調査では、平均寿命は男女ともに一〇歳以上上昇した（男性四八歳、女性五二歳）。さらに一〇〇〇人当たり乳児死亡率も一三〇人に減少した。これは依然として高い数値だが、一九五〇年に比べると飛躍的な向上だった。一九八〇年代から九〇年代初頭は経済危機による不況期にあったが、人口統計指標上の影響はなかった。この時期の死亡率の急激な低下は、一九九〇年代に成立した一連の法案や決定事項によるものだった。一九九四年の民衆参加法により国家予算の六％が地域の共同体に委託され地方分権が進んだ結果、基礎保健計画の発展につながり、出産に関する医療の無料化を支援する特別予算が設置された。二〇〇

図 10-3　男女別平均寿命の将来予測 2000-05 ～ 2025-30 年

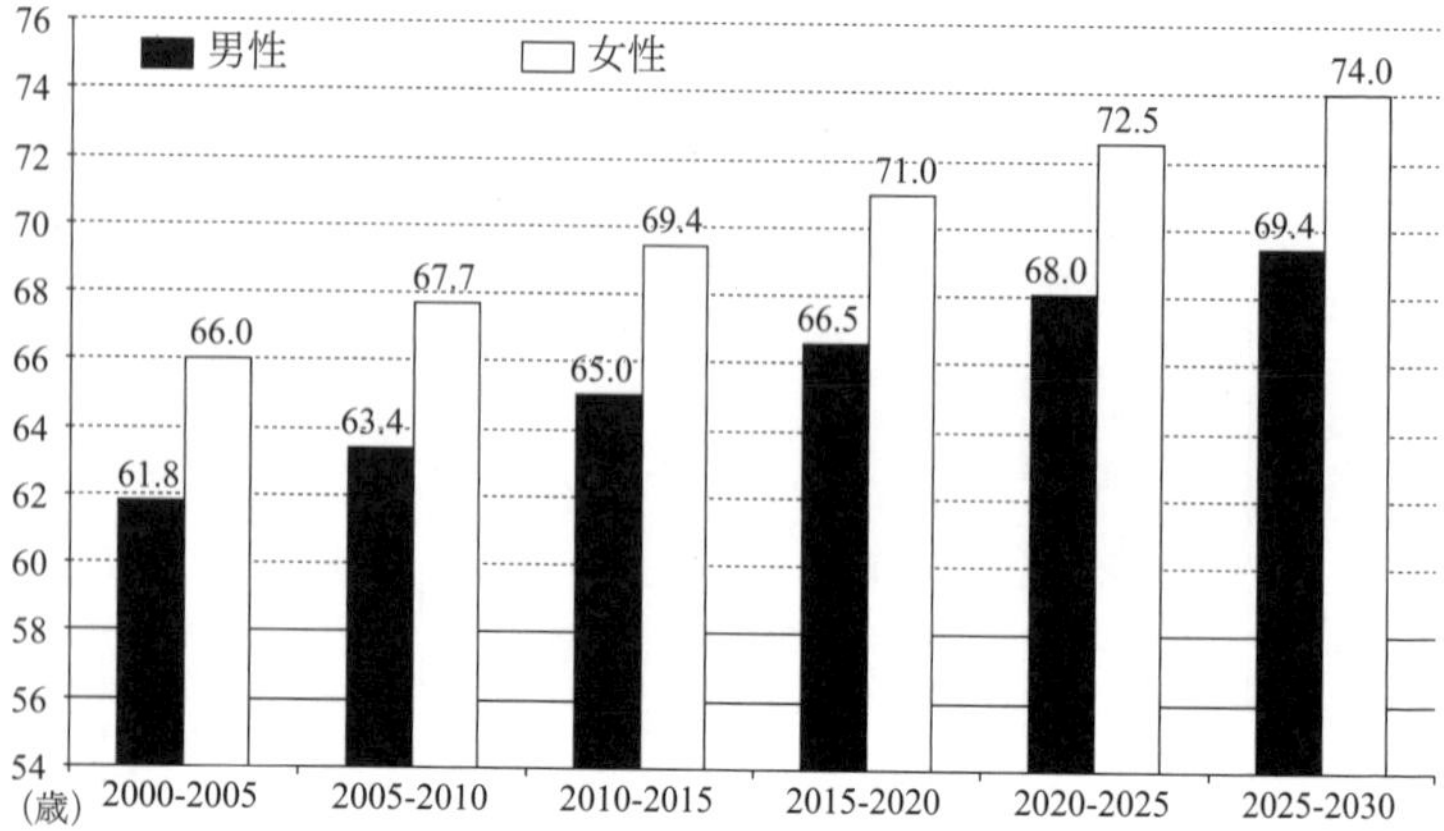

出所：INE, Cuadro 2.01.31 found at http://www.ine.gov.bo/indice/indice.aspx?d1=0307&d2=6

五年の乳児死亡率は一〇〇〇人当たり六一人、妊産婦死亡率は一〇〇〇〇〇人当たり二二九人まで低下した（一九九四年は三九〇人）。この数値は世界全体やラテンアメリカ諸国の水準には依然大きく後れてはいるが、ボリビア国内での真剣かつ持続的な取り組みが反映されたものだった。その結果平均寿命も大幅に延び、二〇一〇年には男性は六四歳、女性は六九歳となり、一九五〇年の調査以来六〇年間で男女平均二六歳上昇という驚異的な記録を達成した。今後五年毎に上昇を続ければ、二一世紀半ばにはラテンアメリカの平均値まで達する見込みである（図 10-2）。このような寿命の延びは世界的な長寿傾向とも連動している。またこれほど飛躍的に長寿化が進みつつもなお、ボリビアの平均寿命は南北アメリカで最低値に位置づけられる。それでも全体的にみれば貧富の格差は解消されつつある。ラテンアメリカ全体の数値と比べたボリビアの平均寿命は、一九五〇年には男女とも一一歳下回っていたが、二〇一〇―一五年にはその差は七歳まで縮小された（図 10-3）。

最近数十年間の乳幼児死亡率の低下は政府の保健計画、特に集団予防接種の普及による成果にほかならない。三歳未満乳児の予防接種率は、一九八〇年になってもわずか一〇から一五%に過ぎなかった。その後予防接種の標準化計画をさらに進め、BCG、三種混合、ポリオ、麻疹など主要ワクチンのほか、二〇〇〇年以降はB型肝炎ワクチンとインフルエンザ菌b型ワクチンの接種を義務付けた結果、二〇〇八年には乳児の八〇から九五%に普及した。さらに政府は、農村部の貧困層に対して都市部と同等の予防接種計画を進めた。二〇〇〇年には都市部の三歳未満乳児九二%がポリオワクチンを接種したのに対し、農村部の乳児も八六%まで普及した。妊婦検診と病院での出産が緩やかながら上昇したことによって、死産や妊産婦死亡率も大幅に低下した。また住宅内の飲用水や下水設備の普及が進んだことで、乳幼児最大の死因だった腸疾患も著しく減少した。一九七六年には飲用水設備のない住居は全世帯の三分の二だったが、二〇〇三年には三分の一まで減少した。これに伴い乳幼児の腸疾患および栄養失調率も大幅に低下した。だが貧困を示す指標とされる下痢や呼吸疾患による乳幼児死亡率は依然として高い数値を示している。

出生率や死亡率は地域、階級、民族によって大きな違いが見られるものの、全体的に改善傾向にあることはほぼ確実である。ここで疑問となるのは、ボリビア革命以降の各政権が実際に起きた大きな変化をどこまで正確に計上したかということと、南北アメリカ全体の変化と比較してどのような位置にあるかということだった。世界の人口統計と比較すると、連動して改善された面もあったが、世界におけるボリビアの位置づけは変わることなく、出生率、死亡率ともに南北アメリカで最下位に近い。だが近年ボリビアの発展傾向の中でその格差は縮小されつつあり、年々ラテンアメリカの平均値に近づいている（図 10-4）。

図10-4　ボリビアとラテンアメリカの比較による男女別平均寿命推移　1950-1955～2010-2015

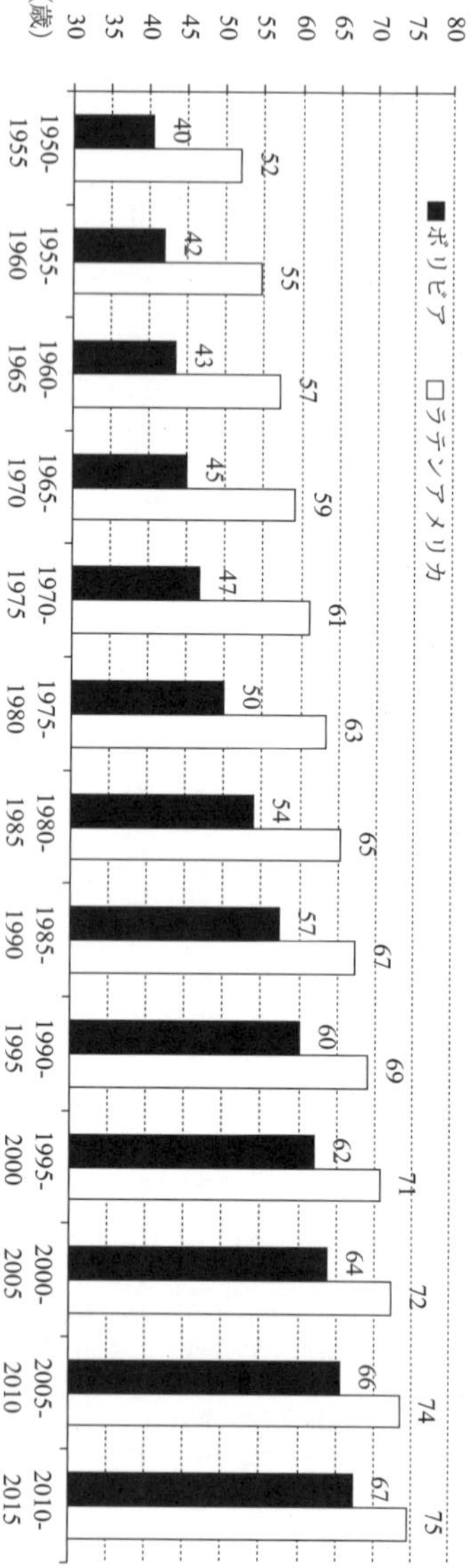

出所：CEPAL, Anuario Estad..2009, Cuadro 1.1.0

一九七〇年代後半から八〇年代前半にかけては、人口の大幅な増加と、それに応じた教育水準の上昇や避妊法の普及によって、出生率が著しく減少した。二〇世紀後半以降のボリビアでは、他の発展途上諸国と同様に望まない妊娠が減少し、世界水準と同等まで落ち着いた。女性一人当たりの生涯出産数は一九七〇年代半ばに六・五人と世界平均を大きく上回ったが、その後は低下を続け二〇一〇年には三・四人と南北アメリカの平均に近づいている。ボリビア国立統計局（ＩＮＥ）の推計によると、出生率はラテンアメリカ全体と比べ二〇年程度遅れて二〇三五―二〇四〇年にはさらに低下する見込みである（図10-5）。

乳幼児含め死亡率全体の低下は、人口の増加に明らかな影響を及ぼした。出生率が低下を始める前に死

図 10-5　ボリビア / ラテンアメリカ　合計特殊出生率の推移

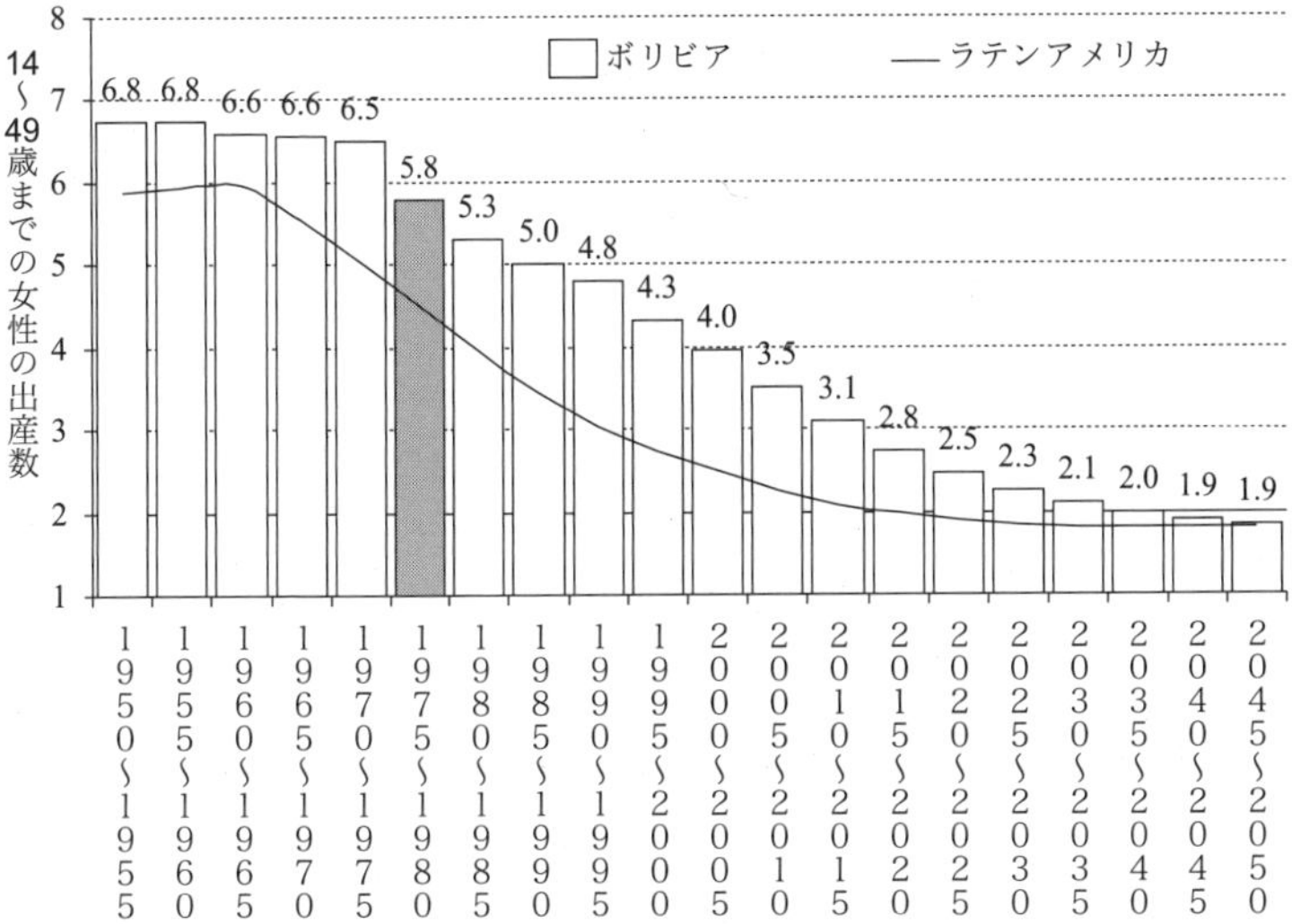

出所：CEPAL, Anuario Estadistica...2009, cuadro 1.1

亡率が著しく減少したため、人口の爆発的な増加が起こった。一九八〇年代初頭に二%だった年間人口増加率は、一九九〇年代になると年間二・七%に上昇した。二〇〇九年になると二%を下回り、以後二一世紀中は低下を続けると予測されている。だが一九九〇年代の高い人口増加率は、国民人口が二五・七年毎に倍増していることを示した。一九八〇年代後半以降ボリビアの人口増加率は、ラテンアメリカの平均を常に上回っていた。総人口は一九五〇年と九二年の国勢調査で三〇〇万人から六四〇万人と倍増し、二〇〇一年の調査ではさらにおよそ二〇〇万人が増加、二〇一〇年には一〇〇〇万人を超えると推定される。このような急激な人口増加は、ボリビアが世界で最も若年人口の多い国の一つだということの表れでもある。出生率の低下と平均寿命の上昇によって人口構成比は少しずつ変化を続けていたが、国民の平均年齢は一九九二年に一八歳、二

図 10-6　ボリビア人口ピラミッド 1950 年（総人口 270 万人）

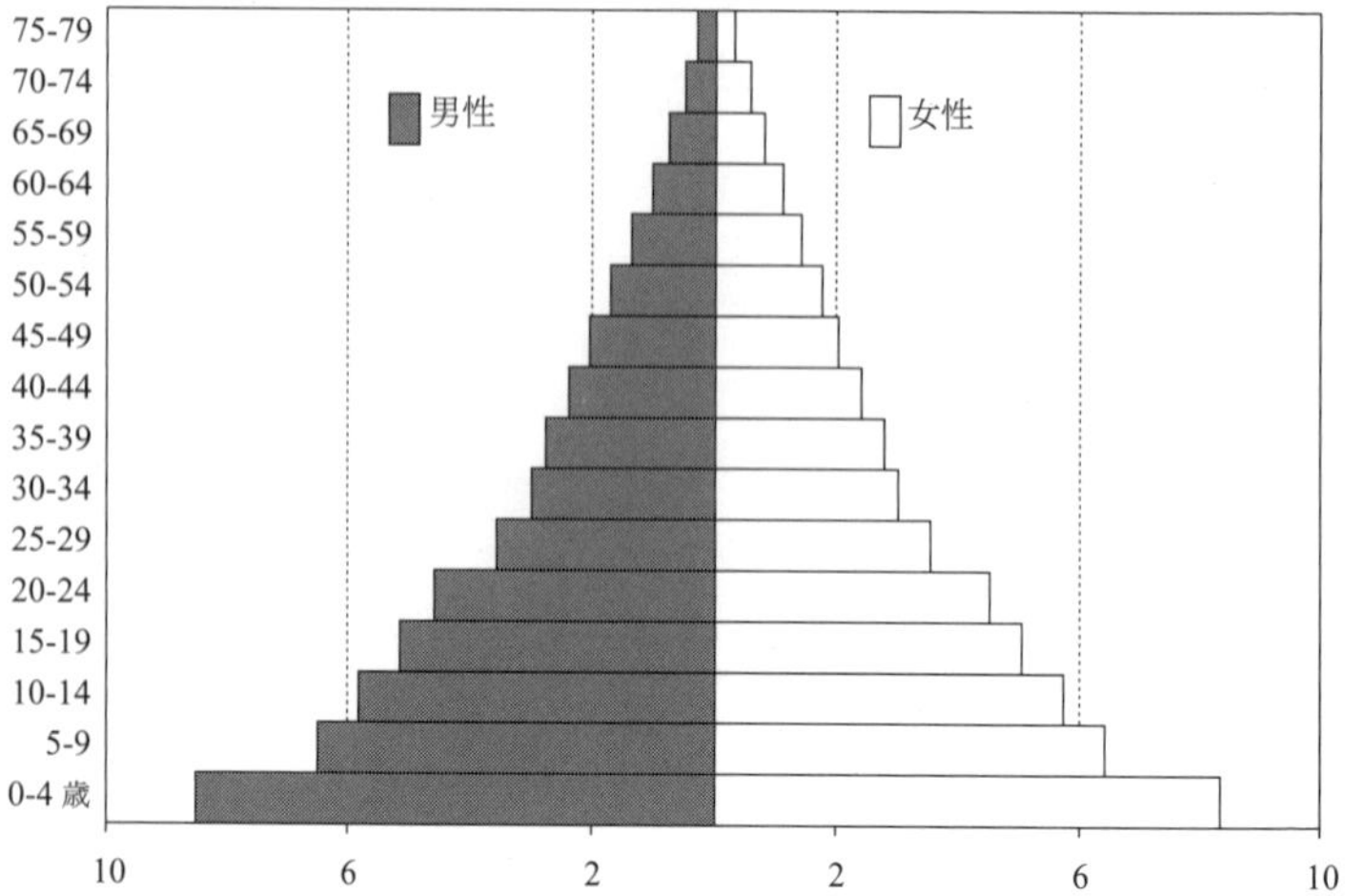

出所：CEPAL / CELADE - Division de Poblacion. Boletin demografico No. 66 de julio de 2000 "Bolivia"

図 10-7　ボリビア人口ピラミッド 2010 年（総人口 1040 万人）

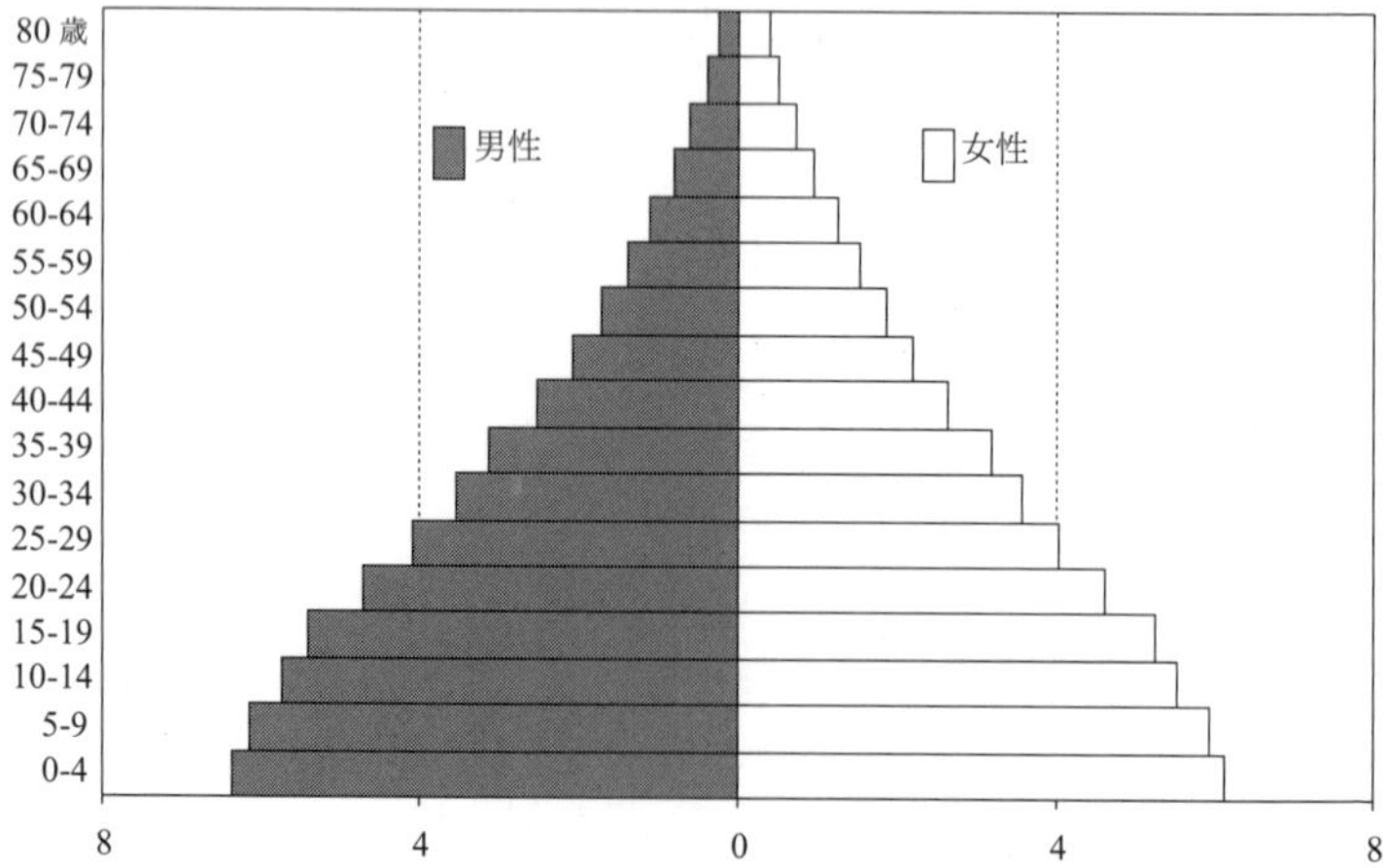

出所：INE, cuadro 2.01.01 "BOLIVIA: Poblacion Total Proyectada... 2005 - 2010" accessed March 2010

〇一〇年も二一・九歳とほぼ変わらず低年齢のまま推移している。ボリビアは南北アメリカでも最も若年人口を多く抱える国家の一つだ。男女別の年齢分布図を見ると、一九五〇年では典型的なピラミッド型を示しているが（図10-6）、二〇一〇年になると出生率と死亡率が共に低下し、より瓶型に近づいている（図10-7）。

識字率と教育　ボリビアの出生率と死亡率はラテンアメリカ内で最も高く、地域内諸国に比べ大きな変化も見られないが、識字率については事情が異なっている。かつて最も識字率の低い教育後進国だったボリビアだが、その後著しい発展を遂げ、現在では南北アメリカで最下位の域を脱している。これは人的資本が進化した意味で非常に重要な変化だ。教育投資と学校通学数を増やすための取り組みは、ボリビア革命時代以前より進められてきたが、教育と識字率の飛躍的な向上がみられたのは、特に最近五〇年間のことだ。一九五〇年には南北アメリカで最も教育水準の低かったボリビアだが、二〇一〇年には近隣諸国のレベルにほぼ肩を並べ、多くの中央アメリカ諸国やハイチを大きく上回った。事実この時期の就学率と識字率は、近隣のブラジルを上回る成長ぶりだった。

二〇世紀の終わりになるとボリビア政府は教育への投資を一層強化し、地域内の他の国々を上回るGDPの八％を教育予算に回した。一九五〇年の小学校就学者は就学年齢児童全体の四分の一に過ぎなかったが、二〇〇七年には八四％に達した。中等教育の普及率はやや劣り、同二〇〇七年の中高等学校通学者は男女合わせて四七％で、ラテンアメリカ諸国では最低ランクにある。（訳注＝ボリビアの教育制度は、義務教育である六歳からの初等教育が八年、中等教育が四年、大学が三—五年）。同年の就学児童生徒数は、幼稚園および小学校就学数一九〇万人、中高等学校は五三万七〇〇〇人だった。だがこの就学総数には、各年代において実数より多くの児童生徒が計上されており、留年者や退学者が多数いることを示している。近年では小学校、中高等学校共に状況が改善され、留年率、退学率はそれぞれ一〇%を下回っている。現在ボリビアの教育は、様々な問題を抱えつつも、初等教育においては世界の教育普及率とほぼ同等に達し、中等教育も飛躍的に就学数が上昇している。平均就学年数も四年間から九年間へと順調に伸びており、一九歳以上で通学経験のない無教育人口も二〇〇六年には一二%まで低下した(男性七%、女性一七%)。この数値は、年齢が下がるほど教育普及率が向上し、国全体の平均を上回るまでになっていることを示している。

民族別の教育普及率を見ると、多くの社会経済指標では非インディヘナがインディヘナ以上に豊かで健康状態も良いと示しているが、初等教育に関しては民族間の差はまったく無いと言える。二一世紀の統計ではインディヘナ、非インディヘナ共に六歳から一一歳の九三%が小学校に通学している。農村部では若干の差が見られ、非インディヘナ九〇%に対し、インディヘナ八七%である。農村部インディヘナの貧困状況は、中等教育レベルの数値によりはっきりと表れている。一二歳から一六歳の就学数は、非インディヘナ八三%に対し、インディヘナは七九%である。また一五歳から一九歳の初等教育修了率は、非インディヘナ八五%に対し、インディヘナは七五%だった。高等教育ではこの格差はさらに広がり、また男女別の差も大きい。それでもボリビア政府は全国民への教育普及を長期目標として取り組んでおり、全体的には中等教育の普及が飛躍的に進む傾向にある。

教育分野における発展は、識字率の向上に直接的な効果を及ぼした。複数の言語が使用されるボリビア国内の状況を鑑みると、これはきわめて優れた功績だった。一九五〇年時点の識字率は三一%で、ほとんどの国民が読み書きできずスペイン語も話さなかった。それから一五年余りを経た一九七六年には六七%に向上し、二〇〇三年には八七%に達した。実際にこの時期ボリビアは、ラテンアメリカで一三位だった識字率を八位まで向上させ、隣国のブラジルを上回った。

バイリンガルとインディヘナ　現在ボリビアではほぼ全ての児童が初等教育を受けており、その効果は社会のあらゆる側面に及んでいるが、特に公用語であるスペイン語の普及率の影響は大きい。スペイン語が国家の公用語に指定されたのはごく近年のことで、一九七六年の国勢調査の時期だった。その後二〇〇一年にはスペイン語話者は六歳以上の国民八三%まで広がった。ただしスペイン語のみのモノリンガル（単一言語話者）はわずか四二%だ。また自己申告による人種構成では、全人口のうち六二%がインディヘナである。つまりインディヘナの人々は、学校でのスペイン語による教育を通じて母語とスペイン語の二カ国語以上を操るバイリンガルになったのだ。二〇〇一年の国勢調査では、インディヘナ諸言語話者三七〇万人のうちざっと七四%がスペイン語とのバイリンガルだった。統計ではケチュア語族よりもアイマラ語族のバイリンガル比率が高いという結果が出たが、この数値にそれほど重要な意味はない。だがアイマラ族の政治的闘争心の強さを裏付けるものと言うこともできるだろう。アイマラ語話者一三〇万人のうちおよそ八〇%がバイリンガルである一方で、ケチュア語話者二〇〇万人のうちバイリンガルは六九%だった。

様々な研究結果が示すとおり、一九九〇年代初頭まで多く見られたインディヘナ言語のみのモノリンガルはスペイン語と併用するバイリンガルへと移行し、さらに二一世紀以降はスペイン語のみのモノリンガルへと移行する動きが進んでいる。つまり元をたどれば、今日のボリビア人スペイン語モノリンガルはインディヘナの人々と言うことだ。インディヘナ諸語を操る言語人口の規模そのものは大きく変わっていないが、インディヘナ人口全体が増加する中で相対的な比率は下がっている。一九五〇年にはインディヘナ諸語の話者人口は推定一八〇万人、一九九二年には四〇〇万人とされた。だが二〇〇一年の国勢調査では三七〇万人に減少した。農村部の人口がこれまでにない勢いで増えているにもかかわらず、インディヘナ諸語のモノリンガルは年々減り続けている。二〇〇一年にはケチュア語のモノリンガルは六三万二〇〇〇人に、アイマラ語のモノリンガルは二六万三〇〇〇人に減少した。また同年のモノリンガルはすべて農村部の人々であり、その多くが僻地に分散して暮らしていた（人口二〇〇〇人以上の都市部や町村に暮らすモノリンガルは、ケチュア語わずか一〇%、アイマラ語一七%に過ぎなかった）。同時にバイリンガルの数は少しずつ減少し、一九九〇年代のバイリンガル教育導入の甲斐もなく母語を捨てたインディヘナが増加した。一九七六年の国勢調査結果からもスペイン語が優勢言語の地位を得たことがわかり、農村部の学校教育による影響がうかがえる。この数値はメスティーソ人口の増加を示すことは言うまでもないが、より重要な点として農村部インディヘナの大部分が、自らのインディヘナ言語に加えスペイン語を操ることを示している。

多くのインディヘナは母語を失いつつも、自ら人種区分をインディヘナと認めている。二〇〇一年にはインディヘナ諸語のみのモノリンガルまたはバイリンガルは、人口のわずか四五%だったが、実際のインディヘナ人口は国民の三分の二にあたる五四〇万人だった。そのうちインディヘナ諸語を操る一五歳以上の四・四%は、自らをインディヘナと認めていない。一方でインディヘナ諸語話者ではないが自らをインディヘナと認識する人々も一四％いる。二〇〇五年に実施された国民世帯調査では、国民の五三％がインディヘナとされたが、インディヘナ諸語の話者は四二％だった。内訳をみるとインディヘナから非インディヘナへの移行も若干あり、インディヘナ諸語の話者の減少も見られるものの、やはりインディヘナが多数派であることに変わりない。またケチュア語族またはアイマラ語族とされる人々の多くは都市部に暮らすが、都市部にはモノリンガルがほとんどいない。その後二〇〇七年の国民世帯調査では、国民の七九％が識字者であるという結果が出た。都市部では八七％、農村部では七三％だった。また自らインディヘナとする人々の大半は、都市部でも農村部でも自らの母語を併用しながらスペイン語を話す識字者だった。この数字が示すのは、インディヘナの人々は貧困にあえぎながらも国内社会や政治世界にしっかりと根付いたということだ。

都市社会への変貌　都市化社会の進展にともなって人口や医療状況をはじめ、言語構成や識字率にも大きな変化が起きた。かつて農村社会中心だったボリビアは、ボリビア革命以後およそ六〇年を経て都市中心の社会へと変貌を遂げた。一九五〇年の時点では人口二万人以上の町に暮らす国民は二〇％に過ぎなかったが、二〇〇一年の国勢調査では半数以上まで上昇した。サンタクルス都市圏だけを見ても、一九五〇年時点の人口は計三六万四〇〇〇人だったが、二〇一〇年には二〇〇万人を超えた。同年の三大都市サンタクルス、ラパスおよびエルアルト、およびコチャバンバの都市人口合計は五三〇万人となり、ボリビア全人口およそ一〇四〇万人の半数以上と推定された。都市部への人口集中は、生活水準の上昇も促した。都市部では健康や豊かさ、教育いずれの指数においても、農村部の状況を常に上回っている。

だが貧困状況に関しては、特に大都市圏に限って言えばここ数十年間で緩やかながらも悪化の一途をたどっている。農村部の貧困は、都市部に比べ大幅に改善した。これは住民の所得額の向上や政府各種指標からも明らかだが、都市部ではほとんど変化は見られない。一九九九年から二〇〇七年にかけて、農村部では貧困率が五九％から四八％に減少したが、同時期の都市部では二一―二二％のまま横ばいだった。やはり同時期の国全体の貧困率（極貧困および通常貧困）はおよそ六〇％で推移していた。その後二〇〇五年になってもボリビア国民の三分の二は貧困層に属し、四人に一人は生活に必要な物資も買えない困窮した状況だった。都市部は農村部より貧困率が低いものの、国全体では依然として恒常的な貧困の状態にある。同じ年ボリビア国民の三一％は極貧困に属し（通常は食糧摂取の不足度により定義）、これはホンジュラス、ニカラグア、パラグアイと同等または下回る比率だった。政府の定義によると二〇〇七年時点でボリビアの住宅六〇％が食糧、水道、衛生設備など最小限の設備を満たしていなかった。農村部では七七％とさらに比率は上がり、都市部でも二戸に一戸が同様の状況だった。

このような貧困率を見ればボリビアがラテンアメリカ内で二番目に多くの外国援助を受ける途上国であるという事実は驚くべきことではない。ＯＥＣＤの統計値によると、ボリビアは二〇〇四―〇七年に年間五〇〇万ドル近い援助額を受け取っており、これはＧＮＰの二％に相当する。この援助受取額はラテンアメリカ諸国で二番目に多いが、ＧＮＰに占める割合はハイチ、ホンジュラスを大きく下回っている。

ボリビアでは過去二〇年間、国外への移民流出が著しく増加しているが、これについてもすでに述べた貧困や経済不況、教育水準の向上といった背景から説明がつく。アルゼンチンにはすでに何十年も前から多くの労働者が移り住み、その後一九八〇年代と九〇年代には米国に毎年一定数の移民が渡り、その後二〇〇〇年以降になるとスペインに大量の人々が流出した。現在スペイン在住のボリビア人は二二万九〇〇〇人に上る（二〇〇九年、住民登録数基準）。またアルゼンチンにはおよそ二三万二〇〇〇人（二〇〇一年国勢調査）、米国には五万三〇〇〇人、ブラジルには二万人（いずれも二〇〇〇年国勢調査）のボリビア人が暮らしている。その他ラテンアメリカ諸国にもそれぞれ約一万人のボリビア人が住むと見られる。この在外ボリビア人の数にはアルゼンチンや一部チリ、ブラジルへの季節労働者は含まれない。季節労働者を合計すると国外在住のボリビア人はざっと五〇万人を数え、最近数十年間は現地で稼いだ賃金の一部をボリビアへ定期的に送金している。送金額は二〇〇七年に最高額に達し、GDPの七・四％を占めた。同年外国政府からの援助はGDPの一・五％に減少した。だが近年の世界的な不況の中、在外ボリビア人の送金額も年々減少を続け、二〇一〇年現在はGDPの五％程度になっている。

国外への移住が進むにつれ国内での人口移動が加速化しており、近年ボリビア社会の発展にとって重要な特徴となっている。二〇世紀後半の都市化現象は、国内人口の分散という新たな変化をもたらした。二〇世紀初頭の国内主要経済軸はラパス—オルロ—ポトシの三都市を結ぶ南北線で、鉱、商、農業すべてがこの地帯を中心に動いていた。一方サンタクルスは当時隔絶された貧寒地で、コチャバンバは主要地帯にはやや近いがやはり経済的には後進地域だった。その後二〇世紀半ば以降鉱山が衰退し、商業の中心地はラパスから徐々に東部へと移行し、ラパス、コチャバンバ、サンタクルス各県を取り巻く新たな経済圏が形成された。それまで中心地だった経済軸のうちオルロ、ポトシ、スクレの各都市は著しく衰退した。かわってラパス＝エルアルト、コチャバンバ、サンタクルスの三都市を北東から南西にかけて結ぶ線が新たな経済の中心地となり、これら都市のある三つの県はそれぞれ国内有数の経済活動の盛んな地域となった。二〇〇〇年にはGDPの七一％、二〇〇九年には全国納税額の九三％をこれら三県で占めた。また各県には急成長を続ける国内でも最先端の都市があった。何世紀にもわたり鉱山の中心都市だったポトシとオルロは衰退し、現在はそれぞれの都市部と周辺地域は国内で最も貧しい地域となっている。

政府の推計では、かつて富裕な鉱山地帯だったポトシとオルロの両都市では、現在人口の八〇％を上回る人々が貧困層に属し、そのうち六〇％超の人々が最貧困層に位置づけられ、都市部の生活水準においても国内の他の都市を極度に下回っている。ポトシ、チュキサカ、コチャバンバ各県の人口は、一九五〇年には合計で国内総人口の三四％を占め一九〇〇年の頃とほぼ同じく繁栄していたが、二〇〇一年の国勢調査では二〇％に減少した。一方でサンタクルス県では、一九五〇年の時点では人口の一〇％を占めるにすぎず、これもやはり一九〇〇年とほぼ同じ水準だったが、二〇〇一年には国内総人口の四分の一を占めるまでに増えた。この間ラパス、コチャバンバ、サンタクルス各県は発展を続け、一九五〇年には国内総人口の半数だったが二〇〇一年の国勢調査では七〇％を上回り、二〇一〇年には七二％に達する見込みだ。

農村部の人口は減少を続け、国内総人口に占める割合も大きく低下したが、農業構造そのものについても、一部の新興商業農産地域を除き、依然として発展から取り残されたままだった。農業従事者人口は、一九七六年には男性労働人口の五四％と過半数を占め、二〇〇七年には三四％と減少したものの引き続き高い比率を占めた。だが同年のGDPに占める農業生産額の割合はわずか一三％で、食糧生産の効率は向上していない。高地や東部渓谷地域をはじめ国内のほとんどの地域では、相変わらず伝統的な手法による生産性の低い農業生産を続けている。しかし東部低地帯では、この半世紀の間でめざましい発展を遂げた。サンタクルス地域ではここ数十年間で商業農業が発展し、新たな主要産業となっている。一九八〇年には商業農業(特に綿、砂糖、大豆、ヒマワリの種)用農地は国内の全耕作地の一二%だったが、二〇〇八年には四七%を占めるまでになり、国内の穀物および根菜類の全生産面積と同等までになった。サンタクルス低地で生産される大豆やヒマワリの種などの商業農産物は、国際水準に近い大規模生産が行われるようになった。だが高地の農業は相変わらず旧式のままで、同様の作物を生産する隣国ペルーの生産率も下回っている。その原因には、他のラテンアメリカ諸国に比べボリビア農業の基礎研究や応用計画の予算額が少ないという事実が挙げられる。農村部の人々の大半は、十分な資金がないために従来からの非効率的な生産方法に頼らざるを得ないのだ。近年サンタクルスや一部バジェ(山岳渓谷)地帯では近代的な農業体制へと転換したものの、国内全体では大きな改善が見られず、ボリビアの農村部は現在もなお南北アメリカで最も貧しい地域のひとつとなっている。

2　エボ・モラレスの時代

メスティサーへ　これまで述べたようにこの半世紀のボリビアは、社会や経済面での大きな変化や発展が起こりつつも、依然として深刻な貧困と経済的後進性に悩まされてきた。そのような中でも教育と医療に関しては劇的な発展を遂げた。だが継続する貧困と一部地域での生活水準の向上が混在する状況は、急速に変化を続ける社会の中で、他のラテンアメリカ諸国と共通の問題となっている。経済成長の遅れによって社会変動の加速化は食い止められたものの、都市部への人口移動と、農民層や都市部メスティーソ指導者が台頭して社会全体の改善を求めたことで、政府にも強い対立が生じた。ボリビア革命から半世紀が過ぎ、その間二度のハイパーインフレ期を経たボリビアは、いわゆる異種族混合社会（メスティサーヘ）の時代を迎えた。庶民層の平均寿命が上昇し教育状況が改善したことは、国内政治の場に彼らの自治力を発揮するための指導者が多く台頭してきたことを裏付ける。二一世紀のボリビアは民族グループ同士の政治、経済、社会権力のバランスが大きく変化を続ける時代になった。一九九〇年代にはメスティーソの勢力が拡大し、既存の伝統政党や急進政党内での権力が高まったうえ、メスティーソの町が国内第二の都市へと成長した。ラパス郊外にある労働者階級の町エルアルトは、一九八八年新たに独立した自治体となり、市の行政は新興メスティーソ支配層が担った。エルアルトは世界で最も標高の高い高山都市で、ラパスのおよそ半数にあたる人口三〇万七〇〇〇人が暮らしていた。住民の大半はインディヘナ諸語とスペイン語のバイリンガルで周辺のアイマラ族農村共同体と密接に交流を持っていた。市の発足時は国内第四の都市だったが、二〇〇一年国勢調査では六九万五〇〇〇人と国内第三の都市に成長し、うち八六％がインディヘナだった。二〇〇五年には人口八七万二〇〇〇人になり、ラパスに次ぐ国内第二の都市となった。エルアルトはラパスに比べ貧困層が多く生活状態も決して良いとは言えないが、それでも住民の出身地であるアルティプラノ奥地農村部と比べて生活水準が高いため、メスティーソ階級の人々が急激に移住を進めている。またインディヘナと非インディヘナの人々の間を取り持つ中心拠点として機能し、アイマラ語話者もスペイン語を用いている。

地域経済と都市経済の融合が進み、旧スペイン人支配層が消滅したことで、地域の有力メスティーソ支配層が台頭した。高校や大学を卒業し専門職に就いたまったく新たなメスティーソ世代は、このような地域有力層や上昇気流に乗った都市部メスティーソの中から誕生した。一部のメスティーソはそれ以前にも大学に進学していたが、明らかに少数派で自らの言語や文化、素性を捨てて「白人」文化を受け入れなくてはならなかった。新たな高等教育を受けたメスティーソ層はそれまでとは異なり、自らの民族的な結びつきやインディヘナとしての主体性を守り、中にはインディヘナ言語をスペイン語と併用して使う者もいる。つまり新たな都市部のメスティーソは、自らの民族的アイデンティティをメスティーソであることに加えアイマラ族、ケチュア族その他自らの部族と位置づけ、「白人」としてのアイデンティティを受け入れることを拒んでいる。これはボリビアにとって社会、政治面での深刻な変化をもたらし、ラテンアメリカ諸国の中でも独自の路線を進んでいる。またそれは教育の普及によりインディヘナ諸語のみを操るモノリンガル話者が減少したことも意味し、インディヘナのアイデンティティは国内政治において多くの人々を動員する強い勢力となっている。

エボ・モラレス政権誕生　二〇〇二年の選挙から二〇〇五年一二月の大統領選挙までの間、インディヘナとメスティーソ階級はボリビア全土にわたり勢力を拡大した。二〇〇三年「ボリビアガス紛争」に続き

日本のノンプロジェクト無償資金協力引渡式（訳者あとがき参照）におけるモラレス大統領(左)と渡邉大使(2011年3月4日、スクレ市で。提供:在ボリビア日本国大使館)

一〇月にサンチェス・ロサーダ政権が崩壊すると、その後波乱のまま六カ月という短期間のカルロス・メサ政権が続いた。メサは自らの大統領就任式を従来公邸のあるラパスではなくメスティーソの町エルアルトで行ったが、これは新たに台頭するインディヘナやメスティーソの勢力を認識したものだった。メサは市民の抗議運動に対し警察や軍の武力介入を中止させ暴力的な事態を避けることには成功したが、市内の封鎖を解除するには至らず、その後議会の支持を得られず辞任に追いこまれた。二〇〇五年六月、最高裁判所判事エドゥアルド・ロドリゲス・ベルツェが暫定大統領に任命され、二年にわたる争乱をようやく収めた。予備選挙ではエボ・モラレスが最高得票数により大統領に当選するというのが大方の予想だった。議会での二次選挙において反対を表明すれば、民衆の大規模な反対運動を引き起こすだろうと世間では見られていた。この時点で支配層の多くはモラレスに一票を投じ完全勝利に導くことが最善と考えた。そのためモラレスは選挙前予想の二倍に及ぶ五六％という票を得て、軍事政権以降初めて過半数の支持により選ばれた大統領となった。二〇〇五年の大統領選挙では、有効票二九〇万票のうちモラレスが一五〇万票、先住民運動党（ＭＩＰ）が六万二〇〇〇票を得た。これは一九八二年に軍事政権から民主主義政権に移行して以降初めて一人の候補者が五〇%以上の支持を得た選挙となった。また社会主義運動党（MAS）も上院議員の空席二七議席中一二議席のほか、下院議員の空席一三〇議席中七二議席を獲得した。

資源国有化計画　エボ・モラレスの当選は、当初予想された以上の急進的な転換をもたらした。ボリビア史上初のインディヘナ出身大統領の誕生によって、中央政府はインディヘナやメスティーソの政治家が多数勢力になると予想され、実際にその通りになった。またコカ生産をめぐる長い闘争の中で、自らもコカ農民出身でチャパレ地方のコカ生産者組合と結びつきを持つモラレスの台頭により、コカインの精製、密輸の撲滅に向けた改革と同時に、米国からの独立を強めることも予想された。事態はすべて予想通りになり、米国大使の追放にまで発展した。

モラレス政権のとった意外とも言える政策は、一九九〇年代以降政府方針として優勢だった民営化計画を完全に排除したことだった。モラレス政権は天然ガスや石油生産を再度国有化する計画を進めたほか、国内の通信会社や電力会社を全国組合組織に属す会社も含めすべて接収した。このほかに私的年金計画廃止の提案、国営航空会社の再建、スイス資本の製錬所二社を国有化、鉄からリチウムまで国内鉱山資源を政府が体系管理する体制を作るなど、少しずつ着実に改革と国有化計画を進めた。政府は、新設または再開されたさまざまな国営企業を通じて、やがて国内経済の主要財源を着実に牛耳るようになった。このような方式はラテンアメリカ諸国内でも少数派で、多くの国々は一九九〇年代新自由主義時代よりも過激だとして否定した。二〇〇六年一月の発足以来、モラレス政権は外資系企業計一二社と全国電力組合一社を接収、国有化した。

国有化計画のうち最大の動きは天然ガスと石油資源の国有化だった。ボリビアの天然ガスと石油生産はそれまで外国企業主導で進められてきた。接収した外国企業の多くは各国の官営であり、うち最大企業はブラジルの石油会社ペトロブラスだった。二〇〇六年五月一日、モラレス政権は主な外国資本の天然ガス企業をすべて接収した。新たにボリビアの石油と天然ガスの採掘、開発を担うことになったボリビア石油公社（ＹＰＦＢ）は、外国企業所有の全産地と設備の管轄権を取り上げた。さらにボリビア国内の民営企業も、ＹＰＦＢから引き継いだ業務五〇％を引き受けた。各施設の運営は引き続き外国企業の手に委ねられたが、各企業が受け取る利益は売上高のわずか一八％と定められた。残りはボリビア政府とＹＰＦＢがそれぞれ三二％ずつ、一八％は政府への使用料として徴収された。この結果国営の天然ガスと石油の生産高は五〇％も増加した（全生産高の八二％をＹＰＦＢが占めた）。また政府は二〇〇七年五月、世界銀行の支援する多国籍企業推進計画からも撤退した。翌二〇〇八年五月には、イタリアの通信企業テレコム社を国有化した。同社は一九九五年以来、ボリビア電信電話公社（ＥＮＴＥＬ）に五〇％出資するパートナー企業で、ボリビアの通信網を独占的に運営管理してきた。その後二〇一〇年五月には、全電力会社を国有化した。

貧困とインフォーマル労働市場　国有化と外国企業からの使用料の徴収によって、政府歳入は飛躍的に増加した。二〇〇三年以降は貿易収支も黒字になり、外貨準備高も増大した。しかし外資企業の接収、国有化を進める中で、ボリビアへの外国直接投資額は著しく減少した。投資額は政権発足後最初の五年間で大きく減らされ、その後の資本流入額は、在外ボリビア人労働者からの送金や外国からの資金援助を下回っている。また二〇〇〇年にGDPの六一％を占めた外国投資債も、二〇〇八年には三五％にまで減少し、その後も減り続けている。このように外国援助や在外ボリビア人からの送金に依存する体質と、外国投資の重要性が薄れたことは、不幸にもボリビア国内経済にとって長期的な悪影響をもたらしている。鉱物や天然ガスの輸出高は国際価格動向に左右され、埋蔵量も減り続けている。国有化した各企業と少数の民間業者が、将来長期的に外国投資額の不足分を十分に補うだけの輸出高を生み出し、国内経済の発展に貢献することになるかどうかは現在のところ定かではない。

国有化計画におけるもう一つの側面は、産業全体への投資の縮減だった。特に多くの労働力を創出する産業への投資が著しく不足したため、ボリビアは南北アメリカ最大のインフォーマル労働市場となった。二〇一〇年現在、全労働者の八〇％がインフォーマルセクターの低生産、低賃金労働に就くか、農業で生計を立てている。二〇〇七年には、国民の八八％がいずれの年金プログラムにも加入しておらず、八二％が従来フォーマルセクターの労働者を定義する原則である臨時報酬（ボーナス）を計上しなかった。同年全ボリビア国民のうち納税ID番号（NIT）を持つ者はわずか二七％だった。ボリビアでは一九八〇年代と九〇年代後半、そして二〇〇〇年代前半に起きた深刻な経済不況のため、大規模な雇用創出を実現できない状況が長年続いている。十分な賃金を与えることができず生産的な仕事もないため、国全体が深刻な貧困にあえいでいる。

土地分配事業　国有化計画のほかに、モラレス政権は貧困層への大規模な土地分配事業を進めた。一九五三年の農地改革では高地や渓谷地帯の多くの土地がインディヘナ労働者に返還されたが、東部低地帯に関しては当時未開拓だったため、広大な土地がほとんど手付かずのまま残されていた。だがその後サンタクルス、ベニ、パンドの低地帯各県で商業農業開発が本格化し定住が進むと、膨大な面積の土地を専有する特権階級が現れ、新たな搾取体制が生まれた。特に軍事政権下では、地域の広大無辺な範囲が個人地主に分け与えられた。このように腐敗した搾取体系は、すでに第二期サンチェス・デ・ロサーダ政権時に改革の必要性が叫ばれていた。その理由は、低地に暮らすインディヘナの権利を取り戻すという人道的側面もあったが、むしろ手付かずの広大な土地が個人所有となっているために商業農業地域の開発が遅れているという経済的な側面からだった。二〇〇二年になると新たな土地改革法が可決された。これは未開拓地の個人所有権を廃止し、生産性の高い農場主や新たに台頭しつつある低地インディヘナグループに分配するというものだった。この計画はモラレス政権に受け継がれて以降大いに進められ、二〇〇六年から二〇〇九年半ばにかけて三一〇〇万ヘクタールの土地を一五万四〇〇〇人の農場主や小作人に分配した。この数値は二〇〇六年以前までの分配規模のざっと五倍に上った。また分配先にはこれまでになく多くのインディヘナが占め、多くのインディヘナ農民が土地を手に入れることになった。

外交と新憲法　モラレス政権は、ボリビアと各国の外交関係についても見直しを進めた。モラレス政権下のボリビアは、第二次大戦以来蜜月関係にあった米国と初めて距離を置いた。さらに行動主義路線を強め、独自の外交政策によって中央アメリカから北ヨーロッパまで世界各地の先住民団体と協力関係を結んだ。それに伴い世界的な自然環境保護キャンペーンも展開した。モラレス政権は明らかに外交政策においてボリビア史上最も活動的で、過去のどの政権よりも米国からの独立性を強めている。

国有化計画や外交政策に比べ意外性は薄いが、モラレスと社会主義運動党（ＭＡＳ）が中心となり新憲法制定を進めたことも政権の特徴のひとつに挙げられる。新憲法ではモラレスとＭＡＳが二〇〇五年の選挙以前より大きなテーマに掲げていた多民族国家と地方分権化をうたった。憲法制定会議の委員は別途選挙を実施して選ばれたため、条文は国会での議論以上に急進さを強めたものとなった。委員の半数は四〇歳未満で三四％は女性、さらに五六％という過半数の委員がインディヘナに属する人々だった。会議で作成された新たな条文がインディヘナの急進的指導者達が何十年間も主張した内容に沿ったものになっていることは、委員の顔ぶれからも明らかだった。新憲法の草案は、激しい議論の末二〇〇八年に起草され、二〇〇九年国民投票によって可決された。その後二〇一〇年になり完全に施行され、ボリビア史上初めて憲法の定めにしたがって地方自治体自身による県知事や議会の選挙が実現した。

新憲法ではインディヘナ共同体の伝統的な権利を全面的に認め、県や地域、共同体や自治都市の分権を強化した。しかし中でも最も優れた条文は、メスティーソとインディヘナの指導者達が過去四〇年間要求を続けた彼らの諸権利を国や白人支配者社会に認めさせることをうたったものだった。特に植民地時代以前より続くメスティーソやインディヘナの尊厳や価値を認める内容は際立っていた。メスティーソやインディヘナの共同体や各個人の諸権利や信条を認め、敬意と尊厳を払うことは、国の政策の重要な見解と宣言された。この中では一般的な高地のインディヘナグループの諸権利を認め重要性を強調したばかりか、低地に暮らすインディヘナの人々や、それまで国の支援対象外となっていたアフリカ系ボリビア人のコミュニティに対しても同様の権利を認めた。

ボリビア多民族国憲法　また新憲法では、ボリビアを「様々な共同体の法に基づく民主的かつ地方分権の自治地域の集合体で構成される国家」と宣言している（広義には県や市、地域、民族グループ、各コミュニティの自治までも含む）。第五条では、国家の公用語にスペイン語のほかボリビア国内で使用される三七のインディヘナ言語を定め、中央、地方各政府はスペイン語と各地域に関連する任意の言語の二カ国語を使用することが義務付けられた。憲法では「異文化適応性」(interculturality)が国家の統一を維持するために最も重要とし（第九八条）、憲章前文を通じ伝統的衣装から信仰体系に至るまで個人や共同体を尊重するというテーマを繰り返し述べている。実際に新憲法公布後のボリビアは「ボリビア多民族国」(Estado Plurinacional de Bolivia)を正式国名としている。

国民の公民権は第二一条に定められ、各民族の文化に加え「個人の秘密保持、交流関係、名誉、価値観、尊厳」を認めることも含めた。また憲章では国民を言語、人種、肌の色、性別、宗教その他個人の特性にかかわるすべての要素に基づく差別を禁止すると述べられている。また高度な社会福祉国家を目指すことを具体的な目標に掲げ、全国民に対し水、食糧、無料保健医療、年金、住宅、教育を国家が提供することを保障した。さらに健全な自然環境の形成を国家が負うべき義務と位置づけた。実際に憲法には環境保護に関する条文が多く、生態系の変化やその他現代社会にかかわる様々な環境問題にも言及している。また家庭生活を重視することを規定する一方で、婚姻届を出していない事実婚夫婦に対しても、財産の相続や個人間の関係について正式婚と同様の諸権利を認めるとした（六三条2節）。

伝統的なインディヘナ共同体では、共同体の土地権利を国が保障するほか（第三〇条6節）、共同体独自の世界観や医学、祭儀、象徴、衣装を尊重し、これらの維持を促進し（第三〇条9節）、彼ら独自の世界観によって定められた行政、司法、経済体系を行使する権利が認められた（第三〇条14節、一九〇―一九二項）。また伝統的な文化を国の文化財として保護することについてもわざわざ項目を割いてふれている（第九八―一〇一条）。また個々の民族文化や文化間交流、多民族文化を含めた教育を国家が保障することも定めた（第三〇条一三節）。このように地域や共同体の自治権を異例なまでに拡大する中で、政府はさらにインディヘナ共同体の古くからの住民であるオリヒナリオに自ら名乗り出るよう促し、彼らの自主的な諸権利を憲法と同等に保障した。それまで絶滅の危機に瀕していたすべてのインディヘナの人々や共同体や、孤立して他との連絡手段を持たないインディヘナグループも同じように保護され、後には彼らの希望に応じて隔絶した生活を保つことすらも認められた。

新憲法は明らかに「社会主義的憲法」で、これは過去の一九一七年メキシコ憲法や一九三八年ボリビア憲法と同様の理念に基づくものだった。私的財産権（個人および共同体による）は、社会的機能を果たす場合においてのみ認められるほか必要に応じて目的が限定され、社会の集合的利益の侵害を禁止した（第五六条）。また国家が国内経済活動において物品生産やサービス創出に直接関与することを具体的に認めた（第三一六条）。新憲法では外国資本よりも国内資本に優先権を与え、すべての外国からの投資は例外なくボリビア国内法の支配下に置かれることと定めた（第三二〇条）。また国内鉱物資源の固有の権利を再び強調した上で、炭化水素についても一章を割き、それらが国有資源であること、その代行先にボリビア石油公社（ＹＰＦＢ）を任命することを定めている（第三五九―三六八条）。さらに米国陸軍が駐留して様々な方法で反コカ生産のキャンペーンを展開していることに関して、外国駐留軍がボリビア国内に拠点を構え活動することを具体的に禁じた（第一〇条）。

選挙制度に関しては、一八歳以上の全成人選挙権のほか大統領選挙の際在外ボリビア人に投票権を与えるという画期的な制度を設けた。また憲法ではインディヘナ共同体に対し、指導者選出に際して独自の伝統規範を駆使することを認め、政府の関与は選挙において「平等性、普遍性、直接性、秘匿性、自由、拘束性」が守られなかった場合に限るとした（第二六条）。またストライキ権や団体交渉権も保障された。一九九五年から進められた地方分権政策は、最終的に県知事および地方議会議員選挙の実施によって制度化された（第二七七章―二七九章）。また地域の自治性を明記したほか、新憲法施行後もなお規制が残るもののオリヒナリオによるインディヘナ自治共同体の設立も認めた（第二八九―二九六条）。

新年金制度と各種助成金　憲法改正に伴い、モラレス政権は基本福祉計画を大々的に進め、特に産業の国有化により創出された新たな資金を基にして、雇用保険や年金などの政策に力を入れた。すでに政府は第二次サンチェス・デ・ロサーダ政権発足の二〇〇二年以降、所得の再分配計画の拡大に向けて取り組みを行ってきた。一九九〇年代のＢＯＮＯＳＯＬ年金計画は、退職年金制度積み立ての有無を問わず六五歳以上の全国民に対し最小限の年金を給付するという新年金制度「尊厳の年金」(Renta dignidad) に移行された。二〇〇九年初頭には七五万七〇〇〇人の高齢者がこの年金を受け取った。このほかに児童生徒の通学継続を支援するため学齢児童に現金を支給する、ラテンアメリカ内でも一般的になった公立小学校児童補助金（Bono Juancito Pinto）制度も導入された。さらにボリビア独自の取り組みとして、乳児死亡率と産婦死亡率の低下を目的とした妊婦への四回の無料健診と産後支援を行う出産・育児助成金（Bono Juana Azurduy）制度を設けた。それまでに実施された同様の計画は政府予算から捻出されたが、この出産育児助成金計画の主な資金は米州開発銀行（ＩＤＢ）から援助を受けた。これらの計画は多くの国民に普及し、対ＧＤＰ比率も高い割合を占めた。二〇一〇年には、新年金制度「尊厳の年金」はＧＤＰの一・五％を占め（このような条件付現金給付制度では非常に大きな割合）、公立小学校児童補助金は〇・三％、出産・育児助成金は〇・二％を占めた。児童補助金計画では二〇〇九年、初等教育を受ける児童一七〇万人に対し児童手当を支給し、出産・育児助成金計画は同年三四万人の妊婦に対し、計二五〇〇万米ドルを助成した。そしてそれらの資金源となったのは、石油や天然ガスなど各産業の再国有化によって歳入にもたらされた利益だった。

将来への課題　モラレス政権は様々な面においてタイミングに恵まれていた。中国の経済成長に伴う原料需要の高まりに伴って鉱物の国際価格は高値で安定し、ボリビア鉱産物の輸出高も順調に推移し政府歳入は増加した。ルーラ政権下のブラジル政府は、モラレス政権に対し協調路線を取ったため、ブラジルのペトロブラス社が所有したボリビア天然ガス田の国有化についても特に問題なく実現した。またペトロブラス社は、新たな採掘や設備のための大規模な投資こそ中止したもののボリビア天然ガス事業そのものから手を引くことはせず、引き続きブラジルへの輸出を手がけた。その他にも国際情勢が幸運に作用した。それまでラテンアメリカの内政に積極的に干渉した米国は、二一世紀初頭以降同時多発テロ事件の影響で中東問題に集中したことから、ボリビアへの関与をやめた。またボリビアが各国政府の経営する外国企業を接収し国有化するにあたり、ベネズエラ、エクアドルという二つの友好国と、アルゼンチン、ブラジル、そして一時期をのぞくチリの各中道左派政権とは、直接的な否定関係をほとんど生み出すことなく進めることができた。また国際的には反米の立場を取るボリビアも、一方で近隣諸国とは良好な関係を保った。

だがこれら政策には多くの犠牲も伴った。社会主義運動党（MAS）と幹部達は、公約に基づき基本的な民主主義組織に大規模な攻撃を加え、彼らの持つ革命社会の理想に近づけようとした。党と幹部達の進む方向性が、社会や経済の改革にとって正しく作用するものかはいまだ明らかになっていない。またMASは、国内に常に政治的緊張を引き起こす刺激剤的な存在でもある。彼らの手がけた国内資源の国有化と国有企業再生事業は、多額の出費を伴うものだった。外国からの直接投資の機会を失ったことで国内資本市場も停滞し、長期的な経済成長が見込めなくなった。またモラレス政権発足によって、それまで政府内で活躍した高度技術専門官が自主退職または免職に遭ったために、多くの人的資源が必要となるはずの国有化事業を進めたちょうど同じ時期に、官僚体制が弱体化するという事態に陥った。

近年、過去の歴代文民政権大統領が在任時に行った経済政策に関して起訴された件は、現政府がかつての権力者達におそれをなし、また反対派との議論を回避しようとする態度の表れである。また二〇一〇年四月の地方選挙後に全国選挙裁判所がいくつかの県で不正があったとして糾弾した件も、投票結果が望む結果にならなかったために与党が強引に引き起こした実力行使とされ、やはりMASの独裁権威主義的な傾向を知らしめることになった。やがて国会や地方レベルの各議会では、モラレス政権を通常の民主的な政治を行うことのできない問題のある政府として野党指導者達が激しい妨害を加えるようになった。

ＭＡＳの組織そのものについても、個々のインディヘナやメスティーソ指導者が独立性を強め地域レベルで政治力を高めるにしたがって、全体の組織力は次第に弱体化していった。ＭＡＳは各都市や支持基盤だった伝統的なインディヘナ地域ですら統制が困難になってきた。そのため二〇一〇年四月の地方選挙では、国内最大都市ラパスをはじめインディヘナとメスティーソの中心拠点であるエルアルトでも野党が勢力を伸ばす結果となった。またＭＡＳは野党勢力の高まりに脅威を感じ、伝統的インディヘナ地域のアルティプラノですら与党候補者を脅かす存在になっていることに悩まされた。この選挙でＭＡＳはサンタクルス、タリハ、ベニの東部低地三県で野党に勢力を奪われた。だがＭＡＳは敗北を喫しつつも、これら半月（media luna）地域の野党第一党として依然大きな勢力を持った。三県のように商業農業の中心地であり天然ガスや石油の豊富な資源を持つ地域でも、ＭＡＳの勢力は定着した。第二次モラレス政権の発足した二〇一〇年の今日、弱体化の動きは避けられないものの依然として新たなインディヘナ指導者の率いる国内優勢党の地位を維持している。またモラレスもやはり圧倒的カリスマ性を持つ力強い指導者として、国民からの支持を集めている。

ラテンアメリカ	世界
10000頃　各地に狩猟文化	3000頃〜　エーゲ文明、シュメール文明、エジプト古王国
	2800頃〜中国黒陶文化　2300頃〜インダス文明
	509　ローマ共和制はじまる
	30　エジプト王国滅亡　ローマの属州になる
	395　ローマ帝国東西に分裂
1000頃　モチェ、ナスカ文明、ワリ文明（中頃）	930　カスティリャ王国成立(〜1479)
1200頃　チムー王国成立	
1470頃　クスコ・インカ、チムー王国征服	1479　スペイン王国成立（カスティリャ、アラゴン併合）
	1488　ディアス　喜望峰到達
1492　コロンブス、新大陸到達	1492　イスパニア統一完成（グラナダ王国降伏）
1499　ヴェスプッチ、南米探検	1498　ヴァスコ・ダ・ガマ、インド航路を発見
1521　コルテス、メキシコ征服	
	1534　ロヨラ、イエズス会創設
1541　ピサロ、アルマグロ派に暗殺される	1540　イエズス会公認
	1559　スペイン　水銀を国家専売品目に指定
1563　キトにアウディエンシア設置	1568　オランダ独立戦争（〜1609）
1572　最後のインカ皇帝トゥパク・アマル、クスコで処刑	
	1580　スペイン　ポルトガルを併合（同君連合）
	1588　スペイン無敵艦隊　イギリスに敗北　スペインの衰退はじまる
1607　イエズス会　パラグァイ管区設置、グァラニー族の布教進める	1600　イギリス東インド会社設立
1609　サンティアゴにアウディエンシア設置	1618　三十年戦争（〜48　ウェストファリア条約）

ボリビア史関連年表

西暦	ボリビア
B.C	
2500	集落農業の開始
1800	陶器の使用
800	最初のアンデス文明、チャビン文明の開始
100	地方国家の成立（初期ティワナク文化）
A.D	
600-1200	中期ティワナク文化
1400 頃	アイマラ王朝起こる
1460 頃	インカ帝国によるアイマラ王朝侵略、コリャスーユ形成
1470	アイマラ族　インカ帝国への反乱
1533	ピサロ　インカ・アタワルパを処刑し、クスコへ入城
1537	マンコ・インカの反乱
1538	アルティプラノにスペイン人の入植始まる
1545	ポトシ（セロ・リコ）に銀山発見
1558	チャルカスにアウディエンシア設置
1560 頃	辺境地の植民完了
1572-76	スペイン副王フランシスコ・トレド、チャルカスを訪問
1580 頃	ミタ労役の開始、ポトシ銀山で水銀アマルガム法導入、先住民の強制移住開始
1584	ティティカカ湖畔の町コパカバーナに聖母像建立

ラテンアメリカ	世界
	1620　ピューリタン、メイフラワー号で北米移住
1678　スペイン、コレヒドール職に売官制導入	1642　ピューリタン革命（～ 49）
1687　スペイン、アウディエンシア判事職に売官制導入	1701　スペイン継承戦争（～ 13　ユトレヒト条約）
	1740　オーストリア継承戦争（～ 48　アーヘンの和約）
	1756　七年戦争（～ 63）
	1773　教皇　イエズス会の解散を命ず
1778　ブエノスアイレス港、自由貿易化	1776　アメリカ独立宣言
1782　ラプラタ副王領、84 年ペルー副王領にインテンデンシア制導入	
1786　カラカス、クスコ（1787）にアウディエンシア設置	1789　フランス革命
	1793　第 1 次対仏大同盟
	1796　スペイン、イギリスと戦争
1804　ハイチ　フランスより独立	1804　皇帝ナポレオン 1 世(～ 14)　ナポレオン法典成立
	1808　ナポレオン率いるフランス軍、スペインへ介入(イベリア半島戦争～ 14) スペインで反仏ゲリラ盛んに 「1812 年憲法」公布
1811　エクアドル独立宣言	
1813　パラグアイ独立宣言	
1816　リオ・デ・ラ・プラタ連合州独立宣言	1814　ウィーン会議 スティーヴンソン蒸気機関車を発明
1818　チリ独立宣言	
1819　大コロンビア国成立	
1821　メキシコ、ペルー独立宣言	1820　スペイン立憲革命　フランス軍制圧
1822　ブラジル帝国成立宣言	
1828　ウルグアイ独立宣言	

西暦	ボリビア
1584	初のアイマラ語文法書発行
1624	チュキサカ大学創立
1650 頃	ポトシで 1 世紀に及ぶ銀生産危機
1695	オルロ近郊で銀発見
1734	貢納対象を拡大しフォラステロ、ヤナコーナに納税義務を課す
1751	ポトシに鉱山取引のためサン・カルロス銀行設立
1776	ブエノスアイレスにリオ・デ・ラプラタ副王領設置 チャルカス・アウディエンシアの管轄をペルーより移管
1780-82	トゥパク・カタリ、トマス・カタリ、アンドレ・アマルを指導者にトゥパク・アマルの反乱起こる。オルロでクリオーリョ、チョロ、先住民が団結して起こした唯一の多民族反乱運動
1784	インテンデンテ設置によりチャルカス・アウディエンシア再編
1796	スペイン、イギリスと戦争に突入。国際貿易が危機的状況に陥り、チャルカスに深刻な影響を及ぼす
1808	イベリア半島戦争によるスペイン王室崩壊を受けてチャルカスに不安広がる
1809	チュキサカのエリートによる反乱（5 月 25 日） ラパスで大衆による独立運動（7 月 16 日）
1809-25	独立戦争
1810	リオ・デ・ラプラタ副王領独立（5 月 25 日） チャルカス・アウディエンシア、再びリマと旧ペルー副王領の支配下に置かれる
1824	アヤクーチョの戦い 12 月、スクレ率いるコロンビア軍が最後のペルー王党派軍を敗る
1825	チャルカス（アルト・ペルー）解放、ボリビア独立宣言（8 月 6 日）
1825-28	アントニオ・ホセ・デ・スクレのもと共和国独立 ローマ・カトリック教会の国教化
1829-39	アンドレス・デ・サンタ・クルス政権

ラテンアメリカ	世界
	1838　イギリスでチャーティスト運動(～48)
	1840　アヘン戦争（～42）
1846　アメリカ＝メキシコ戦争	
1854　メキシコ革命	
1861　メキシコ事件（～67）	1861　南北戦争（～65）
1863　ヌエバ・グラナダ、憲法制定しコロンビアと改名	1868　明治維新
	1870　スタンダード石油会社設立
1880　ブエノスアイレスで反乱勃発、アルゼンチン国家統一	1898　米西戦争
1899　ペルーに最初の日本人移民船到着　後に一部ボリビアに再移住	
1903　ボリビアとブラジル　ペトロポリス条約により国境を画定	
1912　ニカラグア内乱　アメリカの干渉	
1904　ボリビアとチリ　講和条約締結	1904　パナマ運河建設開始
1907　ボリビアとパラグアイ　ソレール＝ピニーヤ協定により国境を画定	1914　第1次世界大戦（～18）
1908　ブラジルに第1回日本人移民団到着	
1930　アルゼンチンに軍事政権誕生	1920　国際連盟成立
1933　パン＝アメリカ会議、米国、ラテンアメリカ諸国に対し従来の帝国主義（カリブ海政策）を改めて、善隣外交（善隣友好政策）に転じる	1922　ソヴィエト連邦成立
	1929　世界経済恐慌起こる
	1931　スペイン革命　共和国を宣言
	1933　ヒトラー独首相就任
1938　第8回米州会議でリマ宣言採択	1939　第2次世界大戦
1941　米州外相会議開催	

西暦	ボリビア
1836-39	ペルー＝ボリビア連合成立、後にチリ軍の攻撃を受ける
1841	インガビの戦いによりペルー＝ボリビア連合崩壊
1841-47	ホセ・バイビアン政権
1847-55	マヌエル・イシドーロ・ベルスー政権
1850s	近代的銀産業のはじまり
1860-1870s	チリのボリビア領アタカマで大規模な硝石、銀、グアノ資源発見
1864-70	マリアーノ・メルガレホ政権、諸外国および外資系企業との緊張高まる
1879	チリ、ボリビアの沿岸領土に侵入、両国間に太平洋戦争勃発
1880	タクナの戦い（5月26日）でボリビア軍壊滅状態に
	太平洋戦争から撤退し敗戦、新憲法を公布し文民時代を迎える（～ 1938）
1880-99	保守党政権による文民政治時代
	銀鉱山事業家が政府や議会で強い発言力を持つ
1899	自由党による連邦革命起こる。スクレによる寡占的保守政権終焉
	自由党の拠点であるラパスに政府や議会がスクレから移転、ラパスが事実上の首都に
1899-1903	アクレで入植したゴム労働者による分離独立を唱えた反乱をきっかけにブラジルとのアクレ紛争発生、この結果ブラジルにアクレ県を割譲
1899-1920	自由党政権による文民政治時代、党首イスマエル・モンテスが支配力を発揮
1902	錫生産量が銀を凌ぎ全輸出金額の半数を上回り、ボリビア最大の輸出品に
1920-34	バウティスタ・サアベドラ、エルナンド・シレス、ダニエル・サラマンカなどの共和党指導者による文民政権
	錫産出量1920年代にピークを迎えた後、世界恐慌の時代へ
1932-35	チャコ領土をめぐりパラグアイに宣戦布告（チャコ戦争)、ボリビア史上最大の財政難に陥る敗戦を喫する
1936-39	ダビッド・トロのクーデターにより軍事社会主義政権成立
1937	ボリビア・スタンダード石油会社の国有化、ボリビア国営石油会社設立
	ヘルマン・ブッシュ政権成立
1939-43	エンリケ・ペネランダによる保守的文民政治時代

ラテンアメリカ	世界
1945　米州特別会議でチャプルテペック憲章採択、南北アメリカ地域の連帯と相互援助を掲げる	1945　第2次世界大戦終戦 国際連合成立
1947　地域19カ国による米州相互援助条約（リオ条約）締結	1949　中華人民共和国成立 1950　朝鮮戦争（～53)
1954　カラカス宣言	
1959　キューバ革命	1960　ベトナム戦争（～75)
1960　地域8カ国による自由貿易連合(LAFTA）条約調印	1961　中ソ論争深まる　ベルリンの壁設置 1962　キューバ危機
1968　ブラジル軍政令第5号発令(～78年)	1967　ヨーロッパ共同体（EC)発足
1969　アンデス共同体（ANCOM)発足	
1975　ラテンアメリカ経済機構(SELA）設立	
1976　ペルー非常事態宣言	1979　欧州通貨制度（EMS）発足
1980　モンテビデオ条約調印 ラテンアメリカ統合連合設立	1989　ベルリンの壁撤去
1982　各国で債務危機が表面化	
1986　ラ米・カリブ首脳会議（リオ・グループ）発足	
1990　ペルー　フジモリ政権発足	1991　湾岸戦争。ソ連邦解体 1993　欧州連合条約（マーストリヒト条約）により欧州連合（EU）設立
1995　南米共同市場（メルコスール）発足	
1996　ペルー日本大使公邸事件	1997　新欧州連合条約(アムステルダム条約）調印(99年発効)

西暦	ボリビア
1942	民族革命運動党（MNR）結成、カタビ鉱山虐殺事件
1943-46	グァルベルト・ビヤロエル率いる過激派軍事 MNR 政権
1944	初の全国鉱山労働者組合連合（FSTMB）結成
1945	第一回全国農民会議開催
1946	ビヤロエル失脚後急進派による FSTMB の集会で「プラカヨの主張」発行
1946-52	保守文民勢力による軍事政権
1952	4 月、MNR によるボリビア革命
1952-64	MNR ビクトール・エステンソーロとエルナン・スアソ文民政権成立
	鉱山国有化とボリビア鉱業公社（COMIBOL）設立
1953	農地改革
	普通選挙施行
	全国労働組織ボリビア労働連合（COB）発足
1967	ボリビア憲法改正。以後 94 年にも改訂
1964-70	レネ・バリエントスとアルフレード・オバンドによるポピュリスト（人民主義）軍事政権
1965-67	チェ・ゲバラ、ボリビア潜伏、67 年に捕らえられ処刑
1970-71	フアン・ホセ・トレスによる急進派ポピュリスト軍事政権
	「人民会議」政権の成立
1971-78	ヒューゴ・バンセル保守軍事政権
1978	チリと国交断絶
1978-79	暫定軍事政権時代。文民各政党の台頭
1979-80	シレス・スアソ左派連合の有力指導者として台頭
	バルテル・ゲバラ・アルセと、初の女性大統領となるリディア・ゲイレル・テハーダの暫定文民政権発足
1980-82	反動的軍事政権成立。民衆の大規模な抵抗を受ける
1982-85	シレス・スアソ大統領に復権。だがハイパーインフレ状態に陥り問題化
1985-89	第 3 次ヴィクトール・パス・エステンソーロ政権
	8 月 29 日急進的な「オーソドクス式」経済計画を導入
1989-93	MIR ハイメ・パス・サモーラ政権
1993-97	MNR のゴンサロ・サンチェス・デ・ロサダ政権成立（第一次サンチェス政権）。大衆の政治参加と地方分権を推進
1995	社会主義運動党（MAS）発足
1997	MAS 代表エボ・モラレスが国会議員に選出される

ラテンアメリカ	世界
1999　コロンビア大地震 パナマ運河返還	1998　ロシア財政危機
2000　ペルーでフジモリ政権崩壊	2001　米同時多発テロ事件 米アフガニスタン侵攻
2002　アルゼンチンで世銀向け債務不履行を発表	2002　ユーロ紙幣・硬貨の流通開始
	2003　イラク戦争
2004　ハイチ内乱	2004　スマトラ島沖地震
2006　ペルーで16年ぶりとなる第2次ガルシア政権発足	2005　米第2次ブッシュ政権
2007　南米諸国連合結成	2007　世界金融危機
2008　ラ米・カリブ首脳会議「サルバドール宣言」	2008　チベット暴動、米オバマ政権誕生
2009　ホンジュラス軍事クーデター チリ大統領選挙	2009　新型インフルエンザ世界大流行
2010　ハイチ、チリで大地震 チリ　コピアポ鉱山事故 チリ、コスタリカ、ブラジル大統領選挙	2010　中国青海地震 タイ反政府デモ アメリカ中間選挙
2011　ブラジルで初の女性大統領ジウマ・フセフ政権誕生 南米各地で大規模な水害	2011　チュニジア「ジャスミン革命」、エジプト騒乱、リビア反政府デモ 3月11日東日本大地震

西暦	ボリビア
1997-2001	ADNによる第2次バンセル政権
2000	天然ガス　ボリビア最大の輸出品になる
2002-2003	第2次サンチェス政権　任期途中で退陣
2003-2005	カルロス・メサ政権
2005-2006	エドゥアルド・ロドリゲス・ベルツェ政権
2005.12	社会主義運動党（MAS）代表エボ・モラレスが大統領に当選。ボリビア初の先住民出身大統領（南米大陸ではペルーのトレド大統領に次ぎ2人目）。
2006-2010	第1次エボ・モラレス政権　天然ガス、電力の国有化とYPFB、COMIBOLの再建を進める。「尊厳のための行動計画（Plan Dignidad）」や各種条件付現金給付計画（CCT）を実施。
2009	ボリビア多民族国新憲法制定
2010	第2次モラレス政権 12月　ガソリンショック
2011	2月　全国で物価値上げ中止を求めるデモ相次ぐ ラパスで大規模な土砂崩れなどラ・ニーニャ現象による洪水被害発生し非常事態宣言発令

（1846-2001 年の国勢調査より）

オルロ		ポトシ		チュキサカ	
	オルロ		ポトシ		スクレ
95,324	5,687	243,269	16,711	156,041	19,235
86,081	13,575	325,615	20,910	196,434	20,907
192,356	62,975	509,087	45,758	260,479	40,128
310,409	124,121	657,743	77,334	358,516	62,207
340,114	183,422	645,889	112,078	453,756	131,769
391,870	202,010	709,013	133,268	531,522	194,888
53,587		118,215		51,523	

ベニ		パンド		全国計
	トリニダ		コビハ[3)]	
48,406	3,194	1,560		1,378,896
25,680	2,556	7,228		1,633,610
71,636	10,759	16,284		2,704,165
168,367	27,583	34,493		4,613,486
276,174	57,328	38,072	10,001	6,420,792
362,521	75,285	52,525	20,987	8,274,325
213,564		63,836		1,098,579

表１　ボリビア各県および県庁所在地別人口の推移

県名	年	ラパス		コチャバンバ	
県庁所在地			ラパス[2)]		コチャバンバ
人口	1846	412,867	42,849	279,048	30,396
	1900	426,930	52,697	326,163	21,881
	1950[1)]	854,079	321,073	452,145	80,795
	1976[1)]	1,465,078	654,713	720,952	205,002
	1992	1,900,786	1,118,870	1,110,205	397,171
	2001	2,350,466	1,487,248	1,455,711	778,422
面積（km^2）		133,983		55,631	

県名	年	サンタクルス		タリハ	
県庁所在地			サンタクルス		タリハ
人口	1846	78,581	6,005	63,800	5,129
	1900	171,592	15,874	67,887	6,980
	1950[1)]	244,658	42,746	103,441	16,869
	1976[1)]	710,724	256,946	187,204	39,087
	1992	1,364,389	697,278	291,407	66,900
	2001	2,033,739	1,114,095	391,226	135,651
面積（km^2）		370,618		37,622	

注

1) 1950 年と 1976 年の国勢調査は、近年次の文献で県別数値が改訂発行されている。INE, cuadro 2.01.11 "Bolivia:Población por census segun departamento…censos de 1950-1976-1992-2001"

2) ラパス市の数値は隣接のエルアルト市人口を含む（1980 年代になり独立した市として分離）。1992 年国勢調査ではラパス市人口は 713,378 人、エルアルト市人口は 405,492 人。2001 年はラパス市 792,499 人、エルアルト市は 694,749 人。

3) パンド県は 1992 年以前、一定規模の都市部が存在しなかった。1976 年のコビハ人口はわずか 1,726 人。

表２　銀産出量の推移　(1550～1909　10年毎)　　　単位：銀マルク

年代	年間平均		年間最大	年間最低
1550-59	278,055		379,244	207,776
1560-69	241,348		284,443	216,516
1570-79	278,093		613,344	114,878
1580-89	750,073		865,185	668,517
1590-99	803,272		887,447	723,591
1600-09	762,391		844,153	624,666
1610-19	666,082		746,947	620,477
1620-29	590,900		646,543	536,473
1630-39	598,287		793,596	530,674
1640-49	520,859		619,543	463,799
1650-59	461,437		523,604	424,745
1660-69	362,425		398,459	321,889
1670-79	343,478		380,434	289,216
1680-89	370,646		409,338	326,904
1690-99	290,526		375,459	236,935
1700-09	198,404		226,186	178,087
1710-19	152,696		198,682	114,310
1720-29	145,555		200,693	119,576
1730-39	140,186	e	169,707	82,811
1740-49	92,119	e	111,947	81,081
1750-59	123,864	e	126,957	115,373
1760-69	142,114		158,883	117,323
1770-79	170,381		242,067	150,746
1780-89	378,170		416,676	335,848
1790-99	385,283		404,025	369,371
1800-09	297,472		371,416	194,535
1810-19	208,032		338,034	67,347
1820-29	156,110		177,727	132,433
1830-39	188,319		228,154	169,035
1840-49	191,923		256,064	142,029
1850-59	201,482		224,313	189,573
1860-69	344,435	e	391,304	312,174
1870-79	955,629	e	1,150,770	391,304
1880-89	1,111,568	e	1,660,804	597,686
1890-99	1,655,762		2,630,907	1,202,927
1900-09	799,791		1,288,452	385,522

出所：Peter Bakewell, "Registered Silver Production in Potosí district, 1550-1735", *Jahrbuch für geschichte von Staat, Wirtschaft und Gesellschaft lateinamerikas* 12 (1975), Table I, 92-97; Ernest Ruck, *Guia General de Bolivia, Primer Año* (Sucre, 1865), pp. 170-71 for 1755-1859; [Lamberto de Sierra], *"Manifesto" de la plata extraida del cerro de Potosí*, 1556-1800 (Buenos Airres, 1971), pp. 35-37 for the years 1735-54: Adolf Soetbeer, *Edelmetall-produktion und werthverhältniss zwischen gold und silber seit der entdeckung Amerika's bis zur gegenwart* (Gotha, 1879), pp.78-9 for 1860-75; *The Mining Industry, Its Statistics, Technology and Trade*, Vol. I 1884; República de Bolivia, Oficina Nacional de Immigración, Estadística y Propaganda *Geográfrica, Geografia de la república de Bolivia* (La Paz, 1905), pp. 354-55 for 1895-1905; and Walter Gomez, *La Minería en el el desarrollo económico de Bolivia, 1900-1970* (La Paz, 1978), pp. 218-20 for 1905-9.

注：年間平均産出量のうち "e" の付いた数値は推定値を示す。1859 年以降の全数値は、単位キログラムからマルクへと換算した（換算式 1 マルク＝230 グラム）。1734 年から 55 年にかけては産出量の記録が存在しないため、Serra の文献より鉱物税の収入金額を用いた。税額単位ペソに 5.2 を乗じて産出量マルクを推定している。さらに Rück による産出量の値を Serra の 1756-60 年の税額からの換算値を比較し、上位値を選んだ。

表３　錫産出量の推移（1900～2008）　単位：トン

年代	年間平均	年間最大	年間最低
1900-09	14,909	21,342	9,739
1910-19	24,710	29,100	21,324
1920-29	33,216	47,191[1)]	19,086
1930-39	25,864	38,723	14,957[2)]
1940-49	38,827	43,168	33,800
1950-59	28,861	35,384	18,013
1960-69	24,705	29,961	19,718
1970-79	29,731	32,626	25,568
1980-89	18,557	27,655	8,128[3)]
1990-99	14,630	18,634	11,308
2000-08	16,055	18,444	12,298

出　所：Walter Gomez, *La minería en el desarrollo económico de Bolivia*,1900-1970（La Paz, 1978）; James W. Wilkie and Peter Reich, eds., *Statistical Abstract of Latin America*（Los Angeles, 1980）, Vol.X, p.255 for 1971-76; U.S. Depart-ment of the Interio, *Minerals Year-book, 1978-79*（Washington, 1980）, Vol. I, p.926 for 1977-79; for 1980-2008 Ministerio de Mineria y Metalurgica, *Estadística del Sector Mineria y Metalúrgica,* 1980-2008（La Paz: 2009）cuadro 11.1 pp. 39-41

注：

1）1929、2）1933、3）1987

表 4 石油と天然ガス生産量の推移

年	石油[1]	天然ガス[2]
1980		2,237
1981		2,209
1982		2,294
1983		2,387
1984		2,605
1985		2,520
1986		2,605
1987		2,588
1988		2,781
1989		3,041
1990		3,030
1991	8.1	2,979
1992	7.8	3,047
1993	8.1	3,047
1994	9.4	3,279
1995	10.4	3,296
1996	10.7	3,330
1997	11.0	3,016
1998	12.6	3,106
1999	10.7	2,611
2000	10.1	3,596
2001	11.4	5,275
2002	11.3	6,419
2003	12.2	7,399
2004	14.2	10,260
2005	15.4	10,254
2006	14.9	13,430
2007	15.0	14,300
2008	14.2	14,890

出所：

1991 から 2008 年は、

INE http://www.ine.gov.bo/indice/general.aspx?codigo=40105

上記サイトは2010年3月20日現在の掲載情報を参照

1980-1990 年 は米国エネルギー情報管理局

http://tonto.eia.doe.gov/cfapps/ipdbproject/iedindex3.cfm?tid=3&pid=26&aid=2&cid=BL,&syid=1980&eyid=2008& unit=BCF

注：

1）単位 100 万バレル

2）$1000\ m^3$

表 5 ボリビア基本社会経済指標①

指標（単位）	値	年
人口（人）INE	10,227,300	2009
人口密度（人 /km²）	8.6	2005
都市部比率	58%	2001
年間平均人口増加率	1.9%	2010
合計特殊出生率（14-45 歳女性の出生数）	3.3	2010
0-14 歳児童人口比率	39%	2001
自然出生率（住民 1000 人当たり）	26.3	2010
自然死亡率（住民 1000 人当たり）	7.3	2010
妊婦死亡率（住民 10 万人当たり人数）：uw	180	2008
平均寿命（歳）	66.3	2010
乳児死亡率（出生 1000 人当たり人数）	41.6	2010
乳幼児(1-5 歳)死亡率(出生 1000 人当たり人数)：uw	10.3	2010
対年齢平均以下体重児童率	6%	2000
3 歳以下栄養失調児童率：u	24%	2003
1 歳未満 3 種混合ワクチン 3 回接種率：u	72%	2003
1 歳未満ポリオワクチン 3 回接種率：u	68%	2003
1 歳未満 BCG ワクチン接種率：u	93%	2003
資格助産師立会いによる出産率：u	61%	2007
医療機関非受診率	22%	2000
国連人間開発指数：uh	0.729	2007
国民富裕層 10%の占める所得比率 :wb	45.3%	2007
国民貧困層 10%の占める所得比率 :wb	2.7%	2007
対人口比貧困率 :c	54.:u0%	2005
対人口比最貧困率 :c	31.2%	2005
GDP（100 万米ドル）:wb	16,674	2008
国民 1 人当たり総所得（米ドル）:wb	1,720	2008
総輸出額（物品およびサービス）(100 万米ドル)	5,382	2009
総輸入額（100 万米ドル）	4,466	2009
貿易収支額（100 万米ドル）	916	2009
対外債務総額（100 万米ドル）	2,443	2008

出所：特に注記のない限り、ボリビア国家統計局（INE）◆その他付記 c = CEPAL（国連ラテンアメリカ・カリブ経済委員会）*Annuario estadística de America Latina y el Caribe, 2009* ◆ wb = *World Development Indicators,* http://data.worldbank.org/indicator?display=default（世界銀行）◆ u = *Bolivia: Evaluación de la Economia, Año 2000*（ボリビア社会経済政策分析院（UDAPE）◆ un = *World Income Inequality Database*, VoL. 1.0, September 12, 2000（国連開発計画（UNDP）◆ uw = University of Washington（Seattle） Institute of Health ＆ Evaluation 。

表5 ボリビア基本社会経済指標②

指標（単位）		値	年
経済活動人口比率	農業従事者	39.2%	2007
	鉱業従事者	1.2%	2007
	建設業従事者	5.4%	2007
	工業従事者	10.5%	2007
	商業およびサービス業従事者	43.7%	2007
インフォーマルセクターにおけ従業員支援プログラム率 :u		51.3%	2000
飲用水設備普及住居率		65%	2003
下水設備普及住居率		31%	2003
電気設備普及住居率		65%	2003
非識字率（15歳以上男女）		13.2%	2001
初中等教育就学人口（100万人）:u		2,513	2007
初等教育就学年齢普及率（純就学率）:u		92%	2007
中等教育就学年齢普及率（純就学率）:u		57%	2007
平均学校教育修業年数（20歳以上）:u		8.7年	2007
同都市部 :u		10.2年	2007
同農村部 :u		5.6年	2007
言語使用率（六歳以上）	スペイン語	58.3%	2000
	アイマラ語	15.7%	2000
	ケチュア語	22.9%	2000
	グアラニー語 :b	0.6%	2000
	その他先住民言語	0.4%	2000
	その他外国語	2.0%	2000
民族別人口（一五歳以上、自己認識による）	ケチュア族	1,555,641	2001
	アイマラ族	1,277,881	2001
	チキタノ族	112,216	2001
	モヘーニョ族	78,359	2001
	グアラニー族	43,303	2001
	その他先住民族	75,237	2001
	国内人口計（国勢調査による）	8,274,325	2001
カトリック教徒率		78%	2001
プロテスタント教徒率		19%	2001

訳者あとがき

本書はHerbert S. Klein, *A Concise History of Bolivia*（2011）の日本語版です。初版は一九八二年、*Bolivia: The Evolution of a Multi-E thnic Society* としてOxford University Pressより出版され、その後二版の改訂を経て二〇〇一年、Cambridge University PressのConcise Historyシリーズの一冊として改訂新版が出版されました。これをさらに改訂した原著は第四版にあたります。

南北アメリカやラテンアメリカ地域を扱った資料は多くありますが、ボリビアという国を単独で取り上げた書は限られており、ましてや歴史全体を通観したものは本書をのぞきほとんど書かれていません。原著は初版時より英語版のほかスペイン語版も刊行され、ボリビア史の定本として欧米のみならずボリビア国内でも絶賛されました。第四版となる本書も英語のほかにスペイン語版が刊行されています。当日本語版は日本初のボリビア通史です。

ボリビアは南米大陸の中央部に位置する内陸国です。標高五、六〇〇〇メートル級の山々が連なるアンデス山脈とティティカカ湖周辺の高地の山岳国として知られ、フォルクローレ音楽や伝統織物などの文化は日本でも人気を集めています。しかし日本の約三倍に及ぶ国土の中には山麓部の温暖な渓谷地帯や平原部、原生林が広がるアマゾン源流部の熱帯・亜熱帯地域までを含まれ、東部低地帯では近年サンタクルスを中心に新興産業の開発が進むなど別の側面もあります。古代よりアンデス高地を中心にティワナク文明をはじめとする高度な文明が栄えましたが、一五世紀後半にはペルーのクスコを中心とするインカ帝国に編入されます。その後スペイン人の侵入によってインカ帝国が崩壊するとスペイン＝アメリカ帝国植民地の支配下に入り、ボリビアの地は「チャルカス」または「アルト・ペルー（高地ペルー）」と呼ばれます。その頃発見されたポトシ銀山は世界中から富と人を呼び寄せ、ポトシの町は新大陸最大の都市になったほどでした。

現在国民の大半はわずかな収入で暮らす農民で、南米で最も貧しい国の一つに数えられます。しかし一方で天然ガスやリチウムなどの開発に力を入れ、国際経済社会の一員として着実に成長を続ける国でもあります。また南米三大祭のひとつで二〇〇八年にユネスコ無形文化遺産に指定された「オルロのカーニバル」をはじめ、アンデスの壮大な山々や「世界一危険な道」として知られる絶壁に面した車道のあるユンガス渓谷、壮大で幻想的な風景のウユニ塩湖など数多くの魅力を持ち、世界中の旅行者や登山家を惹きつける観光国でもあります。

紀元前より続く様々な先住民族の生活風習と、一六世紀以降スペイン帝国の侵略によってもたらされたヨーロッパの風習とが融合し、ボリビアの人々は、物資から言語、習俗に至るまで独自の文化体系を形成しています。約一〇〇〇万人の国民の過半数がアイマラ族やケチュア族で、混血であるチョロ（メスティーソ）を含めると先住民が八割以上を占めるボリビアは、ラテンアメリカ内で先住民が最も社会経済的に活躍する国家です。国民の多くはアイマラ語、ケチュア語などの先住民言語とスペイン語のバイリンガルで、スペイン語のみを話すモノリンガルは近年まで少数派でした。植民地時代に大量に訪れたヨーロッパからの移民とその子孫が多数派を占め、先住民の言語や文化が少数派となった周辺の国々とは対照的です。

二〇〇六年にはついにボリビア初の、そして南米でもペルーのアレハンドロ・トレドに続き二人目の先住民出身大統領が誕生しました。アイマラ族出身のファン・エボ・モラレス・アイマ大統領は、国内の先住民保護に力を注ぐほか、国外でも公式行事に伝統的民族衣装を着用するなど自らの伝統文化を世界に示しています。伝統的デザインのセーターをはじめ、民族織物をあしらったノーネクタイ、襟無しの特製ジャケットは「エボ・ファッション」として世界から注目されています。二〇一〇年一二月に公式実務訪問賓客として日本を訪れた際も、この服装で天皇との会見や菅総理との首脳会談に臨みました。二〇〇八年には国連の先住民フォーラムで基調演説、二〇一〇年には「気候変動およびマザーアースの権利に関する世界民衆会議」(コチャバンバサミット)を主催するなど、先住民保護、環境保護活動について世界に向け独自の存在感を示しています。

本書は多彩な顔を持つボリビアの古代より現代までの歴史を大きく見渡したうえで、一九五二年のボリビア革命以降国内に起きた構造的変化、一九八二年の民主主義の再生、そして二〇〇六年以降モラレス政権まで最新の国内情勢を網羅しています。二〇一一年現在のボリビアは全国民に義務教育が導入され識字率も高く、全成人に選挙権があり、国民の多数派である先住民が政治舞台の中心で活躍する近代民主主義国家です。しかしそこに至るまでにはスペイン植民地時代の圧政や、独立後の白人エリートによる寡占主義時代があり、大多数の国民がごく少数の権力者に数世紀にわたって支配、搾取され続けてきました。その間に多くの政権交代やクーデター、軍部による独裁政権時代を経験し、年に何度も大統領が交代する内政混乱期を経ています。さらに近隣諸国との不平等条約やチリ、パラグアイとの戦争によって多くの領土を失っています。隣国チリとアタカマ地域の利権を巡って衝突した太平洋戦争では太平洋沿岸部の領土をすべて失うという手痛い敗戦を喫し、その結果ボリビアは沿岸領土のない内陸国となりました。「海への出口問題」とチリとの外交問題は、現在もなお大きな政治問題となっています。このような混乱の中ボリビアがたどった道のりを政治、経済、社会、文化など分かりやすく幅広い切り口から捉えた本書は、ボリビア史格好の入門書と言えるでしょう。

なお巻末のボリビア史関連年表は日本の読者の便宜を図るため、原著にあるボリビア史年表に併記して、訳者がラテンアメリカ周辺地域および世界年表を作成しました。

著者クライン氏は一九三六年生まれ、シカゴ大学で歴史を学び、一九六三年博士号を取得しました。比較社会経済史を専門とし、特に近現代南北アメリカ社会経済研究における第一人者としてアメリカ国内はもちろん、ラテンアメリカ諸国でも知られています。現在はコロンビア大学歴史学名誉教授であると同時にスタンフォード大学フーバー研究所主任研究官を務め、ボリビアやブラジル、チリなどで調査研究も続けています。これまでに共著含む二二冊の著書と一六五編の論文を発表し、二〇一〇年にはブラジルの奴隷制に関する共著でブラジル文学アカデミーより歴史社会科学賞を授与されました。

序文で著者自身が述べているように、今まさに目の前で起こり刻々と変化を続ける現代情勢を、いつどの時点でどのように史実として歴史書に組み入れるかという判断は、著者のような一級の歴史研究家にとっても至難の業に違いありません。それを承知の上で最新の政治、社会情勢まで網羅した背景には、序文にある通り、著者自身が高齢期を迎えられたという事情があります。原著の執筆を終えた二〇一〇年に七五歳になった著者は、自身が四〇年以上にわたり研究対象とし、格別の愛着を持つボリビアという国が時々刻々と変化する様子を観察しつつ、将来に強い関心を寄せています。しかしその変化がいつどのような形に向かうのか著者自身にも予想がつかず、一定の結末を迎える頃にはこの世にいないかもしれないと述べています。そこで新たに書き下ろされた一〇章では、最新の統計値に基づく国勢調査から見える国民生活の実態とモラレス政権の政策を中心に、現代のボリビア情勢について概観しています。モラレスが独自に進める社会主義路線について事実を簡潔に紹介しつつ、その改革の意義や正否については未来の歴史家達が占うことだろうと言い添えています。

なお本書ではふれられていませんが、日本とボリビアの二国間にも強い結びつきがあります。日本とボリビアには、日本からの経済・技術協力や日本人移住者の地域社会への貢献などを通じて良好な友好関係が築かれています。

日本人移住の歴史も長く、最初は一八九九年（明治三二年）にさかのぼります。ペルーへの移住者がボリビアに転住する形で、ゴム景気に沸くアマゾン地帯のベニ県、パンド県中心に入植しました。その後大部分がペルーへと引き揚げましたが、戦後日本からの集団移住が本格化します。一九五四年に米国占領下の沖縄からサンタクルス県を中心に数十世帯の人々が移り住んで以降、一九五六年八月二日には日本・ボリビア移住協定が締結され、五年間一〇〇〇家族（六〇〇〇人）の移住が認められることになりました。実際に移住した数はその約四分の一でしたが、サンタクルス県内の二移住地（サンファン移住地、オキナワ移住地、各人口約八〇〇人）を中心に定着し、米、大豆、小麦、柑橘類、マカデミアナッツの栽培、畜産、養鶏などを手がけています。外務省調べによると二〇一〇年一〇月現在、在留邦人数は二八〇八人で、日系ボリビア人は一万一三五〇人と推定されています。

対日貿易は日本からの大幅な輸出超過が続いており、二〇一〇年ボリビアへの輸出額は二五四・八億円、輸入額は九四・七億円です（日本財務省貿易統計）。日本からの主な輸出品は自動車、電気、機械製品、ボリビアからは亜鉛鉱、鉛鉱、ごま、大豆、ニット製品を輸入しています。

日本とボリビアへの経済援助も盛んに行われています。日本にとってボリビアは、中南米諸国の最貧国の一つとしてＯＤＡの重点国と位置づけられます。各種インフラ、保健・医療、教育分野などにおいて、年間約四〇～六〇億円に上る無償資金協力や技術協力を実施し、ボリビアにとって主な経済援助供与国として大きな役割を果たしています。一〇章には、その一環として二〇一一年三月、スクレ市にて日本からボリビアへの無償資金（ノンプロジェクト無償資金協力）の引渡し式を行った際の渡邉利夫・駐ボリビア多民族国特命全権大使とモラレス大統領の写真を掲載しています。

さらに近年は、リチウム資源をめぐる関係に両国の期待が寄せられています。ハイブリッド車やパソコンや携帯電話などの二次電池に不可欠で今後ますます需要の高まるリチウムですが、ボリビアのウユニ塩湖には世界のリチウム埋蔵量の約五〇％が存在するとも言われており、各国が注目しています。モラレス政権は、このリチウム資源を産業化することで重債務貧困国からの脱却を図ろうとしており、各国に対し抽出に必要な技術の研究開発と、将来のリチウム産業化への協力を呼びかけています。

二〇一〇年一二月に公式実務訪問賓客として来日したモラレス大統領は、菅総理との首脳会談において「リチウムを用いた産業化がボリビアの夢」であり,「日本にはボリビアの夢に同伴して欲しい」と日本に対する熱い期待を表明しました。会談後の日本ボリビア共同声明ではリチウム資源開発に共同で取り組むことをはじめ、日本は地熱発電所建設の資金援助、ボリビアは地デジ放送の日本方式採用など、両国関係をさらに深める内容が盛り込まれました。

著者が本書の執筆を終えたのは二〇一〇年六月ですが、その後もボリビア情勢は変化を続けています。前述したリチウム開発への動きや「メガ土砂崩れ」による災害のほか、国内の政治社会に大きく影響した重要な出来事は、二〇一〇年一二月に起きた「ガソリン・ショック」（ガソリナッソ）と言えるでしょう。

二〇一〇年一二月二五日ボリビア政府は、ガソリン、ディーゼル価格に対する助成を廃止するという政令七四八号を突然発表しました。これにより国内ガソリン価格は五〇―八〇％以上も引き上げられました。助成金廃止の理由は、周辺国とのガソリンの価格差でした。密輸業者がボリビアでガソリンを安く仕入れ、隣接するブラジルなどで高く販売し莫大な利益を得るという不正取引に助成金が使われることを防ぐねらいがあったのです。

しかしこの措置は多くの市民から反発を招き、たちまち各地でデモやゼネストが起きました。エルアルトのブロック封鎖により隣接のラパス市内の交通が遮断され、一部で焼き討ちが起きるなど大きな社会闘争に発展し、経済活動にも影響をもたらしました。モラレス大統領は当初、価格の引き上げは国際標準化をねらったものとして反対を退けようとしましたが、高まる反発の動きを受け、四日後の三一日には急きょ政令を撤回し、値上げの中止を発表しました。

値上げの撤回により国内の混乱は収まりましたが、ガソリン助成金の過度な負担と密輸構造という根本的な問題は解決しないまま残されました。また何よりも、この混乱によってモラレス政権に対する不信感を多くの国民が抱くという深刻な結果を残しました。値上げ発表から一週間後にボリビア国内で行われた世論調査では、八割以上の国民がモラレス不支持を表明しています。ボリビア初の先住民出身の大統領として多くの国民に支持されたモラレス政権ですが、ガソリン・ショックをきっかけにそれまで政権を支持した層までもが不信感を抱くこととなりました。モラレス大統領自身も多くの国民の信頼を失う事態を招いたこの決断について後悔の念を述べていますが、その後の世論調査でも信頼回復には至らず、次の選挙での三選はないだろうと見られています。

著者の予想通り、本書執筆後もボリビアは変わり続けています。インフラ整備、医療や教育の発展により人々の暮らしは向上し、天然ガスやリチウム資源による経済発展が見込まれる一方で、政治面での将来は未知数です。社会主義路線を進め、米国と距離を置く独自の政策を展開するモラレス政権ですが、かつての圧倒的求心力を失いつつあります。しかし次世代の政治展望もまだ見えていません。メガ災害からの復興など国内問題も多く抱えます。そのような中現在も著者は、南北アメリカの各地で精力的に研究・執筆活動を続けています。今後のボリビアが歩む道についても、いずれ著者自身による分析と見解にふれることを心待ちにしたいと思います。

なお本書刊行にあたり、多くの方々や団体よりご指導、ご協力をいただきました。著者クライン氏とは本文内容をめぐり、数回に渡りEメールの交換をさせて頂きました。著者は訳者の疑問点にとても親切にお答え下さったうえ、日本語版刊行にあたり補足の記載まで新たに書き起こして下さいました。また在ボリビア日本国大使館、西遊旅行、ボリビア政府文化省観光次官室、在パラグアイの田中裕一氏、米国のブライアン・ミラー氏には本文中の写真を快く提供を頂きました。そして怠慢な訳者を叱咤激励し多方面にわたり支援くださった創土社代表の酒井武史さんに心より感謝申し上げます。

二〇一一年六月

訳　者

参考資料

【文献】

増田義郎（編）『ラテン・アメリカ史Ⅱ南アメリカ』（山川出版社、二〇〇〇年）
真鍋周三（編著）『ボリビアを知るための六八章　エリア・スタディーズ』（明石書店、二〇〇六年）
国本伊代『概説ラテンアメリカ史』（新評論、二〇〇一年）
高橋均、網野徹哉『世界の歴史一八　ラテンアメリカ文明の興亡（中公文庫）』（中央公論新社、二〇〇九年）
松下洋（監修）『ラテン・アメリカを知る事典』（平凡社、一九九九年）
青木康征『南米ポトシ銀山―スペイン帝国を支えた「打出の小槌」（中公新書）』（中央公論新社、二〇〇〇年）
兒島峰「日常着としての衣服／身体と同化する衣服」つくばラテンアメリカ・カリブ研究会編集部『ラテンアメリカ・カリブ研究　第七号』（二〇〇〇年）
岡田裕成「アンデス植民地美術論における「メスティソ（混血）」概念―自己と他者の表象の屈折―」関雄二・木村秀雄編『歴史の山脈　日本人によるアンデス研究の回顧と展望一』国立民族学博物館調査報告　55: 91-117（二〇〇五年）

【映画】

松下俊文（監督）『パチャママの贈りもの　El regalo de la Pachamama』（二〇〇九年、日本・アメリカ・ボリビア合作）ドルフィンプロダクション
アレハンドロ・ランデス（監督）『コカレロ　COCALERO』（二〇〇七年、アルゼンチン・ボリビア）Karma Films

【ま行】

【や行】

【ら行】

【わ行】

【た行】

【な行】

【は行】

人名索引

【あ行】

【か行】

【さ行】

【ま行】

【な行】

【は行】

【た行】

【か行】

事項索引

星野　靖子（ほしの・やすこ）
1970年生まれ。東京外国語大学インド・パーキスターン語学科卒業。民間企業で編集、広告企画、広報、翻訳等の職務を経験後フリーランスに。IT、マーケティングから人文、社会科学まで幅広い分野の翻訳、ライティングを手がける。

ケンブリッジ版世界各国史
ボリビアの歴史

2011年7月30日　第1刷発行

訳者
星野靖子

発行人
酒井武史

発行所
株式会社　創土社
〒165-0031　東京都中野区上鷺宮 5-18-3
電話 03 (3970) 2669　FAX 03 (3825) 8714
カバーデザイン　ベース：上田宏志、レイアウト：茜堂
印刷　モリモト印刷株式会社
ISBN978-4-7988-0208-4 C0026
＊定価はカバーに印刷してあります